> **창의적인 개발자, CTO는 물론
> 4차 산업 혁명을 이끌
> 모든 이를 위한 필독서!**
>
> 이 책을 통해
> 인공 지능의 중요한 아이디어를
> 모두 만나 보십시오.

이 책은 프로그래머들을
단순 코더가 아닌 설계자로 만들어 드립니다.

이 책은 IT 업종에서 일하는 분들을
디지털 세계의 추종자가 아닌 기획자로 만들어 드립니다.

이 책은 이 시대를 살아가는 지도자들에게
인공 지능이 바꿀 세상에 대해 깊이 있는 이해와 관점을 드립니다.

《기계는 어떻게 생각하는가?》에 쏟아진 찬사들!

이 책은 최근 인공 지능 개발 분야의 '내부에서 무슨 일이 일어나는지'를 살펴볼 수 있는 흥미롭고 통찰이 가득한 책입니다. 게리시는 복잡하고 중요한 개념을 대중이 쉽게 이해할 만한 언어로 소개합니다.

— 레이 커즈와일(Ray Kurzweil)_구글 엔지니어링 이사, 《마음의 탄생》,《특이점이 온다》 저자

비전문가를 위한 최신 인공 지능과 기계 학습 입문서입니다. 게리시는 자율 주행차의 DARPA 그랜드 챌린지, 질문-답변 시스템의 〈제퍼디!〉 퀴즈 쇼와 같은 경쟁에서 좋은 성적을 거둔 인공 지능의 저변에 어떤 중요한 아이디어가 있었는지 명쾌하게 설명합니다. 또한, 이러한 시스템을 만들 때 공개적인 연구와 그에 따른 프로젝트에서 **공동 협력의 중요성을 강조**하고 있습니다. 공동 협력을 통한 인공 지능 분야의 진보는 기계의 지배를 받을 거라는 걱정을 덜어줍니다.

— 케빈 머피(Kevin Murphy)_구글 수석 연구원, 과학자, 《Machine Learning 머신 러닝》 저자

알파고와 자율 주행차에 이르기까지, **최신 인공 지능이 어떻게 성공을 거둘 수 있었는지** 궁금했던 독자에게 매혹적인 책이 될 것입니다.

— 페드로 도밍고스(Pedro Domingos)_워싱턴 대학교 컴퓨터 과학 교수, 《마스터 알고리즘》 저자

게리시는 자율 주행차, 넷플릭스, 스타크래프트, 바둑, 체스, 스도쿠 등과 같이 우리에게 익숙한 요소들이 **인공 지능 기술과 어떻게 결합했는지를 보여줌**으로써 인공 지능, 기계 학습, 딥 러닝에 대한 **최신 주제들을 쉽게 설명**합니다.

— 인사이드 빅데이터(Inside Big Data)

인공 지능의 활용에 관심이 많은 엔지니어가 꼭 읽어야 하는 **훌륭한 입문서!**

— E&T 매거진(E&T Magazine)

이 책은 **비전문가도 쉽게 이해**할 수 있도록 여러 가지 사례를 들어 인공 지능을 흥미롭게 소개합니다. 인공 지능이 궁금했다면 이 책을 통해 베일 속에 감춰진 인공 지능의 세계로 탐험을 떠나보세요!

— 박해선_ ML Google Developer Expert, 《Do it! 딥러닝 입문》 저자

이 책은 지능적 기계들이 생각하는 방식을 재미있는 이야기를 통해 쉽게 설명하여 기계 학습의 구성 요소와 구조의 원리에 대한 직관력과 통찰력을 길러준다.

— 윤정구_ 파수닷컴 개발본부장

게리시의 비유는 **핵심을 잘 짚어줍니다.** 이 책은 일반인들이 이해하기 어려운 개념을 쉽게 풀어서 설명합니다.

— 기아나(Khiana)_ 아마존 독자

게리시는 어려운 **수학** 개념을 사용하지 **않고도** 인공 지능이 어떻게 작동하는지 명확하고 정확히 설명합니다.

— 오닐(W. D ONEIL)_ 아마존 독자

4차 산업 혁명을 이끌 창의적인 개발자·CTO의 필독서!

기계는 어떻게 생각하는가?

숀 게리시 지음 | 이수겸 옮김

이지스퍼블리싱

기계는 어떻게 생각하는가? — 알파고부터 자율 주행차까지! 기계 학습 구현 사례와 작동 원리
HOW SMART MACHINES THINK

초판 1쇄 인쇄 | 2019년 12월 23일
초판 5쇄 발행 | 2024년 4월 30일

지은이 | 숀 게리시
옮긴이 | 이수겸
발행인 | 이지연
펴낸곳 | 이지스퍼블리싱(주)
출판사 등록번호 | 제313-2010-123호
주소 | 서울시 마포구 잔다리로 109 이지스빌딩 3층
대표전화 | 02-325-1722   팩스 | 02-326-1723
홈페이지 | www.easyspub.co.kr   이메일 | service@easyspub.co.kr

총괄 • 최윤미 | 기획 및 책임편집 • 임승빈 | 기획편집 1팀 • 임승빈, 이수경, 지수민 | 감수 • 윤경구
교정교열 • 박명희 | 표지 디자인 • 이유경 | 본문 디자인 • 트인글터 | 인쇄 • 명지북프린팅
마케팅 • 권정하 | 독자지원 • 박애림, 이세진, 김수경
영업 및 교재 문의 • 이주동, 김요한(support@easyspub.co.kr)

How Smart Machines Think
Copyright ⓒ Sean Gerrish
Korean Translation Copyright ⓒ 2019 by Easys Publishing
Korean edition is published by arrangement with The MIT Press, through Duran Kim Agency, Seoul.

이 책의 한국어판 저작권은 듀란킴 에이전시를 통한 The MIT Press와의 독점계약으로 이지스퍼블리싱(주)에 있습니다. 저작권법에 의하여 한국 내에서 보호를 받는 저작물이므로 무단전재와 무단복제를 금합니다.

잘못된 책은 구입한 서점에서 바꿔 드립니다.
이 책에 실린 모든 내용, 디자인, 이미지, 편집 구성의 저작권은 이지스퍼블리싱(주)과 지은이에게 있습니다. 허락 없이 복제할 수 없습니다.

ISBN 979-11-6303-125-3 13000
가격 18,000원

마이크로소프트 CTO 추천사

"이건 어떻게 작동하는 걸까?"
기계 학습 시스템의 기초를 명확하게 설명한다!

숀을 처음 만난 것은 10여 년 전의 일이다. 나는 그때 구글에서 검색 광고 비즈니스에 필요한 대규모 **기계 학습 시스템을 만드는 팀을 이끌고 있었다. 숀은 우리 팀에서 가장 뛰어난 엔지니어였고,** 당시 기계 학습이 지닌 가능성의 최전선에서 어려운 문제를 풀어내고 있었다.

우리가 함께 일을 시작한 후 기술 면에서 큰 변화가 있었다. 인공 지능은 연구자와 하이테크 기업에서만 다루는 기술로 여겼으나, 차츰 접근성이 좋아지면서 모든 소프트웨어 개발자들이 활용할 수 있는 도구가 되었다.

데이터 양의 급속한 증가, 고성능 컴퓨터, 인공 지능 플랫폼을 만드는 클라우드 서비스, 모바일 기기, 자동차, 인공 지능이 포함된 가전제품의 급속한 증가와 같은 다양한 변화 또한 기계 학습의 급속한 발전을 이끌었다. 이러한 발전은 기계가 인간의 수준에 도달하거나 인간의 능력을 추월하는 놀라운 성과를 보여주었다. 그러나 우리는 인공 지능 기술 발전사의 초창기에 서 있을 뿐이다.

기계 학습이 작동하는 방식을 배우는 것은 개발자와 연구자들의 경력을 관리하는 데 꼭 필요한 투자가 될 것이다. 전 세계 IT 대기업의 기계 학습 전문가에 대한 수요는 이미 높아져 있다. 게다가 마이크로소프트, 아마존, 구글, 애플, 바이두와 같은 기업들은 전 세계 수천만 개발자들에게 기계 학습을 개발하는 데 필요한 API, 툴킷, 클라우드 컴퓨팅 인프라를 제공하고 있다. 앞으로 몇 년 안에 더 많은 애플리케이션이 지능적인 기능을 포함할 것이므로, 개발자들은 자신의 이력서에 기계 학습에 대한 최소한의 지식을 갖추고 있다고 적어야 할 것이다. 이 책은 그러한 지식을 얻는 데 중요한 역할

마이크로소프트 CTO 추천사

을 할 것이다.

    이 책은 기계 학습이 작동하는 방식을 이해하도록 돕고자 하는 숀의 바람에서 시작되었다. 숀은 업계에서 10여 년 동안 일하면서 어려운 문제를 풀어온 경험을 **기계 학습 시스템의 기초를 명확하고 쉽게 설명**하는 데에 충분히 활용했다. 기계 학습에 대한 숀의 꼼꼼하고 실용적인 설명은 그동안 뼈아픈 시행착오를 겪으며 얻은 자신의 현장 경험을 반영한 것이다. 이 책은 **기계 학습을 어떻게 적용해야 하고, 어떤 한계가 있으며, 어떤 상황에서는 사용하면 안 되는지를 이해하는 데 큰 도움을 줄 것이다.**

    숀은 기계 학습을 실제 구현하는 사례를 들어 사용한 기법을 설명하고, 불필요한 전문 용어는 피하는 방식으로 기계 학습의 개념에 쉽게 접근할 수 있도록 했다. 이 책은 기계 학습이나 컴퓨터 과학에 대한 배경 지식이 없어도 읽을 수 있다. 인공 지능을 둘러싼 다양한 논의와 기술이 우리의 미래에 끼칠 수 있는 영향을 생각한다면 기계 학습을 꼭 배워야 할 것이다.

    기계 학습의 입문서인 이 책은 기반 기술을 이해하는 데 도움을 줄 뿐만 아니라, 인공 지능에 대해 과장된 수많은 뉴스 중에서 어떤 것이 믿을 만하고 어떤 것을 무시해도 될지 구별할 능력을 줄 것이다.

2018. 10
케빈 스콧(마이크로소프트 CTO)

머리말

새로운 발견 뒤에는 항상 뛰어난 아이디어가 있었다!
― 우리가 알아야 할 기계 학습의 이야기들

이 책에 대한 아이디어는 2010년 프린스턴 대학 컴퓨터 과학 부서 건물의 꼭대기 층에 있던 인공 지능 연구실에서 시작되었다. 나는 자율 주행차를 주제로 한 콘퍼런스에 몇 차례 참석한 후, 자율 주행차의 작동 방식이 궁금해서 웹으로 검색을 해보았다. 가장 눈여겨본 소스는 카네기멜런 대학과 스탠퍼드 대학 연구원들이 작성한 논문이었다. 논문을 몇 편 살펴보고 자율 자동차가 작동하는 방식을 대략 이해하고 넘어갔다.

시간이 흐르면서 나는 이런 과정을 계속 반복하고 있다는 걸 깨달았다. 언론에서 인공 지능이나 기계 학습 분야와 관련해서 새로운 발견을 소개할 때마다 나는 '**이건 어떻게 작동하는 걸까?**'라는 질문이 먼저 떠올랐다. 나는 오랫동안 학계와 산업계에서 기계 학습을 연구하고 구현해 왔지만, 이 질문에 쉽게 답할 수 없었다. 인공 지능이나 기계 학습을 다루는 대부분의 대학 강의에서도 새롭게 소개되는 기계 학습의 성과 이면에 있는 구성 요소만 가르칠 뿐이었다. **이러한 구성 요소를 어떻게 결합하는지, 어떻게 흥미로운 일을 해낼 수 있는지**는 가르쳐 주지 않았다.

하지만 내가 기계 학습이 작동하는 방식을 이해하는 데 어려움을 느낀 좀 더 근본적인 이유는 다른 데에 있었다. 새로운 발견에는 대부분 기존의 **발상을 넘어서는 뛰어난 아이디어가 포함**되어 있지만 누구도 가르쳐 주지 않았다. 연구자들이 새로운 방법을 발견하고, 그 과정을 기록하거나 프로토타입을 공개할 때까지 우리는 그저 어떻게 이런 걸 만들 수 있는지 몰랐던 것뿐이다. 이는 연구자들이 상호 검증할 수 있는 잡지에 새로운 발견에 대한 논

머리말

문을 투고하는 이유이기도 하다. 하지만 상호 검증이 이루어져도 새로운 발견에 대한 세부 내용이 널리 퍼져 나가는 데는 그다지 도움이 되지 않는다.

결국, 나는 여러 사람과 연구하면서 다른 사람들이 기계 학습을 이해할 때 어려움을 겪지 않도록 도와야겠다고 생각했다. 나는 '**나에게 있었으면 좋았겠다**'고 생각한 이야기를 모아 책으로 엮었다.

나는 전반적으로 과학과 기술에 관심이 많은 기술 애호가, 또는 기계 학습이나 인공 지능이 비즈니스에 도움이 될지 궁금해하는 산업계 인사들을 돕고 싶은 마음으로 이 책을 썼다. 또한 이 책은 호기심 많은 고등학생부터 은퇴한 기계 공학자에 이르기까지 다양한 독자를 염두에 두었다. 컴퓨터 과학에 대한 지식이 있다면 이 책을 이해하는 데 도움이 되겠지만, **이 책을 읽는 데 정말 필요한 것은 호기심과 집중력이다.** 수학을 다루는 부분은 최소화하여 일반 독자에게도 핵심 아이디어를 전달할 수 있도록 했다.

로봇 공학과 인공 지능, 그리고 기계 학습 커뮤니티 전문가들은 아마 이 책에서 설명하는 알고리즘을 알고 있을 것이다. 하지만 기술을 둘러싼 흥미로운 이야기와 전체 시스템의 설계는 새롭게 다가올 내용일 것이다. 이 책이 독자 모두에게 뭔가 새로운 내용을 전달했으면 하는 바람이다.

이 책이 탄생할 수 있도록 도움을 주신 분들

인공 지능 분야에서 이뤄낸 성과 뒤에서 열심히 일해온 수많은 연구자와 공학자, 그리고 인간적인 부분에서 그들의 노력을 다뤄온 언론인이 없었다면 이 책은 세상에 나올 수 없었을 것이다. 어떤 면에서 이 책을 쓰는 일은 어렵지 않았다. 어려운 일은 이미 연구자들이 다 해냈기 때문이다. 연구자들은 실험, 연구, 출판에 수많은 시간을 투자했다. 이 책의 역할은 그들의 연구 결과를 모으고 정리해 보기 좋게 만드는 것이었다.

이 책이 출판되어 나올 수 있도록 여러 조직과 사람들이 힘을 보태 주었다. 우리 가족은 원고를 집필할 때 헤아릴 수 없을 만큼 큰 힘이 되어 주었다. 부모님과 형제들 덕분에 나는 처음으로 컴퓨터를 접할 수 있었고, 아내 세라는 초고를 몇 번이고 검토해 주었다. 또한 테자 테크놀로지(Teza Technologies)는 내가 회사 업무 외 시간에 이 책을 쓸 수 있도록 양해해 주었고, 테자 테크놀로지의 마이클 터커(Michael Tucker)는 원고 전체를 검토하고 유용한 피드백을 해주었다. MIT 출판사의 편집부 직원인 마리 러프킨 리(Marie Lufkin Lee), 마시 로스(Marcy Ross), 크리스틴 새비지(Christine Savage)는 출판 과정에서 큰 도움을 주었다. 초고를 읽어준 익명의 독자들께도 감사함을 전한다. 메리 백(Mary Bagg)은 특히 여러 제안을 해주었으며 교정을 맡아주었다. 사우스 파크 커먼스(South Park Commons)는 내가 원고를 마무리하는 동안 멋진 장소를 제공해 주었다.

에릭 잔코프스키(Eric Jankowski), 앤드루 코윗(Andrew Cowitt), 리키 웡(Ricky Wong) 등 여러 친구가 아이디어를 제공하고 추천사를 써주었다. 대니얼 덕워스(Daniel Duckworth)는 특히 〈제퍼디!〉 관련 부분에서 피드백을 해주었고, 아버지 게리 게리시(Gary Gerrish)는 원고 전반부에 필요한 팁을 제공해 주었다. 데이비드 처칠(David Churchill), 벤 웨버(Ben Weber), 탕지에(Tang Jie, 唐杰), 제임스 팬(James Fan), 크리스 볼린스키(Chris Volinsky)는 감사하게도 이 책에서 다룬 자신들의 업적과 관련된 질문에 기꺼이 답변해 주었다. 제이슨 요신스키(Jason Yosinski)와 그의 동료들은 09장의 신경망 이미지를, 알렉스 크리제브스키(Alex Krizhevsky)는 알렉스넷의 이미지를 사용하도록 허가해 주었다.

마지막으로, 집필 작업에 착수하기 전 오랜 시간에 걸쳐 이 책의 아이디어를 제공해 준 여러 멘토에게 가르침을 받을 수 있어서 행운이었음을 전한다.

2018. 10
손 게리시

한국어판 서문

쉽게 바뀌지 않을
인공 지능과 기계 학습의 주요 요소를 이 책 한 권에!

인공 지능과 기계 학습 분야는 빠르게 발전하고 있다. 이 분야에서 날마다 접하는 새로운 발견 중 대부분은 5년 안에 옛날 뉴스로 취급받을 것이다. 그렇다고 해서 과거의 성과를 공부하는 것이 쓸모없다는 의미는 아니다. **인공 지능과 기계 학습의 주요 구성 요소는 그렇게 빠르게 바뀌지 않기 때문**이다. 또한 이러한 구성 요소와 공통 패턴이 어떻게 결합하는지 공부하는 것은 인공 지능과 기계 학습의 작동 방식을 이해하는 데 여전히 필요하다.

이 책을 쓰기 위해 자료를 조사할 때도 한국이 계속 등장했기에 필자는 한국을 생각해 보았다. **한국은 인공 지능 분야가 특히 발전하기 좋은 조건을 몇 가지 갖추고 있다. 첫째로, 한국의 교육 수준은** 높고 프로그래밍과 수학 교육을 강조하고 있다. 이는 둘 다 인공 지능과 기계 학습을 이해하는 데 필수적인 전제 조건이다. 프로그래밍과 수학 교육을 잘 받은 학생이라면 차후 인공 지능과 기계 학습 시스템을 공부하고 구축하는 능력을 기를 수 있을 것이다.

둘째로, 한국은 인터넷이 잘 보급되어 있다. 이 분야는 온라인에서 찾을 수 있는 튜토리얼, 책, 강의, 다양한 자료를 바탕으로 스스로 학습하는 능력이 필요하다. **마지막으로, 한국인은 새로운 것을 빠르게 습득하고** 이를 바탕으로 결과물을 만들어 내는 능력이 탁월하다.

한국은 인공 지능과 기계 학습 도구를 활용할 수 있는 많은 프로그래머 인력과 인공 지능, 로봇 공학에 대한 정부의 막대한 투자, 그리고 기술적으로 고도화된 사회 인프라를 갖추고 있다. 한국은 이를 바탕으로 인공 지능과 기계 학습 기술을 적용하고 발전시켜 앞으로 한국 사회, 더 나아가 세계의 진보를 이뤄낼 가능성이 크다. 한국 독자들의 행운을 빈다.

2019. 12
숀 게리시

국내 전문가 추천사

개발자부터 기술 임원은 물론, 알파고와 자율 주행이 궁금한 모든 분께 추천!

2016년 3월, 알파고와 이세돌의 역사적인 바둑 대국이 열린 후 인공 지능은 사람들 사이에서 주요 이야깃거리가 되었다. 인공 지능 관련 소식과 논문이 아카이브(arXiv.org)에 매일 쏟아져 나올 정도로 연구 성과 또한 활발했지만 막상 솔루션 소프트웨어에 인공 지능을 적용하기는 쉽지 않았다.

인공 지능을 연구하고 목표에 맞게 길들이고 시스템을 구성하기 위해서는 여전히 인간 지능이 필요했다. 그래서 **자율 시스템과 인공 지능의 역할을 설계하는 사람의 역할이 오히려 더욱 중요**해지고 있다.

인공 지능을 결합한 자율 시스템을 성공적으로 적용했거나 활발히 연구되고 있는 분야는 자율 주행, 추천, 이미지 인식, 음성 인식, 텍스트 처리와 기계 번역, 질의 응답 그리고 다양한 게임을 정복한 강화 학습 기술과 신경망 기술 등을 예로 들 수 있다. 이 시스템들의 구성 방식과 알고리즘을 전반적으로 이해할 수 있다면 사람이 무엇을 해야 할지 알 수 있지 않을까? 또한 이러한 시스템을 당장 활용할 수 있는지, 앞으로 어떤 연구가 더 필요한지 판단하는 데 큰 도움이 되지 않을까?

이 책은 지금까지 인류가 만들어 온 주요 **지능적 기계들이 생각하는 방식을 이야기를 통해 친근하면서도 쉽게 설명**해 주고 있어 기계 학습의 구성 요소와 구조의 원리에 대한 직관력과 통찰력을 길러준다. 그러므로 이 책은 인공 지능이나 로봇 소프트웨어를 배우고 싶은 중·고등학생부터 인공 지능의 현주소를 알고 싶은 소프트웨어 개발자, 기술 관련 의사결정을 해야 하는 기술 임원들, 자율 주행차와 알파고의 실체가 궁금한 모든 분께 좋은 안내서가 될 것이다.

2019. 12
윤경구(파수닷컴 개발본부장)

차례

마이크로소프트 CTO 추천사 ▶ 3
머리말 ▶ 5
한국어판 서문 ▶ 8
국내 전문가 추천사 ▶ 9

시작하기

생각하는 기계의 기원을 찾아서 ▶ 15

01 자동인형의 비밀 ▶ 16
플루트를 연주하는 자동인형 | 오늘날의 오토마타 | 진자 운동과 오토마타 | 이 책에서 다룰 오토마타 | 인공 지능과 기계 학습은 무엇인가?

첫째 마당

자율 주행차와 인공 지능 ▶ 29

02 자율 주행차의 시작 - DARPA 그랜드 챌린지 ▶ 30
100만 달러가 걸린 사막의 무인 자동차 경주 대회 | 초기 자율 주행차는 어떻게 만들었을까? | 주행 경로 계획하기 | 험비의 계획 - 낮은 비용, 최단 경로를 찾아라! | 자율 주행차는 어떻게 달릴 수 있을까? | 험비의 고난에 찬 주행기 | DARPA 그랜드 챌린지는 과연 실패한 걸까?

03 자율 주행차는 차선을 어떻게 인지할까? ▶ 51
두 번째 DARPA 대회 - 그랜드 챌린지 | 자율 주행차에 적용한 기계 학습 | 자율 주행차 스탠리의 구조 | 장애물을 피하는 알고리즘 | 도로의 경계를 찾는 모듈 | 도로를 인식하는 방법 | 속도 조절을 위한 경로 계획 | 스탠리의 두뇌는 서로 어떻게 소통할까?

04 자율 주행차는 교차로에서 어떻게 양보할까? ▶ 72

세 번째 DARPA 대회 – 어번 챌린지 | 인지의 추상화 | 한 차원 높아진 자율 주행차 경주 대회 | 보스를 생각하는 차로 만든 모노폴리 판 모듈 | 오류 회복 시스템으로 교통량 정보 얻기 | 3 레이어 구조 | 자율 주행차의 객체 분류 | 자율 주행차는 복잡한 시스템이다 | 자율 주행차는 앞으로 어떻게 발전할까?

둘째 마당

넷플릭스 프라이즈와 인공 지능 ▶ 103

05 넷플릭스 프라이즈 – 영화 추천 알고리즘 대회 ▶ 104

100만 달러가 걸린 영화 추천 알고리즘 대회 | 경쟁자들 | 분류기의 훈련 | 대회의 목표 | 거대한 평점 행렬 | 행렬 인수 분해 | 다가오는 첫해의 결말

06 협력하는 참가자들 – 넷플릭스 프라이즈의 우승자 ▶ 129

참가자들의 격차가 좁혀지다 | 첫 번째 대회의 결과 | 시간에 따른 평점 예측 | 과적합 여부 판단하기 | 모델 블렌딩은 하나의 해결책 | 넷플릭스 프라이즈의 두 번째 해 | 넷플릭스 프라이즈의 마지막 해 | 대회 이후 넷플릭스가 얻은 것

셋째 마당

강화 학습과 심층 신경망 ▶ 153

07 보상을 통한 컴퓨터의 학습 – 강화 학습 ▶ 154

딥마인드, 아타리 게임을 하다 | 강화 학습 | 에이전트에게 명령하기 | 에이전트 프로그래밍하기 | 에이전트가 보는 세계 | 컴퓨터는 어떻게 경험을 저장할까? | 강화 학습으로 아타리 게임하기

08 신경망으로 아타리 게임을 정복하다 ▶ 177

신경 정보 처리 시스템 | 완벽에 가깝게 | 수학 함수로서의 신경망 | 아타리 게임 에이전트 신경망의 구조 | 신경망에 더 깊게 들어가기

09 인공 신경망이 보는 세상 ▶ 200

인공 지능에 대한 미신 | 체스 두는 오토마타 - 터키인 | 신경망에 대한 오해 | 이미지에서 객체 인식하기 | 과적합 문제와 해결책 | 이미지넷 대회 | 합성곱 신경망 | 왜 심층 신경망인가? | 데이터 병목

10 심층 신경망의 내부 구조 ▶ 230

컴퓨터가 생성한 이미지 | 스쿼싱 함수 | ReLU 활성화 함수 | 인조 인간의 꿈

넷째 마당: 세상과 소통하는 인공 지능 ▶ 247

11 듣고 말하고 기억하는 신경망 ▶ 248

기계가 '이해'한다는 것의 의미 | 음성 인식 심층 신경망 | 순환 신경망 (RNN) | 이미지 설명글 생성기 | LSTM 유닛 | 적대적 데이터

12 자연어, 그리고 〈제퍼디!〉 문제의 이해 ▶ 268

왓슨의 개발은 인공 지능 연구에 독인가, 득인가? | IBM 왓슨 | 왓슨, 〈제퍼디!〉에 도전하다 | 사실에 대한 긴 목록 | 〈제퍼디!〉 챌린지의 탄생 | DeepQA | 문제 분석 | 왓슨의 문장 해석 방법

13 〈제퍼디!〉의 답 마이닝하기 ▶ 293

최저 기준 | 후보 생성 단계 | 답을 찾아서 | 가벼운 필터 | 증거 수집 단계 | 점수 계산 단계 | 집계와 순위 결정 | 왓슨 최적화하기 | DeepQA 다시 살펴보기 | 왓슨에게 지성이 있을까?

다섯째 마당 게임과 인공 지능 ▶ 323

14 무차별 탐색으로 좋은 전략 찾기 ▶ 324

게임에서 이기는 수 탐색 | 스도쿠 | 트리의 크기 | 분기 계수 | 게임의 불확실성 | 클로드 섀넌 | 평가 함수 | 딥 블루 | IBM에 합류하다 | 탐색 그리고 신경망 | TD-GAMMON | 탐색의 한계

---

15 알파고는 어떻게 완성되었나? ▶ 357

컴퓨터 바둑 | 바둑의 규칙 | 직관을 길러주는 바둑 기보 | 신의 한 수 | 몬테카를로 트리 탐색 | 슬롯머신과 멀티암드 밴딧 | 알파고, 이렇게 복잡할 필요가 있었을까? | 알파고의 한계

---

16 실시간 인공 지능과 스타크래프트 봇 ▶ 385

게임하는 봇 만들기 | 스타크래프트와 인공 지능 | 게임 단순화하기 | 실용적인 스타크래프트 봇 | Open AI와 도타2 게임 | 스타크래프트 봇의 미래

끝내기 기계는 지능을 가질 수 있을까? ▶ 403

17 50년 후, 또는 그 후 ▶ 404

적기를 맞은 인공 지능 개발 | 성공 사례로 배우기 | 광범위한 데이터 활용 | 우리는 어디로 가는가?

옮긴이의 말 ▶ 415
노트 ▶ 417
찾아보기 ▶ 443

| 일러두기 |

- 원저에서 문화의 차이로 독자의 이해를 떨어뜨리는 요소나 중복된 부분 등 일부 내용은 저자의 동의를 얻어 삭제, 수정 편집하였습니다.
- 이 책에서 마당의 도입 글은 인공 지능 분야 전문가인 윤경구 님의 감수를 받아 편집자가 작성했습니다.
- 네모 모양의 각주(■)는 옮긴이 또는 편집자 주이고, 숫자 각주는 원저의 후주 노트(NOTES)입니다. 노트는 온라인에서 다운받을 수 있습니다.
  www.easyspub.co.kr → 자료실

생각하는 기계의 기원을 찾아서

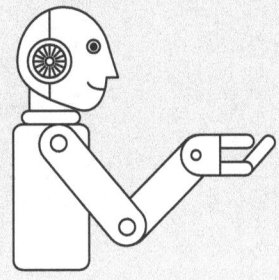

18세기 유럽에서 유행했던 자동인형부터 오늘날의 자율 주행차에 이르기까지 사람처럼 지능이 있어 스스로 판단하고 움직이는 존재를 만들기 위해 인류는 계속 도전해 왔다. 머리말에서 숀 게리시가 말한 것처럼 새로운 발견에는 기존의 발상을 넘어서는 뛰어난 아이디어가 있다. 자동으로 움직이는 시스템의 주요한 아이디어는 어떤 것이었을까? 이를 통해 우리는 현재 논의되는 인공 지능이 어떤 아이디어에서 출발했는지 알게 된다.

01 ▸ 자동인형의 비밀

01

자동인형의 비밀
THE SECRET OF THE AUTOMATON

플루트를 연주하는 자동인형

산업 혁명의 여명기인 1737년, 프랑스 기계 공학의 천재 자크 드 보캉송(Jacques de Vaucanson, 1709~1782)은 걸작품 하나를 완성했다. 바로 플루트를 연주하는 사람 크기의 조각상이었다(이하 줄여서 '플루트 연주자'). 이 조각상은 사람처럼 플루트를 입에 대고 기계로 된 폐로 공기를 악기에 불어넣고 손가락을 움직여서 소리를 낼 수 있는 자동인형이었다.

▲ 자크 드 보캉송

이 자동인형은 입술을 움직이고 입김의 세기를 조정하며 손가락 끝을 플루트의 구멍에 정확히 갖다 대어 '진짜 사람처럼 완벽하게'[1] 곡 하나를 처음부터 끝까지 연주할 수 있었다. 보캉송은 이에 만족하지 않고 이 플루트 연주자가 12개의 곡을 연주할 수 있도록 했다.[2]

그전에도 이와 유사한 자동인형이 있었지만 플루트 연주자가 특별했던 것은 그 당시 생명체의 구조와 원리를 적용한 경우는 없었기 때문이다. 이러한 자동인형은 대중에게 오토마타(automata)■로 알려졌으며 사람들은 오토마타를 보고 열광했다. 유럽에서는 자동인형을 제작 의뢰하는 일이 부유한 엘리트의 취미가 되기도 했다.[3] 보캉송은 짧은 기간 동안 자신의 인상적이고 혁신적인 자동인형을 관객에게 보여주었는데, 그 당시 사람들의 일주일치 급여를 관람료로 받을 정도였다.

이들 자동인형의 자연스러우면서도 복잡한 움직임은 그 당시에는 미지의 세계 그 자체였다. 마침

▲ 보캉송의 자동인형들. 왼쪽부터 북 치는 소년, 기계 오리, 플루트 연주자

■ 오토마타: 오토머튼(automaton)의 복수형으로, 사람이 지속적으로 조정하지 않아도 스스로 움직이는 자동 로봇을 뜻하는 말로 쓰이며, 현대 산업에서는 자동 제어 기계를 뜻하기도 한다. 컴퓨터 공학에서 오토마타는 '어떠한 일을 자동으로 처리하는 추상화된 기계, 그리고 그 기계를 이용해 풀 수 있는 문제를 연구하는 학문'으로 정의한다. 이 책에서는 문맥에 따라 오토마타와 자동인형을 혼용해 번역하였다.

내 보캉송은 플루트 연주자와 몇몇 자동인형을 가지고 유럽 순회공연을 했다.

플루트 연주자는 도대체 어떻게 작동하는 걸까? 흑마술(dark magic)이었을까? 어떤 교회 성직자는 이들 자동인형을 불경하다고 취급해 보캉송의 작업실 하나를 철거하라는 명령을 내리기까지 했다. 그래서 보캉송은 자신이 만든 자동인형의 움직임이 마술처럼 보이지 않게 하려고 애를 썼다.

그렇다면 플루트 연주자는 속임수였을까? 플루트 연주자가 등장하기 바로 몇 년 전, 프랑스 루이 15세는 피아노와 비슷한 하프시코드(harpsichord)를 연주하는 자동 기계에 매료되었다. 루이 15세는 이 기계의 작동 원리가 무엇인지 알아보라는 주문을 내렸고, 얼마 지나지 않아 이 기계는 다섯 살짜리 소녀가 들어가서 연주하는 꼭두각시 인형에 불과하다는 것을 알게 되었다.[4]

이러한 속임수를 익히 잘 알고 있던 보캉송은 플루트 연주자의 내부 작동 모습을 관객에게 기꺼이 보여주었다. 이 자동인형의 움직임은 물 흐르듯 자연스러웠지만, 이는 내부의 기계 장치에 기록된 명령대로 움직일 뿐이었다.

보캉송은 자신의 발명을 공식화하기 위해 이 자동인형을 프랑스 과학 아카데미에 선보이고, 이 놀라운 기계가 어떻게 작동하는지를 자세히 설명하는 〈플루트 연주자 자동인형의 작동 원리(Mechanism of the Automaton Flute Player)〉라는 논문을 제출했다. 이 조각상은 대리석처럼 보이도록 색칠한 나무와 판지로 만들었으며 손가락 끝에는 가

죽을 덧대어 플루트의 구멍을 단단히 막을 수 있었다.

이 자동인형은 두 개의 회전축을 통해 구동되었다. 그중 하나인 크랭크축은 세 개의 풀무를 눌러 약, 중, 강이라는 세 가지 공기 흐름을 만든 후 인공 호흡관에서 합쳐져 조각상이 입김을 불 수 있도록 했다. 다른 회전축은 작은 징이 여러 개 박힌 원통을 느리게 회전시키는 역할을 했다. 원통이 회전하면 징은 스프링이 달린 15개의 레버를 누르는데, 이 레버는 사슬과 철선으로 연결되어 자동인형의 각 부분을 움직였다. 즉 레버는 손가락과 입술을 움직이고[5] 플루트에 불어 넣을 입김의 세기와 혀의 위치를 조정하여 공기의 흐름을 조절하는 데 쓰였다.

보캉송은 회전하는 원통에 징을 박아 그 위치에 따라 조각상이 어떤 곡을 연주할지 프로그래밍할 수 있었으며, 이는 기본적으로 조금 복잡하지만 거대한 오르골이나 다름없었다. 프랑스 과학 아카데미는 이 자동인형에 찬사를 보내고 보캉송의 논문을 승인했다.[6]

보캉송의 걸작은 그 당시 발명가들이 개발한 수많은 오토마타 중 하나에 불과했다. 그의 오토마타는 스스로 움직이고 인간의 지능을 모방하는 것처럼 보였기 때문에 그 당시 사람들에게 큰 인기를 끌었다. 플루트 연주자를 비롯한 오토마타는 산업 혁명기에 등장한 인공지능 분야의 선구자 격인 작품이었다. 당대의 기술자들과 애호가들은 이러한 오토마타를 제작할 수 있게 만든 산업 혁명기의 새로운 소재와 다양한 아이디어로 저마다 인간의 육체와 정신을 모방하는 모험에 뛰어들었다.

오늘날의 오토마타

요즘으로 눈을 돌려보자. 실리콘 밸리에서는 밤낮으로 자율 주행차가 운행되고 있다. 강아지에게 앉거나 구르는 동작을 훈련하듯이 컴퓨터 프로그램을 훈련해 사람보다 훨씬 능숙하게 아타리(Atari)■ 게임을 하도록 하고 있다. 어떤 컴퓨터 프로그램은 미국 TV 퀴즈 쇼 〈제퍼디!〉의 세계 챔피언 두 명을 꺾었고 바둑계 세계 최강자를 꺾은 컴퓨터 프로그램도 등장했다. 이러한 눈부신 성과 속에서 인공 지능의 발전은 이 분야의 전문가조차 놀랄 정도의 속도를 보였다.

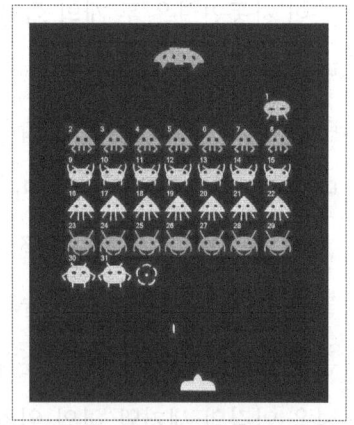
▲ 아타리 게임 중 스페이스 인베이더

▲ TV 퀴즈 쇼 〈제퍼디!〉에서 우승한 왓슨(가운데)

이는 과장이 아니다. 〈제퍼디!〉에서 인간 참가자와 대결하는 프로그램인 왓슨(Watson)을 개발한 팀은 인터뷰에서 세계 챔피언을 이길 만한 프로그램을

■ 아타리: 1970년대에 가정용 게임기를 출시했던 미국의 비디오 게임 회사. '퐁', '브레이크아웃(벽돌 깨기)' 등의 게임을 만들었다.

개발하는 것은 아직 어렵다고 한 적이 있다. 그러나 이 팀은 인터뷰를 한 후 얼마 지나지 않아 세계 챔피언을 꺾은 프로그램을 내놓았다.

전문가들은 사람을 상대할 만큼 바둑을 잘 두는 컴퓨터 프로그램이 등장하는 데에 10여 년은 더 걸릴 것으로 생각했지만, 세계 바둑 챔피언을 꺾은 알파고(AlphaGo)가 등장하여 이 생각이 틀렸다는 것을 입증했다.

알파고 개발자는 20개월 동안 알파고의 새 버전■을 개발했는데, 이 프로그램은 수천 년간 축적된 바둑 지식을 3일 만에 학습할 수 있었다. 새 버전은 이전 버전보다 컴퓨터 성능을 10분의 1만 사용하면서도 이전 버전과 벌인 대국에서 백전백승이라는 성적을 거두었다. 이는 부분적으로는 알파고의 기반 기술인 인공 신경망(artificial neural network)의 발전과 최근 수십 년 동안 집중적으로 연구 활동을 한 덕분이라고 할 수 있다. 인공 신경망은 게임을 할 뿐만 아니라 사진 속의 이미지를 인식하거나 문자를 읽기도 한다.

미디어의 헤드라인을 장식하는 인공 지능의 다양한 결과물은 우리의 호기심을 자극한다. 저것은 어떻게 작동하는 걸까? 18세기의 유럽인은 플루트 연주자 같은 오토마타에 대해 궁금해했지만 내부 구조를 잘 알 수 없던 것과 마찬가지로, 오늘날의 오토마타 또한 그 내부를 들여다보아도 신통한 답을 얻지 못할 때가 많다.

■ 이 버전은 구글의 딥마인드 팀이 2017년 10월에 공개한 '알파고 제로'를 의미한다. 2016년 3월에 이세돌 9단을 이긴 알파고는 '알파고 리' 버전이다.

보캉송이 프랑스 과학 아카데미에 논문을 투고하던 방식과 달리 오늘날 인공 지능 프로그램 개발자들은 다행스럽게도 컴퓨터 프로그램을 만드는 방법을 상세히 정리해서 발표하고 있다. 이 책에서는 이러한 성과물을 정리하여 가급적 쉬운 언어로 오늘날 인공 지능 프로그램이 어떻게 작동하는지를 설명하려고 한다.

다섯 살짜리 소녀가 안에 숨어 있던 가짜 자동인형과 달리 이 책에서 살펴볼 놀라운 결과들은 엄연한 과학적 진보의 산물이다. 얼핏 보면 마법처럼 느껴지는 결과물이지만, 과거에 프랑스 과학 아카데미에서 플루트 연주자를 면밀히 검토했던 것처럼 오늘날의 학회에서도 인공 지능의 결과물을 자세히 검토하고 있다.

그리고 과거의 플루트 연주자가 그러했듯 오늘날의 인공 지능 프로그램도 오토마타의 한 종류에 불과하다. 오토마타는 자율적으로 움직이는 기계다. 오토마타는 사람이나 동물과 같이 마치 스스로 생각하는 것처럼 독립적으로 작동한다. 하지만 오토마타는 프로그램에 따라 움직일 뿐이다. 보캉송이 플루트 연주자를 작동하기 위해 개발했던 프로그램처럼 오토마타 프로그램은 일련의 명령어로 이루어져 있다.

앞으로 계속 살펴보겠지만 기술자들이 하는 일은 지난 몇 세기 동안 크게 변하지 않았다. 기술자들은 여전히 인간의 정신과 육체를 모방하기 위해 오토마타를 만들고 프로그래밍하고 있으며 가끔 가짜 오토마타를 만드는 사람도 있다. 차이점이 있다면, 오늘날의 기술자들은 21세기의 도구인 컴퓨터와 소프트웨어를 사용하고 있다는 것뿐이다.

진자 운동과 오토마타

18세기의 오토마타는 프로그램을 실행하기 위해서 그 당시 최첨단 정밀 기술인 기계식 태엽 장치(mechanical clockwork)■를 사용했다. 태엽 장치의 동력으로는 무거운 추의 위치 에너지나 태엽으로 감은 코일을 사용했다. 일반적으로 태엽 장치는 시계 장인들이 만들었는데, 시계가 사람들에게 정교한 작동 모습을 보여주며 시간을 알려주는 재미를 선사한 점을 감안하면 시계는 기술적으로 오토마타의 조상에 해당한다. 시계는 내부에 저장된 에너지를 사용해서 시간을 유지하는 기능을 수행하는데, 태엽 장치는 이 에너지를 작은 단위로 나누어 전달함으로써 프로그램을 단계적으로 실행할 수 있게 해준다.

괘종시계는 진자 운동을 이용해 시간을 맞춘다. 1930년대까지는 일정한 시간마다 움직이는 진자가 시간의 흐름을 측정하는 최선의 방법이었다.[7] 진자가 한 번 움직이면 일련의 빗장(latch)과 톱니바퀴가 시, 분, 초의 흐름을 기록한 후 저장된 에너지를 약간씩 방출해서 진자를 한 번 더 움직여 이 과정이 계속되도록 한다. 기계식 손목시계도 이와 비슷한 원리를 이용해 코일이 감긴 정밀 스프링이 원판을 앞뒤로 회전시키는 방식으로 작동한다. 즉 원판이 한 번 회전할 때마다 톱니바퀴가 한 칸 또는 두 칸 움직이고 이에 따라 태엽 장치의 나머지 부분이 작동한다.

■ 기계식 태엽 장치: 시계에서 동력을 주기 운동으로 변환하는 시계 장치를 말하며, 전기 에너지를 사용하지 않고 오직 기계 장치만으로 이루어진다.

이 방식은 전자식 컴퓨터가 프로그램을 실행하는 데 사용하는 방식과 비슷하다. 컴퓨터도 레버와 톱니바퀴의 개념을 사용하지만, 진자 운동 대신에 회로 위에서 조용히 휙휙 움직이는 전자를 사용한다. 전자는 회로 위에서 이동하면서 목적지에 닿을 때까지 자신의 운동량을 유지함으로써 회로의 각 부분을 통과할 수 있다. 이를테면, 이 전자들은 코일 모양으로 감긴 전선(전자석)과 초당 수백만 번 진동하여 정밀한 공명 주파수를 내는 수정 소리굽쇠(crystalline tuning fork)[*]를 통과할 수 있다. 수정 진동자(crystal oscillator)[**]는 진자에 비해 훨씬 안정적이고 빠르기 때문에 진자를 대체하게 되었다. 수정 진동자는 지진, 온도 변화, 비행기나 잠수정에서의 가속 같은 외부의 힘에 영향을 받지 않으며 초당 수백만 번 진동할 정도로 빠르게 움직이기 때문이다.

전자가 회로 위에서 진동할 때 전자식 레버는 (기계식 태엽 장치의 레버와 비슷하게) 각 시간 단위마다 흐름을 기록하며 프로그램에 있는 명령을 실행한다. 그런 다음 명령 계수기의 값이 증가해 다음에 실행할 명령을 준비하고 컴퓨터는 전자의 진동이 다시 일어날 때까지(또는 새 전자가 발생할 때까지) 대기한다. 이렇게 모든 과정은 반복해서 이루어진다.

이 책에서 다룰 오토마타

이 책은 전자의 진동으로 가능해진 인공 지능의 성과에 초점을 맞

---

[*] 수정 소리굽쇠: 인공적으로 정밀하게 세공한 규소 조각
[**] 일정한 시간마다 물리적으로 진동을 발생시키는 역할을 한다는 점을 강조하기 위해 발진기 대신 진동자로 번역하였다.

추어 다루려고 한다. 변수와 함수 같은 인공 지능 프로그램의 시시콜콜한 부분까지는 다루지 않지만, 이런 오토마타를 만드는 데 필요한 (예전의 오토마타에서 물리적 부품과 같은 역할을 하는) 구성 요소를 추상적인 수준에서 살펴볼 것이다. 오토마타의 구성 요소를 이해하면 오늘날의 오토마타가 어떻게 작동하는지 이해하는 데 도움을 받을 수 있기 때문이다. 예를 들어, 보캉송의 플루트 연주자가 어떻게 작동하는지 알고 있다면, 그의 다른 오토마타인 '기계 오리'가 어떻게 작동하는지도 부분적으로나마 파악할 수 있을 것이다. 이 기계 오리는 날개를 퍼덕이고 꽥꽥거리기도 하고, 또한 먹고 소화하고 (겉으로 보기에는) 배설도 할 수 있었다.[8]

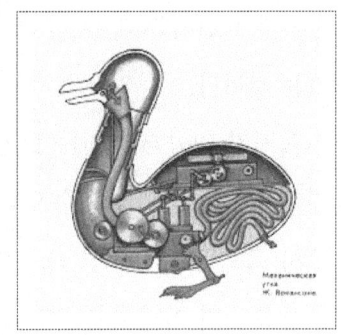

▲ '기계 오리'의 내부 구조

보캉송의 오토마타는 실세계에 반응하지 않았다. 그 당시의 오토마타는 미리 지정해 놓은 대로 일련의 동작만 수행할 뿐이었다. 하지만 오늘날의 오토마타는 인지 능력을 갖추고 있어 변화하는 환경에 대응할 수 있다. 키보드의 버튼을 누르면 반응할 뿐만 아니라 혼잡한 교차로에서 자동차와 행인을 인지하거나 〈제퍼디!〉 퀴즈 쇼의 문제에서 미묘한 단서를 감지하기도 한다. 보캉송과 같은 시기에 살았던 사

■ 보캉송의 '기계 오리'는 소화 기관부터 날개와 부리 등에 이르기까지 400여 개의 부품으로 세밀하게 완성되었다. 음식은 빵을 물에 섞거나 이끼를 사용했으며 소화 기관은 고무 튜브를 이용해서 만들었다.

람들이 본다면 오늘날의 오토마타는 경악할 만한 일을 해내고 있다.

이 책은 오늘날의 오토마타가 어떻게 작동하는지 궁금해하거나 흥미를 느끼는 사람들을 위해 집필했다. 이 책을 읽는 데 컴퓨터 과학과 같은 전공 지식이나 대학 학위가 필요하지는 않지만 독자가 기본적인 컴퓨터 지식을 갖추고 있다는 것을 전제로 한다. 예를 들어, 컴퓨터는 사람이 작성한 프로그램 코드를 실행한다든가, 컴퓨터는 이미지를 표현하는 데 RGB 색상값으로 표현되는 픽셀을 사용한다든가 하는 것이다.

독자가 인공 지능이나 로봇 공학에 익숙하더라도 이 책의 내용 중 일부는 생소하게 느낄 수 있다. 기계 학습이나 인공 지능을 다룬 강의에서 오토마타의 구성 요소가 무엇인지 들어본 적이 있더라도 이들 구성 요소가 어떻게 합쳐져서 놀라운 결과를 가져오는지는 배운 적이 없을 것이다. 보통 이러한 주제를 함께 다루는 경우는 없기 때문이다.

책을 읽다가 흥미가 없는 부분은 과감히 건너뛰어도 좋다. 책 내용을 이해하는 데 필요한 기계 학습이나 인공 지능에 대한 배경 지식은 바로 앞에 있는 한두 개의 장(章)을 살펴보면 된다.

인공 지능과 기계 학습은 무엇인가?

그렇다면 인공 지능(artificial intelligence)과 기계 학습(machine learning)은 무엇인가? **인공 지능**은 컴퓨터에 지능적인 일을 수행시키는 방법을 연구하는 방대한 학문 분야이다. 그렇다고 해서 컴퓨터가 사람이 하는 방식대로 일을 처리할 수 있도록 하는 방법을 연구하는 것은 아니다. 차차 살펴보겠지만, 컴퓨터는 사람과 매우 다른 방식으로 일을 처리한다. 인공 지능은 단순히 컴퓨터가 어떻게 지능적인 일을 처리할 수 있는지를 다루고 한정된 범위에서 이와 관련된 문제(예를 들어, 미로에서 길을 찾는 법)를 연구한다. **기계 학습**은 데이터를 통해 학습한 내용을 바탕으로 컴퓨터가 영리하게 일을 처리할 수 있도록 하는 방법을 연구하는 분야이다.

인공 지능이나 기계 학습이 모든 문제를 해결할 수는 없다. 아무 데이터도 없는 상황에서 무차별적인 대입 방식으로 해결책을 찾는 알고리즘이 필요한 때도 있고, 수억 개의 데이터를 학습하는 알고리즘을 설계해도 무차별적인 대입 방식을 적용하기 전까지는 의미 있는 결과를 얻을 수 없는 때도 있다. 좋은 결과를 얻기 위해서는 두 종류의 알고리즘을 결합해야 한다.

이 책의 첫째 마당에서는 컴퓨터가 세계를 인식하고 상호 작용할 수 있도록 해준 핵심 아이디어 몇 가지를 살펴볼 것이다. 자율 주행차가 어떻게 자기 차선을 지키면서 붐비는 도시 환경을 주행할 수 있는지를 살펴보고, 자율 주행차(그리고 다른 인공 지능 프로그램)가 어떻게 신경망을 이용해 주변 상황을 인식할 수 있는지, 그리고 신경망이 어떻게 사진 속의 객체와 사람의 목소리에 포함된 단어를 인식할 수 있는지 살펴볼 것이다.

또한 둘째 마당에서는 영화 추천 엔진이 어떻게 작동하는지를 살펴볼 것이다. 이에 얽힌 뒷이야기가 매우 흥미로우면서도 이 시스템에서 파생된 여러 핵심 아이디어가 이 책에서 살펴볼 다른 시스템에도 널리 도입되었기 때문이다.

그리고 셋째 마당에서는 컴퓨터에게 보상을 걸고 특정한 행동을 하도록 학습시키는 방법과 컴퓨터가 인공 신경망으로 실세계를 인식하는 방법도 다룰 것이다.

이 책의 넷째, 다섯째 마당에서는 컴퓨터가 어떻게 게임을 할 수 있는지 좀 더 상세히 살펴볼 것이다. 특히 바둑과 체스 게임에서 이세돌과 게리 카스파로프(Garry Kasparov) 같은 세계 챔피언을 꺾은 알파고와 딥 블루(Deep Blue)도 다룰 생각이다. 그리고 〈제퍼디!〉 챔피언인 켄 제닝스(Ken Jennings)와 브래드 러터(Brad Rutter)를 격파한 IBM의 왓슨도 알아볼 것이다.

이 책 전반에 걸쳐 인공 지능의 성과가 어떻게 나올 수 있었는지 여러 연구자의 뒷이야기를 듣고 이러한 발전을 가능하게 만든 기술과 방법론 외의 요인 또한 살펴볼 것이다. 여기서 거듭 말하고 싶은 것은 활발한 연구 공동체일수록 구성원의 노력을 집중시키고 연구가 진전될 수 있도록 촉매 역할을 한다는 점이다. 이는 실제로 자율 주행차 분야가 대중이 상상하는 영역과 현실 영역으로 들어간 것에서도 볼 수 있다.

운전자 없이 사막을 달리는 자율 주행 로봇 자동차를 개발하는 대회가 모하비 사막에서 열렸고 수백 개의 연구 팀이 경쟁했다. 이들 연구 팀이 경주 대회에 참가하기 위해 자율 주행차를 준비하고 있던 모하비 사막의 어느 서늘한 아침에 이 이야기는 시작한다.

자율 주행차와 인공 지능

자율 주행차는 현재 활발하게 연구되는 분야이다. 현대자동차도 레벨 2.5의 자율 주행 기능을 탑재하고 있고, 테슬라는 시내 주행은 물론 완전 자율 주행에 가까운 소프트웨어를 개발했다고 한다. 과연 스스로 판단하는 자동차를 언제부터 연구했을까? 2004년, 미국 국방부 산하 연구 기관 DARPA는 흥미로운 기획을 했다. 바로 자율 주행차 경주 대회였다. 자율 주행 분야의 수많은 인재가 이 대회에 도전했다. 첫 대회는 사막에서 장애물을 피하는 경주였지만 세 번째 대회는 도시에서 개최할 정도로 급속히 발전했다. 사람이 관여하지 않아도 되는 자율 주행차는 어떤 센서가 필요한지, 어떤 판단 체계가 필요한지 자율 주행의 핵심 아이디어를 확인해 보자.

02 ▸ 자율 주행차의 시작 — DARPA 그랜드 챌린지

03 ▸ 자율 주행차는 차선을 어떻게 인지할까?

04 ▸ 자율 주행차는 교차로에서 어떻게 양보할까?

02

자율 주행차의 시작
─ DARPA 그랜드 챌린지[■]

SELF-DRIVING CARS AND THE DARPA GRAND CHALLENGE

> 할 만한 가치가 있는 일은 대부분 이루기 어렵고 시간도 오래 걸린다. 자신의 능력으로 일을 최대한 즐기고, 과정 또한 즐기는 것이 가치 있는 일을 이루어 내는 방법이다. 자신이 사랑하는 것을 얻기 위해 해야 할 일이 있다면, 그것은 자신의 모든 것을 걸고 사랑하는 것을 쫓는 것이다. 그게 인생이다.
>
> ─ 윌리엄 레드 휘태커(William Red Whittaker, 레드 팀[1]의 리더)

100만 달러가 걸린 사막의 무인 자동차 경주 대회

2004년 10월 아침, 미국 모하비 사막에서 최초의 로봇 자동차 경주가 시작되었다. 로봇 자동차들이 경주를 무사히 마칠지 저마다 예상이 엇갈렸다. 어떤 진행 위원은 이 경주의 우승자라면 10시간 이내에 227km를 주파해야 할 것이라고 주장했다.[2] 또 어떤 로봇 공학 분야

[■] DARPA 그랜드 챌린지: 미국 국방부 최고위 연구 기관인 국방고등기획국(Defense Advanced Research Projects Agency, DARPA)이 후원하는 세계 최초의 무인 자동차 장거리 경주 대회이다. 제한된 시간 안에 험로 구간을 주파할 수 있는 완전 자율 주행 지상 차량을 창조하기 위한 기술을 개발하도록 장려하기 위해 개최되었다.

종사자는 과연 완주하는 참가자가 있을지를 우려했다.³ 상금 100만 달러의 향방은 짐작할 수조차 없었다.

이 대회에서는 독창적인 자율 주행 오토바이가 미디어의 주목을 받았다. 이 오토바이 디자이너는 자이로스코프(gyroscope)를 장착해서 오토바이가 균형을 잡고 설 수 있도록 했는데, 오토바이의 주행 방향이 바뀔 때마다 균형을 유지할 수 있도록 운전대를 바꿀 방향의 반대쪽으로 돌리는 방식을 사용했다.⁴

▲ DARPA 그랜드 챌린지 포스터

하지만 사람들은 이 대회의 우승은 카네기멜런 대학(CMU)에서 참가한 팀이 차지할 것으로 예상했다. 팀원인 크리스 엄슨(Chris Urmson)은 자율 주행차 '험비(Humvee)'를 개발하는 연구진의 수석 디자이너였다. 크리스는 전설적인 로봇 공학자인 윌리엄 레드 휘태커(William Red Whittaker)의 지도 아래 카네기멜런 대학에서 박사 과정을 밟고 있었다. 그는 이 연구에 매진하여 거의 두 달 동안 험비의 사막 주행 시험을 하면서 담요를 뒤집어쓰고⁵ 40시간 동안 한곳에 눌러앉아 지켜본 적도 있었다.⁶ 그 당시 험비는 옅은 안개를 뚫고 헤드라이트 불빛이 비쳐오면 갑자기 철망 울타리로 방향을 틀어 경로를 이탈하기도 했다.⁷ 어떤 실험에서는 험비가 급선회를 하다가 구르는 바람에 몇 주 동안 센서 없이 달리기도 했다.

카네기멜런 대학의 연구진은 지난 20여 년간 이 분야를 선도해 왔고 1991년에 피츠버그 거리에서 초보 수준의 자율 주행차를 선보이

▲ 카네기멜런 대학 크리스의 팀이 설계한 '험비'

기도 했다. 그 누구도 카네기멜런 대학 연구진의 전기 기계 공학 기술을 부정할 수는 없었다. 또한 군으로부터 자금도 넉넉히 지원받아 큰 도움이 되었을 것이다.[8]

대회가 열리던 날, 크리스와 그의 팀이 설계한 자율 주행차 험비는 센서를 주렁주렁 달고 사막에 사는 거북의 굴[9]을 피해 가며* 경쟁자를 근소한 차이로 앞서 나갔다.

험비는 25분 동안 달렸으며 주행 속도는 그리 빠르지 않았다. 평균 시속은 24km 정도였고 주행 거리는 총 11km가 약간 넘을 정도였다. 하지만 이 기록은 다른 참가자에 비하면 훨씬 나은 수준이었다.

험비의 앞 유리창에는 커다란 CAT 로고가 붙어 있었고 자동차의 엔진 소리는 힘차게 윙윙거렸다. 하지만 험비는 왼쪽으로 가파르게 휘어진 구불구불한 길을 따라가다가 갑자기 시야가 흐려졌다. 험비는 앞이 보이지 않은 채 달리기 시작했다.

---

* 20명의 생물학자가 로봇 자동차의 무리로부터 동물을 보호하기 위해 사막에 장애물을 설치했기 때문이다. 생물학자들은 자동차들이 거북을 피해가기는커녕 도로 위를 제대로 달릴 수도 없을 것이라고 했다. 그리고 그 예견은 들어맞았다.

초기 자율 주행차는 어떻게 만들었을까?

험비는 어떻게 스스로 11km를 달렸을까? 자율 주행차는 주행을 위해 기계 학습, 좀 더 정확히 말하면 심층 신경망(deep neural network)을 사용한다는 이야기를 들어본 적이 있을 것이다. 하지만 경주가 벌어진 해는 2004년이었고, 안정적으로 사물을 '보는 것'을 신경망에게 훈련시키는 방법이 알려진 것은 이때로부터 10여 년이 지난 후였다. 그렇다면 초기의 자율 주행차는 신경망 대신 어떤 방법을 사용했을까?

이 책 03장에서는 자동차가 자율 주행을 하는 데 필요한 최소한의 알고리즘이 무엇인지 살펴볼 것이다. 또한 사막에서 자율 주행차를 어떻게 원격으로 수 킬로미터를 달리게 할 수 있는지도 다룰 것이다. 그 후 자율 주행차가 주위 사물을 '보는 것'과 캘리포니아 시내에서 도로 교통법을 준수하면서 주행할 수 있게 하는 다양한 알고리즘은 04장에서 설명할 것이다. 자율 주행차의 소프트웨어를 상세히 알아보기 전에 먼저 컴퓨터가 자동차의 하드웨어를 제어하는 방식을 간략히 살펴보자.

01장에서 살펴본 것처럼 보캉송은 플루트 연주자를 만들 때 회전하는 원통에 정교하게 징을 박아 특정한 곡을 연주하도록 프로그래밍했다. 이들 징은 레버를 눌러 자동인형의 입술과 손가락을 움직이고 입김을 불어넣기 위해 공기의 흐름을 제어했다. 이 자동인형이 새로운 곡을 연주하려면 새 통을 구해서 징을 박기만 하면 됐다. 자동인형의 입술이나 손가락을 움직이는 방식을 바꾸고 싶다면 내부에 있는 레버와 사슬과 관절을 조절하면 되었다. 보캉송은 자동인형을 회전하는 원통과 나머지 부분으로 나눠서 개발했다. 이 방식을 통해서 플루트 연주자를 쉽게 개량할 수 있었다. 자율 주행차에도 이와 비슷한 접근 방식을 적용해 볼 수 있다.

일단 자율 주행차의 속도에 대해 생각해 보자. 속도를 유지하는 가장 단순한 방법은 컴퓨터에서 지시하는 숫자(예를 들면 '40')로 자동차의 속도를 설정하는 것이다. 하지만 이게 말처럼 쉽지 않은 것은, 자동차의 엔진은 '40'이 무엇을 의미하는지 알지 못하기 때문이다. 예를 들어, 전기 엔진에 전압을 400V 보내면 자동차가 시속 40km로 달린다고 해보자. 이 경우 단순히 전압을 일정한 비율로 올리거나 내린다고 해서 원하는 속도를 얻을 수는 없다. 전압을 10V 보내면 자동차는 시속 1km로 달리기는커녕 움직이지도 않을 것이다.

보캉송의 시대에는 원심 조속기(centrifugal governor)■라는 장치로 이러한 문제를 해결했다. 원심 조속기란 엔진의 속도를 제어하기 위한 피드백 루프(feedback loop)■■를 제공하는 장치로, 두 개의 금속 공이 있어서 장치가 회전하면서 증기 기관과 기계 장치를 연동했다. 엔진이 빨라질수록 조속기도 빠르게 회전하며 금속 공이 원심력에 의해 바깥쪽으로 힘을 받는다. 서로 연결된 레버의 작용으로 엔진에 연료를 공급하는 밸브가 닫히고 조속기의 속도 또한 느려진다. 엔진의 속도가 느려지면 이 장치는 증기 기관에 공급하는 연료의 양을 늘려서

■ 원심 조속기: 원심력을 이용해 속도를 제어하는 장치. 플라이볼 거버너(flyball governor)라고도 한다.

■■ 피드백 루프: 입력으로 일어난 결과를 다시 입력해 반영하는 방식의 제어 구조이다.

다시 엔진을 가속한다. 이렇게 조속기는 엔진에 공급하는 연료를 조절하여 엔진의 속도를 일정하게 유지한다.

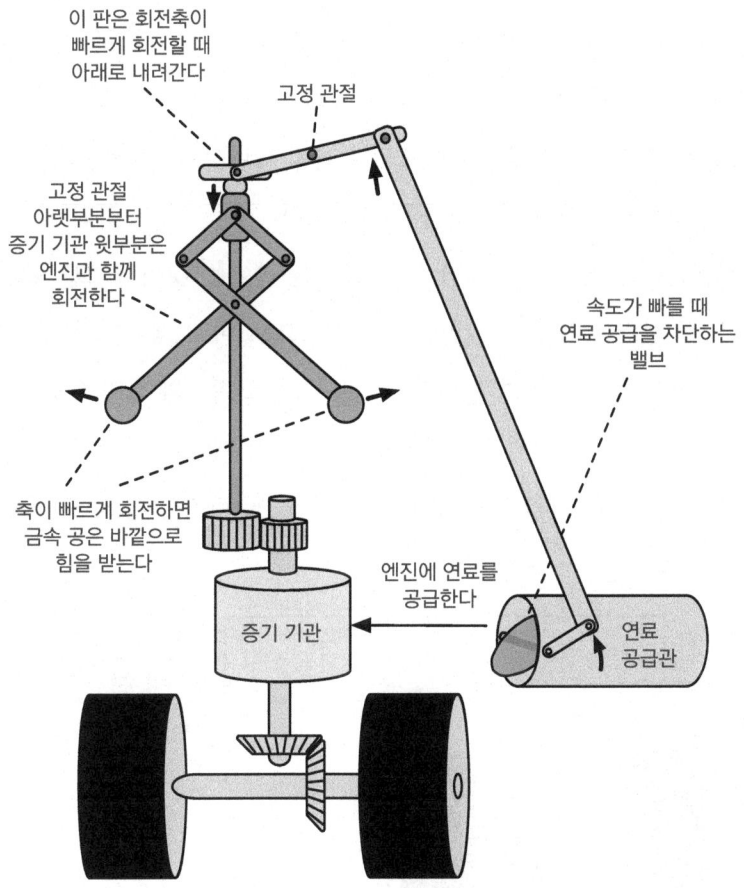

▲ 그림 2-1 원심 조속기의 작동 원리

원심 조속기는 전자 제어 시스템의 선배 격이라 할 수 있다. 엔진의 속도가 빨라지면 금속 공이 달린 회전축 또한 빠르게 회전하고, 이 금속 공은 원심력에 의해 바깥쪽으로 힘을 받는다. 그렇게 되면 장치에 연결된 레버가 엔진에 연결된 밸브를 닫는다. 엔진의 속도가 느려지면 밸브가 열려 연료 공급량을 늘린다.

원심 조속기의 단점은 엔진을 한 가지 속도로만 유지할 수 있다는 것이다. 현대의 자율 주행차도 컴퓨터 프로그램을 사용해 자동차의 속도를 조정한다는 점만 제외하면 이와 비슷한 피드백 루프를 사용한다. [그림 2-2]에서 이와 같은 피드백 루프를 볼 수 있다. 목표 속도는 피드백 루프의 입력값이 되므로 피드백 입력값에 목표 속도를 넣고 속도 센서를 이용해 바퀴의 속도가 빠른지 느린지 측정한다.

속도를 제어하는 알고리즘은 간단하다. 자동차가 느리면 모터에 전력 공급을 늘리고 빠르면 전력 공급을 줄이는 것이다. 모터에 공급되는 전력을 조정하는 일반적인 방법으로 비례 제어(proportional control)가 있는데, 이렇게 불리는 이유는 목표 속도와 현재 속도의 차이에 비례하여 전력의 양을 늘리거나 줄이기 때문이다. 비례 제어는 완벽하지 않다. 만약 자동차가 오르막길을 달리거나 강한 맞바람을

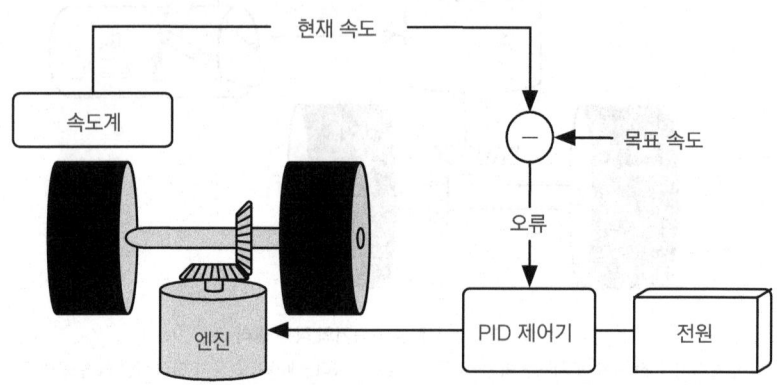

▲ 그림 2-2 3항 제어기(PID 제어기)의 제어 루프
제어기는 속도계에서 피드백을 받아 입력되는 전력의 양을 조정한다.

맞는 상황이라면 자동차는 원래 기대했던 속도보다 느리게 달릴 것이다. 그래서 일반적으로 제어 알고리즘에 몇 가지 수정이 가해진다. 예를 들어, 자동차가 계속 느린 상태로 주행한다면 엔진에 좀 더 높은 전력을 공급하는 식이다.

자동차를 목표 속도에 맞추어 안정적으로 제어하는 데 가장 흔히 쓰이는 알고리즘은 3항 제어기◼라 불리는 세 개의 단순한 규칙을 사용하는 것이다. 3항 제어기는 여러 자율 주행차에서 사용하는데 자세한 내용은 03, 04장에서 다룰 것이다.[10]

이제 하드웨어를 제어하는 방법을 대강 이해했다면 복잡한 세부 사항까지는 생각하지 않아도 좋다. 하드웨어를 제작하는 일은 물론 중요하지만 이는 별개의 문제로 다뤄야 할 것이다. 속도를 조절하고 운전대를 조작하기 위해 소프트웨어 쪽에서 해야 할 일은, 자동차에게 시속 몇 킬로미터로 달릴 것인지 또는 운전대를 얼마나 돌려야 하는지 알려주는 프로그램을 작성하는 것이다. 이제 소프트웨어에서 다뤄야 할 문제에만 초점을 맞춰보도록 하자.

주행 경로 계획하기

이 경주에서 험비는 목적지를 향해 25분 동안 달렸지만 아무 방향

◼ 3항 제어기: PID 제어기(proportional integral derivative controller), 스리텀 제어기(three-term controller)라고도 한다.

이나 마구 달린 것은 아니었다. 이는 자동차가 어디로 가야 할지 알려주는 소프트웨어를 내장하고 있기 때문이다. 이 경로 계획은 자율 주행차에서 가장 중요하다. 도로를 벗어나거나 바위에 부딪히지 않도록 자동차의 운전대를 조정하는 등의 나머지 일은 대개 경로를 따라 목적지까지 나아가는 과정에서 이루어지기 때문이다.

로봇 자동차 대회의 주최측은 경주가 시작되기 두 시간 전에 참가자에게 전자 지도를 전달했다. 참가자들이 경주할 도로를 미리 살펴보는 것을 막으려는 조치였다. 이 지도에는 경주의 출발 지점과 도착 지점 사이에서 자동차가 갈 수 있는 경로를 GPS 좌표로 표현해 놓았다. 크리스의 팀은 자동차의 현재 위치를 측정하기 위해 GPS 센서를 자동차에 장착했다. 이론상으로는 GPS 센서를 사용해 도로를 벗어나지 않으면서 지도의 한 지점에서 다른 지점으로 주행하기만 하면 되는 일이었다.

크리스의 팀(자기들끼리는 '레드 팀'이라고 불렀다)은 주행에서 GPS가 가장 중요한 부분이지만 그게 전부가 아니라는 것 또한 알고 있었다. 길에는 울타리나 바위 같은 장애물도 있었다. 그래서 레드 팀은 미리 대규모 지도(그들은 '세계 최고의 지도'라고 불렀다)를 준비해서 그날 아침에 받은 지도를 보강했다.[11] 그들은 경주 대회가 있기 전 몇 주에 걸쳐 장애물이 있는 곳을 식별하기 위해 14만km^2에 이르는 사막의 위성 지도를 연구했다.

이어 주행 경로의 GPS 좌표를 전달받은 후 경주가 시작할 때까지 두 시간 동안 팀원 14명은 예상 주행 경로로 급히 달려가 길 위의 지

형을 지도에 직접 입력했다(이 과정에서 컴퓨터를 수십 대 사용했다).[12]

팀원들이 지도 정보를 직접 입력하는 동안 컴퓨터는 팀원에게 출발 지점에서 도착 지점까지의 최적 경로를 계산하여 계속 전송했다. 팀원들은 이 정보를 바탕으로 조사해야 할 경로의 우선순위를 정할 수 있었다. 크리스와 그의 팀은 경주가 시작되기 직전에 이렇게 미리 계산된 경로를 험비에 업로드할 계획이었다.

험비의 계획 — 낮은 비용, 최단 경로를 찾아라!

어렸을 때 거실 바닥을 용암이라고 상상하며 놀았던 적이 있는가? 이 놀이는 거실 바닥(용암)을 되도록이면 밟지 않고 방까지 가는 길을 찾는 것이다. 험비 역시 지도의 길을 따라 주행하기 위해 용암을 피하듯 장애물을 피하는 일을 수행하는 셈이다.

하지만 험비에게 단순히 "적당한 길을 찾아봐"라고 명령할 수는 없다. 플루트 연주자의 경우 보캉송은 이 자동인형이 플루트를 연주할 수 있도록 기계의 세세한 움직임까지 제어하는 기능을 넣어야 했던 것을 떠올려 보자.

이와 마찬가지로 최적의 경로를 찾는 프로그램을 만들기 위해서는 컴퓨터가 과정을 따라가기만 하면 스스로 길을 찾을 수 있도록 명확한 절차가 필요하다. 이러한 절차는 몇 분 몇 초까지 명확히 따져야 한다는 점만 제외하면 음식을 만들 때의 레시피와 비슷하다.

거실 바닥의 용암을 피해 길을 찾는 방법을 구체적으로 묘사한다

지형	발을 디뎠을 때의 비용
카펫(용암)	1
탁자	0.5 (엄마는 화내시겠지만 용암은 아니다)
소파	0
잠든 개나 고양이	10

▲ 표 2-1 거실 바닥을 밟지 않고 방까지 가는 길 찾기 놀이의 비용 예시

면 아마 [표 2-1]과 같은 방식일 것이다. 먼저 거실 바닥을 제외한 부분의 표면이나 물건에 발을 디뎠을 때의 비용을 매겨보는 것이다. 그런 다음 최소한의 비용으로 거실을 가로질러 방까지 가려면 어떤 경로로 가야 할지 계산해 보는 것이다. 적절한 길을 찾는 문제를 특정한 함수의 값(경로의 비용)을 최소화하는 문제로 재구성했다는 점에 주목하자. 여기에서 중요한 것은 문제의 프레임을 바꾸어 컴퓨터가 처리하기 적합한 문제로 만들었다는 점이다. 컴퓨터는 복잡한 환경에서 자유로운 결정을 내려야 하는 일은 잘 처리할 수 없지만 함수의 최솟값은 빠르게 구할 수 있다. 이 개념은 앞으로 반복해서 등장할 것이다.

경주에는 시간제한이 있으므로 레드 팀은 험비가 $1m^2$의 면적을 달릴 때 필요한 시간을 예상해 보고 이 시간을 6점 단위로 환산하여 지도 위 $1m^2$의 공간마다 비용을 매겼다. 주행하기 어려운 지형은 험비가 느리게 달려야 하므로 더 높은 비용을 매겼다. 또한 비포장도로, GPS 데이터가 없는 곳, 고르지 않은 길, 급경사, GPS 좌표로 볼 때 경주가 벌어지는 장소에서 멀리 떨어진 곳에도 높은 비용을 매겼다. 지

도의 모든 칸에 해당하는 비용을 계산하고 나면 지도 위 경로의 총 비용을 계산해야 했다.

유명한 경로 탐색 알고리즘인 다익스트라 알고리즘(Dijkstra's algorithm)은 출발 지점에서부터 탐색 경계선을 하나씩 늘려 나가는 방법으로 경로를 찾는다.[13] 이 프로그램은 탐색 경계선을 조금씩 전진해 나가다가 경계선의 위치가 최종 도착지가 될 때까지 이를 반복한다. 경계선이 조금씩 전진할수록 다음 위치로 이동하는 데 필요한 비용도 조금씩 늘어나며, 새로운 지점이 경계선에 포함되면 그 지점에 다다르기 위한 비용을 해당 지점에 기록한다. 이런 알고리즘이 유용한 이유는 험한 비포장도로와 같이 주파하기 어려운 경로를 피해서 유리한 경로(낮은 비용의 잘 닦인 도로)를 검색할 수 있기 때문이다.

탐색 알고리즘이 목적지를 발견하면 경로가 존재한다는 사실과 함께 해당 경로의 비용을 알 수 있게 된다. 지도의 탐색 과정을 기록해 두었다면 이 데이터를 이용해 목적지까지 최단 경로를 빠르게 역추적할 수 있다. [그림 2-3-1], [그림 2-3-2], [그림 2-3-3]에서 최단 경로(그리고 탐색 경계)를 어떻게 찾아가는지 알 수 있다.

컴퓨터 과학자와 로봇 공학자는 오랜 시간 동안 이러한 알고리즘을 연구해 왔으며, 이제는 커다란 지도에서 몇 분의 1초 안에 최소 비용 경로를 찾을 수 있다. 가장 비용이 적은 경로 대신 그럭저럭 괜찮은 경로를 찾는다면 좀 더 짧은 시간에 찾아낼 수도 있다. 레드 팀은 이러한 알고리즘을 통해 컴퓨터로 험비가 주행할 경로를 계획했다. 이제 험비는 경주할 준비가 되었다.

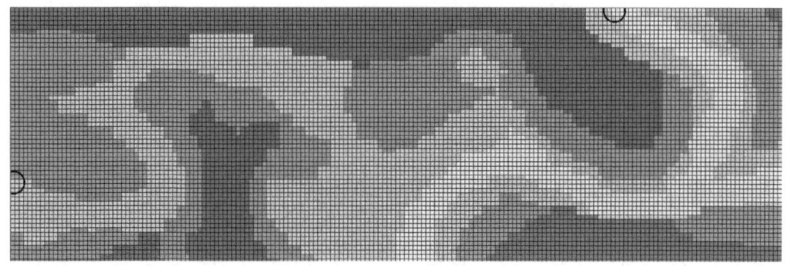

▲ 그림 2-3-1 예제 지도로, 어두운 부분은 고비용을 나타냄

이 지도에는 네 가지 지형이 있다. 격자 모양의 셀은 각각 1㎡를 의미하고 지형을 나타내는 네 가지 색상으로 구분하여 표시된다. 색이 어두울수록 주행하기 어려워 비용이 높게 책정된 지형을 의미한다. 출발 지점과 도착 지점은 각각 왼쪽과 위쪽에 표시되어 있다. 셀은 밝은 색상부터 가장 어두운 색상까지 각각 통과하는 데 1m당 1, 3, 9, 18초가 걸리는 것을 의미한다

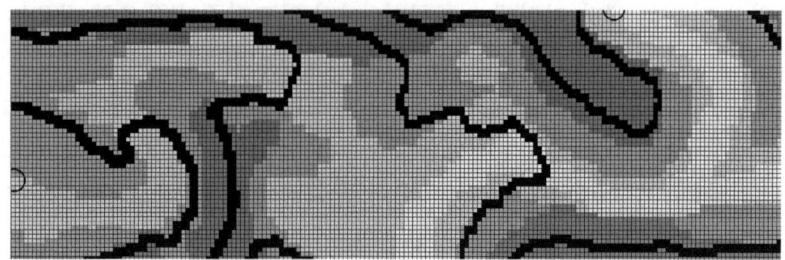

▲ 그림 2-3-2 다익스트라 알고리즘을 반복한 결과 얻은 몇몇 탐색 경계선

각 경계선은 등고선 형태로 표현되며, 이 등고선은 자동차가 170, 350, 525, 700초 동안 얼마나 멀리까지 운행할 수 있는지를 나타낸다.

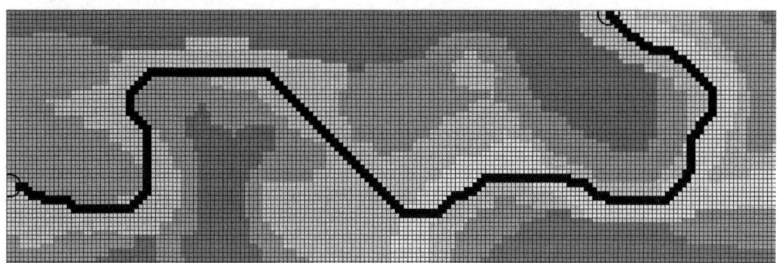

▲ 그림 2-3-3 이 지도의 최적 경로

알고리즘의 수행이 끝나면 최적 경로를 비용 격자에 대응시킨다. 이 경우 최적 경로는 자동차가 좀 더 빠르게 달릴 수 있는 밝은색의 지형에 가까워진다.

자율 주행차는 어떻게 달릴 수 있을까?

험비는 지도에서 자신의 위치를 찾기 위해 자동차에 장착한 GPS 센서를 사용했다. GPS 센서는 미국 국방부가 쏘아 올린, 정교하게 조정된 수십 개의 위성에서 보내주는 신호를 사용한다. 이 중 몇몇 위성 신호는 언제든지 수신할 수 있다. 이렇게 수신된 네 개의 위성 신호를 사용해서 삼각 측량을 하여 GPS의 현재 시각(t)과 위치(x, y, z)를 몇 미터 이내의 정확도로 알아낸다.

하지만 자율 주행차는 GPS에만 의존할 수 없다. 무엇보다도 GPS가 항상 정확하지는 않기 때문이다. 괜찮은 GPS 시스템은 센티미터 단위로 정확한 위치를 알 수 있지만, 어떤 GPS 시스템은 100m 단위의 정확도를 보여주었다. 또한 GPS 장치가 터널을 지나거나 위성 신호가 지구의 전리층을 통과하는 과정에서 왜곡된다면 측정값에 차이가 날 수 있다. GPS는 자동차가 향하는 방향을 알려줄 수 없어서 험비가 주행하다가 길에서 미끄러졌을 경우 달리던 방향이 어느 쪽이었는지 잊어버릴 수도 있다. 그러므로 GPS가 없는 상태에서도 주행할 방법이 꼭 필요했다.

그래서 레드 팀은 3차원 공간에서 가속도를 측정할 수 있는 가속도계(accelerometer)를 험비에 장착해서 자동차의 속도와 위치를 추정했다. 또한 회전을 측정하는 가속도계인 자이로스코프를 장착해서 험비가 향하는 방향을 추적했다.

가속도계와 GPS 센서에서 수집한 데이터는 칼만 필터(Kalman filter)를 통해서 합쳐졌다. 칼만 필터는 1960년에 고안된 수학 모델이며, 측정된 사물의 위치 데이터를 바탕으로 현재 위치를 추정하여 시간별로 사물의 위치를 추적하는 방법이다. 예를 들어, 바다의 잠수정이나 험비의 경우처럼 위치 추적이 필요할 때 사용한다. 칼만 필터의 핵심 아이디어는 어떤 사물의 정확한 위치와 속도를 알아내는 것은 불가능하며, 우리가 얻을 수 있는 것은 불완전하고 단편적인 데이터뿐이라는 것이다. 잠수정을 탐지하기 위해 음파 탐지기에서 데이터를 수집하는 경우를 예로 들면, 고래라든가 해초를 탐지한 데이터가 결과에 포함될 수 있다. 그러나 칼만 필터는 이런 예외적인 데이터도 평탄하게 만들어 제거할 수 있다.

사실 칼만 필터는 모든 측정값이 정확할 거라 예상하지 않으며, 단지 평균적으로 정확할 거라 가정한다. 그러므로 관측이 충분히 이루어지면 사물의 위치와 속도를 꽤 정확하게 추정할 수 있다. 칼만 필터는 가속도계, 자이로스코프, GPS의 데이터와 자동차 바퀴에서 얻은 데이터를 결합하여 자율 주행차가 자신의 위치를 추측할 수 있게 해주었다. GPS 신호가 2분 정도 끊어져도 오차는 불과 몇 센티미터에 불과했다.[14]

하지만 이런 정밀한 측정 데이터가 있어도 험비가 지도에 표시되지 않은 울타리, 바위, 또는 도로의 장애물에 부딪힐 위험은 여전히 남아 있었다. 그래서 레드 팀은 험비에게 커다란 눈을 붙여주었다. 레드 팀의 계획은 이 눈이 험비가 달리는 경로의 표면을 스캔하여 아직 지도에 표시되지 않은 장애물을 찾아 추가하는 것이었다. 만약 도로를 달리다가 어떤 물체나 울퉁불퉁한 길을 발견하면 험비는 좌우로 방향

을 바꾸어 충돌을 피하도록 프로그래밍되어 있었다.[15]

험비의 눈은 레이저와 광학 센서를 결합한 것으로 라이다(lidar, light detection and ranging)라고 불렀다. 라이다는 음향 탐지기(sonar)나 레이더와 비슷하지만, 음파나 전파를 사용하는 대신 물체의 표면에서 반사되는 빛을 측정한다는 점에 차이가 있다(이후 이 기술을 가리킬 때는 '레이저 스캐너'라는 명칭을 사용할 것이다). 이 거대한 눈에는 짐벌(gimbal)■ 위에 설치된 한 쌍의 카메라가 포함되어 있는데, 로봇은 이 짐벌을 사용해 여러 방향을 촬영할 수 있었다.[16]

하지만 험비의 눈은 아직 초보 수준이어서 장애물을 발견하고 주행 경로 자체를 수정하는 프로그램은 탑재되어 있지 않았다. 험비는 처음에 결정된 경로를 따라 달리면서 단순한 규칙에 따라 길에 장애물이 있으면 좌우로 움직여 피해 갈 뿐이었다. 결국 이 기능이 문제를 일으켜서 험비는 갓길로 미끄러져 바위에 충돌하고 말았다.

험비의 고난에 찬 주행기

험비는 출발 지점에서 11km 떨어진 곳을 지날 때 바위와 충돌했다. 험비는 지그재그로 달리다가 왼쪽으로 급커브를 틀다 보니 왼쪽 바퀴가 도로변 둑 아래로 빠져 버린 것이다. 거기에서 험비는 흙길 위를 달리다 미끄러져 바위와 충돌했다. 험비는 몇 분 동안 먼지를 일으

■ 짐벌: 어떤 물체가 하나 또는 여러 개의 축을 중심으로 회전할 수 있게 해주는 장치

키며 바퀴를 회전시켰다. 험비를 살펴보기 위해 뒤따라온 진행 위원 두 명은 험비가 아침 햇살 아래에서 고군분투하는 것을 지켜보았다.

험비의 바퀴는 7분가량 더 회전하다 결국 불이 났다. 근처에 있던 진행 위원들은 로봇을 정지시키기 위해 원격 중지 스위치를 누르고 불을 끄기 위해 달려왔다. 험비의 바퀴는 매우 빠르게 회전했기 때문에 진행 위원이 원격 중지 스위치를 눌렀을 때에는 하프샤프트(half-shaft)■가 이미 쪼개져 있었다.[17] 크리스의 팀은 공식적으로 이렇게 경주를 끝냈다.

이 로봇 자동차 경주 대회는 미국 국방부 부서인 DARPA에서 기획했다. 크리스의 팀을 포함한 106개의 참가 팀 중 DARPA 그랜드 챌린지에 실제로 참가한 팀은 15개뿐이었다.

상금 100만 달러를 차지한 자율 주행차는 없었다. 대회 관람자들이 볼 때 경주에 참가한 자동차들의 모습은 우스꽝스러웠을 것이다. 대회 참가자 중 큰 트럭 하나는 덤불에서 후진하기도 했고, 어떤 차는 자신의 그림자를 피해서 도로를 이탈하기도 했다.[18] 자율 주행 오토바이 제작자는 들뜬 나머지 대회가 시작되기 전에 오토바이를 자율 주행 모드로 변경하는 것을 잊어버려 출발선에서 쓰러뜨려 버렸다.[19]

험비는 고장나서 도로변에 멈추기까지 11.8km를 주행했다. 험비의 기록은 DARPA 그랜드 챌린지의 최고 기록이었지만 전체 경주 구

■ 하프샤프트: 드라이브 샤프트(drive shaft)라고도 하며, 엔진의 동력을 바퀴에 전달하는 역할을 한다.

간의 5%에 불과했다.

레드 팀은 주행 기록 데이터를 연구하여 자신들이 제작한 험비의 강점과 약점을 설명한 긴 보고서를 공개했다. 이 보고서에서 레드 팀은 25분 동안 경주를 하면서 발견한 문제를 조목조목 나열했다. 그 내용은 마치 영화 〈블루스 브라더스(Blues Brothers)■〉의 대본 같은 느낌이

- 울타리 기둥 #1과 충돌
- 울타리 기둥 #2와 충돌
- 잠시 멈춤
- 울타리 기둥 #3과 충돌
- 바위와 충돌
- 전복됨 [마지막 사고][20]

▲ 레드 팀의 보고서

었다. 레드 팀의 보고서에서 이 항목들은 '비정상 동작'으로 표현했지만 보험 회사에서는 '사고'라고 좀 더 적절하게 표현했다.

DARPA는 참가자들에게 사륜구동 픽업트럭을 사용하라고 권장했지만[21] 레드 팀은 하드웨어가 병목■■ 조건이 되기를 원치 않았기 때문에 험비를 선택했다. 이 선택은 어느 정도 도움이 되었다. 예를 들어, 사고 당시 '울타리 기둥 #3'은 보강되어 있는 상태였기 때문에 험비가 이 기둥을 밀어 버리고 계속 전진하기까지는 2분 정도 걸렸다. 크리스는 험비를 '날뛰는 숫양 같은 자동차… 시속 35km로 달리는 짐승'이라고 표현할 정도였다.[22] 하지만 튼튼한 트럭만으로는 우승할 수 없었다.

■ 블루스 브라더스: 미국의 유명한 액션, 코미디, 뮤지컬 영화를 말하며, 같은 이름의 2인조 밴드도 있다.
■■ 병목(bottleneck) 현상은 전체 시스템의 성능이나 용량이 하나의 구성 요소 때문에 제한을 받는 것을 말한다.

문제는 험비 스스로 어디를 달리는지 거의 볼 수 없다는 것이었다. 험비의 거대한 눈은 원시적이었고 시력은 형편없었다. 장거리를 주행할 수 있는 능력을 제외하면 험비가 할 수 있는 지능적인 행동은 단순한 규칙에 따라 센서에 반응하는 것이 대부분이었다. 레드 팀은 이러한 한계를 인식하고 카메라나 레이저 스캐너에서 받은 데이터 중에서 신뢰하기 어려운 것은 무시해 버리고 처음 설정된 경로 위를 장님처럼 GPS 좌표를 따라 주행하도록 프로그램을 작성했다. 험비의 마지막 충돌이 그래서 발생했다. 험비의 눈과 그에 딸린 소프트웨어는 좀 더 개선해야만 했다.

DARPA 그랜드 챌린지는 과연 실패한 걸까?

DARPA 그랜드 챌린지는 겉으로는 실패한 것처럼 보였다. CNN은 '로봇, 그랜드 챌린지 완주에 실패'라는 머리기사로 뉴스를 요약했다.[28] 〈파퓰러 사이언스(Popular Science)〉는 이 경주를 'DARPA가 일으킨 사막의 대참사'라고 표현했다.[23] 어떤 관람자가 지적했듯이 '견인차 운전자에게는 좋았던 하루'이기도 했다.[24]

하지만 참가자들과 DARPA의 직원들과 진행 위원들은 그날 밤 경주를 무사히 마친 것을 자축하며 파티를 열었다. 그들은 로봇 험비가 거친 사막에서 어떻게 11.8km를 달릴 수 있었는지 생생하게 들을 수 있었고, 이후 몇 달간 밤과 주말에 일하느라 밀린 잠도 보충할 수 있었다.[25]

자율 주행차 분야의 선두 주자인 에른스트 딕만스(Ernst Dickmanns)가 컴퓨터의 성능이 향상될 때까지 우리는 기다려야 한다고 주장한 이후 이 분야는 지난 8년 동안 동면기에 들어가 있었다. 이제 컴퓨터는 25배 가까이 빨라졌으며 DARPA 그랜드 챌린지는 자율 주행차 분야가 빠르게 해빙기를 맞아 연구자들이 다시 성과를 내기 시작하는 실마리가 되었다.[26]

DARPA 또한 2015년까지 자율 주행이 가능한 군용 차량을 생산할 수 있는 업체를 확보하라는 의회의 명령을 이행하는 데 한 발짝 다가설 수 있었다(DARPA는 이 명령을 이행하지 못했다). 대회 참가자들처럼 DARPA 또한 전 세계의 전문가로부터 사막에서 달릴 수 있는 자율 주행차를 만드는 데 필요한 자료를 모았다. DARPA의 앤서니 테더(Anthony Tether) 국장은 이렇게 말했다.

> 누가 이 경주를 완주하든 상관없어요. 우리는 자율 주행차 분야의 과학과 공학에 관심을 불러일으키고 싶을 뿐입니다.[27]

이런 관점에서 본다면 자율 주행차 경주는 반향을 일으키는 데 성공한 셈이다. 100여 개의 팀이 DARPA 그랜드 챌린지에 관심을 가졌고 불과 몇 달 동안 450개 뉴스와 58개 신문에서 보도했기 때문이다.[28] 〈와이어드(Wired)〉와 〈파퓰러 사이언스〉 같은 유명한 잡지에서는 여러 지면을 할애해 경주를 소개했다.[29] 그 당시 사람들은 깨닫지 못했지만, 이 경주는 중공업 분야에서 자율 주행차에 투자를 시작한 시기보다 최소한 15년 이상은 앞선 것이었다.

DARPA는 자율 주행차 분야의 연구가 계속되기를 바랐기 때문에 이듬해에 다시 대회를 열겠다고 발표했다. 참가를 독려하기 위해 상금도 두 배(200만 달러)로 올렸다. 경주를 준비하느라 밤낮없이 일했던 게리 카(Gary Carr)도 이 소식을 듣고 열광했다. "우리는 다시 올 거예요. 물론 차는 다르겠지만 어쨌든 우리는 다시 올 거예요."[30] 개리 말고도 다음에 열릴 대회에 기대를 건 사람은 많았다. 크리스와 레드 팀도 다시 기회를 얻었다.

03

자율 주행차는 차선을 어떻게 인지할까?

KEEPING WITHIN THE LANES: PERCEPTION IN SELF-DRIVING CARS

> 자율 주행을 소프트웨어 문제로 여겨라.
>
> - 스탠퍼드 레이싱 팀의 설계 철학(2005년)

두 번째 DARPA 대회 — 그랜드 챌린지

첫 번째 자율 주행차 경주 대회가 열린 지 1년 반 만에 다시 모하비 사막에서 두 번째 대회가 개최되었다. 이번 대회에서는 자율 주행차를 5분마다 한 대씩 출발시켜 서로 방해하지 않도록 했다.[1]

이번에도 레드 팀의 전략은 지도를 미리 작성하고 주행 기능에 집중하는 것이었다. 레드 팀은 한 달 동안 세 명의 운전자를 사막에 보내 경주가 열릴 만한 경로를 찾아 3,200km를 돌아보게 했다. 그리고 첫 대회 때처럼 대회 시작 두 시간 전에 경주 코스가 발표되면 컴퓨터가 그 코스에 맞는 경로를 찾아내어 험비에 업로드할 수 있도록 지도 데이터를 미리 준비했다.² 또한 험비가 바위에 걸려 오도 가도 못 하는 상황이 되지 않도록 규칙도 만들었다. 만약 험비가 움직이지 못하면 (다시 말해, 자동차의 바퀴는 회전하고 있는데 GPS 센서에서 자동차의 위치 이동을 감지하지 못한다면) 10m를 후진했다가 장애물에 대한 추정치를 지우고 다시 시도하도록 프로그래밍되었다.³

이 경주에서 가장 어려운 지점은 비어 보틀 패스(Beer Bottle Pass)로, 한쪽으로는 깎아지른 바위가 있고 다른 한쪽으로는 30m 낭떠러지가 있는 2.4km의 비포장도로였다.⁴ 참가자들은 자신들이 만든 자율 주행차가 이 도로를 무사히 통과할 수 있을지 알아보기 위해 실제 주행 영상을 돌려보았다.⁵ 레드 팀의 험비는 이 도로를 달리면서 약간 긁히긴 했지만 문제없이 잘 통과했다. 험비는 212km의 경주를 성공리에 마쳤고 이는 첫 대회에서 달린 거리의 20배에 해당했다.⁶ 하지만 레드 팀은 우승을 차지하지 못했다.

경주의 승자는 이번 대회에 새로 참가한 스탠퍼드 레이싱 팀이 제작한 자율 주행차 '스탠리(Stanley)'였다. 스탠리는 빠른 주행 속도를 보여 앞선 차들에게 시간을 주기 위해 두 번이나 멈춰

▲ 스탠퍼드 레이싱 팀과 '스탠리'

서야 했다.⁷ 결국 주최측은 스탠리를 먼저 보내기 위해 앞에서 달리던 차를 멈춰 세워야 했다. 스탠리는 레드 팀의 험비보다 10분 이상 빨리 결승점에 도착했다.⁸

스탠퍼드 레이싱 팀을 이끈 사람은 스탠퍼드 인공 지능연구소의 역대 최연소 책임자인 서배스천 스런(Sebastian Thrun)이었다. 서배스천은 카네기멜런 대학 출신으로 몇 년 전까지만 해도 로봇연구소의 신참 교수였다. 그는 자율 자동차를 만들어 본 적이 없지만 첫 번째 DARPA 그랜드 챌린지를 보고 영감을 얻었다. 그리고 경주가 실패로 끝났다는 소식을 듣고 그는 자신에게 스스로 질문해 보았다. '우리는 이보다 잘할 수 있을까?'[9] 그는 폭스바겐의 투아레그(Touareg) 두 대와 폭스바겐 전자연구소의 지원을 바탕으로 첫 번째 DARPA 그랜드 챌린지에서 받은 영감을 행동으로 옮겼다.[10]

서배스천이 자신의 기록에서 밝힌 대로, 먼저 그는 스탠리의 프로토타입을 만들기 위한 세미나 수업을 준비하여 스탠리를 제작할 인력을 모았다.[11] 여느 수업과 달리 이 수업에는 교과서도, 강의 계획서도, 심지어 강의도 없었다.[12] 이 수업을 듣는 학생 20명은 관련된 논문만 달랑 두 편 읽었을 뿐이었는데, 그 때문인지 이들은 특정한 접근법에 구애받지 않았다.[13] 이들은 단지 8주 만에 험비보다 (더 느리긴 했지만) 더 먼 거리를 주행하는 프로토타입을 만들어 냈다.[14]

스탠리가 대회에서 우승한 이유는 무엇이었을까? 첫 번째 대회에 참가한 팀들은 장애물 탐지 기능 같은 것에는 신경을 쓰지 않았다.[15] 스탠퍼드 레이싱 팀은 전자 지도와 경로 탐색 기능보다 주변 환경을 인식하는 기능이 더 중요하다는 점을 간파했다. 경쟁자였던 레드 팀은 이번 대회에 앞서 사막의 도로 3,200km를 미리 살펴봤지만 실제로 경주할 코스와 겹친 도로는 전체 거리의 2%밖에 안 되었다.[16]

제아무리 육중한 험비라고 해도 바위를 밀면서 주행할 수는 없는 노릇이었다. 게다가 다른 픽업트럭이 주행을 방해할 수도 있는 상황이었다. 그래서 스탠퍼드 레이싱 팀은 다른 설계 철학을 택하기로 했다. 그것은 **자율 주행을 소프트웨어 문제라고 생각하는 것**이었다.[17] 학생들이 초기 로봇을 설계하던 수업을 마친 후, 서배스천과 몇몇 학생 그리고 다른 연구자로 이루어진 작은 팀은 기존에 작성했던 코드를 대부분 버리고 스탠리에 탑재할 소프트웨어를 위해 좀 더 높은 기준을 정해서 다시 코드를 작성하기 시작했다.[18] 이들은 자신이 작성한 소프트웨어에 의존할 생각은 없었다. 정확히 말하면, 스탠퍼드 레이싱 팀은 기계 학습(machine learnning)을 이용해 주행 문제에 접근할 계획이었다.

자율 주행차에 적용한 기계 학습

자율 주행차에 기계 학습을 적용하겠다는 발상은 스탠퍼드 팀이 처음은 아니었다. 자율 주행차 분야에서는 최소한 1980년대부터 기계 학습을 연구하기 시작했다.[19] 주요 언론에서 기계 학습을 유행어로 다루기 10여 년 전부터 스탠퍼드 팀은 기계 학습에 모든 역량을 쏟아 부어 현대적인 의미의 자율 주행차를 개발해 왔다. 서배스천의 팀은 대회가 끝난 후 스탠리에 대해 다음과 같은 설명을 남겼다.

> 대회를 준비하는 과정과 경주하는 동안 기계 학습을 폭넓게

활용함으로써 스탠리를 안정되고 정확하게 작동하도록 제작할 수 있었습니다. 우리는 테스트를 충분히 하면서 기계 학습의 기술을 적용했고, 이것이 스탠리가 대회에서 우승하는 데 크게 기여했다고 믿습니다.[20]

스탠퍼드 레이싱 팀은 스탠리를 제작하기까지 많은 과제를 해결해야 했다. 특히 스탠리의 자동화를 위해 외부 세계를 인지하는 방식과 인지한 상황에 반응하는 방식을 설계해야 했다. 주행 시스템에서 새로운 경로를 찾아낼 때 스탠리는 몇 초에 불과한 검색 시간조차 기다릴 수 없었다. 외부 세계에서 변화가 일어나면 그 변화에 따라 끊임없이 의사 결정을 해야 했다. 스탠퍼드 레이싱 팀은 이 문제를 건축가가 새로운 건축물을 설계할 때 고민하는 방식으로 접근해야 한다고 생각했다. 그들은 스탠리의 구조를 먼저 설계해야 했다.

자율 주행차 스탠리의 구조

초기 스탠리의 구조는 [그림 3-1]과 같이 세 부분으로 이루어진다. 그림의 왼쪽 부분은 하드웨어 레이어로, 데이터를 수집하는 센서와 스티어링, 브레이크와 엔진 속도를 제어하는 장치가 포함되어 있다. 하드웨어에 내장된 칼만 필터를 제외하면, 이 레이어에는 인공 지능이나 기계 학습의 영역에 해당하는 요소가 거의 없었다.[21] 단지 센서(카메라, 레이저 스캐너, GPS 시스템)에서 데이터를 가져오는 역할과 자동

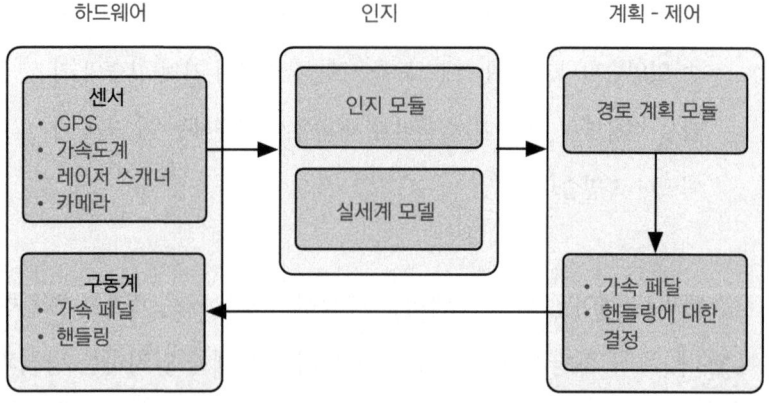

▲ 그림 3-1 스탠리의 소프트웨어와 하드웨어의 구조

2005년 두 번째 DARPA 그랜드 챌린지에서 우승한 자율 주행차 스탠리의 소프트웨어와 하드웨어의 구조를 요약한 것이다.

차의 하드웨어를 제어하기 위해 계획 레이어에 엔진 속도와 운전대의 방향을 조정하는 등의 명령을 내리는 역할만 담당했다.

[그림 3-1]의 오른쪽 부분은 스탠리가 사고(thinking)하는 계획-제어(planning and control, 이하 줄여서 '계획 레이어') 레이어로, 자율 주행차의 주행 계획을 세우는 기능을 수행한다(스탠리의 사고 기능은 그렇게 높은 수준은 아니었지만, 어쨌든 이 그림에 존재하는 것이 스탠리의 사고 기능이다. 자율 주행차의 사고 기능은 04장에서 자세히 살펴볼 것이다).

계획 레이어는 자동차가 도로에 있는 장애물을 발견했을 때 어떻게 피할 수 있을지를 파악한다. 그리고 자동차가 실제 주행을 어떻게 할지 결정을 내리는 역할을 한다. 이 레이어는 하드웨어 레이어에 명령을 내리고, 간혹 (02장에서 살펴본) PID 제어기에 명령을 내리기도 한다. 계획 레이어는 목표 속도(예를 들어, 시속 40km)가 정해지면 해당 명령을 하드웨어 제어기에 전송한다.

[그림 3-1]의 가운데 인지(perception) 레이어는 하드웨어와 계획 레이어를 중간에서 조정하는 역할을 하며, 낮은 수준의 센서 신호를 계획 레이어에서 인식할 수 있는 모델로 만들어 준다. 이들 모델 중 일부는 단순히 스탠리가 주행해야 하는 추상적인 경로를 요약한 것으로 경주가 시작되는 순간에 계산된 경로였다. 그 외의 다른 모델은 스탠리의 센서가 무엇을 보고 있는지를 나타내는 수치들이다. 다양한 기계 학습 모듈(잠시 후면 살펴볼 도로 인식 시스템도 포함해서)은 인지 레이어에서 작동하면서 센서의 데이터를 계획 레이어가 해석할 수 있는 실세계 모델로 변환했다.

이 센서들의 측정값은 무수한 점을 나타내는 형태로 인지 레이어에 전달되었다. 인지 레이어는 이 데이터를 변환해서 계획 레이어에 전달하는 방식으로, 계획 레이어가 더 고차원적인 추론(reasoning) 과정에 집중할 수 있게 해주었다. 인지 레이어에서 실행되는 여러 모듈은 정교하게 구성되어 있었고 복잡한 기계 학습 알고리즘을 사용했지만 지능적으로 작동한다고 표현하기엔 부족했다. 이 인지 레이어는 계획 레이어와 함께 작동할 때에만 지능적으로 움직이는 것처럼 보였다. 그럼 이제 인지 레이어의 인지 모듈에 대해 좀 더 자세히 살펴보자.

장애물을 피하는 알고리즘

레드 팀과 마찬가지로 스탠퍼드 레이싱 팀의 스탠리에도 레이저 스캐너를 장착하여 주변의 지형을 볼 수 있는 '시각'을 갖추었다. 스탠퍼드 레이싱 팀은 [그림 3-2]와 같이 스탠리가 자기 주변을 격자 지도로 그려볼 수 있도록 프로그래밍했다(실제 격자 지도의 셀은 이보다 훨씬 작았다).

스탠리는 레이저 스캐너의 데이터를 사용하여 각 셀에 해당하는 위치에 물체가 존재하는지를 예측했다([그림 3-2]의 어두운 부분이 물체가

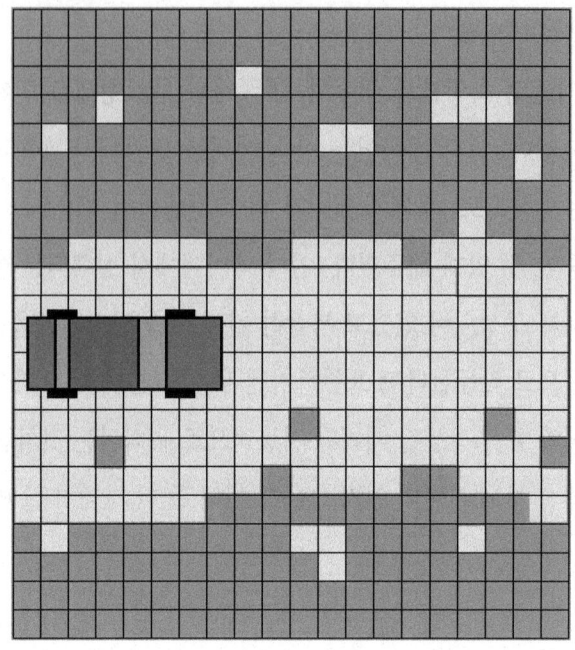

▲ 그림 3-2 스탠리가 그린 주변의 격자 지도
스탠리는 레이저 스캐너의 데이터를 사용하여 자기 주변을 셀로 표현하는 지도를 그리도록 프로그래밍되었다.

있다고 예측한 셀이다). 그런 다음 계획 알고리즘은 물체가 있다고 판단되는 셀은 피하고 물체가 없는 셀 위를 주행하도록 명령을 내렸다.

그런데 스탠리가 셀에 물체가 있는지는 어떻게 알 수 있을까? 서배스천과 그의 팀은 스탠리가 각 셀의 상태를 측정하도록 했다. 예를 들어, 셀 안에 있는 지점의 지표로부터의 높이(이는 레이저 스캐너로 측정했다)와 이들 측정치가 언제 마지막으로 변경되었는지 등의 정보를 수집했다. 그 후 이 데이터를 바탕으로 해당 셀에 높이가 다른 지점들이 포함되어 있을 확률을 예측했다. 만약 높이가 서로 크게 다른 지점이 같은 셀에 포함되어 있으면 스탠리는 이 셀에 물체가 있다고 판단했다.[22]

이는 옳은 접근 방식이었지만 셀에 물체가 있는지를 판단하는 알고리즘의 성능은 별로 좋지 않았다. 왜냐하면 스탠리의 센서 위치가 주행하면서 조금씩 바뀌었기 때문이다. 레이저 스캐너가 미세하게 기울기라도 하면 스탠리는 정면에 장애물이 나타났다고 판단해 계획 레이어 알고리즘이 도로에서 이탈해서 달리라는 명령을 내릴 가능성이 있었다. 스탠퍼드 레이싱 팀은 최고의 과학자들을 동원해 예측 시스템을 설계하는 데 수십만 달러를 투자할 수도 있었지만, 이미 이 팀에는 그런 최고의 과학자들이 참여하고 있었다. 이들은 스스로 측정 오류의 영향을 제거할 수 있는 모델을 만들었다. 모델은 이론상 완벽했지만 아직 조정해야 할 변수가 많았다.[23]

〈와이어드〉 잡지 기자 조슈아 데이비스(Joshua Davis)는 서배스천이 이러한 한계를 잘 알고 있었다고 했다. 대회가 시작되기 몇 달 전 어느 날 서배스천은 스탠리와 함께 사막으로 나갔다. 서배스천은 자동차가 자꾸 경로를 이탈하는 문제 때문에 당혹스러워 길가의 흙을 발로 걷어차고 있었다.[24] 스탠리 또한 도랑에 빠져 망가질 뻔한 적도 있고, 첫 대회에 참가한 자동차들처럼 그림자를 피하려고 도로를 이탈하거나 덤불에서 후진하는 등 비슷한 문제가 있다는 것을 알게 되었다. 서배스천은 어떤 알고리즘을 사용해야 자동차가 센서 데이터를 잘 활용할 수 있을지 깊이 고민했다.[25]

답은 기계 학습이었다. 서배스천은 스탠리를 다른 사람이 운전하게 하고 레이저 스캐너로 자동차 주변을 측정했다. 기본 아이디어는 누가 스탠리를 운전하든 안전한 지형만 주행할 것이고, 결국 스탠리가 주행하지 않은 지형은 안전하지 않은 지형인 셈이라는 데 있다. 이들은 센서 데이터를 사용하여 스탠리에 탑재한 장애물 탐지 모델의 변수를 조정할 수 있었다. 이런 식으로 서배스천의 팀은 데이터를 사용해 알고리즘을 효과적으로 '학습(training)'시킬 수 있었다.

주행하는 데 안전한 지형을 예측하기 위해 서배스천 팀이 사용한 기법은 지도 학습 분류(supervised classification)로 알려져 있다.[26] 이 기법에 대해서는 나중에 좀 더 자세히 살펴보고, 일단 여기에서는 지도 학습 분류가 일종의 분류 방법이며, 어떤 항목이 두 범주 중에서 어느 쪽에 속해야 하는지를 컴퓨터가 자동으로 예측하도록 할 때 스탠퍼드 레이싱 팀이 사용했던 방법(이미 주행한 지형은 안전한 지형으로 분류하고, 주행하지 않은 지형은 안전하지 않은 지형으로 모델의 변수를 조정하는)과 비슷하다는 것만 알아두면 된다. 이 예측 방법은 간단한 수학 함수에 측정 데이터를 넣어서 예측치를 도출하는 것이다. 이 수학 함수는 여러 변수를 사용해서 조정해야 하지만 데이터를 사용해 이 변수들을 조정할 수 있으므로(이 지점이 기계 학습이 적용되는 곳이다) 예측이 매우 정확해질 수 있다.

스탠퍼드 레이싱 팀의 데이터를 기반으로 한 조정은 지형 감지 알고리즘의 성능을 크게 향상시켰다. 이 기술이 적용되기 전에는 스탠리가 안전한 지형을 안전하지 않은 지형으로 착각할 확률이 12.6%에 달했지만, 데이터로 알고리즘을 학습시키고 나자 실수할 확률이 6,000분의 1로 줄었다.[27] 이는 과거 레드 팀이 부딪혔던, 험비의 눈이 가지고 있던 문제를 개선하는 중요한 첫걸음이었다.

도로의 경계를 찾는 모듈

자, 이제 스탠리는 도로를 안전하게 주행할 수 있을까? 그렇지는 않다. 분류 알고리즘은 시야에 들어온 지형에서 주행할 수 있는지는 알려줄 수 있지만 그 지형이 도로를 의미하는 것은 아니기 때문이다. 지형 감지 알고리즘은 개선되었지만 스탠리는 주행할 수 있는 비포장도로가 보이면 그쪽으로 가버렸다.

사실 이 대회에서는 자동차가 도로 위만 주행해야만 하는 것은 아니었다. 하지만 스탠퍼드 레이싱 팀은 도로를 벗어나서 주행하는 게 위험할 수 있다는 것을 깨달았다. 대회가 끝난 후 그들은 이렇게 기록했다. "바위, 덤불, 울타리 기둥 같은 장애물은 대개 양쪽 도로변에 있다. 차를 단지 도로 한가운데로 몰기만 하면 사막에서 장애물은 대부분 피할 수 있다. 그러므로 장애물은 탐지할 필요조차 없다!"[28] 스탠퍼드 레이싱 팀의 요점은 명확했다. 그리하여 이들은 스탠리의 시각 시스템을 위해 도로의 경계를 찾는 새로운 알고리즘을 개발했다.

스탠퍼드 레이싱 팀은 보통 양쪽 도로변이 컴퓨터에서는 계획한 경로와 평행할 것으로 판단했다. 그래서 그들은 스탠리에 레이저 스캐너를 추가해 바닥을 스캔해서 자동차가 도로변과 얼마나 근접했는지를 측정하여 [그림 3-3]처럼 자동차가 계획한 경로와 평행하게 그어진 선들에 맞춰서 달리도록 했다.

이 도로변 감지 모듈은 레이저 스캔을 사용해 어림짐작으로 장애물을 탐지했다. 자동차 좌우로 가장 먼 쪽의 도로 선(끝)까지 장애물이 발견되지 않으면, 이 선을 도로의 경계로 간주했다. 자동차가 주행하

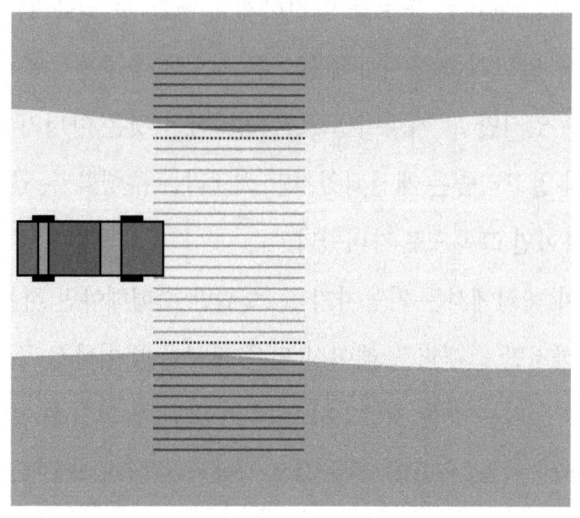

▲ 그림 3-3 도로변 감지 모듈을 이용해 주행하는 스탠리

면서 이런 도로의 경계에 대한 데이터를 수집했다. 낮은 수준에서 이 데이터는 일련의 점으로 표현되었고, 데이터 자체는 단순히 자동차의 양쪽 옆면으로부터 도로의 경계가 얼마나 떨어져 있는지를 나타내는 수치였다. 하지만 이 데이터를 칼만 필터에 집어넣자 결과적으로 도로변에 대한 정확하면서도 매끄러운 측정값을 얻을 수 있었다.[29]

도로변에 대한 데이터가 갖춰지자 이제는 스탠리가 도로의 중앙에서 얼마나 벗어났는지를 알 수 있었다. 스탠리의 경로 계획 알고리즘(잠시 후에 살펴볼 것이다)은 주행하던 경로에 장애물이 없을 때 도로의 한가운데로 달리도록 프로그래밍되었다(그 당시에는 자율 주행차 경주를 위해 외부 차량 통행이 차단되어 도로에 다른 차들이 없었기 때문에 가능했다).

도로를 인식하는 방법

그러나 스탠리의 시각 시스템에는 여전히 문제가 남아 있었다. 스탠리가 도로를 계속 주행하도록 해주는 모듈은 준비되었지만 스탠리의 레이저 스캐너는 불과 30m 앞까지만 볼 수 있었다. 그래서 스탠리가 시속 40km 이상으로 달리면 안전을 보장할 수 없었으며 사막에는 (험비가 첫 번째 대회에서 사고를 내고 멈춰 섰던) 지그재그 도로가 가끔 나타나는 것도 문제였다.[30] 시속 40km는 매우 느려서 경쟁력이 없다고 판단한 서배스천의 팀은 레이저 스캐너의 범위를 넘어 스탠리가 도로 주변을 파악할 방법을 찾기 시작했다.

자동차의 전면에 비디오카메라를 설치하는 것이 해결책이었다. 비디오카메라는 레이저 스캐너에 비해 더 멀리 볼 수 있기 때문이다. 만약 카메라와 스캐너 모두 자동차 앞에 길이 곧게 뻗어 있다고 판단한다면 그 길은 안전하게 주행해도 된다고 예상할 수 있다. 스탠리는 이 방법으로 시속 40km에서 72km로 주행 속도를 높일 수 있었다.[31]

사람은 도로 사진을 보면 어느 부분이 도로이고 도로변인지, 또한 어느 부분이 하늘인지 즉시 파악할 수 있다. 하지만 컴퓨터 프로그램에서는 이런 세부 사항이 분명하게 드러나지 않는다. 다시 말해, 스탠리에게는 카메라에서 얻은 이미지에서 도로를 찾아내는 과정을 단계별로 묘사하는 과정이 필요했다. 이를 위해 스탠리는 기계 학습의 기법인 클러스터링(clustering)을 적용해서 비슷한 색깔의 픽셀을 모아 여러 그룹으로 묶었다. 이런 방법으로 스탠리는 픽셀 하나가 도로인지 아니면 도로변인지 더 잘 파악할 수 있었다.

스탠리가 어떻게 이런 일을 할 수 있는지 이해하기 위해 무채색의 양말만 신는 사람이 빨래방에 가서 세탁을 끝내고 정리하는 모습을 상상해 보자. 흰색, 회색, 검은색의 양말을 펼쳐놓고 색의 밝기에 따라 비슷한 색의 양말을 모아서 정리하려고 한다. 시간이 지남에 따라 흰색과 검은색의 양말 무더기가 각각 생기고 그 중간쯤에 회색 양말이 놓일 것이다. 하지만 갑자기 녹색 양말이 보이면 어떻게 할까? 녹색 양말은 양말 무더기 어느 쪽에도 속하지 않으므로 어디에선가 세탁물이 섞여 들어왔다고 생각하고 따로 빼놓을 것이다.

스탠리는 비디오카메라에서 얻은 이미지에 포함된 픽셀을 이용하여 이런 방식으로 바로 추론한다. 비디오카메라가 자동차 앞의 땅바닥을 관찰하면 클러스터링 알고리즘은 이 도로 이미지에서 추출한 픽셀로 여러 클러스터(그룹)를 만든다. 사막의 도로에서 얻은 픽셀은 회색과 갈색이 섞여 있을 것이므로 스탠리는 회색 픽셀 클러스터와 갈색 픽셀 클러스터를 얻을 것이다.[32] 그 후 스탠리는 이미지의 나머지 픽셀을 이들 클러스터와 비교한다.[33] 픽셀이 일치하는 클러스터가 있으면 이 픽셀은 도로의 일부이고 그렇지 않으면 도로의 일부가 아닌 것이다. 스탠리가 어떤 픽셀이 도로를 의미하는지 알아냈다면 기하학을 사용해 눈앞의 도로가 얼마나 멀리 뻗어 있는지 계산할 수 있다. 만약 도로가 멀리 뻗어 있다면 스탠리는 속력을 낼 수 있다. 스탠리의 도로 관찰 모듈은 항시 켜진 상태로 도로 색상의 측정값을 끊임없이 반복해서 계산했다.

그런데 스탠리는 도로의 색상을 예측하기 위해 적절한 픽셀을 선택했는지 어떻게 확신할 수 있을까? 스탠리가 클러스터를 만들 때 도로가 아니라 도로변에서 얻은 픽셀을 실수로 선택할 수도 있지 않을까? 물론 알고리즘의 실수(스탠리의 다른 알고리즘 또한 그러하듯이)로 어떤 픽셀이 도로였는지 판별하는 데 실패할 가능성은 있지만, 스탠리는 주행할 수 있는 지형을 식별하는 모듈 또한 갖추고 있어서 이런 가능성을 일부 상쇄할 수 있었다. 또한 이 알고리즘은 자동차의 속도를 조정하는 데에는 사용했지만 운전대를 조정하는 데에는 사용하지 않았다. 그러므로 스탠리가 도로를 조금 벗어난다고 해도 충돌은 피할 수 있었다. 그리고 일단 스탠리가 도로에 다시 진입하면 도로 관찰 모듈은 신속하게 정확한 도로 색상으로 재조정되었다.

속도 조절을 위한 경로 계획

스탠리의 도로와 장애물을 탐지하는 모듈은 56쪽 [그림 3-1]의 가운데에 있는 인지 레이어에 위치한다. 스탠리의 속도를 정하는 소프트웨어는 오른쪽에 있는 계획 레이어에 있다. 계획 레이어는 낮은 수준의 센서 데이터가 필요하지 않았으며 인지 레이어의 정보를 사용하여 결정을 내렸다. 계획 레이어에는 장애물을 피해 가는 경로를 계산하는 알고리즘도 있었다. 하지만 스탠리는 장애물을 피하기 이전에 주행을 위한 전체 경로가 필요했다.

레드 팀의 험비가 그랬던 것처럼 스탠리도 경주를 시작할 때 전체 경로를 미리 계산했다. 하지만 스탠리는 험비와 달리 지형에 대한 외부 정보를 경로에 반영하지 않았다. 스탠퍼드 레이싱 팀의 인지 알고리즘은 장애물을 즉시 인식하고 피할 수 있었다. 스탠리가 미리 계산한 경로의 일차 목표는 대회 주최측으로부터 받은 GPS 좌표에 가까운 경로를 제공하고 단순히 GPS 좌표를 이어놓은 삐뚤삐뚤한 선을 경로에 맞추어 정리하는 것이었다. 스탠리는 경주가 시작되었을 때 이 알고리즘을 실행하는 데 불과 20초밖에 걸리지 않았다.[34]

이렇게 계산하여 경로가 정리되면, 이제 인지 알고리즘에서 발견한 장애물을 피하면서 이 길을 따라가면 된다. 앞에서 살펴본 대로, 스탠리는 주행할 수 있는 지형을 찾고 만약 장애물이 있으면 지도 위의 정사각형 셀에 장애물을 기록했다. 이 장애물을 피해서 주행하려면 미리 계산한 전체 경로를 기준으로 현재 위치로부터 약 10초 이후의 목적지까지(현재 위치와 목적지가 어디든 간에) 최적 경로를 계속 다시 계산해야 했다. 이 짧은 경로를 계산한 후에는 장애물에 부딪히지 않고 갈 수 있는 길만 찾으면 된다. 스탠리가 경로를 계속 계산하고 그대로 주행할 수 있다면 장애물에 부딪히지 않고 먼 거리를 갈 수 있을 터였다.

02장 39쪽에서 살펴본 험비의 길 찾기 알고리즘은 지도에서 작은 사각형(셀) 하나에 해당하는 영역을 주행하는 데 걸리는 시간의 길이를 반영한 비용 함수를 사용했다. 스탠리 또한 장애물을 피하면서 주행하려면 이와 유사한 비용 함수를 만들어야 했다. 아이디어 중 하나는 가장 가까운 장애물까지 거리에 따라 각 셀에 페널티를 부과하는 것이었다. 스탠리는 이 비용 함수를 사용하여 가능한 한 장애물에서 가장 멀리 떨어진 길을 따라 주행하는 경로를 찾을 수 있었다. 스탠퍼드 레이싱 팀은 이 아이디어를 시험해 보았다. 이 알고리즘이 적용되자 스탠리는 장애물을 피해 주행했지만 경로에서 제멋대로 벗어나곤 했다. 스탠퍼드 레이싱 팀은 이 알고리즘을 '술 취한 다람쥐'라고 불렀다.[35]

이 문제를 해결하기 위해 스탠퍼드 레이싱 팀은 미리 계산한 경로를 따라 평행하게 뻗은 가상 통로를 만들어 스탠리가 따라가도록 프로그래밍했다. 통로를 따라 최대한 빠르게 주행하되 장애물이 나타날 때만 이 통로를 벗어나도록 하는 것이 목적이었다. 이는 스탠리가 엑셀이나 브레이크를 조작하며 고정된 코스를 따라 좌우로 운전대를 돌릴 수만 있게 한 것으로, 마치 고전 아케이드 운전 게임을 하는 것과 비슷한 방식이었다. 스탠리는 장애물이 없으면 도로 중앙에서 주행하도록 프로그래밍되었으며 도로변 감지 알고리즘이 도로 중앙이 어디인지를 감지했다. 스탠리는 여전히 검색 알고리즘을 사용해 운전대를 좌우로 움직일지, 움직인다면 운전대를 천천히 돌릴지 아니면 급하게 돌릴지를 판단했다.

하지만 이 알고리즘은 현재 위치와 잠시 후 이동할 위치 사이의 평탄해진 경로만을 고려했다. 이 알고리즘의 비용 함수는 원래 계획했던 경로에서 스탠리가 얼마나 멀리 떨어져서 주행하는지, 장애물이 있는 곳을 주행하는지, 도로 중앙에서 얼마나 벗어나 있는지 등을 비용으로 계산했다. 경로 계획 알고리즘은 여러 경로를 검토해서 최적의 경로를 선택했다. 이 알고리즘은 자동차가 길을 따라 달리는 동안 초당 10회씩 반복해서 실행했다. 이 정도면 스탠리가 15~25m 앞에 있는 물체를 피할 수 있을 만큼 빠른 속도였다.[36]

스탠리의 두뇌는 서로 어떻게 소통할까?

스탠퍼드 레이싱 팀은 스탠리를 설계할 때 이 모든 알고리즘이 어떻게 서로 의사 소통할지 결정해야 했다. 이들은 알고리즘을 서로 연결할 수는 있었다. 그러나 그 연결은 충분하지 않았다. 알고리즘이 데이터를 주고받을 때의 규칙 또한 결정해야 했다. 마스터 프로세스가 중앙에서 모든 것을 통제해야 할까? 계층화된 형태로 구성해야 할까? 스탠퍼드 레이싱 팀은 정반대 방식을 택해서, 이들 여러 소프트웨어 모듈이 독립해서 병렬로 실행할 수 있게 했다. 여기에는 모든 것을 제어하는 마스터 프로세스 같은 것은 없었다.[37]

이들 모듈이 하는 일은 마치 마트 직원들이 각자 다른 일을 하는 것과 비슷하다. 상품을 진열하는 직원은 창고에서 물건을 가져와 진열대에 배치한다. 계산대 직원은 고객이 구입한 상품을 계산하고, 관리자는 주기적으로 계산대에서 현금을 받아 은행에 입금하거나 매장에 입고할 상품을 주문한다. 이처럼 직원들은 각자 맡은 일을 대부분 독립해서 한다.

진열대에 상품이 계속해서 채워지고 계산대에서 결제가 끊임없이 일어난다면 손님은 빠르게 장을 볼 수 있다. 달리 말하면, 이런 마트에서는 대기 시간(latency time)이 아주 짧다고 할 수 있다. 마트에서 서비스를 빠르게 제공할 수 있는 이유는, 계산대 직원이 계산하는 일만 할 뿐 현금을 은행에 입금하거나 상품을 진열대에 채우는 등의 다른 일은 하지 않기 때문이다.

스탠리는 이와 비슷한 방식으로 여러 상황에 빠르게 대응할 수 있었다. 각 모듈(특히 환경 변화에 반응해야 하는)이 오직 한 가지 일만 하도록 구성되었기 때문이다. 스탠리에 내장된 모듈은 일일이 다른 모듈과 통신할 필요가 없었던 것 또한 빠르게 반응할 수 있는 이유였다. 만약 두 모듈이 통신을 하다가 교착(dead lock) 상태에 빠지면 전체 시스템이 멈춰서 해당 모듈을 다시 시작할 때까지 회복할 수 없는 상태가 될 수도 있었다.

그렇다고 해서 모듈의 통신을 막은 것은 아니었다. 모듈끼리 계속 통신을 하면서 한 방향으로만 전송 시간이 포함된 메시지를 보내는 방법으로 이루어졌다. 이 방식은 마트에서 공용 알림 시스템을 운영하는 것과 비슷하다. 예를 들어, 관리자는 1달러 지폐가 부족하다는 메시지를 공용 알림 시스템에 게시해서 계산대 직원이 정말 필요한 경우가 아니면 1달러 지폐를 거슬러 주지 않도록 알려준다. 이렇게 하면 계산대 직원은 관리자에게 직접 지시를 받지 않고 공용 알림 시스템에서 메시지를 확인할 수 있어 고객을 응대하지 못하는 경우가 줄어들 것이다.

자율 주행차의 GPS와 가속도계는 경주하는 동안 자동차의 위치와 방향을 추정한 뒤 그 값을 현재 시각과 함께 전송(publish)*하는 일을 반복한다. 이들 기기가 하는 일은 이것뿐이다. 픽셀 클러스터링 모듈과 도로 식별 모듈은 비디오카메라와 레이저 스캐너의 데이터를 가져와 도로를 찾아내고 이 정보를 전송한다. 속도 제어기와 경로 계획 모듈이 필요에 따라 이 데이터를 사용하는 것이다. 반면에 경로 탐색 모듈은 현재의 위치와 장애물 정보를 바탕으로 자율 주행차에게 초당 10회의 속도로 최적의 경로를 계산해 준다. 30여 개의 모듈은 이런 방식으로 작동했다.

이들 모듈로 스탠퍼드 레이싱 팀은 200만 달러의 상금을 받으며 로봇 역사에 한 획을 그었다. 그들은 이 대회에서 우승할 만한 자격이 있었지만, 스탠리는 현대적인 자율 주행차의 기준으로 보면 여전히 원시적이었다. 이를테면, 두 번째 DARPA 그랜드 챌린지를 완주한 다섯 대의 자율 주행차 중에서 시내 주행을 할 수 있는 차는 한 대도 없

■ 전송: 다른 여러 모듈은 이렇게 전송된 데이터를 구독(subscribe)함으로써 데이터를 공개해서 주고받을 수 있다.

었다. 자율 주행차는 자신에게 접근하는 다른 차량에 대응할 수 없었고 주차장과 차선 변경, 그리고 신호등의 개념도 이해하지 못했다.

이를 결점이라고 할 수는 없다. 경주에 참여했던 자율 주행차들은 사막 경주의 조건에 맞춰서 달릴 수 있도록 설계되었을 뿐 시내 주행은 염두에 두지 않았기 때문이다. 하지만 2007년에 열린 세 번째 DARPA 어번 챌린지에서는 자율 주행차가 캘리포니아의 도로 교통법을 준수하면서 시내에서 다른 일반 자동차와 함께 달려야 했다. 이 대회는 험비를 만들었던 카네기멜런 대학 소속의 크리스와 그의 팀에게 다시 한 번 기회를 주었다. 그들이 시내 주행을 할 수 있는 자율 주행차를 만들 수 있다면 말이다.

04

자율 주행차는 교차로에서 어떻게 양보할까?

YIELDING AT INTERSECTIONS: THE BRAIN OF A SELF-DRIVING CAR

> 이쯤에서 자연스럽게 궁금증이 생긴다. 독립적으로 설계된 구조들이 왜 결국은 비슷한 구조로 귀결되는 걸까? 세 개의 구성 요소는 필수적인 걸까 아니면 그것으로 충분한 걸까? 심미적인 만족감을 주는 걸까 아니면 그저 우연일까?
> - 에런 갯(Erann Gat, 칼텍 제트추진연구소 연구원)[1]

세 번째 DARPA 대회 — 어번 챌린지

크리스 엄슨의 팀은 2년 동안 어번 챌린지를 준비했다. 크리스는 카네기멜런 대학의 교수가 되었고 이 대학의 '타탄(Tartan) 레이싱'이라는 팀을 맡기도 했다. 크리스의 팀은 대대적으로 재편되었다. 그리고 험비를 퇴역시키고 2007년형 쉐보레 타호(Tahoe)를 선택했으며 '보스(Boss)'라는 이름을 붙였다. 보스는 험비의 설계에서 뽑

▲ 크리스 팀의 '보스'

은 장점과 두 번째 대회에서 우승한 스탠퍼드 레이싱 팀에게 배운 것을 결합한 결과물이었다.[2]

DARPA 어번 챌린지는 이전 대회보다 훨씬 어려웠다. 이번 어번 챌린지에서 자율 주행차들은 다른 경주 차량이나 사람이 운전하는 50여 대의 차량과 섞여서 오래된 군사 기지 주변의 시내 도로를 달리고 교차로와 주차장 등에 맞게 자율 운행을 해야 했다. 또한 이 경주에서는 도로를 벗어나 달리는 것이 허용되지 않았으며 캘리포니아 도로교통법을 지키지 않으면 감점을 받거나 실격당할 수도 있었다.[3]

DARPA는 2007년 11월에 열릴 본선 경기에 앞서 몇 차례의 예선 경기를 주최했다. 건틀릿(Gauntlet)이라는 이름의 예선 코스에서 자율 주행차는 주차된 차량과 장애물을 피하는 동시에 차선을 지키며 주행해야 했다. 다른 예선 코스에서는 자율 주행차의 고차원 판단 기능을 테스트했다. 이 테스트를 통과하려면 각 차량은 교차로에서 멈춰 서

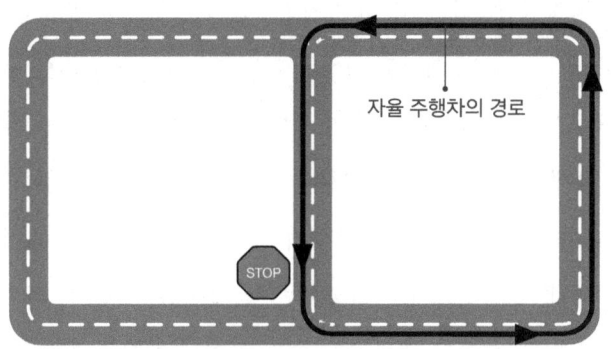

▲ 그림 4-1 DARPA 어번 챌린지의 예선 코스 중 A 구역
사람이 운전하는 차량은 바깥쪽 차선을 따라 달리고 자율 주행차는 오른쪽 도로 반만 운행해야 한다. 자율 주행차의 첫 번째 과제는 정지(STOP) 표지판에서 멈춰 선 뒤 차선에 합류하는 것이다. 자율 주행차는 도로의 반을 제한 시간 동안에 계속 달려야 했다.

서 자기 차례가 올 때까지 기다렸다가 주행해야 했고 도로가 막히면 이를 인지해 우회로를 찾아야 했다.

예선 코스 중 'A 구역'에서는 자율 주행차가 움직이는 물체를 감지해서 피하는 기능을 테스트했다. [그림 4-1]처럼 전문 운전기사가 운행하는 차들이 바깥쪽 차선을 따라 달릴 때 자율 주행차는 좌회전하면서 검은 화살표를 따라 도로를 주행하는 코스였다.

인지의 추상화

보스가 이런 테스트를 어떻게 통과했는지 이해하기 위해 크리스의 팀이 보스의 두뇌를 어떻게 개발했는지 살펴보자. 스탠리(두 번째 DARPA 그랜드 챌린지에 출전했던 스탠퍼드 레이싱 팀의 자동차)와 마찬가지로 크리스의 팀은 18개의 센서에서 입력받은 데이터를 처리하는 레이어를 설계했다. 이 중간 레이어는 '인지-세계 모델링(perception and world-modeling)' 레이어(이하 줄여서 '인지 레이어')라고 한다.

스탠리의 인지 레이어처럼 보스의 인지 레이어에는 복잡한 추론 기능이 탑재되지 않았다. 이 레이어의 목적은 센서(레이저 스캐너, 레이더, 비디오카메라, GPS, 가속도계)로부터 입력받은 데이터를 해석하여 주변 상황에 대한 추상화된 모델을 만드는 것이다. 그런 뒤 이 레이어에서 생성된 모델은 상위 레이어의 모듈에 의해 더욱 복잡한 작업을 수행하기 위한 추론 과정에서 사용했다.[4]

예전의 경주였다면 인지 레이어는 GPS 데이터와 가속도계를 사용

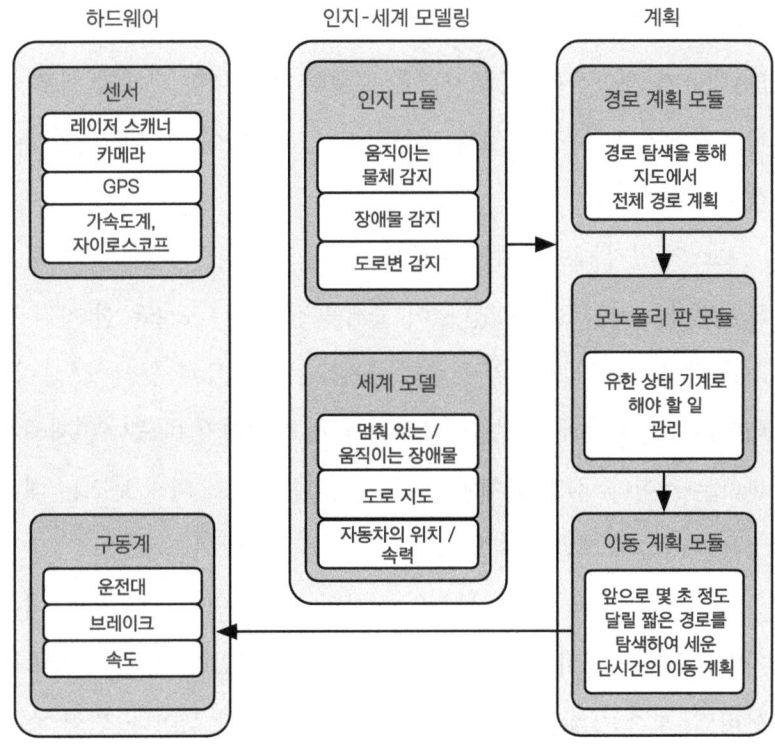

▲ 그림 4-2 보스의 간략한 구조

하드웨어, 인지(및 세계 모델링), 추론(계획) 모듈이 추론 기능의 추상화 수준을 단계적으로 높여 가도록 구성되어 있다. 가장 높은 수준의 추론 레이어(가장 오른쪽의 계획 레이어)는 경로 계획 모듈, 모노폴리 판 모듈, 이동 계획 모듈이라는 3 레이어 구조로 구성되어 있다. 이들은 각각 전체 주행 계획을 세우고, 이를 단계적으로 실행하고, 마지막으로 보스의 움직임을 한 번 더 검토하는 역할을 맡았다.

해서 도로변이 어디쯤 있는지를 예측하고, 장애물을 발견하고, 차가 이동한 경로를 기록하는 일을 했다. 하지만 시내 주행에서는 인지 레이어가 좀 더 많은 일을 해야 했다. 자율 주행차의 주변 상황은 다른 자동차의 움직임에 따라 수시로 변할 수 있었다. 그러므로 인지 레이어는 나무나 빌딩처럼 고정된 사물을 지도에 표시하고 센서가 물체를 감지했을 때 격자 지도의 각 셀에 물체를 나타내야 했다. 또한 DARPA가 제공하는 도로 지도와 주행할 때 수행할 과제의 세부 사항을 기억해서 특정 도로가 막혔는지를 감지하여 지도에 반영해야 했다.[5]

보스의 인지 레이어에는 움직이는 물체의 물리적 특성을 탐지하고 모델링하는 기능도 필요했다. 이 물체를 감지하는 모듈은 한 가지 규칙을 갖고 있는데, 센서가 관측한 물체(고정된 것이든 움직이는 것이든)의 데이터는 데이터베이스에 대응하는 물체 데이터가 반드시 존재해야 한다는 것이다. 실제 물체와 데이터를 대응시키기 위해 보스는 매우 많은 측정값을 계산해야 했다.

측정한 데이터가 실제 물체의 정보와 일치하면 이 데이터는 데이터베이스에 저장된 해당 물체의 모델에 반영되었다. 이를 다르게 표현하면, 보스는 해당 물체가 움직인 것을 인지한 셈이다. 만약 측정한 데이터와 일치하는 물체를 데이터베이스에서 찾지 못하면 인지 모듈은 '새로운 물체가 발견되었다'고 보고한다. 이런 과정을 통해 인지 모듈은 고정된 물체를 이동하는 물체로 인식한다. 예를 들어, 갓길에 주차되어 있던 차량이 갑자기 움직이기 시작할 때 이런 현상이 발생한다.

움직이는 물체가 탐지되면 보스는 전통적인 추적 알고리즘인 칼만 필터를 사용해 물체를 추적했다.[6] 추적 과정에서는 이 물체가 오토바이처럼 움직이는지(진행 방향에 따라 전진 또는 후진), 아니면 자유롭게 움직이는지(아무 방향으로나 움직임)도 파악해야 했다. 보스는 데이터에 가장 잘 들어맞는 모델을 찾아 판단을 내렸다. 판단 결과는 칼만 필터로 입력되었고, 이를 통해 물체의 위치와 속도, 가속도를 추적할 수 있었다.

그런 다음 보스는 이들 물체를 가상의 세계 안에서 움직이는 사각형 또는 다각형으로 형상화했다.[7] 당연한 말이지만, 보스는 물체를 어떤 풍경의 일부가 아니라 단지 격자 위의 좌표로 인식할 뿐이었다. 보스는 시야에 들어온 사각형과 일정한 거리를 유지하기 위해 사각형의 뒤를 따라 주행하든지 다른 차선으로 피해 가야 했다.

한 차원 높아진 자율 주행차 경주 대회

몇 달에 걸친 테스트가 끝나고 어번 챌린지가 열리는 날이 되었다. 참가자들은 경주가 진행되는 동안 중간 지점을 지나칠 때마다 몇 가지 임무를 수행해야 했다. 도심의 도로를 주행하면서 다른 자율 주행차와 사람이 운전하는 차량과 함께 달려야 하는 것은 덤이었다. DARPA는 대회가 시작되기 이틀 전에 참가자에게 지도를 전달했다. 그리고 중간 지점을 지날 때 수행해야 할 임무에 대해서는 대회가 시작되기 불과 5분 전에 통보했다. 이들 임무는 다양한 도로 상황에서 주행하고, 주차하고, 복잡한 교차로를 통과하는 등의 일을 자동차 스스로 해내는 것이었다.

DARPA는 참가 지원서를 꼼꼼히 검토하고 예선을 거쳐 89개 팀 중에서 경주에 참가할 11개 팀을 최종 선발했다. 그만큼 참가자들의 주행 가능 상태를 꼼꼼하게 심사한 것이다.[8] 경주에 참여한 전문 운전기사들은 안전망, 경주용 운전석, 화재 예방 장치를 갖춘 차량을 운전했다. 만일의 사태를 대비해서 원격 중지 스위치를 가진 운전자의 차량이 자율 주행차마다 한 대씩 따라붙었다. 엄격한 심사를 거치기는 했지만 자율 주행차가 경주를 하다가 대파될 가능성은 충분했다.[9]

다행스럽게도 경주에서 큰 사고는 일어나지 않았다. 하지만 어떤 차는 주차장에서 오작동을 일으켜 DARPA 진행 위원이 정지 버튼을 미처 누르기 전에 낡은 건물을 향해 돌진했고 자율 주행차끼리 저속 충돌하는 사례도 있었다. 대회 당일 오전에 참가자의 반가량이 실격 처리되었다.[10]

보스를 포함해서 몇 대의 자율 주행차는 경주를 성공리에 마쳤다. 사막에서 13km를 채 달리지 못하던 자율 주행차가 불과 3년 만에 몇 시간 동안 도로를 달리면서 분주한 교차로를 훌륭하게 통과할 수 있는 정도가 되었다. 보스를 포함한 자율 주행차들은 인지 레이어를 통해서 세상을 '보는(seeing)' 수준을 넘어 자신의 주변 상황을 '추론(reason)'까지 하게 되었다.

우리가 02장, 03장에서 살펴본 자율 주행차 중에 이런 기능을 갖춘 자동차는 없었다. 보스는 주변 상황을 어떻게 파악했을까?

보스를 생각하는 차로 만든 모노폴리 판 모듈

하드웨어의 성능 개선이 이런 결과를 만들었을까? 당연한 이야기지만 3년이라는 기간 동안 하드웨어는 꾸준히 발전했다. 하지만 첫 번째 DARPA 그랜드 챌린지가 개최된 이후에 자율 주행차의 하드웨어에 무어의 법칙*을 뛰어넘는 혁신은 없었다. 이 질문에 대한 답은 그동안 진일보한 자율 주행차의 소프트웨어에 있었다.

보스의 두뇌 핵심부에는 추론의 추상화 수준에 따라 구분된 세 개의 구성 요소가 있었다. 75쪽 [그림 4-2]의 오른쪽 위에 있는 경로 계획 모듈은 보스의 현재 위치에서 방문해야 할 다음 지점까지 가장 낮은 비용으로 이동할 수 있는 경로를 검색한다. 이 모듈은 두 번째 DARPA 그랜드 챌린지에서 스탠리에 탑재했던, 경주의 시작 지점에 효율적인 경로를 계획하는 모듈과 비슷하다.

하지만 경주가 시작될 때 단 하나의 경로를 계획하던 것과 달리 보스의 경로 계획 모듈은 경로를 계획하는 동시에 현재 위치에서 다음 목적지까지의 최적 경로를 재평가하는 일을 반복해서 수행했다. 경로 계획 모듈은 경로를 평가하기 위해 시간과 위험도를 비용 함수의 입력값으로 사용했고, 이러한 데이터는 인지 레이어가 계속해서 갱신하는 최신 지도에 바탕을 두었다. 그러면 경로 계획 모듈에게 남은 일은 경로를 계획하고 그다음에 무엇을 해야 할지를 자신의 아래에 있는 모노폴리 판 모듈에게 알려주는 것이다.[11]

이 레이어를 모노폴리 판이라고 하는 이유에 대해서는 다음 단락에서 살펴볼 것이다.[12] 이 레이어는 가장 복잡한 모듈인데, 보스가 현

■ 무어의 법칙(Moore's law): 18~24개월마다 프로세서의 성능이 두 배씩 증가한다는 예측을 말한다.

재 무엇을 하고 있고 다음 시점에 무엇을 해야 하는지를 추적해야 하기 때문이다. 이 모듈은 유한 상태 기계(finite state machine)를 사용하여 구현했다.[13]

유한 상태 기계는 컴퓨터 프로그램이 고려해야 하는 상태의 수를 제한함으로써 프로그램이 주변 상황을 추론할 수 있게 해준다. 유한 상태 기계가 작동하는 방식은 모노폴리 게임과 비슷하다. 플레이어는 게임판의 말을 움직일 수 있고, 이 말은 판 위에서 단 하나의 상태(즉 말의 현재 위치)를 유지한다. 말의 현재 위치는 플레이어가 현재 무엇을 할 수 있고 다음번에 이동할 수 있는 위치를 결정한다. 만약 게임을 하다가 말이 아직 아무도 소유하지 않은 부동산 칸에 도착했다면 플레이어는 그 칸에 해당하는 부동산을 구입할 수 있다. 말이 감옥에 도착했다면 주사위를 굴려 똑같은 눈이 나오거나, 50달러를 내거나, 탈옥 카드를 내야 감옥에서 빠져나올 수 있다.

게임의 규칙(그리고 현재 말의 위치)은 수많은 가능성을 제한하고 모노폴리 플레이어가 단순한 세계에서 게임을 즐기게 해준다. 달리 말하면, 말이 특정한 칸에 도착했을 때 명확하게 할 수 있는 일이 없으면 플레이어는 정말 아무것도 할 수 없는 것이다. 플레이어가 아직 아무도 소유하지 않은 부동산 칸에 도착했는데, 이 칸과 상관없는 부동산을 구입하거나 요금을 받거나 할 수는 없다. 그 상황에서 플레이어가 할 수 있는 일은 해당 칸의 부동산을 구입하는 것뿐이다(물론 플레이어가 그것을 구입할 의사가 있으면 그렇다는 것이다).

또한 모노폴리 말의 현재 상태(위치)는 다음번에 말이 이동할 수 있는 위치를 결정한다. 플레이어가 던진 주사위의 눈에 따라서 말은 12칸을 전진하거나, 부동산을 사거나, 감옥에 갇힐 수도 있다. 하지만 임의의 장소로 마음대로 이동해서는 안 된다.

타탄 레이싱 팀은 보스를 설계하면서 모노폴리 판 모듈을 위해 다양한 유한 상태 기계를 만들었다. 이들 유한 상태 기계는 보스가 접할 주변 상황을 나타냈다. 보스가 도로를 주행하면 모노폴리 판 모듈은 가상의 모노폴리 말을 움직여 자동차가 현재 무엇을 하고 있는지, 그리고 바로 다음에는 무엇을 해야 하는지를 유한 상태 기계에 기록했다.

보스의 현재 상황에 따라 모노폴리 판 모듈은 세 가지의 유한 상태 기계를 사용했다. 이들은 각각 도로를 주행하고(예를 들어, 차선을 변경해야 하는지 생각하기 등), 교차로를 주행하고, 자동차를 특정 위치로 움직이는(예를 들어, 주차장이나 혼잡한 교차로의 건너편으로 이동하기 등) 일을 처리했다.

[그림 4-3]은 보스의 교차로 진입(handle intersection)을 처리하는 유한 상태 기계를 간략히 나타낸 것이다.[14] 이 유한 상태 기계를 통해 보스가 교차로를 가로지를 때 어떤 과정을 거치는지 살펴볼 수 있다. 보스가 교차로에 진입할 차례가 되면, 먼저 교차로에 들어선 차들이 모두 빠져나가고 보스 스스로 교차로를 지나갈 수 있을 정도로 교차로가 비기를 기다린다. 보스는 우선권 계산기(precedence estimator)라는 유한 상태 기계를 사용하여 일반적인 운전 예절의 기준에서 볼 때 교차로에 진입해도 괜찮은 상황인지를 판단한다.

하지만 보스가 어떻게 운전 예절을 이해할 수 있을까? 간단하다.

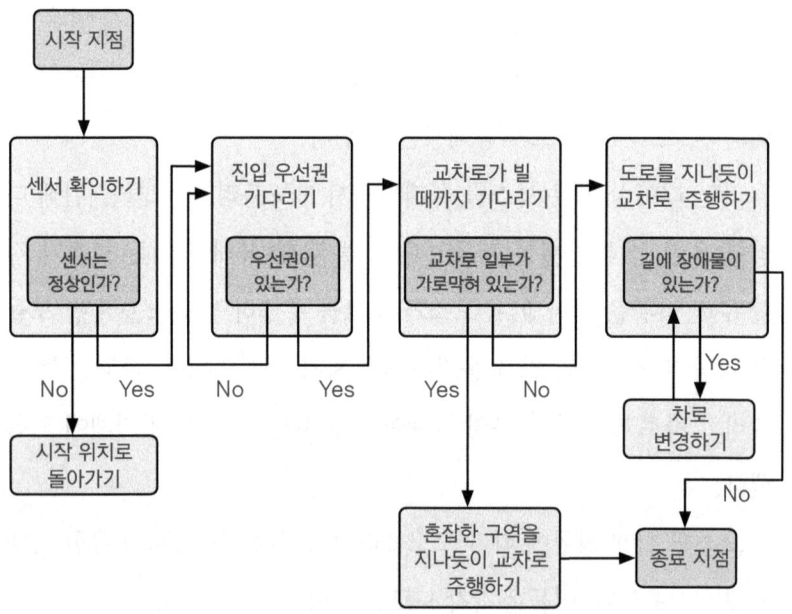

▲ 그림 4-3 보스의 교차로 진입을 처리하는 유한 상태 기계

모노폴리 판 모듈은 시작 지점부터 종료 지점까지 다이어그램을 한 칸씩 옮겨간다. 유한 상태 기계는 진입 우선권이 생길 때까지 기다린 후 교차로에 진입하려고 시도한다. 만약 교차로의 일부가 막혀 있다면 유한 상태 기계는 이 교차로를 (도로가 아닌) 주차장처럼 복잡한 공간으로 간주한다. 그러나 교차로가 막혀 있지 않다면 유한 상태 기계는 교차로를 가로지르는 가상의 도로를 만들어 그 위를 주행한다. 이 설명은 엄슨 등 여러 저자가 쓴 글을 요약한 것이다.[7]

프로그래머가 이 규칙을 표현하기 위한 몇 가지 상태와 이들 상태가 어떻게 변화할 수 있는지를 나타내는 유한 상태 기계를 정의하면 된다. 모노폴리 게임의 규칙도 이와 동일한 방식으로 만들어진다. 차이가 있다면, 우선권 계산기의 경우 모든 유한 상태 기계에 적용되는 규칙을 정의해야 한다는 것이다.

모노폴리 판 모듈은 사람이 운전할 때의 추론 과정 대부분을 그대

로 수행할 수 있지만, 보스가 이 모듈을 사용하기 위해서 그만큼 지능적이어야 하는 것은 아니다. 모노폴리 게임을 하는 사람이라면 자기 차례에 무엇을 할지 신중하게 따져볼 수 있지만, 모노폴리 판 모듈 자체는 모노폴리 게임을 하는 것이 아니고 게임의 승패에 대한 개념 또한 갖고 있지 않다. 그러므로 모노폴리 판 모듈은 이번 차례에 무엇을 할지, 다음 차례에 무엇을 할지 전략적인 결정을 내리지 못한다.

모노폴리 판 모듈은 오히려 모노폴리 게임의 설명서에 더 가깝다고 할 수 있다. 모노폴리 판 모듈은 단지 자신의 현재 상태에 해당하는 규칙을 찾아 수행하고 주변 상황을 점검한 결과에 따라 현재 상태를 변경한다. 보스가 고심해서 계획을 세우는 것처럼 보이지만, 실제로는 경로를 탐색하는 경로 계획 모듈(75쪽에서 살펴봤던)이 이 일을 하는 것이다.

모노폴리 판 모듈이 담당하는 기능은 경로 계획 모듈에 다음 과제를 할당하고, 이 과제를 완료하는 과정에서 이동한 거리가 얼마나 되는지 기록하고, 그와 동시에 과제가 완료될 때까지 하위 모듈(이동 계획 모듈)에게 실제 차량을 어떻게 움직일지를 위임하는 것이다.

[그림 4-2]의 오른쪽 아래에 있는 이동 계획 모듈이 하는 일은 차량의 현재 위치로부터 모노폴리 판 모듈이 지정한 목적지까지 안전하게 도달할 수 있는 길을 찾아내고 주행하는 것이다. 이를테면, 모노폴리 판 모듈은 이동 계획 모듈에게 다음과 같은 명령을 내릴 수 있다.

- 현재 위치를 알려주고, 비어 있는 주차 공간에 주차하는 작업을 계획하고 실행한다.
- 차선을 따라 주행한다.
- 차선을 왼쪽으로 변경한다.
- 교차로를 가로질러 주행한다.

모노폴리 판이 이동 계획 모듈에게 명령을 내리면 이동 계획 모듈은 현재 위치에서 목적지까지 가는 경로를 찾는다. 이동 계획 모듈과 경로 계획 모듈은 서로 비슷해 보이지만 이동 계획 모듈은 상대적으로 짧은 시간 단위의 행동을 계획하는 일을 한다. 경로 계획 모듈이 분-킬로미터 단위의 계획을 세운다면, 이동 계획 모듈은 주로 초-미터 단위의 계획을 세운다고 볼 수 있다. 이동 계획 모듈이 세우는 계획의 최대 거리는 0.5km이다.[15]

모노폴리 판 모듈은 이동 계획 모듈에 의해 자동차가 목적지까지 안전하게 도착할 것으로 가정하지만, 이동 계획 모듈은 자신이 과제 달성에 실패했음을 모노폴리 판 모듈에게 알릴 수 있다. 이를테면, 주차하려던 자리에 가까이 접근하고 보니 이미 오토바이가 주차된 경우처럼 말이다. 이런 경우 모노폴리 판 모듈은 새로

▲ 보스의 3레이어 구조

계획을 세워야 한다.[16]

경로 계획 모듈과 이동 계획 모듈의 차이점은, 경로 계획 모듈은 경로를 탐색할 때 지도에서 자동차의 위치만 고려하면 되지만, 이동 계획 모듈은 차의 위치, 속도, 방향을 기록해야 하고 물리 법칙까지도 염두에 두어야 한다는 점이다. 자동차는 뭔가 잘못된 상황이 아니라면 바퀴가 향하는 방향으로만 움직일 수 있으며, 이동 계획 모듈은 이러한 특성을 고려해야 한다(로봇 공학자는 이러한 특성을 자동차의 운동 제약 조건(kinematic constraints)이라고 부른다).

또한 이동 계획 모듈은 자동차가 지나치게 빠르게 가속하거나, 운전대를 틀거나, 급정거하지 않는지 살펴야 한다. 레드 팀의 험비는 테스트에서 전복되는 바람에 첫 번째 DARPA 그랜드 챌린지를 불과 몇 주 앞두고 센서가 완전히 망가지는 일이 발생했다. 이 사고로 25만 달러에 상당하는 전자 기기가 한순간에 파손되고 말았다.[17] 험비의 센서는 완벽하게 수리하지 못한 채 대회에 나갔는데, 이는 아마 경주 성적에 다소 영향을 끼쳤을 것이다.

보스에 탑재된 이동 계획 모듈의 경로 탐색 알고리즘은 경로 계획 모듈이 사용하는 알고리즘보다 좀 더 복잡하다. 이 알고리즘은 보스의 위치, 속도, 방향(이 세 가지를 묶어서 '상태(state)'라고 한다)을 기록하고 있어야 하기 때문이다. 격자에는 이와 같은 위치, 속도, 방향에 대한 정보가 기록되어 있지 않았기 때문에 이동 계획 모듈은 단순히 격자만으로는 경로를 검색할 수 없었다.

예를 들어, 주차장에서 이동 계획 모듈은 매우 작은 경로 선분들을 큰 하나의 경로가 되도록 결합하는 방식으로 현재 상태에서 목적 상태로 이르는 최적의 경로를 탐색한다. 작은 경로 선분들은 보스의 속도와 위치가 물리 법칙에 부합하도록 정의되어야 했다.

예를 들어, 어떤 경로 조각의 시작 지점은 보스가 현재 위치에서 정면으로 초당 1.5m 속도로 가속 없이 달리는 상태로 표현할 수 있다. 이 경로 조각의 시작 지점과 끝 지점은 같은 상태를 유지해야 하는데, 이를테면 끝 지점에 자동차가 도착할 무렵 1.5m 정도 간격을 두고 있어야 하고, 자동차는 앞을 향해 초당 1.5m의 속도로 달리는 상태여야 한다.[18] [그림 4-4-1], [그림 4-4-2], [그림 4-4-3], [그림 4-4-4]에서 이 과정을 살펴볼 수 있다.

이러한 계획을 세우려면 시간이 걸리기 때문에 보스는 이동 계획 모듈을 하나 더 사용해서 현재 경로와 다음 경로를 동시에 탐색했다. 그 결과 경로와 경로 사이를 이동할 때 잠깐씩 멈출 필요가 없어졌다.

보스의 이동 계획 모듈은 스탠리가 사용했던 알고리즘과 비슷한 탐색 알고리즘을 사용했다. 이 알고리즘은 먼저 자동차가 주행할 수 있는 경로들을 생성한다. 이동 계획 모듈은 이동 경로가 얼마나 매끄러운지, 도로 중심에서 얼마나 벗어났는지, 장애물에 얼마나 접근했는지 등을 기준으로 이들 경로에 점수를 매겼다.[19] 그 후 이동 계획 모듈은 현재 상태를 기준으로 최적의 경로를 계속해서 탐색했다. 다시 말해, 이동 계획 모듈은 지속해서 경로를 조정하면서 이 과정에서 발생하는 자잘한 오류를 매끄럽게 바로잡았다.

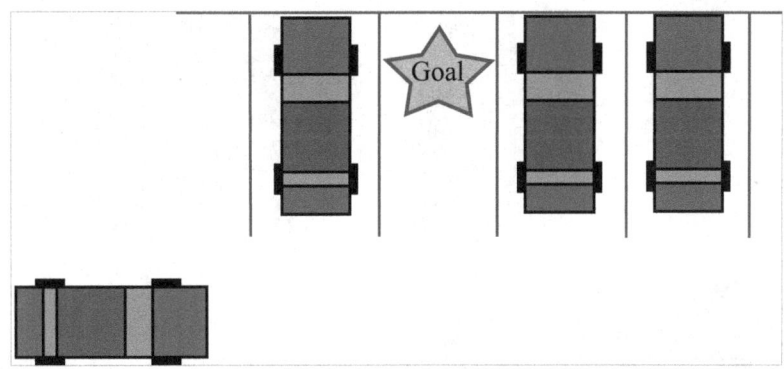

▲ 그림 4-4-1 주차 명령하기

자율 주행차의 모노폴리 판 모듈이 이동 계획 모듈에게 주차장 자리에 주차하도록 명령을 내린다.

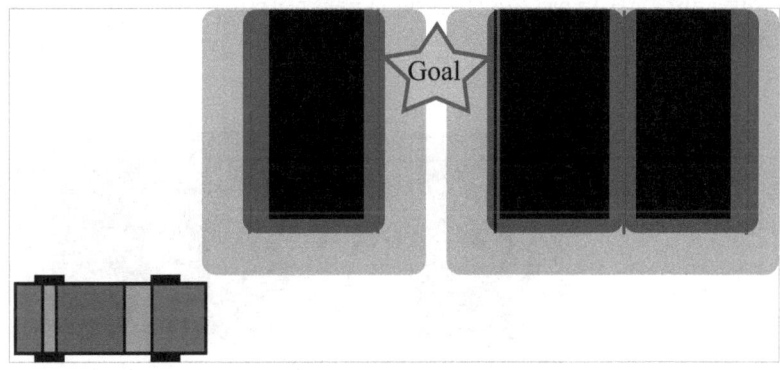

▲ 그림 4-4-2 비용 계산하기

자율 주행차는 장애물이 표시된 격자 형태의 지도를 내부에 갖고 있다. 이동 계획 모듈은 경로를 선택할 때 비용 함수를 사용한다(회색 음영 부분). 비용 함수는 장애물(여기에서는 주차된 다른 자동차들)까지의 거리를 종합하여 비용을 계산한다.

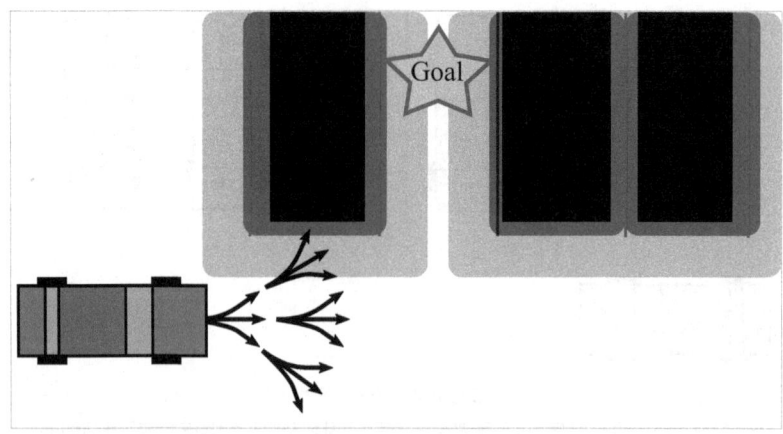

▲ 그림 4-4-3 경로 탐색하기

이동 계획 모듈은 목표 지점까지 경로를 탐색한다. 경로는 속도, 위치, 방향의 값을 포함한 조그만 경로 조각들의 정보를 포함하고 있다. 실제 탐색 과정은 이 그림과 달리 마지막 상태로부터 시작해 처음 상태를 찾아가는 방식으로 이루어진다.

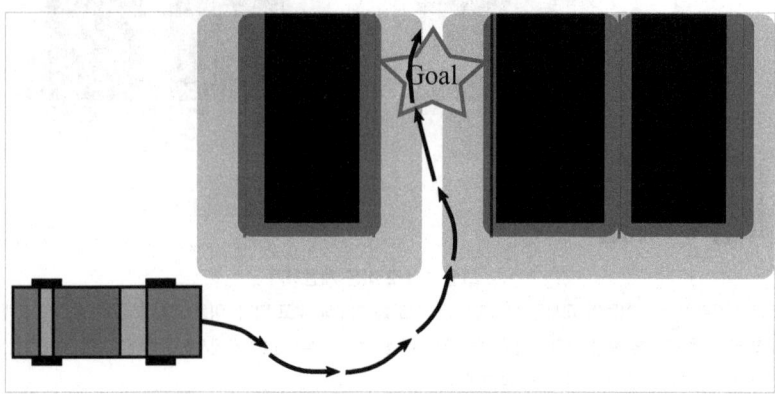

▲ 그림 4-4-4 경로 후보 결정하기

오류 회복 시스템으로 교통량 정보 얻기

75쪽 [그림 4-2]의 가장 오른쪽에는 고차원의 추론 기능을 수행하는 세 가지 레이어인 경로 계획 모듈, 모노폴리 판 모듈, 이동 계획 모듈이 있다. 이들 레이어야말로 보스가 이번 경주에 참여할 수 있게 해주는 기능이었다. 하지만 보스가 경주에서 오작동 상태에 빠졌을 때 이를 막아준 것은 다른 기능이었다.

보스는 자신이 가장 뛰어난 참가자임을 예선 경주에서 보여주었다. 하지만 어번 챌린지가 열린 당일, 보스는 과제 하나를 완수하기 위해 도로를 달리다가 다른 차가 차선을 막고 있음을 인식했다. 보스는 속도를 줄이다가 이윽고 멈춰 선 후 기다리기 시작했다. 보스는 앞으로 몇 번 전진해 보다가 우회할 방법이 없다는 것을 알아냈고, 도로가 교통 체증으로 막혔다고 판단했다.[20] 보스는 계속 기다렸고 시간은 계속 흘러갔다. 사실 교통 체증은 존재하지 않았다. 보스 앞에는 아무것도 없었고 보스가 길이 막혔다고 착각한 것뿐이었다. 하지만 보스의 이런 오작동은 처음이 아니었다.[21]

보스의 착시 현상은 여러 인지 알고리즘 중 특정 알고리즘에서 발생한 문제였다. 보스가 자신의 전방에서 차를 발견하고 나서 해당 차량이 떠났을 경우 간혹 차량의 위치를 잘못 계산할 때가 있었다. 그러면 보스는 이 차량이 아직 전방에 있다고 착각할 수 있다. 개선된 인지 알고리즘을 사용하면 이런 착시 현상을 방지할 수 있었는데, 크리스와 그의 팀은 복잡한 소프트웨어를 만들 때는 항상 버그가 발생한다는 것을 경험을 통해 알고 있었기 때문이다. 다행히도 그들은 선견지

명을 발휘해 보스가 이러한 문제에 대처할 수 있도록 했다.

이 문제는 첫 번째 그랜드 챌린지에서 험비가 바위 앞에서 발이 묶였던 것과 비슷했다. 두 번째 대회에 참가했던 크리스의 팀은 이 문제를 단순히 험비가 10m를 후진한 뒤 장애물 위치를 다시 계산하도록 프로그래밍하여 해결했다. 하지만 이는 임기응변에 불과한 대책이었으며 혼잡한 교차로에서는 제대로 작동하지 않을 수도 있었다. 크리스의 팀은 버그나 예기치 못한 상황에 대처할 수 있는 시스템과 절대로 포기하지 않는 시스템이 필요했다. 타탄 레이싱 팀은 보스의 모노폴리 판 모듈에 좀 더 일반적인 오류 회복 시스템을 추가했다. 오류 회복 시스템에는 아이작 아지모프(Isaac Asimov)의 '로봇 3원칙'■처럼 세 개의 주요 원칙이 있었다.[22]

- 오류가 해결될 때까지 자동차는 점점 더 큰 위험을 감수해야 하며 회복을 위해 동일한 시도를 반복해서는 안 된다.
- 회복 시도는 현재 운전 상황에 적합해야 한다. 예를 들면, 보스는 도로에 있을 때와 주차장에 있을 때를 구별하여 회복 시도를 해야 한다.
- 오류 회복 기능은 다른 소프트웨어에 버그를 일으키거나 원치 않는 방식으로 작동할 가능성을 줄이기 위해 될 수 있는 한 단순해야 한다.

■ 로봇 3원칙: 아이작 아지모프가 1942년 집필한 단편 《런어라운드(Runaround)》에서 처음 언급한 로봇 공학의 원칙이다. 구체적인 내용은 다음과 같다.
1. 로봇은 인간을 해치는 행동을 하거나 인간에게 해가 되는 행동을 방치해서는 안 된다.
2. 첫 번째 규칙을 어기지 않는 한 로봇은 인간의 명령에 복종해야 한다.
3. 두 번째 규칙을 어기지 않는 한 로봇은 자기 자신을 보호해야 한다.

보스가 5분 동안 1m 이상 움직이지 못하면 오류 회복 시스템은 최후의 수단으로 가까운 임의의 지점을 골라 목표로 지정했다(이 임의의 지점을 찾아내는 알고리즘의 이름은 '몸부림'이었다). 이 아이디어는 보스가 자신이 곤경에 처한 것을 알아냈을 때 스스로 그 상태에서 벗어날 수 있게 할 것이고, 그런 다음 기억 장치를 비우고 오류 회복을 다시 시도하면 된다는 발상이었다.[23]

어번 챌린지에서 이 현상이 일어났을 때 보스는 5단계에 걸쳐 오류 회복을 시도했다. 1단계부터 3단계까지는 도로의 막힌(것처럼 보이는) 부분을 지나 조금씩 전진한 후, 4단계에서는 후진했다가 도로의 막힌 부분까지 다시 전진하려 했다. 마지막으로 차량 전방이 완전히 막힌 상태로 판단되면 유턴을 했다. 이렇게 막힌 도로가 있으면 인지 레이어에서 사용하는 지도에 이 도로를 통행할 수 없는 도로로 표시한 후 경로 계획 모듈이 다른 경로를 탐색했다.[24]

보스는 경주를 하면서 착시 현상을 두 번 일으켰고 그 결과 3km 정도를 더 달려야 했다. 전체 경로를 달리는 데 약 네 시간이 소요된 것을 참작하면 이 정도는 사소했다. 그렇지만 보스는 스탠퍼드 팀보다 19분 일찍 경주를 끝낼 수 있었다.[25] 상위 수준의 경로 탐색이 하위 수준의 경로 탐색이나 인식 기능에서 발생하는 문제를 해결하는, 이러한 오류 회복 시스템은 보스의 내부 구조에서 가장 중요한 부분이었다. 이 구조는 크리스와 그의 팀이 오래도록 고대해 온 상을 안겨주었다.

3 레이어 구조

보스(그리고 03장에서 살펴본 스탠리)는 어떻게 이렇게 놀라운 결과를 낼 수 있었을까? 지금까지 살펴봤지만, 이 결과는 시스템의 추론 구조(reasoning architectures)와 깊이 연관되어 있다. 보스와 스탠리에 적용된 핵심 설계 원리는 시스템을 하드웨어, 인지, 계획(추론) 레이어로 조직화하는 것이다(75쪽 [그림 4-2]에서 이 세 레이어를 볼 수 있다).

인지 레이어는 그림의 오른쪽에 있는 추론 기능의 구성 요소가 상위 단계의 과제를 처리하는 데 집중하도록 해주었다. 인지 모듈이 낮은 수준의 센서 데이터를 처리하는 역할을 했기 때문에 추론 기능은 센서 데이터를 처리하는 부담을 덜 수 있었다. 다음 차례는 인지 모듈로, 이 모듈은 대체로 원시 센서 데이터를 즉시 활용할 수 있는 정보로 변환하는 기계 학습 모델로 구현되었다. 하지만 이들 기계 학습 모델은 상위 단계의 경로 탐색이나 의사 결정에는 관여하지 않았다. 각각의 인지 모듈은 하나의 임무만을 부여받음으로써 자신의 작업을 빠르게 처리할 수 있었다.

그렇지만 보스는 자율 주행차에게 중요한 약간 다른 면모를 보여주었다. 이는 여러 예기치 못한 상황을 우아하게 처리하면서도 시내 주행, 주차, 주행하는 차량과 상호 작용하는 등의 복잡한 행동을 수행하는 능력이었다. 구글의 모회사인 알파벳(Alphabet)[■]에서 만든 자율 주행차는 캘리포니아의 마운틴뷰 근처를 주행하는 동안 흥미로운 일

■ 알파벳: 2015년에 래리 페이지가 설립한 구글과 구글 연구소인 X랩, 구글 벤처스 등을 자회사로 둔 지주 회사이다.

을 겪었다. 크리스 엄슨은 TED 2015에서 이 상황을 비디오 영상으로 보여주면서 다음과 같이 설명했다.

> 전동 휠체어에 앉은 한 여성이 도로에서 오리를 쫓아 빙빙 돌고 있었습니다. 도로 교통법에는 이런 상황에 대한 대처법이 없습니다. 하지만 우리가 만든 차량은 이 여성을 발견했을 때 속도를 줄이고 안전하게 주행할 수 있었습니다.[26]

▲ 크리스 엄슨의 TED 영상■

도로 한가운데에서 전동 휠체어에 앉아 오리를 쫓는 여성을 마주치는 일은 자율 주행차에게 큰 문제가 아닐 수도 있다. 그렇지만 이런 드문 상황이 한꺼번에 일어난다면 그건 약간 다른 문제다. 공사 구역에서 표지판이 사라진다든가, 스노체인을 설치해야 하는 눈 내리는 산길이라든가, 교차로에서 경찰이 교통 통제를 하는 경우가 발생할 수 있다. 이런 상황에는 특정한 장애 요소가 개별적으로 존재하고, 자율 주행차는 그러한 장애 요소를 돌파할 수 있어야 한다. 보스는 이러한 상황을 어떻게 처리할 수 있었을까?

크리스의 팀이 보스를 설계할 때 내린 두 번째 결정에서 이 답을 찾을 수 있다. 상위 수준의 추론 기능은 추상화 수준에 따라 3개의 레이

■ TED 2015 〈무인 자동차가 도로를 보는 방법〉: 크리스 엄슨의 강의를 한글 자막으로 시청할 수 있으며 총 15분 30초 중에서 11:06~11:32초 사이에 관련 내용이 나온다.

어로 구성되어 있다. [그림 4-2]의 오른쪽 끝 부분에 이들 세 개의 구성 요소가 표현된 것을 볼 수 있다. 로봇 공학에서는 이렇게 에이전트를 구성하는 방식을 '3 레이어 구조■'라고 하며, 스탠리와 보스 같은 자율 주행차는 이 구조 덕분에 실시간 환경에서 빠르게 반응할 수 있었다. 오해하지 말아야 할 것은, 여기에서 말하는 3 레이어 구조는 [그림 4-2]의 오른쪽 부분에 있는 3개의 구성 요소이다. 보스의 두뇌를 구성하는 전체 얼개를 설명한 것이 아니다.

로봇 공학의 3 레이어 구조와 보스의 3 레이어 구조를 비교하면서 살펴보자. 먼저 3 레이어 구조의 최상위 레이어인 심의 레이어(deliberator)는 신중한 계획이 필요한 행동을 실행하는 역할을 했다. 보스가 시내 주행 환경에서 길을 탐색하는 데 사용하는 경로 계획 모듈이 이 레이어에 해당했다. 인지 레이어가 주변 상황을 인식하는 작업을 처리하고 모노폴리 판 모듈이 예기치 않은 상황을 처리해 주기 때문에 이 최상위 레이어는 수행해야 할 과제를 계획하고 경로를 탐색하기만 하면 되었다.

3 레이어 구조의 하부에는 제어 레이어(controller)가 있다. 보스의 제어 레이어는 이동 계

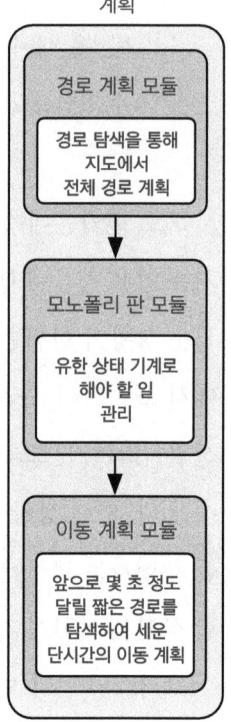

▲ 보스의 3 레이어 구조

■ 로봇 공학의 3 레이어 구조는 deliberator, sequencer, controller로 이뤄진 구조를 말한다. 이 책에서는 각각 심의 레이어, 시퀀서, 제어 레이어로 번역했다.

획 모듈과 운전대, 속도 제어기로 구성되어 있다.[27] 제어 레이어는 상대적으로 수준이 낮은 동작을 수행했는데, 이를테면 "저기 보이는 장소에 주차하라" 같은 동작이었다. 이동 계획 모듈은 구동계(actuator)를 통해 운전대, 브레이크, 가속 페달을 직접 제어했다. 제어 레이어는 또한 (02장에서 살펴본) PID 제어기를 포함하고 있다. 전통적으로 제어 레이어는 아주 지능적인 일은 하나도 하지 않았다. 제어 레이어의 목적은 간단한 동작을 수행하고 단순하게 센서의 신호에 반응하는 것이었다. 상황에 대한 전형적인 반응 동작은 차량의 속도를 목표 속도에 맞추기 위해 모터 토크(torque)를 높이거나 브레이크를 밟는 것이었다.

심의 레이어와 제어 레이어 사이에는 시퀀서(sequencer)가 있다. 시퀀서의 목표는 상위 레이어인 심의 레이어에서 제시한 과제를 수행하는 것인데, 이는 제어 레이어에 일련의 명령을 전달하는 방식으로 이루어졌다. 보스의 시퀀서는 모노폴리 판 모듈이었다. 시퀀서는 제어 레이어에 그냥 고정된 명령어 목록을 전달하기만 할 수는 없었다. 명령어가 모두 실행되기 전에 주변 상황이 변할 수도 있기 때문이다.

로봇이 상황 변화에 반응하지 못하면 어떤 문제를 일으킬지 로봇 소믈리에를 예로 들어 보자. 로봇 소믈리에가 포도주 병을 가져와 테이블 위의 잔에 포도주를 따라주려고 하는데, 이때 손님이 로봇을 돕겠다고 잔을 들면 로봇 소믈리에는 정확히 포도주 한 잔 분량을 테이블에 쏟아부을 것이다. 자율 주행차는 더 말할 것도 없다.

실시간 인공 지능 시스템은 주변 상황의 변화에 대응해야 한다. 보스는 유한 상태 기계를 사용해서 제어 레이어가 어떤 행동을 성공리에 완료했고 다음에 무엇을 할 것인지를 기록해 놓았다. 그래서 만약 제어 레이어가 작업을 수행하기 전에 주변 상황이 변한다면, 시퀀서는 비상 대책을 준비해 수정한 명령을 제어 레이어에 전달할 수 있었다.

칼텍(Cal Tech)의 제트추진연구소(Jet Propulsion Lab) 연구원이었던 에런 갯(Erann Gat)은 로봇을 설계하면서 다른 연구 팀과 비슷한 시기에 3 레이어 구조를 발견했다. 에런은 공동 연구에서 시퀀서의 역할을 다음과 같이 요약했다.

> 시퀀서의 기저에 있는 근본적인 설계 원리는 '식별 가능한 오류'(cognizant failure)의 개념입니다. 이러한 오류는 시스템에서 어떤 방식으로든 탐지할 수 있는 오류를 말합니다. 오류를 절대 일으키지 않는 알고리즘을 설계하는 대신 우리는 오류 탐지에 (거의) 실패하지 않는 알고리즘을 사용했습니다.[28]

왜 절대로 오류를 일으키지 않는 알고리즘을 설계하는 대신 가끔 실패하기도 하는 알고리즘을 설계하느라 신경을 써야 할까? 에런의 설명은 이렇다.

> 첫째로, 오류를 인식할 수 있는 주행 알고리즘을 설계하는 것이 완벽한 알고리즘을 설계하기보다 쉽습니다. 둘째로, 만약 오류가 탐지된다면 그 오류에서 회복하기 위한 교정 명령을 수행할

수 있습니다. 그러므로 식별 가능한 오류가 정리되어 있다면, 오류 발생 확률이 높은 다수의 알고리즘을 결합하여 전체적으로는 오류 발생 확률이 낮은 알고리즘을 만들 수 있습니다.[29]

오늘날에야 3 레이어 구조가 당연해 보이겠지만 처음부터 그런 것은 아니었다. 그 이유를 이해하기 위해 3 레이어 구조 이전에 존재했던 구조를 살펴보자. 에런 갯이 회고했듯이 1985년까지 로봇 공학에서는 감지-계획-행동(sense-plan-act) 구조가 널리 쓰였다.[30] 이 구조는 자신의 이름대로 동작한다. 로봇은 주변 상황을 감지하고, 다음 단계를 계획하고, 계획한 단계를 실행했다. 정보는 센서로부터 계획 모듈을 거쳐 제어기로 한 방향으로만 흘러갔다. 이 구조의 단점은 당연히 반응형 방식이 아니라는 점이다.

감지-계획-행동 구조 다음에 많이 등장한 것은 포섭(subsumption) 구조*였다. 이는 정보의 흐름이 센서-계획 모듈-제어기로 이루어진다는 점에서 감지-계획-행동 구조와 비슷하지만, 이 구조의 모듈은 하위 레이어에서 동작을 덮어씀으로써 주변 상황의 변화에 반응할 수 있다는 차이점이 있다. 포섭 구조로 설계된 로봇은 감지-계획-행동 구조로 설계된 로봇에 비해 눈에 띌 정도로 연구소 주변을 빠르게 이동할 수 있었지만, 로봇 공학자들은 포섭 구조가 매우 빨리 복잡해진다는 것을 깨달았다. 레이어 간의 통신은 혼란스러웠고 모듈의 상호

■ 포섭 구조: 한 모듈이 다른 모듈에게 종속되어 동작하는 구조

작용은 예측할 수가 없었다. 낮은 수준의 레이어가 약간만 변경되어도 전체 시스템을 다시 설계해야 할 경우도 있었다. 포섭 구조의 시스템 설계는 지저분해질 수밖에 없었다. 이에 반해 3 레이어 구조로는 빠르게 반응하는 로봇을 만들 수 있으면서도 전체 구조의 구성 요소가 깔끔하게 분리되어 어떻게 작동하는지 이해하기가 쉬웠다.[31]

보스의 이동 계획 모듈은 3 레이어 구조의 제어 레이어보다는 복잡하며 그 자체로 시퀀서가 빠진 3 레이어 구조에 가까웠다. 이러한 복잡한 구조 덕분에 새로운 아이디어가 등장했다. 두 개의 3 레이어 구조를 사용해서 한 구조가 다른 구조를 내부에 포함하고 제어하는 역할을 하도록 하면 어떨까? 인공 지능을 적용하여 도시의 교통 체증을 줄이는 경우를 상상해 보자. 최상위 단계의 계획 모듈이 최적의 차량 흐름을 계산하여 출퇴근 시간대의 교통 혼잡을 줄이거나, 개별 자율 주행차가 찾아내지 못한 최적의 경로를 제어 레이어가 찾아 제시할 수 있다. 도시 수준의 시퀀서는 다양한 사고 상황과 교통 체증에 대처할 수 있게 된다.

도시 수준의 3 레이어 구조 안에서 자율 주행차 자체도 3 레이어 구조로 구현될 수 있다. 그 결과 자율 주행차는 도시 시퀀서에서 부과하는 제약 조건을 따르면서 목적지를 향해 이동 계획을 세울 수 있을 것이다.

자율 주행차의 객체 분류

자율 주행차에서 기계 학습의 역할은 큰 관심을 받고 있지만, 사람들은 인지 기능을 수행하는 알고리즘과 상위 단계의 계획 기능을 수행하는 알고리즘을 혼동한다. 이는 다분히 알파벳의 자율 주행차가 미디어의 관심을 끌었던 시기에 기계 학습의 성과도 뉴스에 보도되었던 탓도 일부 있다. 정교한 기계 학습 알고리즘이 자율 주행차의 최고 수준인 계획 레이어에 존재할 수도 있지만, 높은 수준의 추론 레이어 대부분은 수십 년 동안 인공 지능 분야에 존재해 온 개념들(탐색 알고리즘과 유한 상태 기계 등)에서 가져온 것이며 일반적으로 기계 학습과는 거리가 먼 것들이다(기계 학습은 주로 데이터를 사용해서 기계를 학습시키는 방법을 다루지만 인공 지능은 데이터가 필요한 것은 아니다).

자율 주행차의 기계 학습 대부분은 인지 레이어에 포함되어 있다. 자율 주행차의 중요한 인지 기능은 센서에서 인식한 객체를 여러 범주로 분류하는 것이다. 보스는 객체를 세세하게 분류하려고 하지 않았다. 보스에게는 가상의 도시 환경이 탑재되어 있었고 여기에서 움직이는 객체는 자동차뿐이었다. 현실에서는 자율 주행차가 다양한 종류의 객체와 맞닥뜨릴 수 있으므로 올바로 대처하려면 다양한 객체를 여러 범주로 분류할 수 있어야 했다. 객체가 자동차인지, 자전거인지, 보행자인지, 전동 휠체어에 앉아 오리를 쫓는 여성인지를 이해할 수 있어야 자율 주행차가 좀 더 나은 모델을 만들어 경로를 예측할 수 있었다.

자율 주행차는 센서에서 인식한 객체를 어떻게 분류할 수 있을까? 2012년, 특정 부류의 비전 알고리즘(vision algorithms)은 주목할 만한 발전을 이뤘다. 딥 러닝 분야의 이런 알고리즘은 마치 컴퓨터가 사람처럼 사진의 내용을 분류할 수 있도록 해주었다. 딥 러닝 알고리즘은 그래픽 카드 제조 회사인 엔비디아(NVIDIA) 같은 회사에서 자율 주행차의 비전 시스템에 사용하기 위해 전용 하드웨어를 개발할 정도로 이후 몇 년간 급속히 발전했다. 알고리즘이 어떻게 작동하는지는 나중에 더 자세히 살펴볼 것이다(09장 참조).

자율 주행차는 복잡한 시스템이다

자율 주행차를 개발하는 데에는 이 책에서 아직 다루지 않은 중요한 요소들이 많이 필요하다. 이러한 요소 중 일부를 간단히 살펴보자.

자율 주행차를 개발하려면 엄청난 양의 소프트웨어가 필요하므로 막대한 인력을 투입해야 한다. 자율 주행차 경주 대회에서 우승한 팀은 연구자, 엔지니어, 대학생 등을 포함하여 40~60명으로 구성된 큰 조직이었다. 이러한 대규모 작업에 참여하는 사람들이 행복하고 생산성 있게 일할 수 있는 환경을 제공하려면 사람과 팀 사이에 세심한 조율이 필요했다. 하지만 참가자들이 행복하고 생산성 있게 일해도 버그는 발생했다.

89쪽에서 살펴본 대로, 버그를 처리하는 방법으로 오류 회복 시스템이 있다. 그랜드 챌린지에서 좋은 성적을 냈던 팀 또한 테스트와 시뮬레이션을 위해 큰 노력을 기울였다. 〈와이어드〉 잡지 기자는 크리스 엄슨이 〈트론(Tron)〉■ 스타일로 만든 산악 지형의 시각화 결과물에

■ 트론: 1982년에 개봉된 미국의 SF 영화로 3D 그래픽으로 표현한 자동차 경주 장면이 등장한다.

관한 기사를 썼다. 이 시각화 결과물은 자율 주행차의 도로 시뮬레이션을 실행할 수 있을 정도로 세밀해서, 심지어 타이어와 차량에 가해지는 충격까지도 시뮬레이션할 수 있었다.[32] 이러한 노력 끝에 몇 년 후에는 자율 주행차의 주행을 다시 복기해 볼 수 있는 시뮬레이션 환경을 개발할 수 있었고, 이를 통해 연구자들은 학습 알고리즘과 예외 처리의 성능을 향상할 수 있었다.[33] 이 주제는 이 책에서 다루기에는 방대하므로 다른 주제로 넘어가자.

자율 주행차는 앞으로 어떻게 발전할까?

1990년대에 10여 년의 정체기를 겪은 자율 주행차 분야는 DARPA 그랜드 챌린지를 기점으로 다시 불이 붙었다. 이들 대회를 통해 놀라울 정도로 발전이 이루어졌다. 일반 도로에서 사람 없이 주행하는 차를 보려면 앞으로 몇 년이 걸릴지 알 수 없는 상황이다. 여기에는 기술적, 법적 문제가 걸려 있기도 하다.[34] 어번 챌린지가 개최된 지 10년이 지났지만 예기치 못한 상황에 대처하는 기능은 여전히 자율 주행차가 해결하지 못한 큰 문제로 남아 있다.

우버는 2017년에도 이 문제로 골머리를 앓았다. 사람이 항상 탑승한 채로 운행하는 우버의 시험 자율 주행차는 자율 주행 모드를 해제할 때(즉 사람이 운전에 개입해야 하는 상황이 벌어질 때)까지 평균 주행 거리가 1.3km에 불과한 수준이었다.[35] 같은 시기에 알파벳의 자율 주행차 회사인 웨이모(Waymo)는 우버보다 훨씬 좋은 결과를 내서 자율 주행

모드 해제를 1,000km마다 0.125회 기록했다.[36] 이보다 더 좋은 결과를 얻기 위해서는 고도로 상세한 지도를 구축하고 또한 유지할 수 있어야 했다.[37]

   DARPA 그랜드 챌린지에서 만났던 경쟁자들이 자율 주행차를 함께 만들기 위해 모였다. 알파벳의 자율 주행차 프로젝트를 이끌던 서배스천 스런은 결국 크리스 엄슨, 앤드류 레반도프스키(자가 균형 오토바이의 제작자)를 비롯하여 자율 주행차 분야의 선도자들을 고용했다. 크리스는 2013년에 알파벳의 자율 주행차 프로젝트 수석이 되었다.[38] 2004년 성공적인 DARPA 대회를 통해 촉발된 자율 주행차 분야의 발전 덕분에 가능해진 크리스 엄슨의 프로젝트는 2016년에 그가 회사를 떠날 때까지 192만km라는 주행 기록을 남겼다.[39]

둘째 마당

넷플릭스 프라이즈와 인공 지능

넷플릭스는 나도 몰랐던 나의 취향을 찾아 영화를 추천해 준다. 넷플릭스에서 주최한 알고리즘 향상 대회인 넷플릭스 프라이즈는 예상한 것과는 다르게 흘러간다. 처음에는 비디오 대여의 효율성을 높이기 위해 시작되었지만 이 대회를 통해 인공 지능 분야의 새로운 발전 방향이 제시되었다. 고도화된 추천 알고리즘은 점점 더 나보다 나를 잘 아는 것처럼 보인다. 수많은 팀이 알고리즘 대회에 참여했고 일반에게 공개되었다. 이 대회에서 우승한 알고리즘은 과연 어떤 인공 지능의 아이디어를 사용했을까? 넷플릭스 프라이즈에 참가한 팀들의 활약상을 자세히 살펴보자.

05 ▸ 넷플릭스 프라이즈 — 영화 추천 알고리즘 대회

06 ▸ 협력하는 참가자들 — 넷플릭스 프라이즈의 우승자

05

넷플릭스 프라이즈
— 영화 추천 알고리즘 대회
NETFLIX AND THE RECOMMENDATION-ENGINE CHALLENGE

> 넷플릭스 프라이즈는 예측 모델을 연구하는 사람들에게 몇 년이고 회자될 것이다.
>
> - 크리스 볼린스키(Chris Volinsky),
> AT&T 연구소 선임 연구원이자 벨코[1] 팀의 팀원)

100만 달러가 걸린 영화 추천 알고리즘 대회

2006년, 로봇 공학 분야 사람들은 다음해에 열릴 DARPA 어번 챌린지(Urban Challenge)를 준비하느라 분주했다. 이 무렵 넷플릭스*는 이제 막 싹트기 시작한 데이터 과학 커뮤니티에 넷플릭스 그랜드 프라이즈(Netflix Grand Prize, 이하 줄여서 '넷플릭스 프라이즈')를 개최한다고 발표했다. 넷플릭스는 가장 좋은 영화 추천 알고리즘을 만드는 팀에

---

* 넷플릭스(NETFLIX): 인터넷(net)과 영화(flicks)의 합성어로, 주문형 인터넷 엔터테인먼트 서비스 분야에서 세계적인 선도 기업이다.

게 상금 100만 달러를 주겠다고 했다.

넷플릭스가 대회 개최를 발표했을 때 넷플릭스의 스트리밍 비디오 비즈니스는 아직 존재하지도 않았으며 DVD 대여 서비스를 운영하고 있었다.[2] 이 대여 서비스는 고객이 DVD를 주문하면 우편으로 배달하는 방식이어서 시간이 걸렸다. 배달하는 도중에 주문을 변경하면 도착하는 데 며칠이 더 걸렸고 재미없는 영화를 고르면 시간을 낭비하는 셈이 되므로 고객은 주문할 때 심혈을 기울여야만 했다. 넷플릭스는 영화를 추천하는 방법으로 이 문제를 해결하고 싶었다.

넷플릭스는 고객이 영화에 1~5개의 별로 평점을 매길 수 있는 시스템을 갖추고 있었다. 넷플릭스는 이 평가 점수를 활용해 고객이 어떤 영화를 대여할지를 선택하는 데 도움을 주려고 했다. 넷플릭스는 이 대회를 개최한다고 발표한 후 1998년부터 2005년까지 수집된 1억 건의 영화 평가 데이터를 연구 커뮤니티에 제공했다.[3] 상금은 넷플릭스가 사용하는 알고리즘의 성능과 비교해서 10% 이상 향상된 알고리즘을 먼저 만든 팀에게 돌아갈 예정이었다.[4]

넷플릭스가 제공하는 영화 평가 데이터는 데이터 과학자들에게 횡재나 다름없었으므로 그들은 이 문제를 풀기 위해 기꺼이 달려들었다.[5] 대회가 시작되고 일주일이 채 안 되어 넷플릭스의 알고리즘보다 성능을 1% 향상시킨 팀이 등장했다.[6] 대회가 열린 일 년 동안 20,000개의 팀이 등록했고 2,000개의 팀이 알고리즘을 제출했다.[7]

경쟁자들

대회에 참가한 팀은 대부분 좋은 결과를 내지 못했으나 세 명으로 구성된 팀 하나가 강세를 보였다. '벨코(BellKor)' 팀은 AT&T 연구소의 연구원 세 명(이 중 한 명은 대회 도중에 야후로 이직했다)으로 이루어졌으며, 네트워크와 추천 시스템의 전문가로서 이 프로젝트에 필요한 기술을 갖추고 있었다.[8] 또 다른 팀으로는 'ML@UToronto' 팀도 있었다. 이 팀은 토론토 대학의 유명한 신경망 연구원들로 구성되었는데[9], 팀원인 제프리 힌턴(Geoffrey Hinton)은 신경망 이론의 제창자로 유명했다.

박사 학위가 있는 사람만 이 대회에 참가한 것은 아니었다. 어떤 팀은 프린스턴 대학의 학부생 세 명으로 구성되었는데, 그중 두 명은 컴퓨터 과학을, 나머지 한 명은 수학을 전공하고 있었다. 컴퓨터 과학을 전공하는 학생들은 기계 학습을 연구하기 위해 곧 박사 과정에 들어갈 예정이었다. 수학을 전공한 학생은 JP 모건에서 이자율 파생 상품을 거래하는 일을 할 예정이었다. 예상보다 뛰어난 성적을 거둔 이 젊은 3인조 팀은 넷플릭스에서 제공한 데이터의 첫 번째 영화 제목인 '공룡행성(Dinosaur Planet)'을 따서 팀 이름으로 지었다.[10] 이와 비슷한 방식으로 팀 이름을 '그래비티(Gravity)'로 지은 두 명의 헝가리 출신 대학생도 있었다.

다양한 분야의 사람들이 이 대회에 참가했다. 프랑스인과 캐나다인 두 명으로 꾸린 '실용이론(Pragmatic Theory)' 팀도 있었는데, 이들은 낮에는 일하면서 남는 시간에 넷플릭스 알고리즘 프로젝트를 진행했다. 그중 한 명은 주방에 작업실을 차리고 자녀들이 자는 동안 밤 9

시부터 자정까지 작업했다. 이들은 협업 필터링(collaborative filtering)■ 분야에 경험이 전혀 없어서 그런 자신들을 스스로 '대책 없는 두 청년'이라는 매우 겸손한 평가를 했다.

참가자는 계속 늘어 심리학처럼 별 관련 없는 분야에서 취미 삼아 참가한 사람들까지 수천 명을 헤아렸다. 참가자들은 서로 경쟁하는 관계이지만 이 대회를 통해 협업하는 방식을 알게 되었다. 앞으로 살펴보겠지만 사실 다른 팀에게서 무언가를 배우거나 다른 팀과 협업할 의지가 없는 팀이 좋은 성적을 내는 것은 실제로 불가능했다. 이제 이 대회에 참가한 팀들이 상금 100만 달러를 향해 펼친 여정을 살펴보자.

분류기의 훈련

이 책에서 영화 추천에 관한 내용을 왜 다루었는지 궁금할 수도 있다. 영화 추천 알고리즘이 인공 지능 분야에서 정말 중요할까?

보캉송의 '플루트 연주자'에 쓰인 개념이 어떻게 사람들이 좋아할 만한 책이나 음악을 추천하는 기능으로 발전할 수 있었는지 생각해 보자. 사실 추천 엔진은 사람들의 취향을 찾아내는 것을 목표로 하는 알고리즘이다. 06장에서 살펴보겠지만, 추천 엔진은 사람의 취향을 모델링하여 무엇을 좋아하는지 알아낼 뿐 아니라 심지어 국회 의원이

■ 협업 필터링: 다수의 사용자에게서 수집한 정보를 바탕으로 사용자의 관심사를 자동으로 예측하게 해주는 방법이다. 추천 시스템에서 쓰는 기법이다.

어떤 법안에 투표할지 알아내는 데에도 사용된다. 추천 엔진 알고리즘이 온라인 쇼핑에서 힘을 발휘하는 것을 보면, 추천 엔진이 경제에 미치는 영향은 자율 주행차나 체스를 하는 컴퓨터 프로그램이 미치는 영향보다 더 클 것으로 생각된다.

이 책에서 넷플릭스의 추천 엔진에 관한 내용을 다룬 중요한 이유가 하나 더 있다. 참가자들이 어떻게 문제에 접근하고 어떤 도구를 사용했는지 등 대회에서 일어났던 일들이 우리가 기술적 약진을 어떻게 바라봐야 하는지를 구체적으로 알려주기 때문이다. 이 대회에 쏟아진 수많은 아이디어는 이 책에서 다룰 다른 모든 주제에 영향을 미쳤다.

같은 맥락으로, 앞에서 살펴봤던 스탠퍼드의 자율 주행차인 스탠리를 다시 한 번 떠올려 보자. 스탠리는 기계 학습에 크게 의존했는데, 그 결과 스탠리는 차선을 유지하고 달리면서 주변 환경을 인식할 수 있었다. 서배스천 팀은 스탠리를 직접 운전하여 센서를 통해 주변 환경에서 데이터를 수집했다. 그 후 수집한 데이터로 분류기(classifier)를 훈련해서 여러 유형의 지면 중 어떤 것이 안전한지를 알아냈다. 운전해도 되는 지면을 판독하는 분류기가 어떻게 작동하는지 상세히 다루지는 않지만, 영화 추천 알고리즘(그리고 신경망)이 어떻게 작동하는지 이해하려면 이러한 분류기가 어떻게 작동하지를 이해하는 것 또한 중요하다. 이들 분류기는 마치 톱니바퀴나 레버처럼 단순한 원칙을 기반으로 하여 작동한다. 차이점이 있다면, 톱니바퀴나 레버는 에너지를 다른 형태로 변환하여 유용한 결과를 얻지만 분류기는 데이터를 변환한다는 것이다. 이제 분류기가 어떻게 작동하는지 알아보자.

베티 크로커(Betty Croker)의 웹 사이트*에서 수집한 레시피로 《아이를 위한 세계 최고의 레시피》라는 요리책을 만든다고 가정해 보자. 수집한 레시피마다 요리책에 포함할지 여부를 결정해야 할 것이다. 이러한 결정을 내리려면 레시피대로 음식을 만들어 아이에게 먹여보고 의견을 들어야 한다. 하지만 만약 웹 사이트에 게시된 레시피 개수가 15,000개라면, 하루에 레시피를 아홉 개씩 뚝딱 소화하더라도 4년 가까이 요리해야 한다. 어떻게 하면 시간과 에너지를 많이 투자하지 않고도 아이에게 적합한 레시피를 알아낼 수 있을까?

분류기를 훈련하면 이러한 문제를 해결할 수 있다. 분류기는 자동으로 어떤 항목(예를 들면, 레시피)이 특정 범주에 속하는지를 자동으로 판별하는 방법을 제공한다. 이를테면, 레시피를 '아이에게 적합한 레시피'와 '아이에게 적합하지 않은 레시피'라는 두 범주로 나누는 것이다.

이 작업에 분류기를 사용하려면, 먼저 아이들에게 좋은 레시피와 그렇지 않은 레시피를 구별할 수 있을 만한 레시피의 기준을 정해야 한다. 창의성과 판단력을 발휘해 이런 기준을 찾을 수도 있지만, 도움이 될 만한 기준을 좀 더 손쉽게 찾는 방법도 있다. 베티 크로커의 웹 사이트는 레시피마다 사용자가 매긴 평점을 보여주는데, 이 평점 또한 아이들이 좋아할 만한 레시피와 관련이 있으므로 분류 기준으로 활용할 수 있을 것이다. 또한 쉽게 만들고 이해하기 쉬운 레시피(예를 들면, 요리 단계가 적거나 재료를 적게 쓰는)를 기준으로 삼을 수도 있다. 또

■ 베티 크로커의 웹 사이트(http://www.bettycrocker.com)에서는 요리 레시피를 무료로 제공한다.

는 설탕의 양(아이는 설탕을 좋아한다)이나 채소의 양(아이는 채소를 싫어한다)을 기준으로 삼을 수 있다.

기계 학습에서는 이러한 기준을 특성(feature)이라고 한다. 마법은 이런 여러 특성을 결합해 레시피가 얼마나 좋은지를 나타내는 '레시피 점수'를 만들 때 일어난다. 이런 점수를 만드는 가장 간단한(이 책에서 살펴볼 분류기 대부분에서 사용하는) 방법은 가중 평균(weighted average)을 구하는 것이다. 가중치는 각 특성의 중요도에 따라서 최종 점수에 반영된다. [그림 5-1]에서 레시피 '홀리데이 베이크드 알래스카(Holiday Baked Alaska)'의 점수를 어떻게 계산했는지 잠깐 살펴보자.[11]

왜 '특성'을 사용해서 가중 평균을 구해야 할까? 이런 방식은 주먹구구식처럼 보여서 이런 점수를 산출할 때 기계 학습 연구자들이 사

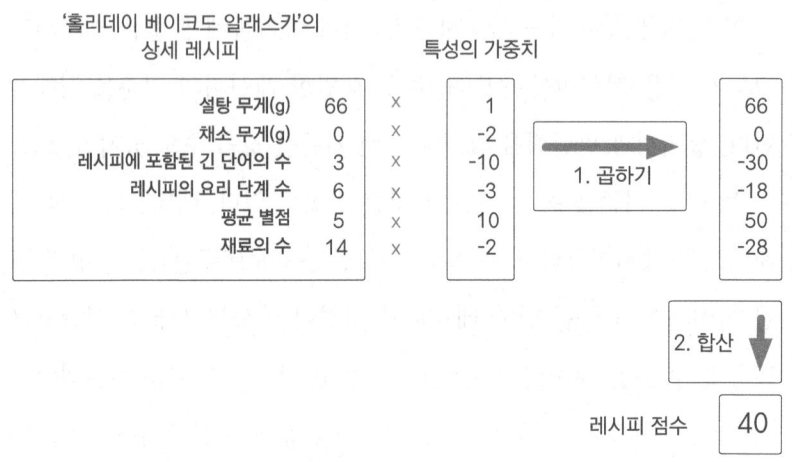

▲ 그림 5-1 '홀리데이 베이크드 알래스카' 레시피에 분류기를 적용한 모습

'홀리데이 베이크드 알래스카' 레시피에 분류기를 적용해서 이 레시피가 아이들에게 적합한지를 살펴볼 수 있다. 가중치는 고정되어 있고 각 레시피에 따라 내용이 (그리고 점수도) 변한다.

용하는 다른 방법이 있을 것 같다는 생각이 들 수도 있다(실제로 그렇다). 하지만 가중 평균은 단순하고 직관적이며 이해하기도 쉽다. 이 방식은 이 책에 등장한 수많은 오토마타를 만들어 낸 통계 요소 중 가장 중요한 방식이다. 가중 평균은 단지 오토마타의 구성 요소에 불과하다는 점을 기억하자. 구성 요소가 간단해야 하는 이유는, 결국 이러한 구성 요소는 다른 구성 요소와 결합해서 사용해야 하는데 구성 요소가 간단할수록 결과물을 이해하기 쉽기 때문이다.

가중 평균으로 분류기를 만들기 위해서는 임곗값(threshold)을 정해야 한다. 그런 다음 임곗값 이상의 점수를 가진 레시피는 좋은 레시피로, 이하의 점수를 가진 레시피는 나쁜 레시피로 분류하는 것이다(일단 여기에서는 임곗값을 0이라고 하자). [그림 5-1]을 살펴보면, '홀리데이 베이크드 알래스카'는 아이를 위한 요리책에 넣기 아주 좋은 레시피이다. 만들기가 약간 복잡하다는 단점이 있지만, 설탕이 많이 들어 있고 채소가 없다는 장점이 이 단점을 상쇄한다.

기계 학습에서 분류기를 최적화할 때에는 데이터를 사용해 각 특성에 맞는 가중치를 알아내고 임계치를 정하게 된다. 아이에게 레시피대로 요리를 직접 만들게 한 후 얼마나 좋아하는지를 기록하는 방식으로 데이터를 수집할 수 있다. 그 후 통계 수식을 사용해 데이터로부터 가중치를 예측한다. 고등학교 때 이 공식을 본 적이 있을 텐데(바로 잊어버렸을 수도 있다) 이 공식은 종이 위의 많은 점 (x, y)을 가장 잘 설명해 주는 최적의 선분을 찾아준다. 여기에서는 하나의 점수 y값에 대응하는 특성 x값이 하나가 아니라는 점을 제외하면 동일한 공식을

사용한다.■

 레시피 데이터 중 일부(15,000개의 레시피 중 100개라고 해보자)를 사용해서 분류기의 가중치를 최적화하고 나면, 컴퓨터를 사용해 분류기에 나머지 14,900개의 레시피를 적용하여 각 레시피가 좋을지 나쁠지를 예측할 수 있다. 이 15,000개의 레시피 분류 결과에서 책에 넣을 상위 200개의 레시피를 뽑은 뒤, 이들 레시피가 정말 좋은지를 확인해 보고 가장 좋은 레시피만 남기면 준비는 끝난 것이다.

 분류기를 최적화하는 방법을 살펴봤으니 넷플릭스 프라이즈로 다시 돌아와서 이 방법을 영화 추천에 어떻게 적용할 수 있는지 살펴보자.

대회의 목표

 영화는 어떤 기준으로 추천해야 할까? 영화 추천 목표는 무엇으로 해야 할까? 클라이브 톰슨(Clive Thompson)은 2008년 대회가 진행되고 있을 때 이 문제에 대한 고민을 〈뉴욕 타임스〉에 기고했다.[12] 넷플릭스의 영화 추천 서비스는 사용자가 좋아할 만한 취향에서 벗어나지 않도록 안전 지향적으로 추천해야 할까? 아니면 사용자에게 완전 꽝으로 느껴질 수도 있는 영화를 추천하는 위험도 감수해야 할까?[13]

 그 당시의 비디오 가게에서 잘나가는 영화는 주로 신작이나 유명

■ 여기서 말하는 공식은 선형 회귀의 최소 제곱법을 뜻한다.

한 것이었으므로 이런 영화들을 모아놓으면 종류가 많지 않아도 쉽게 추천할 수 있어 이 방법을 애용했다. 이와 달리 넷플릭스의 대여 비디오는 70%가 독립 영화 내지는 오래된 재고품이었다. 넷플릭스는 자신이 보유한 수많은 재고 타이틀과 대여를 원하는 사용자의 긴 대기 시간이라는 조건에서 사용자에게 영화를 추천하기 위해 자체 개발한 영화 추천 알고리즘인 시네매치(Cinematch)를 사용했다. 시네매치를 개선하는 것은 회사의 매출과 직결된 일이었다. 넷플릭스 사용자 중에서 영화를 매우 적게 보는 사람이나 며칠을 기다렸다 받은 영화가 재미없다고 느낀 사람은 탈퇴할 확률이 높아질 것이기 때문이다.[14]

그래서 넷플릭스 엔지니어들은 시네매치 추천 알고리즘을 개선하기 위해 일하고 또 일했다. 시네매치가 더 이상 개선될 가능성이 없어지자 넷플릭스는 넷플릭스 프라이즈를 열어 시네매치 알고리즘의 성능을 10% 이상 개선하는 팀에게 상금 100만 달러를 걸었다. 넷플릭스의 CEO인 리드 헤이스팅스(Reed Hastings)는 영화 추천 알고리즘을 개선한다면 얻을 이익이 더 크기 때문에 그 정도 액수를 상금으로 지출하는 것은 별 문제가 되지 않는다고 말했다.[15] 넷플릭스는 이미 매일 수억 건씩 추천을 하고 있었으므로 넷플릭스에게는 영화 추천 알고리즘의 미미한 개선조차 크게 성공할 실마리가 될 수 있었다.[16] 넷플릭스는 참가자들이 10%라는 목표에 도달하지 못하더라도 가장 좋은 알고리즘을 만든 팀에게 해마다 프로그레스 프라이즈 상으로 상금 5만 달러를 수여하기로 했다. 넷플릭스는 이 상에 조건을 하나 붙였다. 수상자는 추천 알고리즘의 상세한 내용을 외부에 공개해야 한다는 것이었다.

넷플릭스는 명확하고 객관적인 목표를 제시하여 문제를 단순하게 만들었다. 참가자는 넷플릭스 고객이 특정한 날과 특정 영화에 어떤 평점을 했는지 예측해야 했다. 넷플릭스는 각 팀이 예측한 값과 참가자에게 공개하지 않은 실제 값의 평균 제곱 오차(average squared difference)를 계산하는 방식으로 각 팀이 개발한 알고리즘의 성능을 평가했다.[17]

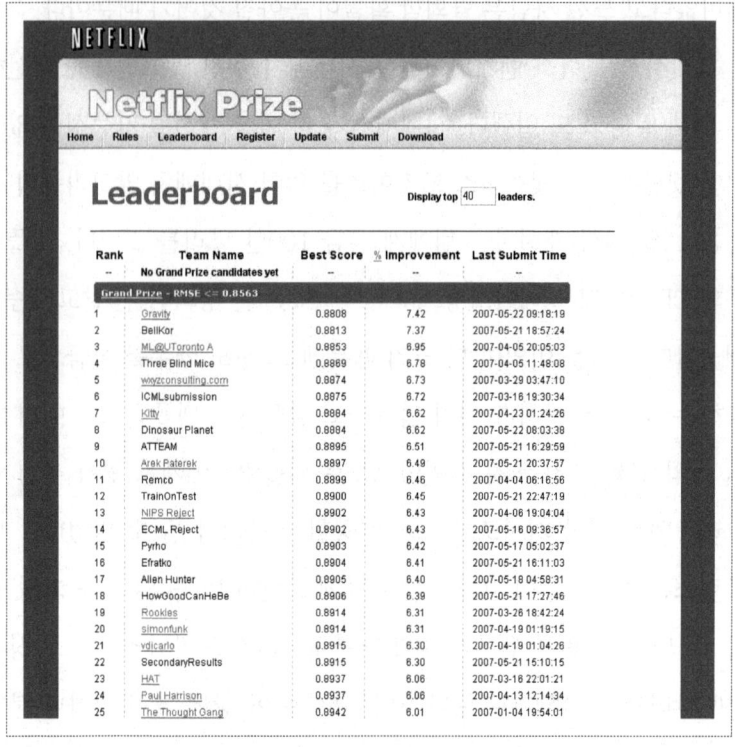

▲ 넷플릭스 프라이즈의 순위표

참가자들이 예측 데이터를 제출하면 넷플릭스는 비밀 데이터 세트를 통해 알고리즘의 성능을 측정한 후 순위표를 공개했다.[18] 사실 참가자들은 수많은 예측 데이터를 제출해 점수를 일일이 확인하는 방식으로 넷플릭스가 채점에 사용한 데이터를 엿볼 수도 있었다. 하지만 영리하게도 넷플릭스는 채점을 위한 여분의 미공개 데이터를 준비해 두었다. 이 여분의 데이터는 대회가 끝나갈 즈음 우승 후보들을 평가할 때에만 사용했다.

거대한 평점 행렬

이 대회는 넷플릭스 사용자의 영화 평점만을 대상으로 삼았기 때문에 문제 자체를 거대한 평점의 행렬이라는 관점으로 보면 이해하기 쉽다. [그림 5-2]에서 이 행렬의 예를 볼 수 있다(숫자는 임의로 넣은 것이다).

이 행렬은 17,700개의 영화와 사용자 480,189명이 매긴 평점을 포함하는 거대한 데이터였다.[19] 넷플릭스는 일부 영화에 사용자가 매긴 평점 데이터를 제공했고, 참가자는 이 행렬에서 생략된 평점([그림 5-2]에는 물음표로 표시되었다)을 예측해야 했다. 이 행렬에서 숫자가 채워진 부분은 전체의 1%에 불과했다. 대부분의 넷플릭스 사용자들은 영화 평점을 남기지 않았다.

참가자들은 어디에서부터 시작해야 했을까? 대회 초반에 참가자들은 비슷한 방식으로 이들 평점을 분석했다. 벨코 팀(AT&T와 야후의 연

	사용자 1	사용자 2	사용자 3	사용자 4	사용자 5	...	사용자 480185	사용자 480186	사용자 480187	사용자 480188	사용자 480189
터미네이터 2	5		5		4	...	2	5			5
구모	1	1	2	?		...		3	2		?
클루리스		4		?		...	2		4		
나폴레옹 다이너마이트	4		2			...		5	5		
판의 미로	4					...		5		5	
...											
땅콩 버터 소동	3				4	...	?	?			
엑스맨	?			4		...	2	4			5
가위손	5			5		...		5			
조니 5 파괴 작전	4	4				...		1			
토이 스토리		?	4		5	...		4			

▲ **그림 5-2 넷플릭스 사용자가 영화에 매긴 평점의 예**
넷플릭스는 이 행렬과 평점 일부를 공개했다. 참가자는 이 행렬에서 (물음표로 표시된) 생략된 평점을 예측해야 했다.

구자들로 구성된)은 단순한 기본 모델부터 시작하여 평점 행렬의 기본 추세를 설명하는 것이 중요하다는 것을 깨달았다. 벨코의 기본 모델은 두 가지의 구성 요소에서 출발했다. 첫 번째는 영화에만 적용된 것으로, 여기에서는 'E.T. 효과'라고 부르도록 하자.[20] E.T. 효과는 누가 영화에 평점을 매겼는지와 상관없이 영화가 얼마나 인기 있는지만 계산에 반영한다. 예를 들면, 넷플릭스의 데이터에서 가장 인기가 없던 영화는 엉망으로 분장한 뱀파이어를 사냥하는 여자가 등장하는 저예산 영화인 〈아비아 뱀파이어 헌터(Avia Vampire Hunter)〉였다. 이 영화는 132개의 평점을 받았고 평균 점수는 1.3점이었다. 이 영화에 대한 아마존 리뷰 하나를 예로 들어 보자.

> 돈 받고 봐야 할 쓰레기 영화. 누구 집 뒷마당에서 핸드헬드 카메라로 촬영한 것 같다. 보지 마라. 누가 봐도 그럴 것이고, 내가 본 최악의 영화다!!! 미리 알았다면 공짜로도 보지 않았을 영화였다.

반대로 가장 인기 있는 영화는 〈반지의 제왕: 왕의 귀환(Lord of the Rings: The Return of the King)〉의 확장판이었다. 이 영화는 73,000개의 평점을 받았고 평균 점수는 4.7점이었다. 이 영화의 아마존 리뷰는 압도적으로 긍정적이었는데 그중 하나를 살펴보자.

> 너~~무 좋다! 〈반지의 제왕〉 3부작을 아직 본 적이 없다면 적극 추천한다. 아주 훌륭한 영화이지만 나는 특히 확장판이 마음에 든다.

〈반지의 제왕: 왕의 귀환〉 영화 자체보다 영화의 3부작 시리즈 전체에 대한 리뷰이지만, 사람들이 이 영화를 좋아한다는 사실은 변함이 없다. 이 영화에 대한 부정적인 리뷰는 대부분 영화 자체보다는 비디오 형식이나 비디오 판매자에 집중되어 있었다.

벨코의 기본 모델 중에서 두 번째 구성 요소는 넷플릭스 사용자가 평점을 매길 때 박하게 주는지 아니면 후하게 주는지를 알아내는 알고리즘으로, 여기에서는 '스크루지 효과'라고 부르도록 하자. 모든 영화에 1점을 주는 사용자도 가끔 있지만 대부분 점수를 고르게 매긴다. 넷플릭스 사용자가 점수를 객관적으로 매기든 그렇지 않든, 어쨌든 데이터에 이런 경향이 존재한다면 데이터를 분석하는 과정에서 이러한 경향을 잡아내야 했다.

벨코 팀이 지적한 E.T. 효과와 스크루지 효과를 사용하면 기본적인 추천 엔진을 만들 수 있다. 벨코 팀은 이 두 가지 방식과 사용자가 영화에 매긴 평균 평점을 나타내는 총체적 편향 항(overall bias term)을 하나의 모델로 결합하고, 《아이를 위한 세계 최고의 레시피》에서 사용했던 것과 비슷한 분류기를 사용했다. 이 간단한 모델을 통해 벨코 팀은 각 영화와 사용자의 가중치와 편향(intercept)을 구했다. 벨코 팀은 이 추천 엔진으로 넷플릭스 사용자에게 최적의 영화를 추천할 수 있었다. 이는 다른 정보가 더 주어지지 않는 상황에서 준수한 출발이었다.

하지만 이렇게 만든 추천 엔진의 문제점은 모든 사용자에게 〈로스트(Lost)〉의 첫 번째 시즌과 〈심슨 가족(The Simpsons)〉의 여섯 번째 시즌, 〈반지의 제왕〉과 같이 유명하고 인기 있는 DVD만 추천한다는 데 있다. 이 추천 엔진은 개인화된 추천 결과는 생성해 내지 못했다. 넷플릭스가 이 추천 엔진으로 영화를 추천한다면 외국 영화, 고전 영화, 어린이 영화 등 특정한 카테고리 영화만 골라서 챙겨 보는 사용자를 절대 만족시킬 수 없을 것이다. 벨코의 기본 모델은 사용자 전체를 대상으로 놓고 보면 그럴 듯 했지만 훌륭하다고는 할 수 없었다.

이는 단일 모델이 모든 사람에게 적용될 수 없다는 사실을 보여준다. 미국 공군은 1950년대에 발생한 수많은 항공기 사고를 조사하면서 이와 동일한 현상을 발견했다. 1920년대부터 항공기 조종석은 미국인 남성의 평균 체형에 맞추어 제작했다. 이 문제를 연구했던 길버트 대니얼스(Gilbert Daniels) 중위는 미국인 남성 대부분의 체형이 평균에 가깝지 않다는 것을 발견했다. 토드 로즈(Todd Rose)는 《평균의 종말》이라는 책에서 이러한 상황을 다음과 같이 설명했다.

> 조종사 4,063명의 신체 치수 10개 항목을 측정해 평균을 구했으나 조종사 중 모든 신체 치수가 이 10개 항목의 평균 범위에 들어가는 조종사는 한 명도 없었다. 어떤 조종사의 팔은 평균보다 길지만 다리는 평균보다 짧았다. 어떤 조종사는 가슴둘레가 컸지만 엉덩이가 작았다. 놀랍게도 대니얼스는 10개의 치수 중 세 개(목둘레, 허벅지 둘레, 손목 둘레)만 선택한 경우조차 조종사의 3.5% 이하만 평균 범위에 들어간다는 사실을 발견했다. 대니얼스의 발견이 시사하는 바는 명확했다. 평균 체형의 조종사는 존재하지 않는다. 조종사의 평균 체형에 맞추어 설계한 조종석은 어떤 조종사의 체형에도 맞지 않는다.[21]

이 발견을 토대로 대니얼스는 조종사가 자신의 체형에 맞게 조절할 수 있는 조종석을 제안했으며 공군은 이를 수용했다. 공군은 평균을 표준으로 삼는 방식을 포기함으로써 개인형 맞춤이라는 새로운 원칙을 제시했다. 공군은 개인을 시스템에 맞추는 대신 시스템을 개인에게 맞추기 시작했다. 우선 공군은 모든 조종석을 조종사 신체 치수의 5~95% 범위에서 조정할 수 있도록 설계했다.

공군은 조정할 수 있는 좌석을 설계했고 현재 이러한 형태의 좌석은 모든 종류의 차량, 항공기의 표준이 되었다. 공군은 조정할 수 있는 헬멧 띠와 조종사복도 개발했다. 이러한 결과물과 해결책이 등장하자 조종사의 능률이 높아졌고 미 공군은 세계에서 가장 강력한 공군이 되었다. 이윽고 군 장비는 표준화된 평균 치수 대신 다양한 신체 치수에 맞출 수 있어야 한다는 지침이 미군의 모든 병과에 하달되었다.[22]

넷플릭스의 추천 엔진에도 사용자에게 개인화된 추천을 제공하는, 조정할 수 있는 좌석과 비슷한 해결책이 필요했다. 즉 '터미네이터 효과'를 잡아낼 수 있어야 했다. 터미네이터 효과란, 넷플릭스 사용자 중에는 SF와 액션 영화를 좋아하는 그룹이 있고, 어린이 영화를 좋아하는 그룹이 있고, 이 두 그룹 모두에 포함되는 사용자도 있고, 이 두 그룹에 포함되지 않는 사용자도 있는 상황을 설명하는 것이다. 터미네이터 효과를 해결하기 위해 참가자들은 대부분 행렬 인수 분해라는 방식을 사용했다.

행렬 인수 분해

행렬 인수 분해(matrix factorization)는 116쪽 [그림 5-2]에 등장하는 거대한 행렬이 중복된 정보를 많이 갖고 있다는 사실을 기반으로 한다. 〈퓨처라마(Futurama)〉를 좋아하는 사용자는 〈심슨 가족〉을 좋아할 확률이 높으며, 〈슈렉(Shrek)〉을 좋아하는 사람은 슈렉의 스핀오프 작품인 〈장화 신은 고양이(Puss in Boots)〉 또한 좋아할 확률이 높다. 행렬에 중복된 정보가 존재한다는 것 자체는 그리 대단한 아이디어는 아니었다. 결국 개인화된 추천 기능을 제공하려면 사용자 평점에 예측할 수 있는 패턴이 존재한다고 가정해야 했다.

행렬 인수 분해의 핵심 개념을 이해하기 위해 영화와 사용자 데이터를 숫자 형태로 요약해 보자. 영화의 장르를 숫자로 나타낼 때 액션, 코미디, 스릴러, 또는 혼합 장르의 영화를 어떻게 표현할 수 있을까? 각 장르에 대해 1이면 영화가 해당 장르에 속하는 것으로, 0이면 속하지 않는 것으로 표시한 숫자 목록을 만들면 된다.

넷플릭스 사용자의 취향에 대해서도 이와 비슷한 방식을 사용할 수 있다. 사용자가 해당 장르를 좋아하면 1, 싫어하면 -1, 관심이 없으면 0이라는 숫자로 표현하는 것이다. 만약 사용자가 어떤 장르를 아주 좋아하거나 싫어한다면 1.5 또는 -2.2처럼 좀 더 큰 값을 사용할 수도 있다. 실제로 어떻게 영화와 사용자에 관련된 정보를 각각 얻을 수 있는지는 나중에 고민하기로 하고, 일단 여기에서는 어떤 영화가 어떤 장르에 속하는지 알아내기 위해 위키피디아나 IMDb(Internet Movie Database) 등과 같은 공개된 데이터 소스를 사용하거나 단순히 사용자에게 어떤 장르를 좋아하는지를 설문 조사하여 데이터를 얻을 수 있다고 가정해 보자.

일단 각 영화와 사용자에 대해서 이러한 데이터를 얻고 나면, 이 데이터를 사용해 특정 사용자가 임의의 영화를 좋아할지 예측해 볼 수 있다. 예를 들어, 스티븐 스필버그 감독이 〈쥬라기 공원(Jurassic Park)〉을 좋아할지 예측해 보자. 이 영화는 SF와 모험 장르에 속하므로 이 두 장르에 1이라는 값을 주고 나머지에는 0이라는 값을 준다고 해보자. 스티븐 스필버그는 SF 영화를 매우 좋아하고(1.2), 모험과 코미디 영화를 그럭저럭 좋아하며(0.6, 0.5), 공포 영화를 싫어한다(-1.2). 이 숫자들을 어떻게 결합해야 스티븐 스필버그가 〈쥬라기 공원〉을 좋아할지 예측할 수 있을까?

간단한 방법은 〈쥬라기 공원〉이 각 장르에 해당하는지를 나타내는 숫자에 스티븐 스필버그가 각 장르를 얼마나 좋아하는지 나타내는 숫자를 곱한 뒤, 이 숫자들을 모두 합산하여 스필버그가 〈쥬라기 공원〉을 얼마나 좋아하는지를 나타내는 점수를 구하는 것이다 ([그림 5-3] 참고). 이 방법이 점수를 계산하는 가장 나은 방법이라고 장담할 수는 없지만, 최소한 이 방법이 옳은 방향이라는 것은 수긍할 수 있을 것이다.

지금 살펴본 방법이 행렬 인수 분해다. 이 알고리즘은 개인화된 추천 기능을 만들기 위해 살펴볼 만한 가장 중요한 알고리즘이며 꼭 습득해야 하는 핵심 개념이다. 행렬 인수 분해 알고리즘은 영화와 사용자에 대한 숫자 형태의 정보가 각각 존재한다고 가정하고, [그림 5-3]처럼 이들 정보를 결합하여 특정 사용자가 특정 영화를 얼마나 좋아하는지를 나타내는 점수를 계산해 낼 수 있다. 이 알고리즘에 행렬 인수 분해라는 이름이 붙은 이유는, 영화와 사용자에 대한 정보를 나타

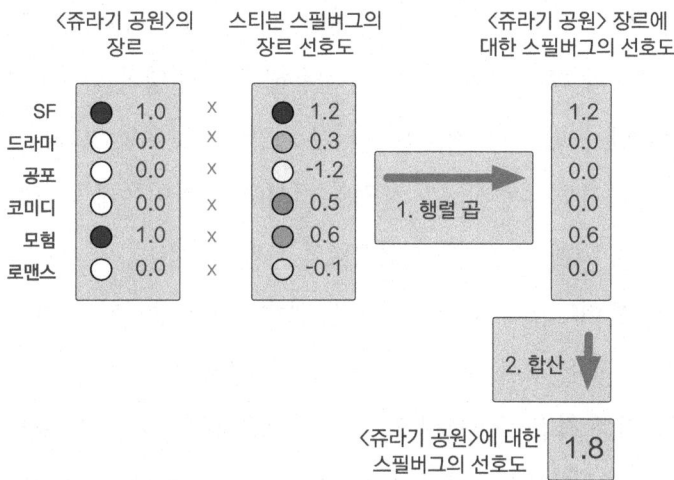

▲ 그림 5-3 스티븐 스필버그가 영화 <쥬라기 공원>을 얼마나 좋아하는지 확인하는 테스트

여기에서는 <쥬라기 공원>이 SF와 모험 장르에 속한다고 가정한다. 스티븐 스필버그의 장르별 선호도 데이터에 따르면 그는 SF, 코미디, 모험 장르의 영화를 좋아하고 공포 영화를 좋아하지 않는다. 0과 1로 표현된 장르 점수에 스필버그의 장르별 선호도를 곱하고 그 결과를 합산하는 방식으로 전체 데이터를 점수로 변환했다. 결과적으로 스필버그가 <쥬라기 공원>을 얼마나 좋아하는지를 나타내는 선호도 점수는 꽤 높게 나온다.

내는 숫자가 담긴 두 개 이상의 행렬(인수)을 곱해 [그림 5-2]의 거대한 평점 행렬과 같은 원시 데이터를 만들어 그 데이터로부터 근사치를 계산하는 방식이기 때문이다.[23]

[그림 5-1]과 [그림 5-3]을 같이 놓고 보면, 두 그림이 모두 분류기(classifier)라는 것을 눈치챘을 것이다. [그림 5-1]에서 특성은 레시피이고 가중치는 아이들의 선호도이다. [그림 5-3]에서 특성은 영화의 장르이고 가중치는 스필버그의 장르별 선호도이다. 이 분류기는 스티븐 스필버그에게 맞춰 개인화된 추천 결과를 제공한다.

데이터에 포함된 가중치를 더 분석하면 더 나은 결과를 얻을 수 있다. 스필버그가 넷플릭스에서 영화에 평점을 매긴 적이 있다면, 그가 매긴 평점과 해당 영화의 장르를 사용해서 그의 영화 취향을 자동으로 알아낼 수 있다. 이 작업은 스티븐 스필버그를 위한 영화를 추천하려고 분류기를 훈련시킨다는 점만 제외하면, 아이에게 적합한 레시피를 찾기 위해 분류기를 훈련시켰던 것과 동일하다. 이 분류기는 스티븐 스필버그에게 맞춰져 있지만 넷플릭스 사용자마다 이 과정을 반복하는 것은 그리 어려운 일이 아니다. 사용자에게 어떤 장르를 좋아하는지를 직접 물어보지 않고도 각 사용자의 과거 영화 평점을 사용해서 모든 사용자를 위한 분류기를 자동으로 만들어 낼 수 있다.

이 예측 결과를 한층 더 개선하는 것도 가능하다. [그림 5-3]을 다시 한 번 살펴보자. 〈쥬라기 공원〉의 장르에 대한 값이 0과 1로 고정된 것을 볼 수 있다. IMDb에서 수집한 이 장르값 대신 데이터에서 영화의 장르를 알아내서 예측 결과를 개선할 수 있다. 각 장르에 대한 스티븐 스필버그의 취향을 분석하기 위해 사용했던 방식과 동일한 방식을 적용하면 된다.

이미 각 영화의 장르를 알고 있는데 왜 데이터에서 영화 장르 정보를 알아내려고 발품을 팔아야 할까? 사람이 수작업으로 각 영화에 장르를 지정하는 방식이 영화 추천 기능을 위해 영화 데이터를 정리하는 가장 좋은 방법이라는 근거가 없기 때문이다. 영화에 고정된 장르를 지정하는 방식은 영화의 특성을 설명하기에 충분치 않다. 예를 들어, 〈쥬라기 공원〉 같은 영화가 좋은 예이다. 〈쥬라기 공원〉은 SF 영화이면서 모험 영화이지만 코미디와 공포 영화의 요소 또한 조금 들어 있다. 그러므로 이럴 때 〈쥬라기 공원〉은 코미디와 공포 영화 장르에 대한 약간의 가중치를 주어야 한다. 또 어떤 장르는 막연해서, 코미디 장르의 경우에는 허무, 슬랩스틱, 화장실 유머 등으로 구별할 수도 있다. 또한 코미디의 유형에 따라 시청하는 그룹이 다양하게 갈라질 수도 있다. 장르 자체는 비디오 가게 점원이 영화를 소개할 때 유용한 방법이지만, 사람들이 특정한 장르를 좋아하는 경향이 있는지를 예측하는 데는 그다지 쓸모가 없다. 데이터에서 이러한 경향을 직접 알아내는 것이 더 좋은 방법이다.[24] 영화의 장르를 무시하고 평점 행렬에서 알아낸 가공의 장르를 사용하는 경우 실제로 영화 평점을 더 잘 예측할 수 있었다.[25]

벨코 팀의 크리스 볼린스키가 지적했듯이, 평점 행렬에 포함되어 있지 않던 데이터를 외부에서 가져와 이런저런 실험을 한 결과, 그러한 데이터는 평점을 예측하는 데 큰 도움이 되지 않았다. 벨코 팀은 영화 장르, 배우, 개봉일 등 수많은 데이터를 시험해 보았지만 어떤 것도 평점 예측에는 도움이 되지 않았다. 결국 크리스가 얻은 통찰은 영화 평점 데이터가 워낙 크고 풍부해서 누가 어떤 영화를 좋아하는지 알아내는 데 필요한 모든 자료가 사람들의 평점 정보에 담겨 있다는 것이었다. 크리스는 어떻게 서로 다른 수천 명의 사람이 영화에 평점을 매겼는지를 이해하면서 영화에 대한 기존 지식보다도 더 많은 정보를 얻을 수 있었다. 영화 평점은 디지털 지문 같은 역할을 했고, 행렬 인수 분해는 이 지문에 관한 간결하고 훌륭한 요약 데이터를 제공했다.

영화 장르에 대한 사용자의 선호도를 고정한 채로 영화의 장르를 알아낸 후 영화 장르를 고정한 채로 각 장르에 대한 사용자의 선호도를 추정하는 식으로 장르가 더 이상 바뀌지 않을 때까지 이 두 과정을 교차해서 반복하면 점점 좋아지는 추천 결과를 얻을 수 있었다. 여기까지 오면 사용자별 가중치와 영화별 가중치를 알아냈으므로, 이들을 서로 곱하고 합하여 각 사용자-영화 쌍들에 대한 풍부하고 개인화된 추천을 제공할 수 있다. 데이터 과학자들이 말하는 행렬 인수 분해는 이처럼 데이터로부터 장르와 장르 선호도를 번갈아 재학습하는 과정이다.

앞의 교차 방식을 사용하여 학습한 가상의 장르는 학습이 진행됨에 따라 처음 시작했던 원래의 장르와 점점 달라진다. 추출된 가공의 장르는 원래의 장르와 전혀 다른 것으로 보일 수도 있지만 여전히 해석은 가능한 경우가 많을 것이다.

여기에서 설명한 행렬 인수 분해는 대학 강의에서 설명하는 행렬 인수 분해와는 다르다. 보통 연구자들이 행렬 인수 분해에 관해 설명할 때에는 평점 행렬에 들어 있는 영화를 나타내는 빽빽한 점이 구름 같은 모양을 만들어 낸 그림을 그릴 것이다. 이 그림에서 비슷한 평점을 받은 영화는 서로 가까이 있고, 평점이 다른 영화는 서로 멀리 떨어져 있을 것이다. 사실 시각화하는 것이 어려워서 그렇지 행렬을 이용해 이런 빽빽한 구름 모양을 만들어 내는 것 자체는 어렵지 않다. 영화 하나하나가 전체 사용자 수에 해당하는 480,189개의 좌표를 갖고 있기 때문이다. 이 좌표 하나하나가 특정 영화에 대한 특정 사용자의 평점을 의미한다.

그렇지만 이 구름 모양 또한 행렬처럼 다수의 중복 데이터를 가지고 있다. 행렬 인수 분해는 영화의 상세 데이터를 처리해서 요약된 데이터를 만들어 내지만 이 요약된 데이터는 데이터의 경향성을 담고 있다. 비슷한 영화끼리는 클러스터로 묶이고 서로 다른 영화는 먼 곳에 있다. 이 공간에서 영화는 불과 몇 개에서 100여 개에 이르는 좌표를 각각 갖는다. 이 좌표들은 앞에서 살펴본 교차 반복 과정을 통해 얻은 숫자들이다.

행렬 인수 분해(그리고 이와 비슷한 알고리즘들)는 보통 연구자들이 커다란 행렬에 넣을 수 있는 데이터를 다룰 때 처음으로 시도해 보는 알고리즘이다.[26] 예를 들어, 정치 분야를 다루는 과학자들은 국회 의원이 법안에 투표하는 방식을 이해하기 위해 행렬 인수 분해를 사용한다. 여러 법안에 대한 미국 국회 의원의 투표 현황을 행렬로 만들고 행렬 인수 분해를 적용하면 국회 의원과 법안을 나타내는 각각의 수치를 얻을 수 있다.[27] 예를 들면, 2년 동안 미국 하원에서 나온 98%의 투표를 행렬 인수 분해를 사용해 설명할 수 있다. 여기에서 산출한 값은 각 국회 의원에 해당하는 숫자이며 이 숫자는 정당을 나타낸다. 이 숫자를 사용해서 국회 의원을 배열해 보면 민주당과 공화당이 뚜렷이 구분된다. 행렬 인수 분해는 미국 하원 의원의 투표가 말 그대로 일차원적이라는 것을 보여준다.

다가오는 첫해의 결말

상위 팀들은 행렬 인수 분해 같은 도구로 무장하고, 터미네이터 효과를 잡아내고, 이 결과를 스크루지 효과와 E.T. 효과에서 구한 모델과 결합하는 방식을 사용해 넷플릭스 프라이즈 수상을 향한 의미 있는 진전을 이뤄냈다. 대회가 열린 첫해의 막바지에 상위 팀들은 넷플릭스의 기존 알고리즘보다 약 8%의 성능 향상을 달성했다. 넷플릭스 프라이즈를 수상하기에는 부족한 성적이었지만 상금 5만 달러를 받는 프로그레스 프라이즈를 수상할 자격은 되었다. 참가자들은 프로그레스 프라이즈의 마감이 시시각각 다가오는 것을 지켜봐야 했다.

 AT&T 연구소와 야후의 연구원으로 구성된 벨코 팀은 첫해 내내 선두 위치를 지켜왔다. 하지만 대회 초기에는 1위가 자주 바뀌었다. 토론토 대학의 신경망 연구자들은 근소한 차이로 1위를 추격했고 이 대회와 관련된 유력한 논문을 발행했다. 나중에 (벨코를 포함한) 여러 참가자는 이 논문에서 다룬 모델을 활용한다. 공룡행성 팀의 프린스턴 대학 학생 세 명은 그해 여름 남는 시간 동안 벨코 팀에 도전하기 위해 열심히 연구했다.[28] 또 하나 젊은 팀이었던 그래비티 팀의 두 형가리 학생 또한 프린스턴 대학 학생들에게 도전했다.

 2007년 10월 21일, 대회 마감 직전에 변동이 일어났다. 2위와 3위를 차지했던 공룡행성 팀과 그래비티 팀이 연합해서 팀을 꾸린 것이다. 그들은 서로 모델을 결합하고 이 모델에서 얻은 점수의 평균을 제출하자 갑자기 1위로 올라섰다. 이로써 벨코는 프로그레스 프라이즈 수상을 위해 재도전할 시간이 하루밖에 남지 않았다. 참가자들은 아직 깨닫지 못했지만 이 사건은 이후 대회 진행의 양상을 바꿔놓은 시발점이 되었다.

06

협력하는 참가자들
— 넷플릭스 프라이즈의 우승자
ENSEMBLES OF TEAMS: THE NETFLIX PRIZE WINNERS

> - 프래그매틱(pragmatic, 형용사): 사물을 이론적인 관점보다 실용적인 관점에서 현명하고 현실적인 방법으로 다루는 것
> - 카오스(chaos, 명사): 임의로 움직이는 것처럼 보일 정도로 행동 예측이 불가능한, 작은 변화에도 매우 민감하게 반응하는 복잡한 체계의 특성
>
> - 옥스퍼드 영어 사전(2017)

참가자들의 격차가 좁혀지다

넷플릭스 프라이즈가 열린 첫해에는 아이디어가 많이 나왔지만 큰 성과를 거두지는 못했다. 이 대회에서 벨코 팀이 1위로 올라서기 전, 여러 팀이 번갈아 1위를 차지했고 커뮤니티에서는 활발한 토론과 의견 교환으로 참가자의 수준 격차가 줄어들었다. 학계의 콘퍼런스와 워크숍에서 행해진 토론은 데이터 마이닝(data mining)에 초점을 맞추고 있었다. 넷플릭스가 만든 온라인 커뮤니티인 넷플릭스 프라이즈 포럼에서도 활발한 토론이 벌어졌다.

넷플릭스 프라이즈 포럼은 참가자들이 얻은 결과와 그 과정에서

알게 된 지식을 공유할 수 있도록 넷플릭스에서 마련한 장소였다. 대회가 열리자 포럼은 시끌벅적해지기 시작했다. 대회 주최자 중 한 사람은 당시 분위기를 이렇게 묘사했다.

> 넷플릭스 프라이즈 포럼에는 참가자들의 결과가 활발하게 올라오는 것 외에도 참가자들 사이에 빈번한 교류가 있었다. 프로그램 코드, 개발 아이디어, 추가 데이터, 데이터에서 발견한 패턴에 대한 지식을 공유했으며 심지어는 여러 팀이 연합하거나 여러 모델을 블렌딩하여 정확도를 높이기도 했다.[1]

참가자들이 연구에서 얻은 지식을 공개하는 경우가 아직 많아지기 전, 넷플릭스는 어떤 접근 방식이 좋은 성과를 내는지 알아보기 위해 포럼에 올라온 메시지들을 분석하기 시작했다. 대회가 시작된 지 채 1년이 안 되었을 때 넷플릭스는 상위 팀의 결과물에서 두 가지의 핵심 아이디어가 공통으로 사용되고 있다는 것을 발견했다. 행렬 인수분해와 모델 블렌딩(blending)이라는 접근 방식이었다.[2]

신문과 잡지에서는 밤과 주말을 가리지 않고 일하는, 본업이 아니지만 틈틈이 시간을 내서 활동하는 데이터 과학자들의 이야기를 다루기 시작했다. 한 참가자는 심리학 분야 학위를 가진 48세의 경영 컨설턴트였는데, 그는 기계 학습 분야의 박사 학위를 따야 할지 고민했다. 이 대회에서 그는 '차고의 남자'라는 이름을 사용했지만 사실 침실에서 일하곤 했다.[3] 〈뉴욕 타임스〉는 네 아이의 아버지인 32세의 남성

(그는 식탁에서 일하곤 했다)과 반쯤 은퇴한 51세의 컴퓨터 과학자에 관한 기사를 다루었다. 이 컴퓨터 과학자는 12세, 13세인 아이들과 함께 어떤 아이디어를 시도할지 토론하곤 했다. 아이들이 제시한 아이디어 중에는 영화의 속편을 잘 살펴보자는 것도 있었다.[4]

첫 번째 대회의 결과

첫 번째 대회를 마감하는 주에 벨코 팀(AT&T와 야후의 연구원들)은 1위를 하고 있었다. 하지만 마감일이 다가오자 벨코 팀은 2위와 3위를 기록하던 팀들이 치고 올라오는 것을 발견했다. 이들은 그래비티 팀과 공룡행성 팀의 젊고 야심찬 졸업생들이었다.

마감 하루 전날 2위와 3위 팀은 팀을 합쳤다. 연합 팀의 이름은 '그래비티와 공룡 연합(When Gravity and Dinosaurs Unite)'이었다. 이들은 예측 데이터의 평균을 구하고 자신들이 갖고 있던 두 모델의 평균을 구하는 알고리즘을 넷플릭스에 제출했다. 그 결과 이 연합 팀은 1위를 차지했다.[5] 다음날 벨코 팀과 연합 팀은 미친듯이 코딩과 디버깅을 하느라 분초를 다투며 경쟁했다. 사실 넷플릭스에 제출할 수 있는 모델은 하루 한 건으로 제한되어 있어서 두 팀이 마지막으로 제출한 모델만 채점 대상이었다. 최종적으로는 벨코 팀이 제출한 모델이 연합 팀의 모델을 0.05% 차이로 가까스로 눌러 1위를 차지했다. 이 모델은 시네매치에 비해 8.43% 향상된 것이었다. 벨코 팀은 대회 첫해의 프로그레스 프라이즈 상과 상금 5만 달러를 받았으나 2위 팀과는 그야

말로 근소한 차이였다.[6]

상금을 차지했으니 벨코 팀은 알고리즘을 공개해야 했다. 그 결과 벨코 팀의 알고리즘은 다른 사람들이 참고할 수 있게 되었고, 이 알고리즘을 토대로 자신들의 모델 성능을 개선할 수 있었다.[7] 상황은 악화되어 벨코 팀은 결과물을 개선하는 것이 점점 어려워지고 있다는 것을 깨달았다. 벨코 팀은 첫해에는 평균 매주 0.16%씩 성능을 개선하여 수상을 위한 성능 목표인 10%에 다가섰지만, 두 번째 해에는 개선 속도가 매주 평균 0.02%로 떨어졌다. 이 상태라면 벨코 팀은 더는 진전할 수 없었다.

벨코 팀은 첫해에 좋은 결과를 보이는 예측 모델의 구성 요소를 이미 다 찾아냈기 때문에 이제는 쉬운 일은 남아 있지 않았다. 이 모델에는 기본 모델인 스크루지 효과(사용자가 평점을 높게 주는 경향이 있는지 낮게 주는 경향이 있는지를 나타내는)와 E.T. 효과(사용자의 평점과 상관없이 영화 자체가 좋고 나쁜지를 나타내는)와 터미네이터 효과(사용자 고유의 취향을 간단하게 정리해 주는)를 처리하기 위한 행렬 인수 분해가 포함되어 있었다.

두 번째 해에 넷플릭스 프라이즈 참가자들이 맞닥뜨린 문제는 〈나폴레옹 다이너마이트〉였다. 참가자들 사이에서는 넷플릭스 사용자가 2004년의 컬트 영화인 〈나폴레옹 다이너마이트〉를 시청했을 때 어떤 반응을 보일지 예측하는 일이 무척 어려운 것으로 소문나 있었다.[8] 클라이브 톰슨은 이 문제가 왜 어려운지를 〈뉴욕 타임스〉에 다음과 같이 기고했다.

참가자들이 이렇게 말하는 이유는 〈나폴레옹 다이너마이트〉가 매우 괴상한 데다 평이 극과 극으로 갈리는 영화이기 때문입니다. 이 영화는 꼬여 있고 반어적인 유머로 가득 차 있으며, 10대 등장인물이 학생회 선거에 출마한 불쌍한 친구를 돕기 위해 괴짜처럼 춤을 추는 장면으로 유명하죠. 사람들은 이런 유형의 영화에 열광하거나 반대로 혐오하기도 합니다. 넷플릭스의 데이터베이스에는 이 영화에 대한 평점이 200만 건 이상 있지만 대부분 1점이나 5점으로 점수가 갈립니다.[9]

넷플릭스 고객이 〈나폴레옹 다이너마이트〉를 좋아할지 예측하는 일은 추천 시스템의 핵심 강점, 약점과 모두 연관되어 있었다. 개인화된 추천은 사용자의 취향 데이터에서 비슷한 항목이 존재할 때에만 제대로 작동한다. 다른 영화와 공통분모가 전혀 없는 영화는 행렬 인수 분해 같은 방식으로는 개인화된 추천을 제공하는 데 도움을 주지 못했다.[10] 이는 〈나폴레옹 다이너마이트〉에 대한 데이터는 있지만 참가자들이 시도했던 여러 방법으로는 이 데이터들의 연관성을 찾을 수가 없다는 의미이다.

이는 마치 평점 행렬이라는 젖은 수건을 쥐어짜서 물을 모으는 일과 같았다. 그동안 이런저런 방법으로 수건을 열심히 쥐어짜 왔지만 이제는 다른 방법을 찾아야 할 순간이 온 것이다.

대회가 열렸던 첫해부터 널리 쓰인 모델은 ML@UToronto 팀의 연구원들이 개발한 인공 신경망(artificial neural network)■이었다. 이 신경망은 수학적으로 행렬 인수 분해와 매우 유사했지만 존재하지 않는 평점 처리를 다른 방식으로 했으며, 평점을 1.0과 5.0 사이의 실수 대신에 1, 2, 3, 4, 5라는 다섯 개의 불연속적인 범주로 취급했다. 달리 말하면, 신경망은 행렬 인수 분해와 약간 다른 방식으로 수건을 쥐어짠 셈이다.

참가자들이 사용한 또 다른 방식은 특정 영화와 비슷한 영화를 검색하는 것이다. 예를 들어, 〈신데렐라(Cinderella)〉라는 영화를 좋아하는 어떤 사용자가 있고, 그 사용자가 〈신데렐라〉와 비슷한 〈잠자는 숲속의 미녀(Sleeping Beauty)〉라는 영화에 평점을 매기지 않았다고 해보자. 그렇다면 추천 엔진은 그 사용자에게 〈잠자는 숲속의 미녀〉를 추천해 줄 수 있을 것이다.

또 다른 방식은 비슷한 사용자를 찾아내는 것이다. 만약 와이오밍 주민과 영화 평점을 비슷하게 매기는 사람이 있는데, 이 사람은 〈백 투 더 퓨쳐(Back to the Future)〉를 본 적이 없지만 와이오밍 주민이 〈백 투 더 퓨쳐〉에 높은 평점을 주는 경향이 있다고 해보자. 그렇다면 추천 엔진은 이 사람에게 〈백 투 더 퓨쳐〉를 추천해야 할 것이다. 이러한 방식이 제대로 작동하려면 한 사용자의 영화 선호도가 다른 사용자와 비슷한지 판단할 방법이 필요했다. 사용자의 영화 선호도가 비슷한지 판단하는 뚜렷한 방법은 없었지만, 참가자들은 최선을 다해서 자신의 아이디어를 수학적으로 풀어내 프로그램 형태로 구현했다.

■ 인공 신경망: 생물학의 신경망에서 영감을 얻은 통계학적 학습 알고리즘을 말한다.

〈나폴레옹 다이너마이트〉 문제를 풀 수 있는 또 한 가지 방법은 사용자가 영화에 매긴 평점을 살펴보는 것이 아니라 평점을 매긴 영화가 무엇인지를 살펴보는 것이다. 예를 들어, 〈스타 트렉(Star Trek)〉 시리즈에 평점을 매긴 적이 있는 사용자라면 〈스타 트렉〉 4편(고래를 찾기 위해 현대의 시간으로 돌아가는 내용)을 본 적이 없더라도 〈스타 트렉〉 시리즈를 좋아할 확률이 높다는 정보를 얻을 수 있다.[11] 참가자들은 이러한 암시 정보(사용자가 매긴 평점이 아닌, 특정 영화를 봤는지 아닌지)를 취합하여 상대 오차(relative error)를 10% 가까이 줄일 수 있었다. 수건에서 물을 쥐어짜는 것이 얼마나 어려운지 생각하면, 이는 작지만 의미 있는 진전이었다.[12]

시간에 따른 평점 예측

넷플릭스 프라이즈가 열린 두 번째 해에 참여한 팀들은 사용자가 '언제' 영화에 평점을 매겼는지도 주목하기 시작했다.[13] 영화의 인기 순위는 시간에 따라 변하고 사람들이 지금까지 본 영화의 종류도 시간에 따라 변했기 때문이다. 시청자에게 어떤 영화에 평점을 매겨달라고 요청하고 한 달 뒤 같은 영화에 다시 평점을 매겨달라고 하면 평균 0.4점의 변동이 발생한다.[14] 게다가 상황을 더 어렵게 만든 것은, 금요일보다 월요일에 평점을 매길 때 점수에 변동이 생길 확률이 더 높다는 것이다.[15]

벨코 팀의 연구자들은 시간에 따라 평점이 어떻게 변하는지 관찰한 결과를 모델 일부에 반영하여 모델을 좀 더 유연하게 만들어 보았다. 벨코 팀은 기본 모델에서 영화의 인기에 대한 데이터를 재검토하고, 영화가 출시된 후의 인기도를 한 번만 측정하지 않고 영화 평점을 10주 간격으로 묶어 더 자주 측정했다.[16]

[그림 6-1]은 영화 〈매트릭스(The Matrix)〉의 평균 인기도를 10주 간격으로 측정한 결과를 보여준다. 〈매트릭스〉의 인기도는 1999년에 개봉한 이후 2년간 꾸준히 감소했다. 하지만 속편인 〈매트릭스 2: 리로디드(Matrix Reloaded)〉가 2003년 5월에 개봉하자 〈매트릭스〉 1편의 인기도가 다시 올라갔다.

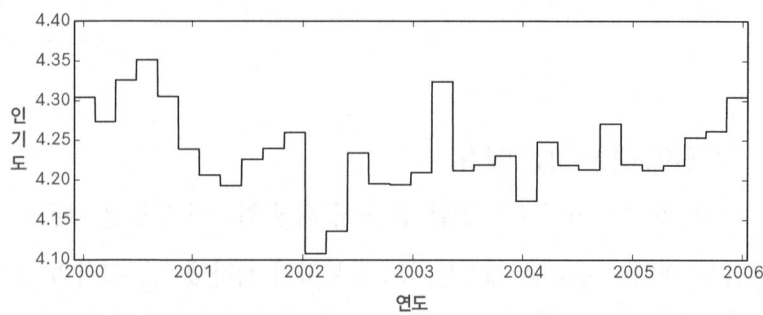

▲ 그림 6-1 10주 간격으로 확인해 본 영화 〈매트릭스〉의 인기도 변화

시간이 영화의 평점에 영향을 준다는 점에서 더 큰 문제가 하나 더 있는데 이는 사용자의 문제였다. 사용자는 가끔 여러 영화의 평점을 한꺼번에 매길 때가 있는데 문제는 이때 사용자의 기분을 알 수 없다는 것이다. 그 외에도 넷플릭스 계정의 주 사용자가 다른 사람으로 바뀔 수도 있다. 예를 들면, 넷플릭스 사용자인 부모보다 10대 자녀가

넷플릭스를 더 많이 이용할 수도 있다. 벨코는 평점에 대한 사용자의 추세가 시간에 따라 특정한 방향으로 변할 수도 있다고 가정하는 동시에, 사용자가 이런 추세보다 약간 높거나 낮게 평점을 매길 것이라고 가정함으로써 이 문제를 해결하려 했다.[17]

하지만 여전히 널뛰기하는 데이터가 있었다. 벨코는 시간의 흐름에 따라 넷플릭스 사용자의 평점 범위가 줄어드는 경향이 있다는 것을 발견했다. 마치 사용자가 영화 평점을 매기는 일에 약간 흥미를 잃은 것처럼 말이다. 평균적으로 평점이 높아지거나 낮아지지는 않았고 (이런 일이 아예 일어나지 않는 것은 아니었지만) 단지 시간의 흐름에 따라 평점이 덜 극단적으로 될 뿐이었다. 벨코는 사용자가 매기는 평점의 범위가 특별히 좁아지거나 극단적으로 되면, 사용자가 특정한 날에 영화 평점을 몰아서 매기기 때문에 이런 현상이 발생한다고 가정하여 데이터를 처리했다.[18]

이러한 추세는 설명하기 더 어려웠다. 실용이론 팀('대책 없는 두 청년')은 사용자가 특정 날짜에 매긴 평점의 개수가 영화의 좋고 나쁨을 예측할 유용한 수치라는 것을 발견했다.

이러한 데이터는 혼란을 일으켰는데 이는 이례적인 평점을 매긴 사용자의 잘못이 아니었다. 오히려 이런 평점이 나오는 것은 해당 영화의 특성 때문이었다. 어떤 영화는 평점을 몰아서 매길 때 더 높은 평점을 받았고, 또 어떤 영화는 그 반대의 현상을 보였다. 벨코 팀은 실용이론 팀의 멤버에게 이 이야기를 듣고 사용자가 영화를 그때그때 다르게 기억한다는 가설을 세웠다. 영화가 좋았는지 나빴는지를 기억하기 쉬운 경우도 있고 영화 자체가 기억나지 않는 경우도 있다는 것이다. 사용자가 영화 평점을 몰아서 매길 때 오래전에 본 영화도 같이 평점을 매기는 경우가 있는데, 특히 영화가 좋았는지 나빴는지 쉽게 기억나는 영화에 대해서 그런 경향이 심했다. 기억에 강렬하게 남는 영화를 좋아하거나 싫어한 사람은 나중에 이 영화에 평점을 매길 확률이 높지만, 별 감흥이 없는 사람은 단순히 평점 매기는 일 자체를 잊어버렸다.[19]

이처럼 넷플릭스 프라이즈의 데이터는 데이터 마이닝의 보물 창고였다. 한 가지 사례를 더 들면, 빅카오스(BigChaos) 팀은 영화 제목에 숫자가 포함되어 있는지 여부로 사용자의 호감을 예측할 수 있다는 것을 발견했다(효과는 미미했지만 이러한 현상은 분명히 존재했다). 경쟁은 둔화되었지만 중요한 성과들이 하나씩 나오고 있었다.

과적합 여부 판단하기

넷플릭스가 엄청난 양의 데이터를 제공했기 때문에 참가자들은 자신의 아이디어에 부합하는 방식으로 모델에 매개 변수를 추가하고 그 모델이 실제로 작동한다고 간주해야 했다. 영화의 인기도로 사용자의 평점을 예측할 수 있겠다는 생각이 들면(실제로 그렇다) 이 정보를 반영할 수 있는 새로운 매개 변수를 모델에 추가하면 된다.[20] 사용자의 평점이 편향된 것 같다는 생각이 들면(실제로 그렇다) 이 또한 새로운 매개 변수를 모델에 추가하면 되는 것이다. 이 두 매개 변수로 기본 모델이 만들어졌다. 누군가 영화의 인기도가 시간에 따라 변화한다는 가정과 사용자의 편향성이 시간에 따라 변화한다는 가정을 내놓자 참가자들은 이 가정을 바탕으로 한 매개 변수도 모델에 추가했다.

이런 식으로 매개 변수를 추가하면서 모델의 유연성이 데이터의 규모에 비해 지나치게 많이 증가한다는 문제가 발생했다. 모델에 매개 변수를 지나치게 많이 추가할 경우 과적합(overfitting)의 위험을 감수해야 한다. 과적합이 일어난다는 것은 실제 성능과 상관없이 모델에서 외관상 좋은 결과가 나오는 것처럼 보일 수 있다는 의미이다. 영화 평점을 예측할 때 매개 변수를 많이 넣었을 경우(달리 말하면, 조정할 수 있는 부분이 많아져서) 예측 데이터의 오차가 적게 나온다는 이유로 평점 예측이 잘 되고 있다고 생각할 수 있다.

이렇게 만들어진 모델은 좋은 결과를 보이지만 실제 성능은 좋지 않을 수 있다. 과적합이 일어난 모델은 학습용 데이터에서는 좋은 예측 결과를 보여주지만, 넷플릭스가 실제 평가를 위해 사용하는 비공개 데이터에서는 좋은 결과를 얻을 수 없었다. 예를 들면, 벨코 팀은 사용자-영화라는 한 쌍에 해당하는 모든 매개 변수를 모델에 추가했다. 이 모델은 영화 데이터에 존재하는 평점을 완벽하게 설명할 수 있었다.[21] 하지만 이렇게 만들어진 모델은 이전에 테스트한 적이 없는 사용자-영화 쌍이 담긴 데이터의 평점을 예측하는 데는 아무 소용이 없었을 것이다. 다행히도 참가자는 과적합 여부를 쉽게 판단할 수 있었는데, 데이터의 일부(넷플릭스는 이를 위해 샘플 데이터를 제공했다)를 따로 떼어 두어 이 데이터로 모델을 테스트해서 과적합 여부를 판단했기 때문이다. 신경망에서 발생하는 과적합을 처리하는 몇 가지 방법은 09장 209쪽에서 살펴볼 것이다.

모델 블렌딩은 하나의 해결책

넷플릭스 프라이즈가 열린 1년 동안 이루어진 진전과 결과물에 참가자들은 매우 놀랐다. 벨코 팀이 커뮤니티에 알고리즘을 공개한 후 참가자들은 벨코 팀의 보고서를 자세히 분석하여 알고리즘에 쓰인 기본 모델과 행렬 인수 분해 모델, 신경망 등을 연구했다. 참가자들은 벨코 팀이 어떻게 이런 모델을 함께 섞어(블렌딩) 다양한 버전의 모델을 만들었는지 알게 되었다. 벨코 팀이 여러 모델을 섞었다는 것 자체는 놀라운 사실이 아니었다. 이는 공공연한 비밀이었고 모델 블렌딩은 온라인 포럼에서 이미 논의된 적도 있었다. 하지만 벨코 팀의 논문을 통해 블렌딩한 모델이 잘 작동한다는 것은 이제 부인할 수 없는 사실이 되었다. 한편, 그래비티 팀과 공룡행성 팀이 연합했을 때 이들은 별개의 두 모델에서 얻은 예측의 평균치를 사용함으로써 모델 블렌딩을 사용하고 있다는 것을 암시했다.

벨코 팀은 평점을 예측하는 방법을 연구하면서 모델에 어떤 요소를 넣을지 수많은 결정을 내려야 했다. 행렬 인수 분해 모델이 잘 들어맞을 때는 "영화 데이터를 장르 몇 개로 요약해야 할까? 평점에 숨어 있는 정보를 모델에 포함해야 할까?" 같은 질문을 스스로 던져보아야 했다. 근접 이웃(nearest neighbor) 모델이 들어맞을 때는 두 영화의 유사성이 무엇을 의미하는지 판단해야 했다. 벨코 팀은 이 작업을 하면서 발견한 여러 아이디어를 시험하고 데이터를 통해 검증했는데, 그 외에도 여러 결정을 내려야 했다. 모든 매개 변수를 조정하여 최상의 결과를 얻을 수 있는 환경을 만들어 놓으면 이 모델은 과적합에 빠질 확률이 높았다.

벨코 팀은 결국 서로 다른 매개 변수로 구성된 여러 모델을 만든 다음에 평균을 내는 방식을 택했다. 벨코 팀이 프로그레스 프라이즈를 처음으로 수상했을 때의 알고리즘은 서로 다른 107개 모델의 평균을 낸 것이었다. 벨코 팀은 굳이 이렇게 수많은 모델을 합쳐야 할 필요가 있었을까? 아닐 것이다. 벨코 팀은 편의상 이렇게 많은 모델을 사용해 왔다고 언급한 적이 있다. 이 모델들은 앞선 여러 테스트에서부터 사용해 왔고 최종 블렌딩에 그대로 포함해도 결과에 큰 영향을 주지 않았다. 하지만 벨코 팀은 약 50개의 모델을 사용했을 때 다소 더 좋은 결과를 얻을 수 있다는 것을 발견했다.[22]

모델 블렌딩이 잘 작동하는 이유는 무엇일까? 한 참가자가 넷플릭스 프라이즈 포럼에서 벨코 팀에게 107개의 모델 중에서 가장 좋은 모델이 무엇이냐고 질문했을 때 팀원 중 예후다 코렌(Yehuda Koren)은 모델 블렌딩의 장점을 다음과 같이 말했다.

> 모델 블렌딩은 빨리 개발해서 테스트해 볼 수 있는 비교적 간단한 모델에 집중하도록 도와줍니다. 그 결과로 프로그래밍 버그와 과적합에 영향을 덜 받는 모델을 얻을 수 있죠. ⋯ 한 알고리

즘만 사용해서 평점을 예측하는 일은 추천하고 싶지 않습니다. 여러 알고리즘을 사용해 부분적, 전체적으로 데이터를 설명할 수 있어야 할 테니까요.[23]

달리 말하면, 모델 블렌딩은 실용적이며 좋은 모델을 얻을 수 있게 해준다는 것이다. 간단한 모델일수록 프로그래밍하기 쉽고 버그가 발생할 여지가 적기 때문에 간단한 여러 모델의 평균값을 내는 것이 실용적이다. 또한 서로 다른 모델을 사용하면 데이터에 존재하는 불확실성을 다양한 범위에서 잡아낼 수 있다. 예를 들어, 행렬 인수 분해 모델에서 장르를 10개 또는 100개 중에서 어떤 것을 사용할지 고민한다면 단순히 둘 다 사용하면 된다고 생각하면 된다. 10개의 장르로 구성된 모델은 사용자의 영화 취향에 대한 대략적인 경향을 잡아낼 것이고, 100개의 장르로 구성된 모델은 좀 더 세부적인 경향을 찾아낼 것이다.

모델의 평균값을 사용하는 아이디어를 지지하는 수많은 이론적 결과가 있었으며 이 아이디어는 구현하기도 쉬웠다. 주식 시장에 투자하는 경우를 예를 들면, 해마다 평균 수익이 12%인 종목 A에 돈을 모두 투자할지, 아니면 여러 다른 종목에 분산해서 투자할지 고민하고 있다고 해보자. 각 종목의 수익에 대한 불확실성이 서로 동일하다면, 여러 종목에 돈을 똑같이 분산해서 투자하는 방법이 더 나을 것이다.[24] 왜 그럴까? 왜냐하면 그 방법이 12%의 수익을 얻으면서도 수익에 대한 불확실성을 낮출 수 있기 때문이다. 종목 중 일부는 12%보다 낮은 수익을 내겠지만 다른 종목이 이를 보완해 줄 것이다.[25] 벨코 팀이 만든 107개의 모델은 사용자의 영화 평점에 대한 예측 결과를 각자 다르게 도출하도록 학습되었다. 이들 107개의 모델을 블렌딩함으로써 벨코 팀의 모델은 동일하지만 좀 더 불확실성이 적은 결과를 예측할 수 있었다.

하지만 우리는 2007년과 2008년의 금융 위기에서 주식 시장 전체가 폭락하는 것을 목격하지 않았던가? 100개의 주식 종목으로 만든 포트폴리오도 폭락하는 시장에서는 안전하다고 할 수 없으므로 좀 더 작은 불확실성이란 것은 허상에 불과하다고 말할 수 있다. 맞는 말이다. 그리고 이 설명은 모델 블렌딩이 어떤 상황에서 작동하고 작동하지 않는지에 대한 핵심을 짚어내고 있다. 대부분의 주식 종목은 서로 연관성을 갖고 있지만 모델 블렌딩은 모델들이 서로 연관성을 갖지 않을 때 잘 작동한다. 어떤 한 모델이 넷플릭스 평점을 지나치게 높게 예측하면 다른 여러 모델이 이 높은 예측치를 강화하지 않고 경감해 준다. 이런 현상은 모델들이 서로 연관성이 낮을 때에 쉽게 일어난다.

모델 블렌딩이 부스팅(boosting)을 통해 얼마나 향상될 수 있는지를 알아봄으로써 더 나은 통찰을 얻을 수 있다. 상위 팀들은 결과가 향상될수록 모델 블렌딩에 부스팅을 사용했다. 부스팅의 기저 아이디어는 여러 약한 모델(아주 좋지는 않아도 그럭저럭 좋은)을 결합함으로써 원래 모델보다 훨씬 강력한 모델을 얻을 수 있다는 것이다.[26]

참가자들은 부스팅을 평점 예측에 적용하기 위해 영화 평점을 예측하는 아주 간단한 모델을 학습시키는 것부터 시작했다. 이 모델의 예측은 완벽하지 않을 것이므로 모델이 잘못 예측한 평점 결과를 증폭시킨다. 즉 다른 평점보다 모델이 잘못 예측한 평점에 가중치를 더 줌으로써 분류기가 다음 처리 과정에서는 이 값을 좀 더 신중하게 처리하도록 한다. 그런 뒤 가중치가 조정된 모델의 예측이 잘 맞는지를 확인한다. 이 과정을 계속 반복하여 부정확한 평점을 도드라지게 만들고 새로운 모델을 반복해서 최적화한다. 이 과정이 끝날 때까지 수십, 수백, 심지어 수천 개의 모델을 쉽게 학습시킬 수 있게 된다. 이런 일련의 과정을 부스팅이라고 한다. 적절한 가중치를 갖게 된 모델들의 평균을 구하면 결과적으로 어떤 다른 모델보다도 좋은 결과를 보이는 블렌딩된 모델을 얻을 수 있다.

넷플릭스 프라이즈의 두 번째 해

대회의 두 번째 해에는 여러 팀이 벨코의 1위 자리를 위협하기 시작했다. 그래비티와 공룡 연합 팀은 계속해서 뒤를 바짝 쫓았으나, 첫 해의 여름이 지난 후에는 공룡행성 팀의 프린스턴 대학 학생들이 대학원과 회사 일로 바빠졌다.[27] 대회의 두 번째 마감이 다가오자 빅카오스 팀이 벨코 팀을 위협하기 시작했다.

빅카오스 팀은 모델 블렌딩에 대해 다양한 실험을 하고 있었다. 첫해에는 단순히 모델 간의 가중 평균을 사용해 모델을 결합했다. 두 번째 해에는 모델을 합칠 때 신경망이 매우 유용하다는 것을 발견했다.

단순히 평균을 구하는 대신 신경망을 간단한 모델을 결합하여 좀 더 정교한 방식으로 학습할 수 있었다.[28]

하지만 두 번째 대회가 계속될수록 상위 팀들은 성과를 내기 어려웠다. 대회 운영측은 참가자가 수상할 만한 결과를 낼 수 있을지 의구심을 품기 시작했다.[29] 두 번째 넷플릭스 프라이즈의 마감 날이 다가오자 상황은 더 심각해졌다. 두 번째 프로그레스 프라이즈를 수상하려면 첫 번째 대회 수상 팀의 결과였던 8.43%를 1% 이상 앞질러야 했다. 벨코와 빅카오스 팀이 1위를 다투었으나 그동안 이루어진 성능 향상 추세로 보면 목표인 9.43%를 달성하려면 한 달 이상 더 필요했다.[30]

결국 벨코와 빅카오스 팀은 반전을 꾀했다. 이들도 팀을 합친 것이다. '빅카오스 안의 벨코(BellKor in BigChaos)'라고 이름을 지은 이 팀은 9.44%의 성능 향상을 달성했다. 이 수치는 두 번째 프로그레스 프라이즈를 수상하는 데 필요한 기준을 간신히 충족했으나 10%라는 목표와는 아직 거리가 멀었다. 어쨌든 그들은 상금 5만 달러를 받았다.

빅카오스 안의 벨코 팀의 팀원 다섯 명은 잠깐 안도의 한숨을 쉴 수 있었으나 그리 오래 안주할 수는 없었다. 그다음 해에 10%를 기록하는 팀이 없다면 프로그레스 프라이즈를 수상하는 팀도 없을 것이다. 그러면 대회는 종료될 것인가? 다른 억측 또한 떠돌았다. 다음에는 어떤 팀이 연합할 것인가? 대회는 새로운 국면으로 접어들었고, 참가자들의 관심은 데이터로부터 어떻게 평점을 예측할지보다는 합칠 만한 팀을 어떻게 찾을지로 옮겨가기 시작했다.

넷플릭스 프라이즈의 마지막 해

대회의 마지막 해에도 빅카오스 안의 벨코 팀은 여전히 선두를 달렸으며 그래비티와 공룡 연합 팀이 뒤쫓았다. 하지만 그 무렵 상위권에 다른 팀의 이름이 오르기 시작했다. 두 명의 캐나다인으로 구성된 실용이론 팀은 초기에는 기계 학습 분야에 익숙하지 않았지만 넷플릭스 커뮤니티에서 다른 참가자들의 방법론을 정성 들여 공부했다. 빅카오스 안의 벨코 팀이 알고리즘을 공개했을 때 실용이론 팀의 멤버들은 곧바로 결과물을 다운로드받아 연구에 들어갔다. 쉬지 않고 꾸준히 달려온 실용이론 팀의 등수는 계속 올라갔다.[31]

벨코 팀이 협업 필터링 이론을 강조했다면 빅카오스 팀은 블렌딩 알고리즘을 강조했다. 실용이론 팀은 전적으로 그들이 투자한 노력과 그 결과물의 양에 중점을 두었다. 실용이론 팀이 자신의 방법론에 대해서 밝힌 논문에서는 블렌딩에 사용한 707개의 서로 다른 모델을 소개했다. 이런 접근 방식은 넷플릭스에게 필요한 실제 서비스에 적용하기에는 비현실적인 방법이었지만 실용이론 팀은 신경 쓰지 않았다. 실용이론 팀은 될 수 있는 한 정확한 예측 결과를 얻는 데에만 집중했으며, 한 논문에서 자신의 철학을 다음과 같이 요약했다.

> 이 문서에서 설명하는 방식은 넷플릭스 가입자의 평점을 가능한 한 최고의 정확도로 예측하는 시스템을 구축하는 것만 목적으로 한다. … 수많은 모델과 예측 알고리즘을 기반으로 한 시스템이 상업 서비스의 추천 시스템만큼 실용적일 수는 없다. 하지만

그 결과물은 넷플릭스 대회의 성격과 목표에 직접 귀결된다. 그것은 시스템의 복잡도나 실행 성능은 완전히 무시하고 무슨 수단을 써서라도 최고의 정확도를 얻는 것이다.[32]

즉 실용이론 팀은 실제로 구현할 경우에는 실용적이지 않을 시스템을 개발한 것이다. 오직 대회의 목적에 부합하는 실용성을 택한 것이다. 빅카오스 안의 벨코 팀은 여기서 다른 가능성을 발견했다. 원래 벨코 팀의 크리스 볼린스키는 팀원들이 실용이론 팀을 묘사할 때 '겁이 없는(fearless)'이란 형용사가 적합하다는 데 입을 모았다고 설명했다. 하지만 실용이론 팀은 다른 의미에서도 빅카오스 안의 벨코 팀에게 위협적인 존재였다.

대회의 막바지에 커뮤니티의 관심은 모델을 최적화하고 블렌딩하는 것이 아니라 팀을 합치는 데 쏠렸다. 참가 팀들이 모델 성능을 개선하는 데 곤란을 겪다 보니 10% 목표를 달성하기 위해 팀을 계속 합치자고 제안하는 분위기가 대세를 이루었다.

빅카오스 안의 벨코 팀은 실용이론 팀이 다른 팀의 병합 대상 1순위라는 것을 알게 되었다. 만약 다른 팀이 실용이론 팀과 합치면 그 팀은 큰 위협이 될 것이다. 빅카오스 안의 벨코 팀이 실용이론 팀과 연합해야 할까? 하지만 빅카오스 안의 벨코 팀은 다른 팀과도 비밀리에 연합에 대해 논의하고 있었으며, 그래비티와 공룡 연합 팀처럼 연합하기에 좀 더 나은 다른 팀이 있을 수도 있었다. 그래비티와 공룡 연합 팀은 프린스턴 대학을 막 졸업하고 업계에 뛰어든 졸업생과 대학원생, 그리고 헝가리인 졸업생으로 이루어졌다.

빅카오스 안의 벨코 팀은 이제 연합에 대한 논의를 빨리 행동으로 옮겨야 했다. 이 무렵 그래비티와 공룡 연합 팀은 '그랜드 프라이즈'라는 새로운 팀을 꾸렸다. 그랜드 프라이즈 팀은 누구든 합류하기를 허용했고, 우승에 기여하면 누구든지 우승 상금 100만 달러에서 기여한 만큼의 비율로 주겠다고 약속했다. 이에 빅카오스 안의 벨코 팀은 깜짝 놀랐다. 실용이론 팀이 그랜드 프라이즈 팀에 합류하기라도 하면 빅카오스 안의 벨코 팀은 끝장날 것이기 때문이다.

결국 빅카오스 안의 벨코 팀은 실용이론 팀과 연합하여 '벨코의 실용 카오스(BellKor's Pragmatic Chaos)' 팀을 만들었다([그림 6-2]에서 선두 팀들의 발자취를 살펴볼 수 있다). 빅카오스 안의 벨코 팀은 실용이론 팀과 합병할 것을 비밀리에 논의해 왔던 것이다. 벨코의 실용 카오스 팀이 제출한 새로운 모델은 10.05%라는 결과를 기록해서 10% 기준을 돌파했다.

하지만 이것으로 대회가 끝난 것은 아니었다. 넷플릭스는 첫 번째로 10%를 돌파하는 팀이 나오면 30일간의 라스트 콜 기간이 시작된다는 규칙을 정해놓았기 때문이다. 이 기간이 종료되면 대회가 시작될 때부터 넷플릭스가 따로 준비해 놓았던 비밀 데이터를 기준으로 예측 오차가 가장 적은 팀이 우승자가 되는 것이다. 이 비밀 데이터에서 얻은 점수는 소수 넷째 자리까지만 인정되며, 점수가 동일할 경우 제출 시간이 빠른 쪽이 우승하는 것이다.

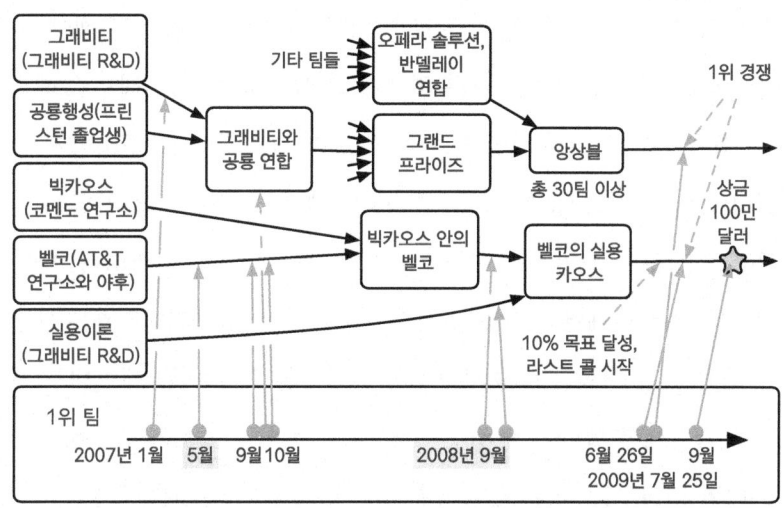

▲ 그림 6-2 넷플릭스 프라이즈에 참가한 팀들의 연합 과정
넷플릭스 프라이즈의 최종 우승은 벨코의 실용 카오스 팀에게 돌아갔다.

    나머지 팀들에게는 한 달 동안 따라잡을 기간이 허락되었다. 팀 합병의 열기가 절박한 팀들 사이에서 끓어 올랐다. 선두를 쫓고 있던 그랜드 프라이즈 팀은 앙상블(The Ensemble)이라는 컨소시엄을 구성하고 30여 개가 넘는 팀을 끌어안았다(앙상블은 기계 학습에서 모델 블렌딩의 다른 이름이기도 하다).[33]

    앙상블의 멤버들은 내부 회의를 열고 마지막 달의 전략에 대해 논의했다. 새로운 모델은 마지막 순간까지 기다렸다 제출해야 하는가? 아니면 일찍, 자주 제출해야 하는가? 새로운 모델을 늦게 제출하면 그 존재를 비밀에 부치고 벨코의 실용 카오스 팀의 덜미를 잡을 수 있을 것이다. 하지만 새로운 모델을 일찍 제출해야 마지막 순간의 난장판을 피할 수 있을 것이다. 결국 그들은 앙상블 팀의 존재를 비밀로 하고 마감 전날에 앙상블 팀의 새로운 모델을 처음 제출하기로 했다. 마감 날이 되자 앙상블 팀이 제출한 모델은 10.09%를 기록해서 그때까지 10.08%를 기록한 벨코의 실용 카오스 팀의 점수를 근소하게 앞섰다. 마감까지 24분이 남은 상태에서 벨코의 실용 카오스 팀은 새 모델을 제출했고 이 모델은 10.09%의 성능 향상을 기록했다. 마감이 4분 남은 상태에서 앙상블 팀은 10.1%의 성능 향상을 얻은 모델을 제출했다. 대회는 종료되었고 넷플릭스는 이제 비밀 데이터로 모델을 평가해야 했다.

비밀 데이터를 통해 계산한 벨코의 실용 카오스 팀과 앙상블 팀의 성능 향상은 10.06%로 심지어 소수 넷째 자리까지 같았다. 넷플릭스의 규칙에 따라 이는 같은 점수로 처리되었다. 이제 남은 것은 제출 시간뿐이었다. 벨코의 실용 카오스 팀은 앙상블 팀보다 20분 일찍 모델

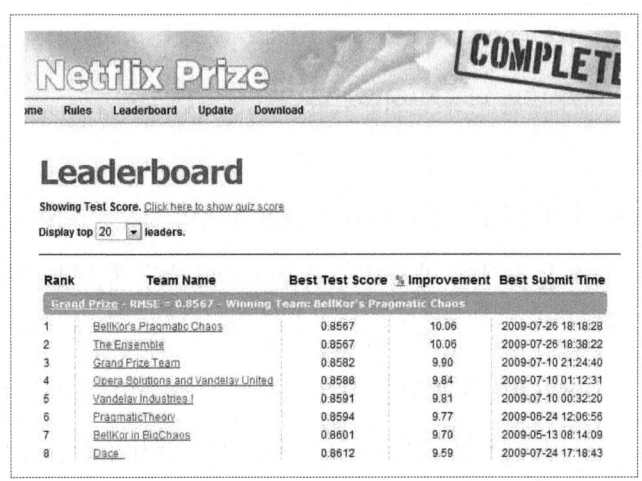

▲ 벨코의 실용 카오스 팀이 20분 차이로 우승을 차지했다.

을 제출했고, 이로써 3년에 걸친 대회는 결말을 맞게 되었다. 벨코의 실용 카오스 팀은 상금 100만 달러를 받았다.[34]

대회 이후 넷플릭스가 얻은 것

마지막까지 대회에 참가한 팀들의 놀라운 성과에도 넷플릭스는 벨코의 실용 카오스 팀이나 앙상블 팀에서 제출한 모델을 사용하지 않았다. 몇몇 사람들은 기분 나빠 했고 넷플릭스 프라이즈가 실패했다고 말하기까지 했다. 또한 넷플릭스는 대회에 쓰인 데이터를 익명으로 처리하려고 노력했지만, 일련의 연구자들은 이론적으로 이들 데이터에서 고객의 개인 정보가 노출될 수 있다고 지적했다. 이는 언론에서 광범위한 오해를 불러일으켰다. 그 결과 넷플릭스는 데이터 공개를 철회하고 그 흔적을 모두 지우려고 했다. 한 참가자는 이런 시도를 '쪽팔린 짓'이라고 말했다.

이런 해프닝을 제외하면 대회 자체는 여러 기준에서 성공했다고 할 수 있다. 먼저 넷플릭스는 대회에서 다양한 아이디어를 얻었다. 넷플릭스는 첫 대회에서 알려진 방법론 중 두 가지(행렬 인수 분해와 토론토 팀이 개발한 신경망)가 주목할 만한 성능 향상을 가져다준다는 것을 발견했다. 이 두 방법만으로 시네매치에 비해 7.6%가 향상된 결과를 얻을 수 있었다. 넷플릭스는 두 번의 프로그레스 프라이즈 상금 5만 달러와 그랜드 프라이즈 상금 100만 달러를 지불함으로써 세계 전문가들이 최신 연구에 수천 시간을 투자한 결과물을 얻는 동시에 좁은

채용 시장에서 인재를 만날 기회를 얻은 셈이다.[35]

넷플릭스는 또한 (아마 무엇보다 가장 중요하게) 선을 넘는 투자는 지양해야 한다는 강한 교훈을 얻었다. 넷플릭스는 대회 참가자들의 투자 대비 결과가 하락하는 순간을 관찰해 왔다. 이와 동시에 넷플릭스의 비즈니스는 DVD 대여에서 온라인 스트리밍 비디오로 이동했다. 넷플릭스의 추천 엔진은 온라인 스트리밍 비디오에서도 여전히 중요한 기능이지만, 넷플릭스는 고민해야 할 다른 문제들이 있었다.[36]

넷플릭스 대회는 연구 커뮤니티에서도 성공적이었다. DARPA 그랜드 챌린지에서는 참가자들이 수백 건의 결과물을 내놓았지만, 넷플릭스 대회에서는 수만 개에 이르는 모델이 제출되었다.[37] 기술 측면에서 보면, 넷플릭스 대회는 행렬 인수 분해와 모델 평균화를 추천 시스템의 경험적인 모범 사례로 정착시켰다. 오래전부터 이러한 아이디어는 존재했지만, 넷플릭스 대회는 목표를 제시하고 성능에 대한 자료를 공개함으로써 이들 아이디어가 널리 알려지는 데에 공헌했다.

강화 학습과 심층 신경망

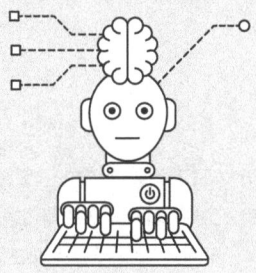

게임은 세상의 축소판이라 말한다. 그래서 체스 챔피언 출신의 뇌 과학자 허사비스가 설립한 딥마인드는 인공 지능으로 고전적인 비디오 게임인 아타리 게임을 정복하는 프로젝트를 진행한다. 이렇게 만든 인공 지능을 통해 세상의 복잡한 문제를 풀 수 있으리라 기대하면서 말이다. 딥마인드의 프로젝트에 사용한 핵심 기술은 강화 학습과 심층 신경망이었다. 이 두 기술이 가져온 인공 지능의 비약적인 발전을 알아보자.

07 ▶ 보상을 통한 컴퓨터의 학습 — 강화 학습

08 ▶ 신경망으로 아타리 게임을 정복하다

09 ▶ 인공 신경망이 보는 세상

10 ▶ 심층 신경망의 내부 구조

07

보상을 통한 컴퓨터의 학습
— 강화 학습

TEACHING COMPUTERS BY GIVING THEM TREATS

> 우리 집에는 아이들이 놀던 자리를 청소하는 로봇이나 집안을 정리하는 로봇이 왜 아직 없는 걸까? 이런 로봇은 기술적으로 불가능한 일이 아니며, 이런 일을 할 수 있는 로봇은 이미 있다. 문제는 집과 주방의 구조가 집집마다 다르다는 데 있다. 로봇은 개별적으로 미리 프로그래밍해 놓을 수 없으므로 자신의 주변 환경을 스스로 학습해야 한다.
>
> — 데미스 허사비스(Demis Hassabis, 딥마인드 창립자)[1]

딥마인드, 아타리 게임을 하다

2014년 초, 구글이 자율 주행차 프로젝트로 시끌벅적할 때 구글의 다른 한쪽에서는 기업 인수에 몰두하여 인공 지능과 로봇 회사들을 집어삼키고 있었다. 이 시기에 구글은 딥마인드(DeepMind)라는 비밀에 싸인 작은 회사를 5억 달러가 넘는 비용을 지불하고 인수했다. 그 당시 딥마인드의 직원은 50명에 불과했다. 딥마인드의 홈페이지에서는 창업자들과 두 개의 이메일 주소가 적힌 페이지 하나만 달랑 보여 주었다.

구글은 매주 금요일에 TGIF라는 이름의 미팅을 열었다. 구글의 창업자와 경영진은 이 미팅에서 구글의 여러 조직에서 진행하는 프로젝트를 공지하고 그 내용을 공유했다. 구글이 딥마인드를 인수하고 몇 달이 지난 후 TGIF에서 딥마인드에 대해 발표할 것이란 소문이 돌았다. 구글 직원들은 마침내 이 비밀스러운 조직이 그동안 무슨 일을 해 왔는지 알 수 있었다.

딥마인드는 TGIF 미팅에서 컴퓨터 프로그램이 다양한 아타리 게임을 스스로 학습하면서 알게 된 것을 설명했다. 아타리 게임에는 스페이스 인베이더(Space Invader)와 브레이크아웃(Breakout) 같은 고전 게임이 포함되어 있었다. 딥마인드가 프로그램에게 게임을 수백만 번 시키자 사람보다 더 잘하게 되었다([그림 7-1]).

딥마인드는 구글 직원들에게 스페이스 인베이더를 하는 프로그램의 영상을 보여주었다. 스페이스 인베이더에서 플레이어는 화면 하단의 우주선을 움직이면서 외계인이 화면 하단에 도착하기 전에 쏴서 맞춰야 했다.

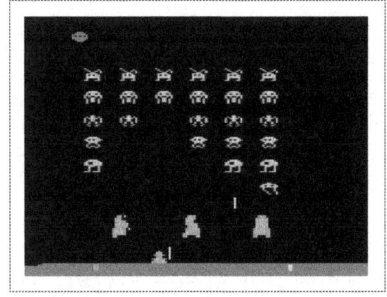 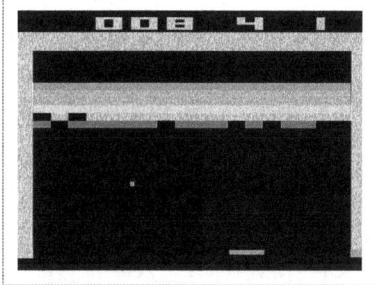

▲ 그림 7-1 딥마인드의 아타리 게임 중 스페이스 인베이더(왼쪽)와 브레이크아웃(오른쪽)

청중이 주의 깊게 지켜보는 동안 프로그램은 게임을 완벽하게 플레이했다. 한 발 한 발 모두 명중했다. 게임은 최종 라운드에 접어들어 마지막으로 한 외계인이 남았다. 컴퓨터는 한 발을 명중시키지 못했는데, 외계인이 미사일에서 화면의 오른쪽으로 조금씩 이동해 갔기 때문이다. 그곳에 있던 사람들은 살짝 안도했다. 아마 이 인공 지능은 우리의 존재에 전혀 위협이 되지 않으리라 생각했던 것 같다.

이윽고 외계인은 화면의 모서리에 닿았다가 다시 화면의 중앙을 향해 이동하기 시작했다. 프로그램의 전략이 명확해졌다. 외계인은 빗나간 것처럼 보였던 미사일의 궤적으로 스스로 들어가 파괴되었다. 컴퓨터는 완벽하게 플레이를 한 것이다. 회의실에서는 환호성이 터져나왔다.

구글 직원들은 왜 그렇게 흥분했을까? 1997년 IBM은 이미 딥 블루(Deep Blue)를 만들어 체스 세계 챔피언인 게리 카스파로프(Garry Kasparov)를 꺾지 않았던가? 왓슨(Watson)이 2011년에 〈제퍼디!〉 챔피언인 켄 제닝스(Ken Jennings)를 꺾지 않았던가? 구글 엔지니어들은 구글의 자율 주행차가 이미 112만km를 무인 상태로 주행했던 것을 몰랐던 걸까? 자율 주행차를 만들 수 있는 이들이 왜 컴퓨터가 간단한 비디오 게임을 할 수 있다는 데 그토록 깊은 인상을 받았을까? 컴퓨터가 비디오 게임을 할 수 있게 된 지 이미 몇 년이 지났는데도 말이다.

이 컴퓨터 프로그램이 그토록 인상적이었던 이유는 인간의 개입 없이 **프로그램 스스로 게임하는 방법을 배웠기 때문이다**. 이전의 컴퓨터 프로그램이 게임하는 알고리즘을 작동하려면 사람의 판단과 개입이 필요했다. 자율 주행차도 마찬가지였는데, 주행할 수 있는 지형을 감지하는 기능을 사람이 꼼꼼하게 개발하여 차량에게 알려주어야 했다. 자율 주행차의 모노폴리 판 모듈 내 유한 상태 기계도 사람이 수동으로 작성해야 했다. 자율 주행차는 스스로 시행착오를 거쳐 운전하는 법을 배운 적이 없었다.

반면 딥마인드가 만든 프로그램은 우주선을 왼쪽으로 움직이기 위해 조이스틱을 왼쪽으로 움직이고, 미사일을 발사하기 위해 버튼을 누르고, 심지어 미사일을 발사해서 외계인을 맞춰서 파괴해야 점수를 얻을 수 있다는 사실을 프로그래머가 프로그램에게 알려준 적이 없었다. 아타리 플레잉 에이전트(Atari playing agent, 이하 줄여서 '아타리 에이전트')■에게 입력된 데이터는 단지 화면에 있는 RGB 색상의 픽셀 이미지와 현재 점수뿐이었다.[2]

더 인상적인 것은, 딥마인드는 동일한 프로그램으로 인간의 개입 없이 49개의 아타리 게임을 대부분 완벽하게 해낼 수 있을 정도로 만들었다는 점이다. 딥마인드 프로그램에게 필요한 것은 게임을 연습할 시간이었다. 딥마인드는 강화 학습(reinforcement learning)을 활용했다. 강화 학습이란 경험을 통해 학습할 수 있는 능력을 컴퓨터 프로그램에게 부여하는 방법을 연구하는 인공 지능의 한 분야이다.

■ 에이전트: 대리자, 대리인을 뜻하며, 이 책에서는 사람 대신 게임 등을 하는 프로그램을 가리킨다.

강화 학습

07장과 08장에서는 딥마인드가 아타리 게임에서 강화 학습을 어떻게 사용했는지와 그 이면에 있는 주요 개념을 설명할 것이다.[3]

강화 학습 기법을 사용하는 컴퓨터 프로그램은 학습할 때 보상(reward)이나 처벌(punishment)을 간헐적으로 받는다. 컴퓨터 프로그램을 학습시키려면 프로그램이 보상을 따라가게 하면 된다. 그 후 컴퓨터 프로그램이 일정한 작업을 마칠 때마다 이러한 보상을 제공함으로써 해야 할 (그리고 하지 말아야 할) 행동을 알려주는 것이다. 강아지가 간식으로 명령을 따르는 법을 배우는 것처럼 컴퓨터 프로그램 또한 강화 학습으로 명령을 따르는 법을 배운다.

강화 학습 에이전트는 오토마타와 비교하면 한층 지능적으로 보일 수 있지만 그 또한 결정론적인(deterministic) 프로그램에 따라 움직일 뿐이다. 예를 들어, 아타리 게임을 하는 에이전트의 경우에는 학습이 끝나면 에이전트는 아타리 게임이 보여주는 화면의 최근 스크린 샷 네 개만 살펴보면 된다([그림 7-2]).

스크린 샷을 살펴본 에이전트는 수학 함수를 사용해 조이스틱을 어떻게 조작할지 결정한다. 스틱을 좌우로 움직이거나 발사 버튼을 누를 수 있다. 에이전트는 이 과정을 반복하고 또 반복하여 게임이 끝날 때까지 스크린 샷을 살펴보면서 어떤 조작을 할지 결정한다. 짐작할 수 있듯이, 에이전트가 게임하는 법에 다른 비밀이 있는 건 아니다. 비밀은 단순하다. 에이전트가 게임하는 법을 학습하는 방법, 그리고 화면에서 무슨 일이 있었는지를 인지하는 방법에 달려 있다.

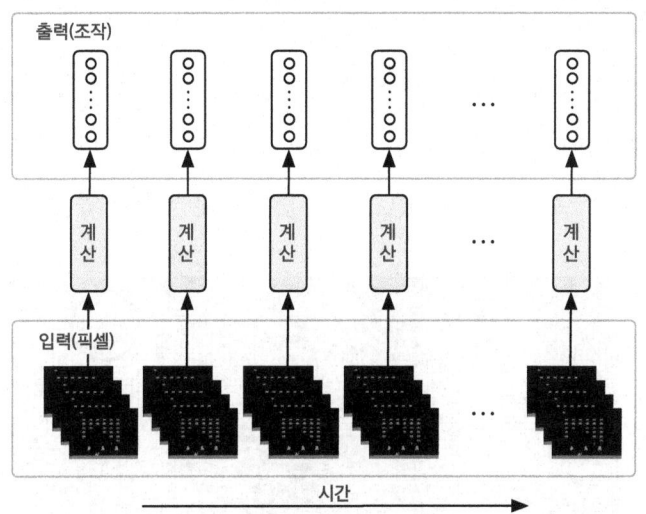

▲ 그림 7-2 아타리 에이전트가 학습을 마친 후 작동하는 방식

이제 다음과 같은 질문을 던져보자. 에이전트는 어떻게, 어떤 조작을 할지를 배울까? 경험을 하면서 배우는 걸까?

딥마인드의 아타리 에이전트는 멈추지 않고 게임을 한다. 에이전트는 게임 화면의 가장 최근 스크린 샷 네 장의 픽셀값을 입력(input)으로 받은 후, 이 입력값을 바탕으로 바로 다음 순간에 어떤 조작을 할지 결정하는 알고리즘을 실행해서 결정된 값을 출력(output)한다.

강화 학습이 작동하는 방식을 알아보기 위해 가상의 골프 게임을 상상해 보자. 이 골프 게임은 [그림 7-3-1]과 같은 코스에서 이루어지며, 에이전트의 목표는 골프공을 칠 때 가능하면 타수를 적게 해서 구멍(hole)에 넣는 것이다. 다양한 골프 코스라는 조건 아래 골프공이 구멍에 최대한 가까이 다가가도록 하려면 에이전트가 어느 방향으로 골프채를 휘둘러야 하는지를 학습하도록 설계해야 한다. 에이전트를 학습시키려면 에이전트가 충분한 경험을 쌓을 때까지 스스로 골프 게임을 해야 한다. 이 학습 과정을 통해 에이전트는 어느 방향을 노려야 하는지 스스로 선택할 수 있다. 골프공이 현재 어디에 있든지 상관없

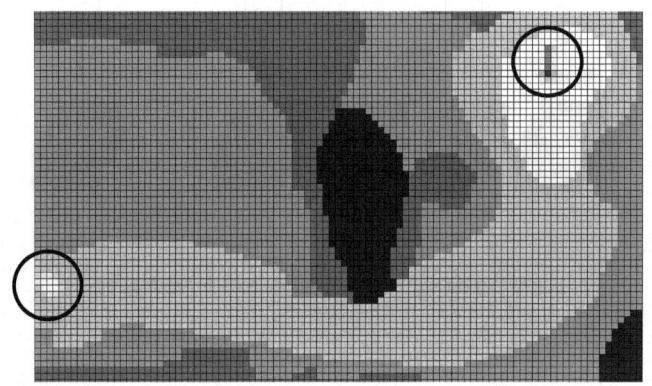

▲ 그림 7-3-1 강화 학습의 예제로 사용된 가상의 골프 코스
연한 회색에서 검은색까지 순서대로 스윙하기 쉬운 지형과 어려운 지형을 나타낸다. 각 색상마다 그린, 페어웨이, 러프, 벙커, 워터 해저드의 지형을 의미한다. 출발 지점은 왼쪽 하단에 있고 목표 지점은 오른쪽 상단에 있다.

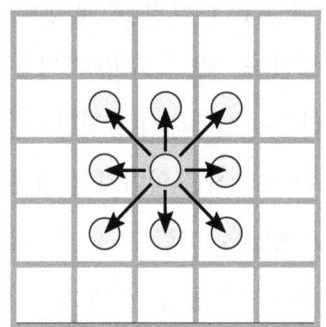

▲ 그림 7-3-2 에이전트의 스윙 방향
에이전트의 목표는 시작 지점에서부터 가능한 한 적은 타수로 공을 구멍에 넣는 것이다. 스윙을 한 번 하면 공은 한 칸씩 (또는 0칸) 움직인다.

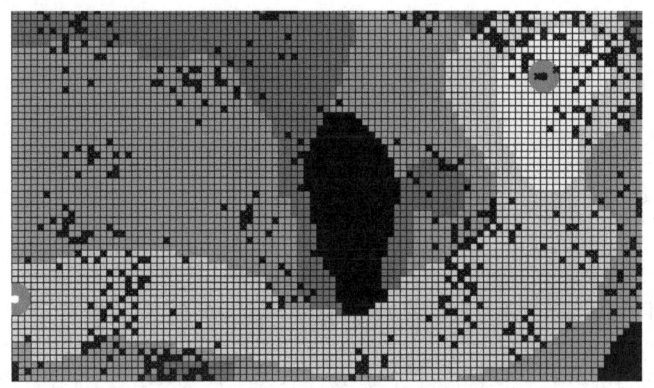

▲ 그림 7-3-3 에이전트가 피해야 할 지뢰의 위치
골프 코스에는 검게 표시된 곳에 지뢰가 묻혀 있다. 에이전트는 지뢰를 피해야 한다.

이 말이다.

이러한 학습 과정은 매우 복잡한 걸까? 골프 코스에서 어느 방향을 향해 공을 쳐야 하는지 에이전트에게 알려주려면 꼭 강화 학습을 사용해야 하는 걸까? 공이 구멍을 향해 곧바로 날아가도록 에이전트를 프로그래밍할 수는 없는 걸까? 다음 단락에서 살펴보겠지만, 여기에는 많은 방해 요소가 있으므로 에이전트는 공의 현재 위치에 따라 스윙을 세심히 조정해야 한다. 강화 학습은 이런 일을 가능하게 하는 유일한 도구이다.

에이전트에게 명령하기

에이전트가 [그림 7-3-1]과 같은 코스에서 골프를 친다고 해보자. 에이전트는 동서남북과 같은 기본 방향, 또는 그 중간 방향인 북동, 남동, 북서, 남서로 스윙을 할 수 있다. 공을 친다면, 공은 [그림 7-3-2] 처럼 해당 방향으로 한 칸씩 움직일 것이다. 이런 식으로 가능한 한 적은 타수로 공을 구멍에 넣어야 한다. 또한 이 가상 골프 코스는 매우 길어서 모든 라운드를 소화하려면 스윙을 150회 이상 해야 한다.

이 골프 게임을 재미있게 만드는 두 가지 요소가 있다. 첫 번째는 [그림 7-3-3]에 표시한 것처럼 골프 코스에 지뢰가 묻혀 있는 것이다. 에이전트는 지뢰가 어디에 있는지 알 수 있고, 한 게임을 마치는 동안 지뢰의 위치는 바뀌지 않으며, 에이전트는 지뢰를 피해서 스윙을 해야 한다.

방향만 잘 고른다면 지뢰를 피하는 일은 별로 어렵지 않다. 그래서 게임의 난도를 약간 올리기 위해 추가한 또 다른 규칙이 있는데, 에이전트가 원하는 방향으로 공이 매번 정확하게 날아가지 않는다는 것이다. 공은 가끔 에이전트에게 근접한 다른 칸으로 이동할 수 있으며 아예 이동하지 않을 수도 있다. 에이전트가 스윙을 했을 때 무슨 이유로 공의 이동 결과가 나왔는지는 모른다고 가정하자. 우리는 그린에서 공을 옮기기가 쉽고 러프에서는 어렵다는 걸 알지만, 에이전트는 이러한 모든 세부 사항을 경험에서 배워야 한다. 지형은 쉬운 것부터 어려운 것까지 순서대로 그린, 페어웨이, 러프, 벙커가 있으며 워터 해저드도 있다. 워터 해저드에 공이 들어가면 타수를 하나 손해 보면서 마지막으로 스윙했던 장소에서 다시 시작해야 한다.

최대한 적은 타수로 공을 구멍에 넣으려면 어떤 전략을 사용해야 할까? 공이 현재 어디에 있든지 상관없이 벙커를 가로질러서라도 곧

바로 구멍을 노려야 할까? 공의 방향을 제어할 수 있도록 페어웨이와 그린에 최대한 머물러야 할까? 안전을 위해 지뢰에서는 얼마나 멀리 떨어져 있어야 할까?

에이전트 프로그래밍하기

이러한 질문에 대한 답은 다양한 요인에 따라 달라질 수 있지만, 만약 에이전트에게 이러한 정보가 없는 경우라도 골프를 시키고 적절하게 보상을 해주면 좋은 전략을 스스로 학습하도록 할 수 있다. 에이전트가 게임 종료 시점에 골프 코스의 구멍에 도달하면 초콜릿 한 개(1의 가치)를 보상으로 준다고 해보자. 만약 에이전트가 지뢰를 밟으면 벌칙을 받는다. 이 벌칙은 초콜릿 반 개를 빼앗긴다고(-0.5의 가치) 가정하자. 그 외의 칸에 도착하면 보상이나 벌칙이 없다.

흥미롭지만 기술적으로 어려운 문제는 '어떻게 이러한 보상을 이용해 학습할 수 있는 에이전트를 만들 수 있느냐'는 것이다. 단순히 에이전트에게 초콜릿을 줘서 사람이 원하는 일을 하게 할 수는 없다. 에이전트에게 초콜릿에 가치가 있다는 것을 알려줘야 한다.

다음 두 가지의 논지를 살펴보면 이 문제의 답을 얻는 데 도움이 될 것이다. 첫 번째는 에이전트가 세계 모델(model of the world)■을 저장

■ 세계 모델: 데이터로 표현된 현실 세계. 에이전트는 이 모델을 통해 현실에서 어떤 일이 일어나는지 인식할 수 있다.

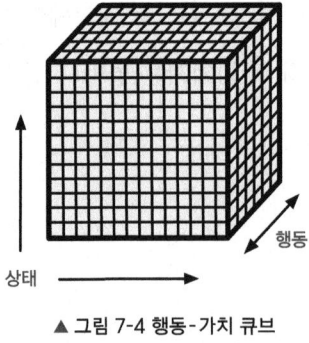

▲ 그림 7-4 행동-가치 큐브

하는 방식과 관련된다. 세계 모델은 에이전트의 경험을 앞으로 의사 결정에 활용할 수 있는 형태로 요약해야 한다. [그림 7-4]처럼 에이전트가 세계 모델을 숫자가 담긴 커다란 큐브 형태로 저장한다고 해보자.

큐브의 각 셀에는 에이전트가 골프 코스의 특정 위치에서 특정 행동을 했을 때 이 행동에 대해 에이전트가 기대하는 가치(value)의 값이 저장된다. 에이전트는 다음 행동을 결정할 때에 매번 현재 위치에서 여덟 가지 행동을 했을 때의 결과(큐브 내에서 이 행동들은 가치를 누적시킨 일련의 값을 형성한다)에 대한 가치들을 찾아보고 가장 가치가 높은 행동을 선택한다. 에이전트가 선택한 행동을 실행하면 에이전트의 상태가 변경된다(에이전트가 기대하지 않았던 상태로 바뀔 수도 있다). 그리고 에이전트는 지금까지 과정을 반복한다. 큐브에 이미 정확한 가치의 값이 채워져 있다면 이 전략이 유효할 것이다. 그렇다면 이 전략은 프로그래밍하기도 쉽고 기계 오토마타를 만들기도 어렵지 않다. 하지만 문제 하나가 여전히 남아 있다. 큐브의 셀에 저장할 가치의 값을 어떻게 알아낼 수 있을까?

이 문제를 풀기 위한 두 번째 주요 논지를 살펴보자. 이번에는 큐브에 저장된 가치가 실제로 무엇을 의미해야 하는지에 대한 것이다. 에이전트는 최종 목적지에 도달하지 못하면 초콜릿을 받을 수 없다는 사실을 기억하자. 보상이 없으면 에이전트는 더 이상 학습하지 않기 때문에 이는 문제가 될 수 있다. 골프 코스에서 보상을 주는 장소는 단 한 곳뿐이다. 이런 환경에서 에이전트가 사전 정보 없이 보상에 매달린다면 학습하는 데 애를 먹을 것이다. 강화 학습 에이전트를 설계하기 위해 마지막으로 염두에 둘 사실은, 게임이 아직 끝나지 않았다면 에이전트가 초콜릿을 얻을 기회 또한 남아 있다는 것이다. 큐브에 저장된 가치는 이 기회를 직관적으로 수치화한 것이다.

에이전트 내에 '기회'라는 개념을 설계할 때 필요한 특성 한 가지는, 에이전트는 초콜릿을 가능한 한 빨리 받고 싶어 해야 한다는 것이다. 이는 비유를 통해 직관적으로 이해할 수 있다. 만약 강아지가 방 건너편에 있고 여러분이 간식을 손에 들고 있다면 강아지는 즉시 달려올 것이다. 강아지를 이미 훈련했다면 강아지는 여러분 앞에서 앉고 구르고 할 것이다. 심지어 여러분이 명령을 내리지 않더라도 그럴 것이다. 이 설명에서 강아지는 간식을 얻을 수 있는 가장 빠른 방법에 따라 행동하고 있다. 강아지에게 즉시 간식을 얻는 방법과 30초 이후에 얻는 방법이 있다면 강아지는 즉시 간식을 얻는 방법을 택할 것이다. 어쨌든 여기서 정의한 가능성의 개념에는 초콜릿을 최대한 빨리 얻고 싶어 하는 성향이 포함되어 있어야 한다.

이 기회(즉 큐브의 각 셀에 표시하려는 가칫값)라는 개념은 에이전트가 얻을 것으로 기대하는 미래의 초콜릿 수의 총합으로 정의하여 공식화할 수 있다. 또한 에이전트가 초콜릿을 얻을 때까지 걸리는 시간을 고려하여 초콜릿의 가치를 조정할 수 있다. 얻는 데 시간이 걸리는 초콜릿은 지금 당장 얻을 수 있는 초콜릿보다 가치를 낮게 두어야 한다.

얻는 데 걸리는 시간에 따른 가치 조정은 우리가 돈의 가치를 따질 때와 비슷하다. 10,000원짜리 지폐를 500원짜리 동전으로 바꿔주는 동전 교환기를 생각해 보자. 이 동전 교환기에 10,000원짜리 지폐를 넣고 하루가 지나야 동전을 받을 수 있다면 이는 분명히 손해 보는 거래다. 왜냐하면 지폐에 해당하는 액수를 하루 동안 사용할 수 없고 내일 어떤 일이 발생할지 모른다는 불확실성 때문이다. 하지만 만약 오늘 8,000원을 동전 교환기에 넣고 내일 10,000원어치 동전을 받을 수 있다면 이 거래에는 응할 수도 있다. 만약 똑같은 조건인데 이틀을 기다려야 한다면 이 거래는 덜 매력적일 것이다. 어쩌면 이틀을 기다리는 대신 6,000원을 넣고 10,000원을 가져가는 조건이라면 응할 수도 있다. 즉 보상을 받기 위해 기다려야 하는 시간이 길어질수록 보상으로서의 가치는 떨어진다. 연구자들은 이를 시점 할인(temporal discounting)■이라고 한다(이 책에서는 시점 조정(time adjustment)이라는 용어를 사용한다).

초콜릿을 얻을 가능성을 추구하는 에이전트를 프로그래밍하려면 큐브의 각 셀에 가치를 입력해야 한다. 이 값은 에이전트의 행동에 따라 미래에 얻을 수 있을 것으로 추정되는 초콜릿의 총 개수를 초콜릿을 얻기까지 걸리는 시간에 따라 조정한 가치다.[4] 큐브에서 높은 가치가 할당된 행동은 더 많이, 더 일찍, 더 빈번하게 초콜릿을 얻을 가능

■ 시점 할인: 경제학에서는 시점 할인 대신 시간 선호(time preference), 시간 할인(time discounting)이라는 용어를 사용한다.

성이 높음을 의미한다. 낮은 가치가 할당된 행동은 초콜릿을 얻을 가
능성이 낮음을 의미한다. 에이전트가 두 개의 초콜릿을 얻는 행동과
한 개의 초콜릿을 얻는 행동 중에서 선택해야 하는 상황에 직면한다
면 첫 번째 행동을 선택하도록 해야 한다.

시점 조정은 에이전트가 하는 대부분의 행동이 곧바로 초콜릿을
얻는 행동으로 이어지지 않을 때도 골프공이 구멍을 향해 나아가도록
해준다. 시점 조정은 에이전트를 제어할 수 있는 수단이기도 하다. 시
점 조정을 사용하면 에이전트가 즉각적인 보상을 받을지 아니면 더
큰 보상을 얻기 위해 보상을 뒤로 미룰지 제어할 수 있다. 일반적으로
보상을 나타내는 0에서 1 사이의 일정한 값에 에이전트가 보상을 받
기까지 걸리는 시간의 단위(예를 들면 날짜, 시간, 초 등)를 곱해서 시점
조정을 적용한다. 이 곱셈이 에이전트의 결정을 제어한다. 이 값이 0
에 가까울수록 에이전트는 초콜릿을 얻지 못할지라도 최대한 빨리 얻
을 수 있는 초콜릿을 노린다. 반면에 이 값이 1에 가까울수록 에이전
트는 나중에 더 많은 초콜릿을 얻을 수 있다면 단기간에 얻을 수 있는
초콜릿을 기꺼이 포기한다.[5]

에이전트가 보는 세계

강아지와 딥마인드 아타리 에이전트 사이의 명백한 차이점은, 강
아지는 실세계에서 살지만 에이전트는 시뮬레이션 속 가상 세계에서
산다는 점이다. 강아지가 앉거나 간식을 달라고 조르는 것과는 달리

아타리 에이전트의 행동은 게임을 하는 데 필요한 조이스틱 조작으로 제한되어 있다. 강아지는 눈, 귀, 코를 사용해 세계를 인식하지만 아타리 에이전트는 화면의 픽셀을 보고 시스템에서 제공하는 가상의 초콜릿을 맛보는 방식으로 세계를 인식해야 한다. 딥마인드는 에이전트를 설계할 때 게임에서 일어나는 일을 에이전트의 인식과 연관 지을 방법이 필요했다. 딥마인드는 어떻게 간단하고 일관된 방식으로 에이전트가 주변 환경을 쉽게 이해하도록 만들었을까?

다행스럽게도 딥마인드에는 앨버타 대학의 연구자들이 만든 아케이드 학습 환경(arcade learning environment)이라는 플랫폼이 있었다. 이 플랫폼은 에이전트가 아타리 게임의 세계에서 돌아다닐 수 있게 해주었다. 이 플랫폼은 아타리 에뮬레이터(아타리 콘솔의 행동을 모방할 수 있는 프로그램) 위에 구축되었고 게임의 컴퓨터 메모리에 직접 접근해서 정보를 꺼내올 수 있었다.[6] 딥마인드는 아케이드 학습 환경을 사용하여 에이전트에게 정보(픽셀 데이터와 현재 점수)를 간단하게 전달할 수 있었고 에이전트는 이 정보가 입력되는 것을 인식했다. 그 뒤 에이전트가 명령을 플랫폼에 전송하면 이 명령은 조이스틱 조작으로 변환되었다. 아케이드 학습 환경은 이런 식으로 아타리 게임의 세계를 시뮬레이션하는 데 필요한 복잡한 세부 사항을 정확히 처리해 냈다.

컴퓨터는 어떻게 경험을 저장할까?

지금까지 살펴본 내용에는 행동-가치 큐브의 값을 채울 뚜렷한 방법이 제시되어 있지 않다. 현재까지 살펴본 내용을 정리하면 다음과 같다. 큐브의 값은 미래에 에이전트가 받을 수 있는 초콜릿의 가치에 시점 조정이 적용된 값이라는 것과, 이 값을 활용하는 에이전트를 만들려면 에이전트의 현재 상태를 기준으로 가장 높은 가치가 있는 행동을 선택하는 프로그램을 작성해야 한다는 것이다. 하지만 처음에 큐브에 채워넣을 값을 어떻게 계산하는지는 아직 살펴보지 않았다.

게임에 대한 정보(모든 골프 코스에서 어떤 방향으로 공을 쳐야 하는지 등)를 완벽하게 파악했다면, 강화 학습 분야의 수학식 몇 개를 사용해 에이전트가 게임을 해볼 필요도 없이 전체 큐브의 값을 계산할 수 있다. 하지만 완벽한 정보는 처음부터 존재하지 않는다. 아타리 게임과 마찬가지로 골프 게임에서도 어떤 행동을 하고 난 다음 상태가 어떻게 변할지 전혀 알 수가 없다.

딥마인드는 에이전트가 시행착오를 겪으면서 큐브의 값을 알아내는 방법으로 이 문제를 해결했다. 처음에는 에이전트가 완전히 무작위로 행동을 선택한 후 어떤 일련의 상태-행동이 결과적으로 보상으로 이어지는 경향이 있는지를 경험을 하면서 파악했다. 에이전트는 강화 학습 분야의 정책 분리 학습(off-policy learning)■이라는 기법을 사용하여 무작위 행동의 결과에서도 게임의 전략을 알아냈다. 그 후

■ 정책 분리 학습: 강화 학습 모델에서 상태에 따른 행위를 결정하는 최적의 정책을 학습하고자 할 때 학습하려는 목표 정책(target policy)과 별도로 행동을 결정하는 행동 정책(behavior policy)을 구분하여 두 개의 정책을 학습하는 방식. 행동 정책과 목표 정책이 구분되지 않는 경우에는 단일 정책 학습(on-policy learning)이라고 한다.

에이전트의 경험이 쌓이면 에이전트는 무작위로 행동을 결정하지 않고 특정한 행동을 고르기 시작했다.

정책 분리 학습 알고리즘을 골프 게임에 적용해 보자. 먼저 에이전트에게 게임을 시키고 행동해야 할 때마다 무작위로 다음 행동을 고르게 한다. 이는 [그림 7-5]의 왼쪽에 있는 일련의 상태-행동 쌍을 생성한다. 에이전트가 게임을 한 번 마치고 나면 그 경험을 토대로 행동-가치 큐브의 값을 수정한다.

이때 에이전트의 경험을 일정한 단위로 쪼개서 요약할 수 있다. 각 단위의 경험에는 특정한 행동을 선택하고 수행했을 때 에이전트의 상태, 선택한 행동(동서남북 등), 행동을 수행한 후의 상태, 다음 상태가 되었을 때 초콜릿을 얻거나 잃는 등의 몇 가지 정보가 포함된다. [그림 7-5]의 왼쪽에서 이렇게 한 단위로 요약된 경험을 볼 수 있다. 에이전트는 축적된 경험에서 자신에게 필요한 모든 것을 학습한다.

축적된 경험의 단위를 정리하여 행동-가치 큐브의 값에 반영하는 방법도 필요했다. 만약 에이전트가 일련의 상태-행동을 경험한 뒤 최종 목적지인 구멍에 도달했다면, 큐브에 저장된 이 상태-행동의 가칫값을 보상값인 1에 가까워지도록 살짝 조정(nudge)한다. 이 값을 1로 설정하는 게 아니라 1에 가까운 방향으로 아주 살짝 조정하는 것이다. 만약 지뢰가 있는 위치에 이른다면 보상값인 마이너스 2분의 1에 가깝게 살짝 조정한다. 달리 말하면, 상태-행위의 가칫값을 0에 가깝게 살짝 조정하는 것이다. '살짝 조정'한다는 표현은 실제 강화 학습에서 사용하는 수학적으로 엄밀한 방법과 직관적 의미에서 잘 맞는다.

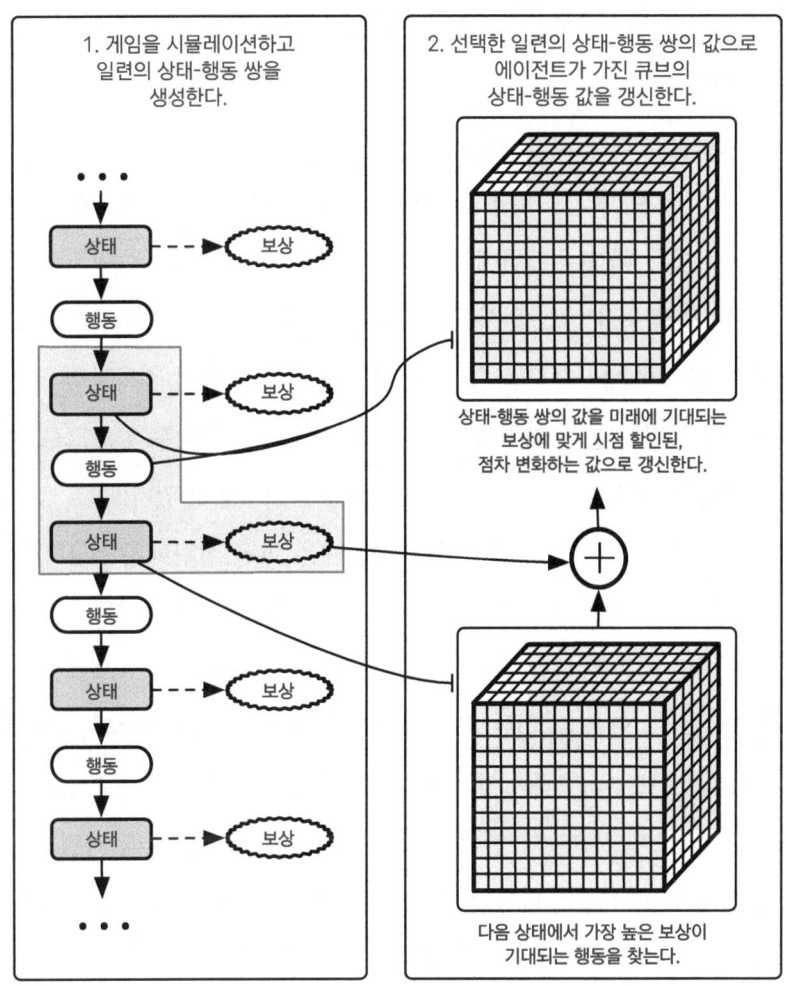

▲ 그림 7-5 시뮬레이션을 이용하여 강화 학습을 하는 에이전트의 시간차 학습 과정

우선 에이전트는 게임을 이해하고 왼쪽 그림처럼 일련의 상태-행동 쌍과 보상 데이터를 생성한다. 그후 오른쪽 그림처럼 에이전트가 경험한 일련의 상태-행동 쌍의 값을 사용해서 에이전트가 특정한 상태에 있을 때 행동을 선택하기 위해 사용하는 미래의 보상에 대한 예측값을 갱신한다. 이 방식을 시간차 학습(temporal difference learning, TD learning)이라고 한다.

이 방법으로 에이전트는 특정 행동을 했을 때 받을 보상을 학습할 수 있다. 하지만 기억해 둘 것은, 에이전트에게 필요한 것은 모든 미래의 초콜릿에 대해 시점 조정된, 점차 변화하는 값의 흐름이 포함된 행동-가치 큐브이다. 이 큐브의 값이 있어야 에이전트는 초콜릿이 멀리 떨어져 있을 때도 초콜릿에 접근할 행동을 고를 수 있다. 그러므로 에이전트의 행동에 따라 변화하는 초콜릿의 값을 예측하는 방법이 필요하며, 여기에 에이전트 학습의 비밀이 숨어 있다. 이미 축적된 경험으로부터 어떤 행동을 취하고 난 다음의 상태를 알아낼 수 있으므로 점차 변화할 값에 대한 정보는 큐브 자체에서 찾아낼 수 있다.

구체적으로 말하면, 에이전트의 전략은 어떤 상황에서든 최선의 행동을 선택하는 것이므로 우리는 영리한 에이전트가 축적된 경험에 따라 어떤 행동을 취할지 알 수 있다. 큐브의 정의에 따라 큐브에는 특정 행동으로 얻을 수 있는 시점 조정된 초콜릿의 양이 저장되어 있으므로 이 정보를 사용해서 현재 상태-행동 쌍의 값을 수정할 수 있다.

한 번의 행동(그리고 행동에 따른 초콜릿)이 일어나면 미래 시점으로 한 단계 이동하므로, 다음번 행동으로 얻을 수 있는 초콜릿의 양을 시점 조정한 후에 원래의 상태-행동 쌍의 값을 이 초콜릿 값에 가까워지도록 갱신한다. 에이전트를 학습시키기 위해 에이전트가 게임을 하는 동안 경험한 일련의 과정을 반복하는데, 여러 번 게임을 반복하면서 이 과정을 또 반복한다.

이러한 자기 참조(self-referential) 방식이 왠지 불안해 보일 수도 있다. 처음에 에이전트의 학습을 시작하면 큐브에는 쓸모없는 값들만 채워진다. 에이전트가 게임을 시작할 때 무작위로 행동을 선택한다는 점을 생각해 보면 에이전트가 처음부터 좋은 전략을 학습하기란 쉽지 않아 보인다. 처음에 시작할 때에는 행동-가치 큐브에 엉망인 값이 들어가게 되고 시작 이후 초기에 변경되는 값들 또한 에이전트에게 별 도움이 안 되는 것은 마찬가지다. 하지만 학습의 품질은 시간의 흐름에 따라 점차 개선된다.

지금까지 에이전트가 어떻게 행동-가치 큐브에 값을 쓰고 그 값을 다시 활용하는지를 설명했다. 그런데 눈에 잘 띄지 않지만, 에이전트가 인식하는 세계에 대해 중요한 전제가 하나 있다. 에이전트가 미래를 예측할 때 고려해야 할 것은 오로지 에이전트의 현재 상태뿐이다. 그렇다고 해서 에이전트의 과거 상태와 행동이 전혀 의미가 없다는 것은 아니다. 과거의 상태와 행동은 에이전트가 현재 상태에 어떻게 도달했는지를 알아내는 데 중요한 역할을 한다. 하지만 일단 에이전트의 현재 상태를 파악했다면 그 이전에 일어난 일들은 신경 쓰지 않아도 된다. 에이전트의 현재 상태에는 에이전트가 미래를 예측하는 데 필요한 이전에 일어난 사건이 모두 반영되어 있다고 가정하기 때문이다. 이를 마르코프 가정(Markovian assumption)이라고 한다. 간단히 말해, 마르코프 가정은 상태 변화를 기록한 경험 데이터로 행동-가치 큐브를 갱신할 수 있게 해준다. 이로써 행동-가치 큐브의 값 자체에도 에이전트가 경험한 상태 변화 내역이 반영된다. 이로써 에이전트가 게임을 할 때마다 큐브의 값이 조금씩 정확해지는 것이다. 큐브의 각 셀은 품질이 '나쁨'에서 점차 '괜찮음'으로, 그리고 '훌륭함'으로 변하는 선순환 과정을 거친다.

골프 게임을 할 때마다 에이전트가 거쳐가는 일련의 상태는 골프 코스에 일종의 궤적을 형성한다([그림 7-6-1], [그림 7-6-2]의 흰 부분). 처음에는 에이전트가 완전히 무작위로 움직여서 구멍에 마지막으로 도달할 때까지 스윙을 수없이 하는 것을 볼 수 있다. 게임을 몇 번 하고 나면 에이전트는 코스의 끝에 있는 구멍을 향해 조금씩 나아갈 수

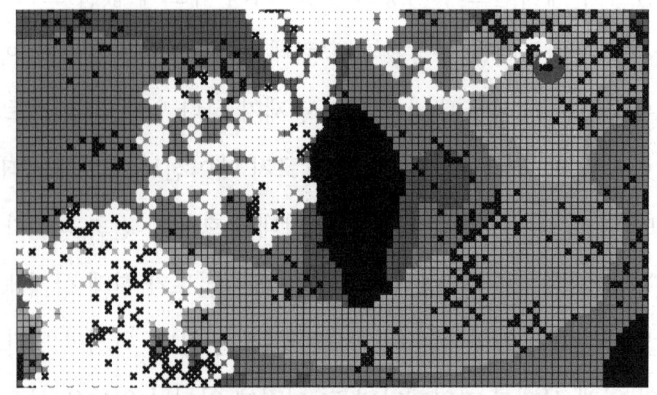

▲ 그림 7-6-1 에이전트가 게임을 10번 해서 만든 궤적

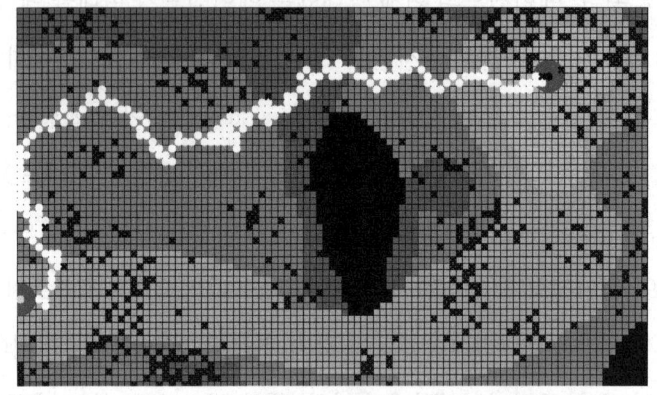

▲ 그림 7-6-2 에이전트가 게임을 3,070번 해서 만든 궤적

있다. 에이전트가 게임을 몇천 번 하고 나면 지뢰를 정확하게 피해 간다. [그림 7-6-2]에서는 에이전트가 지뢰 근처에 가기 전에 멀찌감치 떨어져서 진행하는 것도 볼 수 있다. 에이전트가 완벽한 전략을 학습하고 난 이후에도 조금씩 실수하는 것을 볼 수 있는데, 이는 스윙할 때 일어나는 임의성을 회피할 방법이 없기 때문이다. 하지만 에이전트는 다른 방법으로 이를 최적화한다. 지뢰에 가까이 가기 전에 지뢰를 인지하는 방법을 배우는 것이다.

강화 학습으로 아타리 게임하기

이번 장에서 설명한 방식은 강화 학습을 다루는 현장에서 널리 쓰인다. 강화 학습을 통해 에이전트는 다양한 행동 중 하나를 선택하여 상태가 변하면서 우리가 의도하는 무엇인가를 성취할 때마다 보상을 받는다. 에이전트는 어떤 행동을 할지 결정하기 위해서 행동-가치 큐브를 참조한다. 현재 상태에서 어떤 행동을 할 수 있는지 검색하고 시점 조정된 보상 가치가 가장 높은 행동을 선택한다. 선택한 행동을 수행하고 나면 에이전트의 상태가 변화하고 그 결과로 다른 보상을 기대할 수 있다. 에이전트를 학습시키려면 에이전트가 게임을 여러 번 하도록 둔 후에 경험한 내용을 토대로 행동-가치 큐브를 갱신하면 된다.

이러한 행동-가치 큐브로 골프 게임을 하는 것은 할 만한 일이다. 골프 코스에는 60×100=6,000개의 상태가 존재하며, 행동-가치 큐브에는 6,000×8=48,000개의 셀이 있다. 많아 보이지만, 에이전트가 무작위로 게임을 해보면서 큐브의 값을 정확하게 추정하는 일이 불가능할 정도로 많은 양은 아니다.

하지만 에이전트가 아타리 게임을 하도록 학습시킬 때에는 지금까지 설명한 방법을 사용하기는 어렵다. 골프 게임 에이전트의 큐브에 비해 아타리 게임 에이전트의 행동-가치 큐브는 막대한 양의 셀이 필요하기 때문이다.

이 장의 서두(158쪽)에서 살펴본 것처럼, 딥마인드는 게임 화면의 최근 스크린 샷 네 개에 해당하는 픽셀 이미지를 아타리 에이전트의 상태로 간주했다.[7] 스페이스 인베이더 같은 게임의 경우 행동-가치 큐브는 수조 개에 이르는 상태를 추적해야 했다.[8] 골프 게임에서 행동-가치 큐브의 값을 추정하는 데 사용한 접근 방식(무작위로 행동을 선택해서 학습하는)은 아타리 에이전트에 더 이상 사용할 수 없었는데, 행동-가치 큐브에 값을 채우기 위해 해야 하는 게임의 횟수가 지나치게 많았기 때문이다.

이 이야기가 그저 기술적인 문제처럼 들릴 수도 있지만 사실은 매우 심각한 제약이었다.[9] 큐브의 값을 채울 시간이 충분하지 않았고, 심지어 큐브의 값 일부만으로도 컴퓨터 메모리의 한계를 손쉽게 초과해 버렸기 때문이다. 아타리 게임을 하는 데 필요한 큐브는 매우 거대했다.

딥마인드는 행동-가치 큐브에 값을 넣는 방식을 바꿀 필요가 있었다. 딥마인드가 선택한 도구는 신경망이었다.

08

신경망으로
아타리 게임을 정복하다

HOW TO BEAT ATARI GAMES BY USING NEURAL NETWORKS

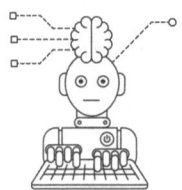

신경 정보 처리 시스템

딥마인드에 대한 소문은 2014년 딥마인드가 구글에게 인수되기 전부터 조용히 퍼져 나갔다. 예를 들면, 2012년 말에 열린 한 기계 학습 콘퍼런스에서 딥마인드는 기계 학습 커뮤니티에서 활동하는 사람들을 채용하기 위해 페이스북과 구글 같은 큰 회사들과 경쟁했다.[1] 콘퍼런스 참석자들은 이 신비에 싸인 회사의 창립자가 데미스 허사비스(Demis Hassabis)라는 것을 알게 되었다. 그는 과묵하고 똑똑하며 야심 찬 신경 과학자였다.

신경 정보 처리 시스템(neural information processing systems)이라는

콘퍼런스에서 인공 신경망은 토론의 주요한 주제였다. 토론의 열기는 이상할 정도로 끓어올랐다. 기계 학습 분야는 지난 몇 년간 빠른 속도로 진보했다. 점점 발전하는 하드웨어, 거대한 데이터들, 신경망을 학습시키는 새로운 방법 등을 결합하자 10년 전에는 꿈만 꾸었던 규모의 신경망 구조를 만드는 일이 갑자기 가능해졌다. 특히 2012년 토론토 대학의 연구자들은 자신들이 만든 신경망을 이용해 컴퓨터가 사진 속의 객체를 인지하는 초현실적인 기술을 선보였다.

완벽에 가깝게

아타리 게임 에이전트에게는 자신이 처한 상태에서 어떤 행동을 취해야 할지 정리할 방법이 필요했다. 07장에서는 상태-행동 큐브에 이러한 데이터를 기록해 나가는 방식을 살펴보았다. 시스템에 존재하는 상태와 행동의 수가 그렇게 많지 않다면 이 방식은 잘 작동한다. 하지만 아타리 게임처럼 상태의 수가 매우 많은 상황이라면 상태-행동 큐브는 감당하기 힘들 정도로 커지고, 그렇게 되면 적절한 시간 안에 이 큐브에 값을 채우는 일은 불가능해진다.

생각해 볼 만한 다른 방법은 행동-가치 큐브의 값을 다음과 같은 수학식으로 정의하는 것이다.

시점 조정된 보상 = Q(현재 상태, 조이스틱 조작)

이 함수는 큐브와 마찬가지로 에이전트에게 특정한 행동을 했을 때 시점 조정된 보상의 값을 알려준다. 물론 이 값은 에이전트가 항상 최선의 선택을 한다고 가정한 것이다. 이 함수가 있으면 에이전트는 단순히 현재 실행을 고려하던 행동과 자신이 처한 상황을 함수에 넣어 계산한 후 값이 큰 행동을 선택하면 된다. 강화 학습에서는 이 함수를 행동-가치 함수(action-value function) 또는 Q 함수라고 한다.

Q 함수의 문제점은, 행동-가치 큐브를 완벽하게 구현하려면 함수를 컴퓨터에서 구현하고 프로그램을 저장해야 하므로 여전히 막대한 용량의 저장 공간이 필요하다는 것이다. 큐브를 사용할 때와 동일한 문제에 봉착하는 셈이다.

그래서 이 함수를 쉽게 사용하기 위해 완벽함을 다소 희생할 수 있다고 생각해야 한다. 넷플릭스의 평점 행렬 값이 그렇듯 상태-가치 큐브 값은 서로 많은 연관성을 갖고 있다. 행렬 인수 분해와 마찬가지로 이러한 연관성을 활용하면 Q 함수를 간결하게 기술할 수 있다. 예를 들어, 골프 코스에서 에이전트가 목표 지점의 서쪽 지역에 있다면 그는 자연스럽게 동쪽으로 향할 것이고, 남쪽 지역에 있다면 북쪽으로 향할 것이다. 큐브 전체를 함수에 넣으려고 노력하는 대신 상태와 행동의 특성을 활용하는 아주 단순한 함수를 사용하여 Q 함수의 근삿값을 구할 수 있다. 05장에서 《아이를 위한 세계 최고의 레시피》를 만들 때 사용했던 분류기와 동일한 방식으로 레시피를 분류하는 대신 상태-행동 쌍의 값을 분류하면 된다.

아이를 위한 요리책에서는 직관적이고 계산하기 쉬운 특성을 선택했다. 아타리 에이전트에게 유용한 특성을 선택하는 일은 어려운데, 이것은 게임마다 유용한 특성이 서로 다르기 때문이다. 하지만 추상적인 수준에서 본다면, 이 특성은 에이전트가 가질 수 있는 상태값을 요약하면서도 게임을 하는 데 유용한 정보를 담아내야 한다.

Q 함수의 경우 약간 더 복잡한 분류기가 필요하다. Q 함수의 형식은 행동-가치 큐브를 충분히 모사할 수 있을 정도로 유연해야 하며, 이는 Q 함수가 다양한 함수를 대변할 수 있어야 한다는 뜻이다. 그와 동시에 시뮬레이션에서 수집한 경험 데이터를 사용해 Q 함수를 학습시켜야 한다.

신경망은 이런 작업에 어울리는 특성을 갖추고 있다. 신경망은 특히 특성을 자동으로 식별해 주기 때문에 50개의 서로 다른 게임에 대해 수작업으로 특성을 찾아내느라 고민할 필요가 없다.

수학 함수로서의 신경망

신경망은 생물학에서 영감을 받아 만들어진, 수학 함수로 상호 작용하는 인공 뉴런으로 구성된다. 연구자들은 신경망의 구조를 설명할 때 [그림 8-1]과 같은 그림을 종종 예시로 든다.

[그림 8-1]에서 각 원은 뉴런을 나타내며 뉴런 사이의 화살표는 뉴런 간의 관계를 설명하는 가중치를 나타낸다. 신경망의 각 뉴런은 활성 상태에 따라 켜졌다 꺼졌다 하는 작은 전구라고 할 수 있다. 뉴런이 활성화되면 일정 범위의 숫잣값을 가질 수 있으며 희미하게 켜지거나

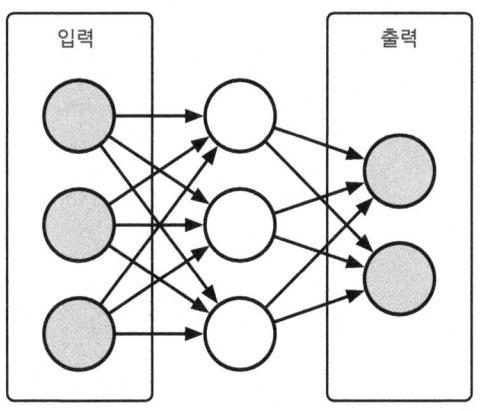

▲ 그림 8-1 단순 신경망 구조

매우 밝게 빛날 수 있다. 뉴런이 활성화되지 않으면 전혀 빛을 내지 못한다. 각 뉴런이 켜졌는지 꺼졌는지는 이 뉴런으로부터 다른 뉴런으로 입력되는 뉴런의 밝기와 뉴런 간의 가중치에 달려 있다.

뉴런 쌍 사이의 가중치가 클수록 하위 뉴런에 대한 상위 뉴런의 영향력이 커진다. 뉴런 사이의 가중치가 음수일 경우 밝게 빛나는 뉴런이 가리키는 다른 뉴런의 밝기를 낮출 것이다.

[그림 8-2]에서는 뉴런의 값이 어떤 방식으로 상위 뉴런의 값에 의해 영향을 받는지 볼 수 있다. 이 그림이 어딘가 익숙하다는 것을 알아차렸을 텐데, 각 뉴런은 단순히 가중 평균 분류기이며, 다만 분류기의 출력이 모종의 방법으로 합쳐져 있을 뿐이다. 달리 말하면, 신경망은 서로 연결된 작은 분류기들의 뭉치라고 할 수 있다.

신경망을 사용할 때에는 보통 특정한 값을 입력 뉴런에 넣은 뒤 신경망의 값을 계산하는 방식을 사용한다. 입력값의 예를 들면, 이미지

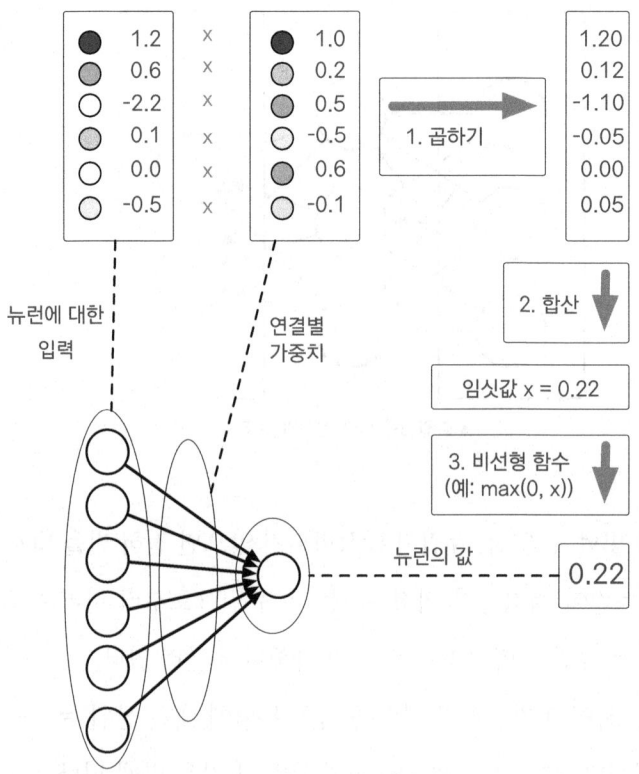

▲ 그림 8-2 신경망을 통한 값의 전달

신경망에서 뉴런의 값은 외부 데이터(즉 입력 뉴런) 또는 뉴런의 입력 역할을 하는 다른 상위 뉴런의 함수에 의해 결정된다. 뉴런의 값이 다른 뉴런에 의해 결정될 때 상위 뉴런의 값은 연결별 가중치를 곱하여 합산한 후 비선형 함수를 이용해 계산된다. 비선형 함수에는 max(x, 0), tanh(x), S 형태의 함수인 exp(x)/(exp(x) + 1) 같은 것이 있다.

픽셀을 구성하는 색상의 값이 있는데, 픽셀 하나는 0~1 사이의 세 개의 숫자로 표현된다. 계산이 시작되면 첫 번째 레이어에 있는 뉴런의 밝기가 다음 레이어에 있는 뉴런의 밝기를 결정하며, 이 뉴런의 밝기는 또 다음 레이어에 있는 뉴런의 밝기를 결정하는 식으로 이어져서 신경망을 따라 흐르는 정보가 출력 레이어에 닿을 때까지 계속된다. 출력 뉴런이 활성화되면 이 뉴런의 값이 출력 결과가 되는 것이다. 아타리 에이전트는 이 값을 사용해 다음 행동을 결정한다.

신경망은 생물학에서 영감을 얻었지만 생명의 신비함 같은 것과는 거리가 멀다. 입력 뉴런의 밝기에 따라 신경망에 속한 뉴런의 밝기가 정확하게 결정된다. 신경망은 일련의 수학식을 계산하는 약간 복잡한 계산기일 뿐이다. [그림 8-2]에서 볼 수 있듯이 뉴런 사이의 연결이 이러한 수학식을 결정한다. 뉴런 사이의 연결별 가중치와 뉴런에 대한 입력값을 알고 있는 한 신경망이 출력하는 결괏값에는 어떤 애매함도, 임의성도, 마법도 존재하지 않는다. 신경망은 컴퓨터이고 오토마타의 주요 구성 요소일 뿐이다.

[그림 8-2]의 신경망은 정보가 입력에서 출력으로 단방향으로 흐르기 때문에 순방향(feedforward) 신경망이라고 한다. 일반적으로 신경망은 각 레이어마다 뉴런 수가 서로 다를 수 있으며 레이어 형태로 구성되지 않을 수도 있다. 순방향 구조는 아직도 널리 쓰이고 있으며, 딥마인드가 아타리 에이전트에 사용한 것도 순방향 신경망이었다.

한걸음 물러서서 다시 생각해 보자. 왜 신경망을 사용해야 하는가? 별 이유도 없이 일을 복잡하게 만들고 있는 것은 아닐까? 그냥 간단한 분류기를 사용해 Q 함수와 비슷한 함수를 설계할 수 있지 않을까?

특정한 한 가지 게임을 할 수 있는 에이전트를 설계하는 것이 목표라면 그것이 정답일 것이다. 게임에 쓰일 특성을 주의 깊게 선택한 후 가중 평균 분류기를 사용할 수도 있다. 하지만 이런 방법으로는 다양한 작업을 처리할 수 있는 오토마타를 개발한다는 목표를 달성할 수 없다. 딥마인드가 아타리 에이전트를 처음 설계할 때도 다양한 작업을 처리할 수 있도록 하는 데 목표를 두었다. 딥마인드의 에이전트는 50여 개의 아타리 게임을 할 수 있었으며 그중 대부분의 게임에 통달했음을 기억하자. 딥마인드는 각각의 게임을 위해서 특별한 설정조차 하지 않았다. 그저 충분한 시간 동안 에이전트가 각각의 게임을 실행하게 했을 뿐이다. 에이전트에게 필요한 것은 다양한 게임을 실행할 수 있을 정도로 충분히 유연한 Q 함수였다.

앞에서 살펴본 간단한 신경망조차도 이러한 필요를 충족시킬 만큼 유연하다. 중요한 신경망 관련 자료인 보편적 근사 정리(universal approximation theorem)에서는 입력 레이어와 출력 레이어 사이에 레이어 하나를 더 추가한 신경망을 사용하면 어떤 종류의 함수든지 원하는 수준의 정확도로 근삿값을 얻을 수 있다고 설명한다.[2] 이 정리에 따르면, 신경망의 가중치만 잘 선택하면 아타리 게임의 화면 픽셀을 보고서 신경망이 최선의 행동을 알려줄 수 있다는 것이다. 해야 할 일은 단순히 옳은 형태의 신경망을 만들고 적절한 가중치를 찾아내는 것이다. 신경망의 또 다른 장점은 가중치가 데이터로 쉽게 학습될 수 있다는 것이다.

보편적 근사 정리가 실제로 어떻게 적용되는지 살펴보자. 먼저 [그림 8-3-1]의 웃는 얼굴은 신경망으로 예측하고자 하는 대상이다. 나머지 이미지들은 한 개의 중간 레이어를 가진 신경망 몇 개가 이 대상을 얼마나 잘 접근할 수 있는지를 보여준다.

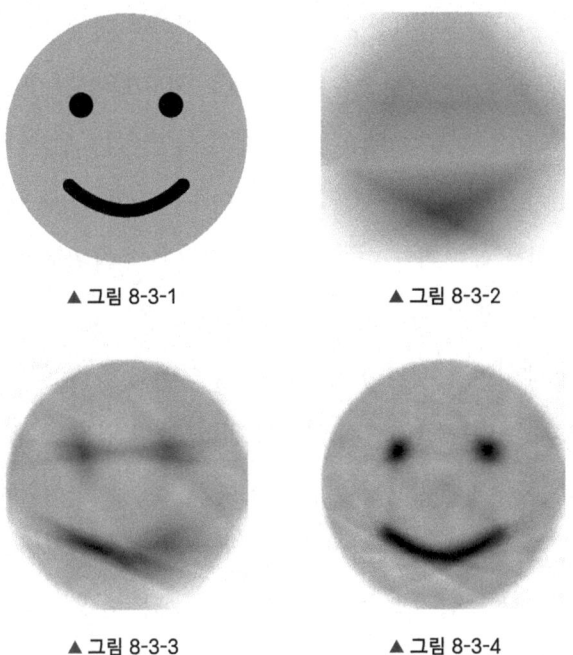

▲ 그림 8-3-1 ▲ 그림 8-3-2

▲ 그림 8-3-3 ▲ 그림 8-3-4

여러 가지 신경망의 성능을 보여주는 예시. [그림 8-3-2], [그림 8-3-3], [그림 8-3-4]는 대상 이미지인 [그림 8-3-1]을 나타내도록 학습받았다. 신경망은 이미지의 픽셀에 대한 x, y 좌표를 입력받아서 각 픽셀의 밝기를 0에서 1까지 범위로 예측한다.

입력과 출력 레이어 사이의 중간 레이어는 종종 히든 레이어(hidden layer)라고 하는데, 보통은 이 레이어의 입력값과 출력값을 직접 관찰하지 않기 때문이다. 각 신경망의 입력 레이어는 두 개의 뉴런이고 이미지의 각 픽셀을 x, y 좌표로 나타낸다. 각 신경망의 출력 레이어는 한 개의 뉴런이고 해당 좌표의 픽셀이 얼마나 어두워야 하는지(0이면 검은색, 1이면 흰색)를 나타낸다. 신경망의 중간 레이어(히든 레이어)에 뉴런을 많이 추가할수록 신경망은 웃는 얼굴이라는 대상에 더 잘 접근할 수 있다. [그림 8-3-3]의 중간 레이어에는 200개의 숨어 있는 뉴런이 있으며, [그림 8-3-4]의 경우 2,000개의 숨어 있는 뉴런이 있다. [그림 8-3-4]가 훨씬 더 비슷한 얼굴을 보여주는 것을 알 수 있다.

중간에 히든 레이어가 한 개 있는 신경망은 무작위로 연결된 입력 뉴런과 출력 뉴런을 표현할 수 있는 가장 얕은(shallow) 신경망이다. 만약 중간 레이어를 제거하고 입력 뉴런을 출력 뉴런에 직접 연결하면 신경망의 결과는 알아보기 어려울 것이다. 이 경우 웃는 얼굴에 대한 근삿값은 특정 방향으로 밝은 회색에서 어두운 회색까지 색이 입혀진 회색 사각형이 될 것이며, 그 결과 눈이나 입을 찾아볼 수 없을 것이다. 그러므로 입력과 출력 레이어 사이에는 히든 레이어가 최소한 한 개라도 있어야 한다.

보편적 근사 정리는 우리가 원하는 정도로 웃는 얼굴을 출력하기 위해 신경망의 히든 레이어가 얼마나 커야 하는지 알려주지 않는다. 아타리 게임을 하려면 이와 유사한 신경망의 히든 레이어에 수백만 개의 뉴런을 넣어야 하는 것처럼, 인간 인식력의 한계를 넘어서 웃는 얼굴을 표현하려면 수백만 개 또는 수십억 개의 뉴런을 히든 레이어에 넣어야 할 수도 있다. 이 사실은 아타리 에이전트의 목표에서 중요한 부분인데, (앞에서 살펴본 상태-가치 큐브가 그랬던 것처럼) 이렇게 거대한 신경망은 디스크에 저장하거나 데이터로 학습시키기에 지나치게 클 수 있기 때문이다. 하지만 아타리 게임을 하는 간단한 신경망을 만드는 방법이 아예 없다는 의미는 아니다. 예를 들어, 레이어 내 뉴런의 수를 줄이는 대신 레이어를 여러 개 사용하는 방법도 있다.

아타리 에이전트를 위한 신경망을 만들기 전에 두 가지 문제를 생각해 볼 필요가 있다. 어떤 형태의 신경망을 만들어야 하는가? 그리고 가중치를 어떻게 선택할 것인가? 이제부터 이들 질문에 대한 답을 알아보면서 신경망을 만들기 위해 골프 게임의 예를 다시 한 번 사용해 보자.

아타리 게임 에이전트 신경망의 구조

[그림 8-4]에서 골프 게임을 위해 설계한 신경망을 살펴보자. 이 신경망에는 에이전트의 현재 위치 x, y 좌푯값을 받는 입력 레이어와 에이전트가 스윙해야 할 여덟 개 방향을 예측하는 출력 레이어, 그리고 커다란 히든 레이어가 있다.

이 신경망에서 공의 현재 위치를 나타내는 x, y 좌표를 입력 뉴런의 값으로 설정한다. 신경망을 실행하면 입력 뉴런은 중간의 히든 레이어에 있는 뉴런을 활성화하고 이 뉴런들은 출력 뉴런을 활성화한다. 신경망의 출력값은 07장에서 살펴본 행동-가치 큐브의 값과 비슷해야 한다. 즉 신경망의 출력값은 공의 위치에 따라 에이전트가 해당 행동을 선택했을 때 얻을 것으로 예측하는 시점 조정된 보상의 값과 일치해야 한다.

07장 159쪽에서 설명한 [그림 7-2]처럼 일정 시간 동안 에이전트가 무작위로 행동하도록 둔 후 수집한 경험 데이터를 사용해서 적절

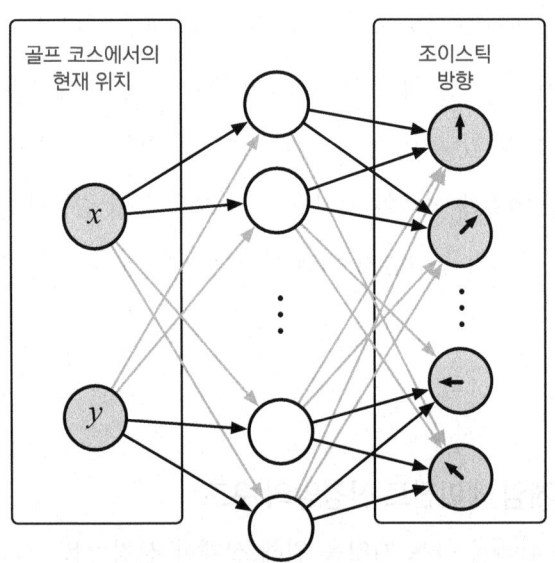

▲ 그림 8-4 골프 게임을 위해 설계한 신경망

신경망의 가중치를 알아내고 나면, 에이전트는 신경망의 입력 뉴런에 골프 코스에서 자신의 위치를 입력하고 신경망의 값을 계산해 여덟 개 방향의 행동에서 기대할 수 있는 가치를 알아내고, 가중치가 가장 높은 행동을 선택하고, 선택한 행동을 수행하는 전체 과정을 반복하면 된다.

한 때에 에이전트에게 초콜릿(보상)이나 전기 충격(처벌)을 안겨주어야 한다. 데이터로 신경망을 학습시키는 방법은 09장에서 살펴볼 것이므로 지금은 경험 데이터를 축적할 수 있다는 것만 기억하자. 여기서는 x, y 좌푯값을 입력으로 사용하므로 신경망이 그렇게 클 필요가 없다. 신경망은 단순히 여덟 개의 출력 방향 각각에 따라 에이전트가 어느 방향으로 이동해야 하는지에 대한 정보만 저장하고 있으면 된다.

여기서 잠깐, 아타리 에이전트는 x, y 좌표가 아니라 이미지의 픽셀을 입력값으로 사용하지 않는가? 골프 코스의 예에서는 골프 코스 이미지의 픽셀 대신 골프 코스에서 공의 위치를 신경망의 입력값으로 사용하도록 일종의 꼼수를 쓴 것이다. 신경망의 입력 레이어 앞에 레이어를 추가함으로써 픽셀을 골프 코스에서 공의 위치로 변환할 수 있었다. 이 방법이 아타리 게임을 할 수 있는 신경망을 만드는 마지막 조각이다.

[그림 8-5]에서 지금까지 설명한 예를 볼 수 있다. 신경망 오른쪽의 두 레이어는 앞에서 살펴본 것과 동일한 함수의 역할을 수행한다. 이는 현재 위치의 x, y 좌표를 초콜릿의 기댓값을 나타내는 출력값으로 변환하는데, 결론적으로 왼쪽의 두 레이어가 골프 코스의 이미지를 골프공의 x, y 좌표로 잘 변환하는지만 확인하면 된다.

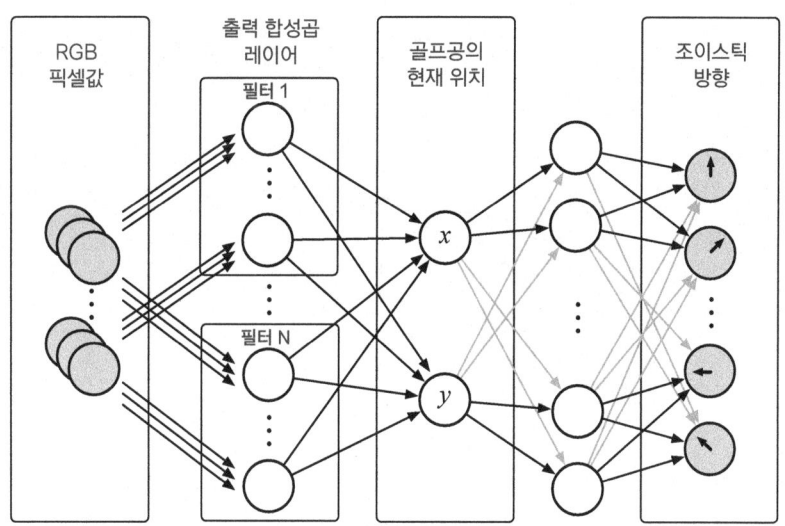

▲ 그림 8-5 골프 게임을 하도록 설계된 신경망

오른쪽의 두 레이어는 공의 현재 위치와 구멍의 위치를 바탕으로 에이전트가 스윙을 할 방향을 결정한다. 왼쪽의 두 레이어는 화면의 픽셀을 위치 정보로 변환한다.

신경망이 이미지를 어떻게 x, y 좌표로 변환할 수 있을까? 한 가지 방법은 첫 번째 히든 레이어에 합성곱 레이어(convolutional layer)를 사용하는 것이다. 신경망의 합성곱 레이어에는 원본 입력 이미지로부터 객체(공이나 구멍 같은)를 판별하는 분류기(classifier)가 있다. 분류기 하나(이 경우 실제로 공의 위치를 파악하려면 분류기는 한 개만 있으면 된다)는 입력된 이미지에서 8×8 픽셀 조각을 처리할 수 있다. 합성곱 레이어의 출력은 각 분류기마다 이미지 하나를 포함한다. 출력 이미지의 각 픽셀은 분류기가 입력 레이어의 픽셀 조각 각각에 적용된 결과이다. 분류기의 조건에 맞는 입력이 없으면 검은색, 조건에 맞는 입력이 있으면 흰색을 출력한다.

[그림 8-6]의 분류기에서 8×8 픽셀 조각 대신 3×3 픽셀 조각을 사용하는 합성곱(컨볼루션) 연산의 예시를 볼 수 있다. 분류기는 원본 이미

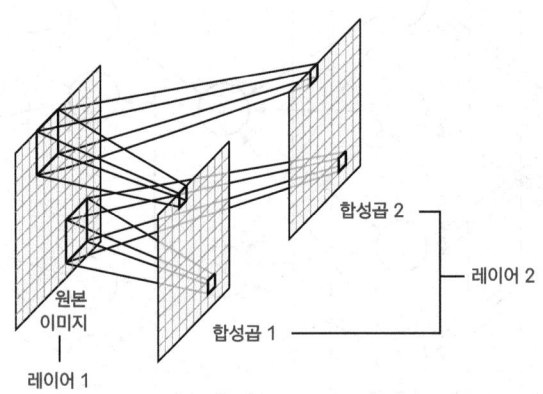

▲ 그림 8-6 두 개의 필터가 있는 합성곱 레이어
각 필터는 이미지를 스캔하고 결과 이미지를 생성하는데, 결과 이미지의 픽셀 하나는 필터를 통과한 입력 이미지의 조각 하나에 대응한다.

지의 픽셀 조각이 특정한 패턴과 일치하는지를 예측한다. 합성곱 레이어는 입력 이미지에 대응하는 이미지를 생성하는데, 이 이미지는 원본 이미지에서 필터와 일치하는 픽셀 조각이 어디에 있는지를 나타낸다.

이 분류기는 어떻게 작동할까? 각 분류기는 앞에서 아동용 요리책에서 썼던 가중 평균 분류기에 불과하며 나중에 스쿼싱 함수(10장에서 살펴볼 것이다)가 따라올 수 있다. 신경망에 존재하는 것은 모두 뉴런이라는 것을 다시 한 번 기억하자. 합성곱 레이어의 출력에 있는 픽셀 하나하나는 뉴런이고 이 뉴런의 값은 분류기의 가중치에 대응한다.

좀 더 구체적으로 살펴보자. 골프 코스가 흑백 이미지라고 가정하고 분류기는 골프공의 시작 지점과 목표 지점을 찾는다. [그림 8-7]은 [그림 7-3-1]의 골프 코스로부터 구멍과 골프공을 판별하는 분류기의 가중치를 보여준다. 이 필터들은 각각 구멍이나 공을 발견하면 활성화되어 1의 값을 출력하고 그렇지 못하면 0의 값을 출력한다. 눈의 초점을 흐릿하게 하고서 [그림 8-7]의 왼쪽 필터를 보면 구멍과 비슷해 보인다. 공을 위한 [그림 8-7]의 오른쪽 필터는 약간 덜 직관적으로 보인다. 즉 밝은 색의 픽셀이 어두운 픽셀에 둘러싸여 있는 것처럼 보이는데, 이는 공의 특성을 나타낸 것이다.

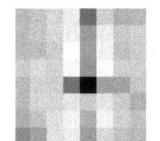 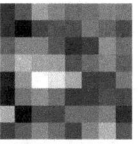

▲ 그림 8-7 골프 게임에서
구멍(왼쪽)과 공(오른쪽)을 위한 합성곱 필터

합성곱 레이어의 필터는 [그림 8-8]처럼 두 개의 이미지를 출력하는데, 각각의 이미지는 원본 이미지에 분류기를 적용했을 때의 결과이다. 결과 이미지는 대부분 검은색이며 패턴이 발견된 필터에 해당하는 한 개의 뉴런만 흰색으로 표시된다.

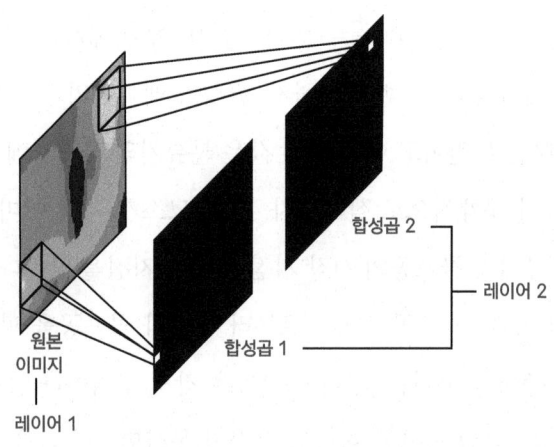

▲ 그림 8-8 두 개의 필터와 합성곱 레이어
필터는 특정 패턴을 찾기 위해 입력 이미지를 스캔하는 분류기이다. 각 필터의 출력은 이미지를 구성하는 일련의 뉴런들로, 원본 이미지의 픽셀 조각 중 필터와 일치하는 부분은 흰색으로 표시된다.

두 번째 레이어에서 세 번째 레이어의 출력값을 얻으려면 검은색-흰색 픽셀로 이루어진 이미지에서 흰색 픽셀만 x, y 좌표에 연결(mapping)하면 된다. 신경망은 이미지의 어떤 픽셀이 어느 픽셀 근처에 있는지 알지 못한다. 단지 긴 숫자 목록으로 인식할 뿐이다. [그림 8-9]에서 알 수 있듯이, 어쨌든 신경망은 충분한 데이터를 바탕으로 각 뉴런의 위치를 가중칫값으로 변환하는 방식을 통해 픽셀 각각을

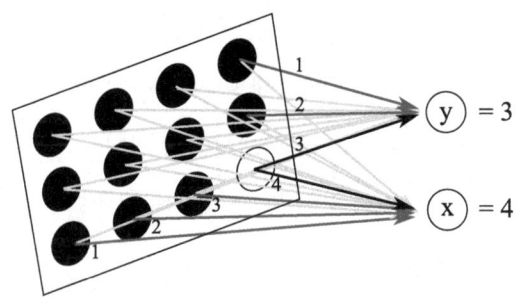

▲ 그림 8-9 합성곱 레이어의 흰색 픽셀을
좌표로 변환하는 레이어

이 그림에서 픽셀과 x 좌표를 주는 뉴런 사이의 가중치는 해당 픽셀의 x 좌표와 일치해야 하며, 픽셀과 y 좌표를 주는 뉴런 사이의 가중치는 해당 픽셀의 y 좌표와 일치해야 한다. 만약 레이어의 (4, 3) 위치에 있는 뉴런이 흰색(1의 값을 가짐)이 되고 다른 뉴런이 검은색이면, 이 레이어의 출력값은 x=4, y=3 좌표를 의미한다.

픽셀의 위치로 대응시키는 법을 학습할 수 있다.

마지막 단계는 합성곱 레이어의 출력을 좌표로 바꾸는 것이다. 이는 신경망이 작동하는 데 꼭 필요한 단계는 아니지만 신경망에서 무슨 일이 일어나고 있는지를 살펴보는 데 유용하다. 공의 위치를 좌표로 변환한 후 뉴런의 값을 압축(squash)하지 않았기 때문에 수학적으로는 합성곱 레이어의 출력을 마지막 히든 레이어(출력 레이어 바로 이전의)에 완전 연결(fully connect)한 다음 히든 레이어의 가중칫값을 설정할 수 있다. 이렇게 하면 공의 x, y 좌표를 저장하는 중간 레이어를 생략할 수 있다.

지금까지 아타리 에이전트가 사용한 신경망과 개념적으로 비슷한 신경망을 살펴보았다. 첫 번째 레이어는 합성곱 레이어로 화면에서 객체를 인식하여 결과를 0과 1의 범위로 압축한다. 이 레이어는 32개의 뉴런으로 구성된 히든 레이어에 연결되어 있으며 별도의 압축 함수가 뉴런의 끝에 존재한다. 히든 레이어의 결과는 출력 레이어에 연결되어 에이전트가 특정한 행동을 할 경우에 기대되는 초콜릿의 시점 조정된 값을 출력한다.

이 신경망과 아타리 에이전트가 실제로 사용하는 신경망은 몇 가지 차이점이 있다. 골프 게임에서는 두 개의 필터만 사용하지만(꼭 사용해야 하는 것은 한 개뿐이지만) 아타리 에이전트는 처음의 합성곱 레이어에서 32개의 분리된 필터를 사용했다. 이 첫 레이어의 출력은 이미지 32개로 변환되고, 필터와 일치하는 부분이 발견되면 출력 이미지의 해당 픽셀이 흰색으로 표시된다. 필터 32개는 퐁(Pong)*의 막대, 스페이스 인베이더의 외계인과 우주선 등 다양한 객체를 인식할 수 있다. [그림 8-10]에서 여러 개의 필터가 적용되는 예를 볼 수 있다.

아타리 게임의 신경망에는 골프 게임의 신경망보다 더 많은 합성곱 레이어가 있다. 여러 레이어가 겹쳐서 한 레이어의 출력이 다음 레이어의 입력으로 사용되었다. 나중에는 세 개의 합성곱 레이어(그리고 그 중간에서 합성곱 레이어를 연결하는 두 개의 레이어)를 사용한 경우도 있다. 이렇게 함으로써 신경망은 입력 이미지에서 좀 더 복잡한 패턴 또한 찾아낼 수 있다. 09장에서 심층 신경망(deep neural network)이 어떻게 그림의 내용을 정확하게 해석할 수 있는지를 살펴보면, 이 방식

■ 퐁: 공을 튕겨낼 수 있는 막대를 움직여 탁구와 비슷한 방식으로 할 수 있는 게임이다.

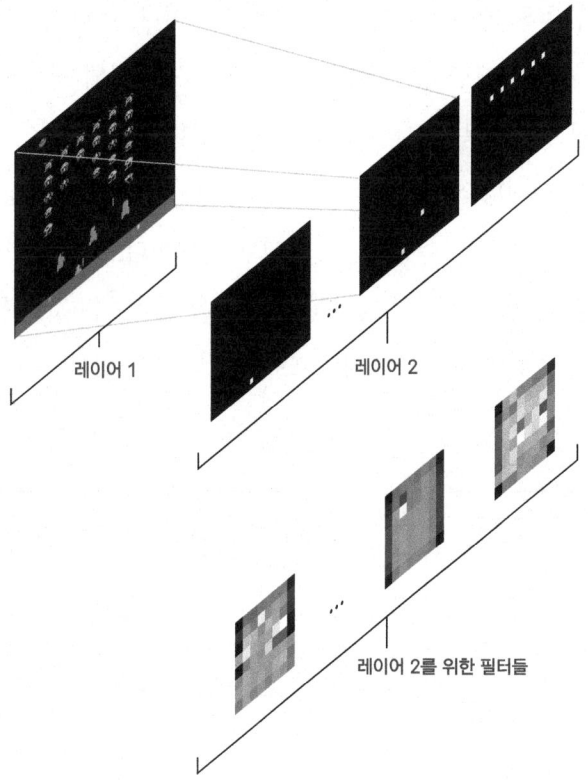

▲ 그림 8-10 아타리 게임 신경망의 합성곱 레이어

레이어 1은 게임의 스크린 샷(아타리 게임 신경망은 실제로는 4개의 최근 스크린 샷을 사용했다)인 신경망의 입력을 보여준다. 다음 레이어는 첫 번째 레이어의 입력에서 32가지 픽셀 패턴을 찾는 합성곱 레이어이다. 각 필터의 결과는 32개의 이미지로, 입력된 스크린 샷에서 필터와 일치하는 부분만 0이 아닌 값으로 출력된다.

의 유용함을 더 깊게 이해할 수 있을 것이다.

이 에이전트의 구조는 02장, 03장에서 본 스탠리와 보스의 구조를 떠올리게 만든다. [그림 8-11]의 아타리 에이전트 구조와 [그림 8-12]의 보스 구조를 비교해 보자. 이들 구조의 중요한 부분은 인지 레이어와 추론 레이어로 분리된 구성 요소이다. 아타리 에이전트에서 인지 기능을 담당하는 부분은 신경망으로, 화면의 픽셀을 세계 모델에 대한 유용한 특성(features)으로 변환한다. 아타리 에이전트의 추론 기능은 신경망의 출력값을 그저 반복해서 살펴보고 가장 값이 높은 행동을 선택해서 수행하는 프로그램일 뿐이다. 이 행동 선택의 루프는 여덟 개 행동 중에서 가장 좋은 행동을 검색하는 것이 목표인 아주 단순한 유형의 검색 알고리즘으로 해석할 수도 있다.

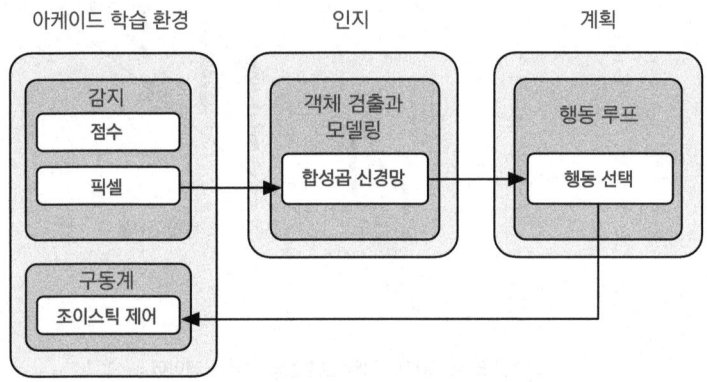

▲ 그림 8-11 아타리 에이전트의 구조

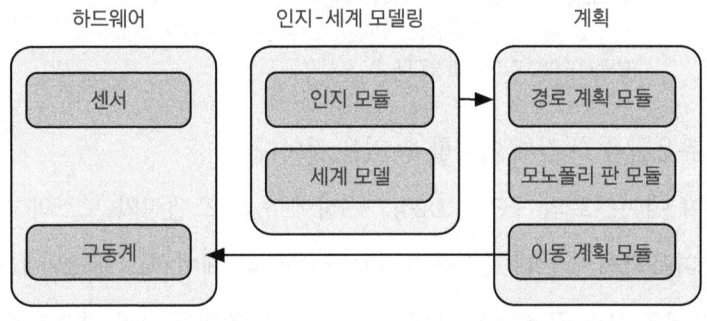

▲ 그림 8-12 보스의 간략한 구조. 자세한 구조는 [그림 4-2]를 참조하라.

신경망에 더 깊게 들어가기

아타리는 여러모로 딥마인드에게 신경망의 힘을 선보일 수 있는 훌륭한 테스트 환경이었다. 아타리 게임은 에이전트에게 명확한 목적(게임에서 얻은 점수)을 제공하고, 그와 동시에 딥마인드에게 신경망을 학습시킬 수 있는 데이터를 무제한으로 제공했다. 앨버타 대학의 연구자들이 아케이드 학습 환경을 개발한 터라 딥마인드는 다양한 게임을 할 수 있는 에이전트를 개발하는 데만 집중할 수 있었다. 아케이드 학습 환경의 개발자들이 의도한 대로였다. 09장에서 살펴보겠지만 데이터의 양은 복잡한 신경망을 학습시킬 때 중요한 요소로 작용한다.

지금까지 아타리 게임을 하는 신경망에서 어떤 일이 일어나는지 간략하게 살펴보았다. 하지만 아직 여러 가지 문제가 남아 있다. 예를 들면, 아타리 에이전트가 제대로 작동하지 않을 때는 어떤 경우일까?

에이전트는 다양한 게임에서 동일한 신경망 구조(세 개의 합성곱 레이어와 두 개의 연결 레이어)를 사용했지만 게임 종류마다 신경망에서 다른 가중칫값을 학습했다. 학습한 후 이들 게임 중 29개는 전문 게이머보다 더 나은 시합을 할 수 있었다.

사람과 비교하면 신경망은 비디오 핀볼 게임에서 최고의 성능을 보였다. 비디오 핀볼 게임에서 에이전트에게 가장 중요한 것은 핀으로 공을 치는 일이다. 신경망은 단순히 공이 화면 하단에 가까워졌을 때 빠르고 정확하게 반응하기만 하면 된다. 또한 이 게임은 공을 좀 더 나은 위치로 굴릴 수 있도록 플레이어가 핀볼 머신을 기울일 수 있게 허용했다. 에이전트는 이 기울이는 행동을 사용하여 공이 화면의 아래쪽으로 올 때 공의 위치를 완벽하게 조정할 수 있었다. 신경망은 움직임에 대해 학습할 수 있었고, 또한 기계의 정확도로 반응할 수 있어 전문 핀볼 게이머보다 20배 이상 점수를 올렸다.[3]

그러나 몬테수마의 복수(Montezuma's Revenge)에서 아타리 에이전트는 게임을 잘하지 못했다.[4] 이 게임에서 플레이어는 아즈텍 피라미드 안의 미궁을 탐험한다(사다리가 있는 슈퍼 마리오 게임을 떠올려 보자). 플레이어는 적을 피하고 보석을 얻으면서 방 사이를 이동하면 된다.

에이전트에게 두 번째로 가장 어려운 게임은 프라이빗 아이(Private Eye)였다. 이 게임에서 플레이어는 도시를 돌아다니면서 단서와 아이템을 찾는다.

이 두 게임은 모두 탐험이라는 공통 요소가 포함되어 있는데, 플레이어는 게임의 맥락을 이해해야 했다. 즉 플레이어는 지금까지 무엇을 했고 하지 않았는지, 어디까지 왔고 다음에는 어디를 가야 하는지를 기억해야 했다. 아타리 에이전트는 기억 공간이 없기에 이런 작업을 수행할 수 없었다. 에이전트는 어떤 방을 들렀는지 아니면 들르지 않았는지, 무엇을 했는지 아니면 하지 않았는지를 기억할 방법이 없었다.

게임을 하기 어려운 이유가 한 가지 더 있다. 에이전트는 초기에 무작위로 행동을 선택함으로써 학습을 시작한다는 점을 기억하자. 탐험이라는 요소가 들어 있는 게임에서는 무작위 행동으로 게임을 진행하기가 어렵다. 몬테수마의 복수에서 에이전트는 그저 방 주위를 걸어다니거나 뛰어다니고 어쩌다가 미궁의 첫 번째 방을 빠져나온다. 에이전트는 이런 게임을 거의 진행할 수 없었다. 나중에 에이전트가 게임 상태를 저장하는 몇 가지 방법을 살펴보겠지만, 그렇다고 해서 모든 문제를 해결할 수는 없다는 점을 알아두자. 이 부분은 아직 열린 과제로 남아 있으며 강화 학습 연구자들이 활발히 연구하는 분야이기도 하다.

아타리 에이전트의 가장 성공적인 요소는 합성곱 신경망으로 세계를 인지하는 기능이다. 최근 몇 년간 빠르게 성장한 심층 합성곱 신경망은 어느 정도까지 사람보다 컴퓨터가 사진에서 객체를 더 잘 구별할 수 있게 해주었다. 09장, 10장에서는 이 신경망의 내부를 들여다보고, 이런 작업을 신경망이 어떻게 해낼 수 있는지 알아보자.

09

인공 신경망이
보는 세상

ARTIFICIAL NEURAL NETWORKS' VIEW OF THE WORLD

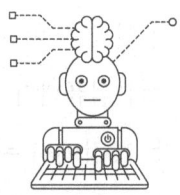

인공 지능에 대한 미신

2016년, 블룸버그 뉴스는 몇몇 스타트업 회사에서 개인 조수처럼 동작하는 지능형 챗봇(chatbot)■ 서비스를 시작했다고 보도했다.[1] 이런 챗봇 가운데 에이미 잉그램(Amy Ingram)은 미팅 일정을 잡아주는 개인 비서 서비스를 표방하고 시장에 뛰어들었다. 이메일을 보낼 때 에이미를 참조에 넣기만 하면 에이미는 알아서 미팅 일정을 잡아주었다. 에이미 서비스 사용자들은 에이미가 사람 같은 말투와 유려한 매

■ 챗봇: 문자로 인간과 대화할 수 있도록 작성된 프로그램

너를 가졌다며 마음에 들어 했다. 한 사용자는 에이미가 사람보다 이 업무에 적합하다고까지 했다. 심지어 어떤 남성은 에이미에게 데이트를 신청하기도 했다.[2]

에이미가 어떻게 동작하는지 자세히 살펴보기 전에, 에이미가 등장할 때까지 기계 학습이 어떻게 흘러왔는지 잠깐 살펴보자. 2006년 무렵부터 10여 년 동안 심층 신경망 기술을 이용하여 이미지와 미디어의 내용을 인식하는 컴퓨터의 능력은 비약적으로 향상되었다. 심층 신경망은 08장에서 살펴본 신경망과 비슷하지만 더 많은 레이어를 사용한다는 점에서 다르다. 이제 심층 신경망은 사람보다 사진 속의 사물을 더 잘 인식하게 되었다. 그리고 사진을 그림처럼 붓으로 그려내는 예술 작업도 해내고 있다. 거꾸로 그림을 사진 형태로 합성하기도 한다. 이러한 성과는 몇 가지 요인에 따른 결과물이라고 할 수 있다. 늘어난 데이터, 더 좋은 하드웨어, 더 좋은 신경망 구조, 신경망 학습을 위한 더 좋은 기법 발견 등이 기계 학습의 발전을 가져왔다.

08장에서는 입력 데이터(이미지의 픽셀)를 받아 출력(조이스틱의 움직임을 나타내는 값)을 생성하는 신경망을 함수 형태로 다루는 방법에 대해 살펴보았다. 중요한 것은, 이 함수의 입력과 출력의 처리가 고정되어 있다는 것이다(이는 신경망이 오토마타의 구성 요소가 될 수 있다는 사실과 일치한다). 신경망에 마술이나 예측할 수 없는 요소는 존재하지 않는다. 오히려 그 반대로 완벽하게 예측할 수 있다. 신경망은 단순히 결정론적(deterministic) 함수이며 인공 뉴런이 수행하는 단순한 계산의 모음일 뿐이다. 또한 인공 뉴런은 분류기에 불과하다.

히든 레이어가 한 개뿐인 신경망이라도 히든 레이어가 충분히 크다면 신경망의 입출력으로 어떤 함수든지 원하는 수준의 정확도로 표현할 수 있다는 것을 앞에서 살펴보았다(08장 186쪽 참조).[3] 함수를 찾는 과정은 단순히 손잡이를 돌리는 것처럼 신경망의 가중치를 조정하여 어떤 입력을 넣든지 원하는 출력을 얻을 때까지 가중치의 조정을 반복할 뿐이다. 08장에서 언급했듯이, 데이터로 신경망을 학습시키는 방식을 사용하면 함수와 일치하는 가중치를 자동으로 찾을 수 있다.

이쯤에서 신경망을 잘 이해했는지 알아보기 위해 두 가지 사항을 살펴보자. 히든 레이어가 한 개 있는 신경망은 이론적으로는 어떤 함수든지 표현할 수 있다는 것과, 이 신경망에 데이터를 충분히 입력하여 신경망을 학습시킬 수 있다는 것을 알게 되었다. 이 두 가지만 알면 신경망을 충분히 이해했다고 할 수 있는 걸까?

이 질문에 단호하게 아니라고 말해야 하는 경우를 살펴보자. 신경망을 학습시켜 사물을 인식시킬 수 있다는 사실을 아는 것만으로는 중요한 세부 사항을 놓칠 수 있다. 신경망이 이해한 주변 상황의 데이터가 내부에서는 어떻게 표현되는지, 신경망이 사진 속의 사물을 어떻게 분류할 수 있는지, 신경망이 어떤 경우에 잘 동작하지 않는지 등을 예로 들 수 있다. 신경망으로 할 수 있는 일과 신경망의 한계, 그리고 신경망으로 만들어진 오토마타를 이해하려면 이러한 세부 사항을 숙지하는 일은 매우 중요하다. 널리 알려진 오토마타를 살펴보면서 이 부분을 구체적으로 알아보자.

체스 두는 오토마타 — 터키인

보캉송의 플루트 연주자가 세상에 선을 보인 후 1770년에 신비한 기계 장치 하나가 등장했다. 이 오토마타는 플루트 연주자와 같은 자동인형이었는데 사람처럼 생겼고 사람처럼 움직였다. 이 오토마타는 두 개의 촛대에서 피어오르는 연기에 둘러싸인 채 책상 앞에 앉아 체스 판에서 기사의 여행(knight's tour)이라는 말의 움직임을 보여주었다. 움직임은 기계적이었지만 인상적이었다. 이 오토마타는 몸통에 연결된 나무로 만든 팔과 장갑을 낀 손으로 체스 말을 잡은 채 체스 판의 모든 칸에 정확히 두었다. 더 인상적인 것은, 이 묘한 기계는 수많은 사람을 이길 수 있을 정도로 체스 게임을 잘했다는 것이다.[4]

그 당시 사람들은 플루트 연주자보다 이 기계에 더더욱 매료되었다. 이 오토마타는 '체스 두는 오토마타'로 알려졌고, 가끔은 이 오토마타의 머리 장식과 옷차림 때문에 '터키인(The Turk)'으로 불리기도 했다.[5] 경이로움 속에서 관람하는 군중이 늘어갈수록 이 오토마타의 비밀에 대한 궁금증도 커져갔다. 이 오토마타는 파리에서 나폴레옹과 벤저민 프랭클린을 상대로 체스를 두기도 했다.

그런데 이 기계는 어떻게 작동하는 걸까? 기계 안에 아이가 숨어 있다고 의심한 사람도 많았지만, 기계 주인은 늘 시연을 하기 전에 기계 내부를 관람객에게 보여주었다. 관람객은 터키인 책상의 열린 서랍 사이로 내부를 훤히 들여다볼 수 있었고 기계에 동력을 전달하는 수많은 톱니바퀴도 볼 수 있었다. 또한 관람객은 이들 톱니바퀴가 윙윙거리는 소리도 들을 수 있었다. 주인이 이 터키인에게 씌운 천을 걷어내면 관람객은 나무와 톱니바퀴만 볼 수 있었다. 나무로 만든 형상은 분명 사람에게 옷을 입힌 것이 아니었다.[6] 더욱 묘했던 것은, 이 기계의 주인은 작은 상자를 보여주면서 이 상자는 기계를 작동시키는 데 필요한 물건이라고 눈을 찡그리며 강변했던 것이다. 사람들은 이 상자가 어떤 마법의 물건이 아닐까 궁금해했다.

추측은 무성했고 당시 이러한 상황을 그려낸 《무생물의 사유(Inanimate Reason)》라는 책까지 등장할 정도였다. 그러나 프랑스 과학 아카데미에 자신의 작품을 소개하는 논문을 제출했던 보캉송과 달리 이 체스 두는 자동인형의 주인은 기계의 동작 원리를 철저히 비밀에 부쳤다.

터키인은 결국 만들어진 지 84년 후에 화재로 소실되었다. 수십 년에 걸쳐 논란이 있었지만 이때까지 오토마타의 비밀은 밝혀지지 않았다. 두 세대 동안이나 이 기계의 정체는 미스터리로 남아 있었다.

이후 이 기계를 마지막으로 소유한 사람의 아들은 이제 비밀을 지켜야 할 이유가 별로 없다고 생각하고 기계의 구조를 설명하는 몇 편의 글을 썼다. 터키인을 조작했던 것은 책상 안에 숨어 있던 체스 기사였다.[7] 단지 이 기계

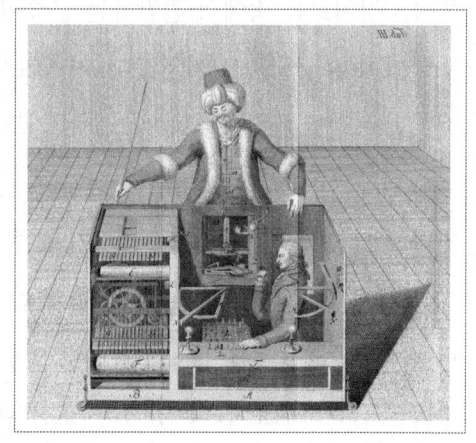

▲ 체스 두는 오토마타 — 터키인

는 거대한 꼭두각시 인형에 지나지 않았고, 대중의 착각과 기계 공학을 교묘하게 이용하여 관람객에게 기계를 조작하는 사람이 없다고 생각하도록 속였을 뿐이었다.

장치에 포함된 자석은 체스 판의 정보를 숨어 있는 사람에게 전달하는 역할을 했고, 기계 밖에 있던 기계 주인이 게임이 시작되기 전에 책상 서랍을 열어서 기계 내부를 사람들에게 보여줄 때 체스 기사는 미끄러지는 좌석에 앉아 숨어 있었다. 체스 게임이 진행되는 동안 체스 기사는 어두운 책상 속에서 촛불에 의지하여 체스를 두었다. 촛불의 연기는 책상 위의 촛대에서 나오는 것처럼 위장했다. 관처럼 생긴 신비한 상자와 태엽 장치는 관람객의 주의를 분산시키는 용도였다. 이는 터키인이 무언가 신비한 힘으로 움직이는 것처럼 보이게 만들려는 속임수일 뿐이었다.

신경망에 대한 오해

터키인이 우리에게 주는 교훈은 "그건 신경망이 있으니까 동작하는 거야"와 같은 이야기를 그대로 받아들이면 안 된다는 점이다. 그런 사고방식은 터키인을 그대로 믿었던 사람들과 똑같은 것이다. 이런 태도로는 인공 지능 분야에서 사람들의 눈길을 끄는 큰 진전이 등장할 때마다 유망해 보이는 인공 지능 분야의 근거 없는 사기에 걸려들 수밖에 없다. 오늘날에도 이러한 터키인으로 사기 치는 것 같은 일이 계속 벌어지고 있다. 앞에서 잠깐 살펴본 에이미 잉그램도 그러했다. 물론 회사 광고에서 깨알처럼 적힌 문구를 일일이 확인했다면 사람이 챗봇의 작동에 종종 관여했다는 것을 알아차릴 수 있었다. 몇몇 회사들은 이처럼 컴퓨터 뒤에 사람이 숨어서 조작하는 챗봇을 서비스했다. 예로 들었던 에이미는 다양한 사람들이 조작하곤 했다.[8]

이런 과장 광고에 속지 않으려면 곧 살펴볼 여러 시스템에 대해 면밀히 공부하고 새로운 시스템이 등장하면 제작자에게 동작 방식을 명확히 설명해 달라고 요구해야 한다. 하지만 모든 사람이 이런 세부 사항을 다 이해할 수는 없다. 사람들은 바쁘고, 옛날이든 요즘이든 오토마타는 복잡하며, 오토마타를 만드는 기술은 빠르게 변하고 있다. 그래서 우리는 과학이나 공학과 관련된 단체에 이러한 시스템을 검증해 달라고 요청할 수 있다. 마치 프랑스 과학 아카데미에서 보캉송의 논문을 검토했던 경우처럼 말이다.

이런 이유로 우리는 인공 신경망이 동작하는 세부 방식(특히 심층 신경망)에 대해 파고들려고 한다. 그러고 나서 사진에서 개를 인식하는 신경망을 어떻게 만드는지 그 방법을 살펴볼 것이다. 이를 통해 신경망이 무엇을 할 수 있는지를 아는 데 그치지 않고 신경망이 어떻게 동작하는지, 어떤 경우에 신경망을 사용할 수 있는지를 알아봄으로써 신경망을 더 깊이 있게 살펴볼 것이다.

이미지에서 객체 인식하기

신경망을 설계한 후 사진에서 개를 인식하도록 학습시킬 준비가 끝났다고 가정해 보자. 신경망을 학습시키는 과정은 강화 학습처럼 애완동물을 간식으로 길들이는 과정과 비슷하다.

먼저 신경망이 인식해야 하는 사진을 하나 고른다. 신경망은 이 학습용 예제 사진(사진에는 개가 있을 수도 있고 없을 수도 있다)을 기억해야 한다. 신경망이 이 사진을 인식하기 위해서는 먼저 이 사진을 수치화해야 한다. 바로 사진을 픽셀 각각의 색상을 의미하는 숫자로 변환하는 것이다. 픽셀마다 세 가지 색상(빨강, 녹색, 파랑)이 필요하므로 300×200픽셀 크기의 사진은 300×200×3=180,000개의 숫자로 표현할 수 있다.

신경망의 입력 뉴런에 이렇게 숫자로 표현된 이미지를 입력할 준비가 끝나면 신경망을 작동해서 뉴런 간의 연결을 이용해 뉴런에 값을 채울 수 있다. 뉴런은 마지막 레이어에서 출력 결과가 나올 때까지 각 레이어를 차례차례 활성화한다.

08장에서 신경망의 뉴런을 켜고 끌 수 있는 작은 전구(활성화 정도가 클수록 더 밝게 빛나는)에 비유했던 것을 떠올려 보자. 일단 신경망이 작동하기 시작하면 신경망의 일부 뉴런은 어두워지거나 빛나거나 아주 밝게 빛나기도 한다.

일반적으로 신경망의 출력 레이어에서 뉴런의 밝기는 신경망이 예측하려는 값을 나타내기 때문에 중요하게 취급된다. 개가 찍혀 있는 사진을 인식하도록 신경망을 학습시키려고 하는 것이므로 출력 레이어에는 한 개의 뉴런만 있으면 된다. 이제 이 뉴런을 '개 뉴런'이라고 이름을 붙여보자. 이 뉴런이 밝게 빛나면 신경망은 사진 속에 개가 있는 것으로 판단한다. 반면에 뉴런이 어두운 채로 있으면 신경망은 사진에 개가 없다고 판단한다. 만약 밝기가 어중간하다면 신경망은 사진에 개가 있는 것 같지만 확신하지 못하는 상태라고 할 수 있다.

신경망을 작동해서 사진 속에 개가 있는지 예측할 수 있도록 훈련용 예제 사진마다 개의 존재 여부를 식별할 수 있는 꼬리표를 달아 출력 뉴런의 밝기를 비교할 수 있다. 이 꼬리표의 정보 또한 숫자로 변환할 수 있는데, 사진에 개가 있으면 1, 없으면 0으로 표현하는 식이다. 그러므로 출력 레이어의 뉴런이 밝게 빛날 때 1이고 어두울 때 0이면 신경망은 옳게 예측한 것이다. 반대의 경우라면 신경망이 틀리게 예측한 것이다. 그 후 신경망의 예측이 얼마나 많이 틀렸는지를 기록하고, 이 결과를 신경망에 거꾸로 반영하여 뉴런들의 가중치를 조정한다. 그러면 신경망은 다음번에는 좀 더 나은 결과를 출력할 수 있다. 신경망이 정확한 값(또는 거의 정확한 값)을 출력할 때도 결과에 대한 피드백은 계속 전달되지만 가중치의 조정은 거의 일어나지 않는다.

보통 처음에 신경망의 출력값은 정확하지 않지만 시간이 지날수록 점점 정확해질 것이다. 신경망을 오랜 시간 학습시키고 나면 가중치의 조정 또한 점점 줄어든다.

지금까지 설명한 내용은 신경망을 학습시키는 일반적인 방법이다. 이 방법은 단순했지만 1970~1980년대까지도 조명을 받지 못했고 이해하는 사람도 별로 없었다. 신경망 자체는 수십 년 전부터 존재한 개념이었는데도 말이다.[9] 인공 신경망에서는 사람이 해야 할 일이 많지 않다. 어려운 작업은 대부분 컴퓨터가 수행하고, 사람은 신경망에 입력할 학습용 예제를 최대한 많이 찾아내기만 하면 된다.[10] 신경망을 이미지 식별에 최적화하고 여러 이미지를 사용해 신경망의 결과가 더 이상 나아지지 않을 때까지 이 과정을 반복할 수 있다.[11] 충분한 데이터와 거대한 신경망이 존재하는 한 어떤 사물이든지 신경망을 학습시켜서 인식하도록 할 수 있다.

집에서 애완견을 촬영한 사진 몇 장과 스코틀랜드의 풍경 사진 몇 장으로 신경망을 학습시킨다면 결과는 그다지 좋지 않을 것이다. 신경망은 사진에서 집의 내부 색상과 비슷한 색을 보면 사진에 개가 있다고 예측할 것이고, 녹색이 많으면 개가 없다고 예측할 수도 있다. 앞에서 말한 '충분한 데이터와 거대한 신경망이 존재하는 한'이란 구절을 기억하자.

과적합 문제와 해결책

신경망의 최적화 과정에서 큰 문제는 신경망이 지나치게 유연해지거나 모델을 학습시킬 데이터가 충분하지 않을 때이다. 이런 경우 모델이 학습용 예제는 잘 처리하지만 실제 데이터에서는 잘 작동하지 않을 수도 있다. 06장에서 넷플릭스 대회를 살펴보면서도 과적합 문제를 다루었다. 과적합 문제는 실제로 어떠한 양상을 보일까?

다음 과적합을 설명하는 그래프 중에서 [그림 9-1-1]의 예제 데이터를 살펴보자. 이 데이터는 입력값과 출력값을 점으로 나타낸 것이다. 이 점들을 바탕으로 입력값에 따라 출력값을 예측하는 모델을 만

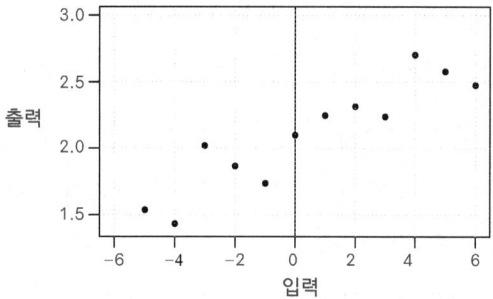

▲ 그림 9-1-1 모델을 만드는 데 사용하는 입력, 출력을 나타내는 점의 표본값

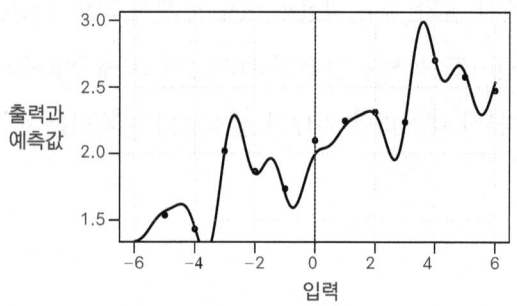

▲ 그림 9-1-2 점들의 값에 과적합 상태가 된 복잡한 모델(검은색 곡선)

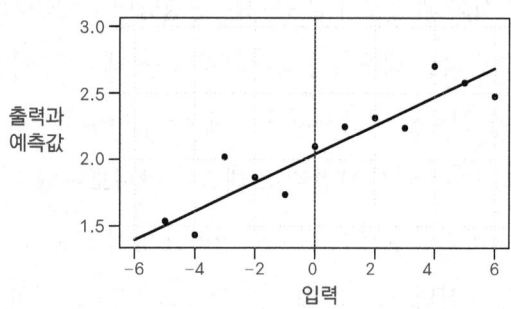

▲ 그림 9-1-3 선형 모델(직선)

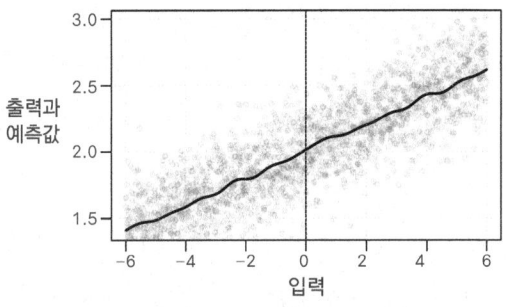

▲ 그림 9-1-4 복잡하지만 과적합 상태는 아닌 모델(약간 굴곡진 검은색 선)

든다고 해보자. 이렇게 입력값에서 출력값을 예측하는 모델을 최적화하는 것이 곧 신경망을 최적화하는 작업이다. [그림 9-1-2]는 이들 점에 최적화된 모델을 나타낸다. 이 모델은 점을 통과하거나 가까이 지나치는 곡선을 그린다. 이 곡선으로부터 입력값에 대한 출력값을 각각 예측할 수 있으며, 이 입력값에는 학습에 포함된 입력값(검은 점)과 학습에 포함되지 않은 입력값 모두 해당한다.

하지만 이 모델에는 문제점이 있다. 이 모델의 결과는 학습 데이터에 잘 부합하지만 새로운 데이터에는 그렇지 않을 수 있다는 것이다. 왜냐하면 모델 자체가 매우 복잡하기 때문이다. 이 모델은 데이터에 대한 가정이 매우 많으므로 불규칙한 곡선을 보인다. 과적합은 데이터에 대한 가정을 만들기 때문에 이러한 가정이 올바르지 않으면(앞에서 살펴본 '사진에 녹색이 많으면 개가 사진에 없다'와 같은) 문제가 될 수 있다. 더 간단한 모델이 더 낫다는 증거가 없고 복잡한 모델을 최적화할 만큼 충분한 데이터도 없다. 복잡한 모델의 근거가 될 만한 데이터가 없으므로 오컴의 면도날(Occam's razor)■ 이론을 따라서 간단한 모델을 택하는 편이 실수를 피할 수 있을 것이다.

과적합을 피하기 위해 널리 쓰는 두 가지 방법이 있다. 좀 더 간단한 모델([그림 9-1-3]처럼 조정할 부분이 적은)을 사용하거나 복잡한 모델에 좀 더 많은 데이터를 적용하는([그림 9-1-4]) 것이다. 혹은 두 가지 방법을 모두 사용할 수도 있다. [그림 9-1-3]과 [그림 9-1-4]에서 데이터가 많으면 많을수록 모델은 좀 더 직선에 가까워지며, 이는 [그림 9-1-2]의 곡선 모델이 과적합 상태라는 것을 보여준다.

신경망은 특히 과적합 문제에 취약한데, 신경망이 수억 개에 달하는 뉴런의 연결망을 가질 수 있으며 이 경우 조정할 수 있는 부분도 수억 개가 되기 때문이다.[12] 사진에서 개를 찾아내도록 신경망을 학습시킬 사진이 충분하지 않다면 신경망은 과적합 상태가 될 확률이 높다. 보통 연구자들은 앞에서 언급한 해결책을 복합적으로 사용해서 이 문제를 해결한다. 조정할 부분이 적은 신경망을 사용하고 가능한 한 대규모 데이터를 학습에 사용한다. 이 두 가지 방법을 모두 살펴볼 텐데, 먼저 대규모 데이터부터 시작해 보자.

이미지넷 대회

신경망 학습에 사용하는 사진을 구할 때 널리 쓰는 수단으로 웹 사

■ 오컴의 면도날: 14세기 영국 오컴 지방에 살던 철학자이며 프란체스코 수사였던 윌리엄 오컴(Willam Occam)이 주장한 말이다. 경제성의 원리라고도 하며, 여러 가설이 있을 때 가정의 수가 적은 가설을 채택하는 것이 좋다는 의미이다. 즉 불필요한 가정은 면도날로 잘라내듯 제거하여 단순화하라는 뜻이다.

이트가 있지만 웹에 존재하는 사진은 대부분 명시적인 메타데이터(metadata)■를 갖고 있지 않다. 신경망 학습에 웹 사진을 사용할 수도 있지만 보통은 메타데이터가 있는 사진이 더 좋다.

여기서 리페이페이(Li Fei-Fei, 李飞飞)를 소개한다. 페이페이는 기계 학습과 컴퓨터 비전 분야에 몸담고 있는 스탠퍼드 대학의 열정 넘치는 교수다. 페이페이는 메타데이터가 있는 대량의 이미지를 제작하는 작업으로 유명해졌다. 일단 페이페이와 연구 팀은 객체의 범주로 쓰일 수 있는 101개의 표제어를 찾아낸 후 범주별로 구글 이미지 검색을 사용해 최대한 많은 이미지를 찾아냈다. 마침내 알고리즘을 학습시키고 결과를 평가하는 데 쓸 수 있는 9,000개의 이미지 모음을 만들었다.[13] 이 이미지들은 컴퓨터가 이미지를 이해하도록 학습시키고 학습 결과를 평가하는 데 이용되었다.

▲ 리페이페이 TED 영상■■

이 데이터의 유용함을 알게 된 페이페이와 연구 팀은 이후 10여 년간 좀 더 야심찬 프로젝트인 이미지넷(ImageNet)에 뛰어들었다. 페이페이와 연구 팀은 구글 이미지 검색으로 다양한 범주의 이미지를 계속해서 수집했고, 다양한 이미지를 찾기 위해 검색어를 조정하고 다

■ 메타데이터: 데이터를 설명하는 데이터를 뜻하며, 여기에서는 사진에 대한 데이터를 나타낸다. 사진의 제목, 촬영한 시간, 촬영할 때 사용한 카메라 등이 사진의 메타데이터가 될 수 있다.
■■ TED 2015 〈어떻게 컴퓨터가 사진을 이해하게 되었는가?〉: 리페이페이 강의를 한글 자막으로 시청할 수 있으며 총 17분 59초이다.

른 언어로 검색하기까지 했다.[14] 이렇게 페이페이와 연구 팀은 수백만 개의 이미지를 수집했지만 일부 이미지는 생각했던 범주에 잘 맞지 않았다. 예를 들어, 구글 이미지 검색에서 카약(kayak)을 입력하면 강에서 이동할 때 쓰는 도구 대신 여행 웹 사이트인 kayak.com의 로고가 나타났다. 페이페이와 연구 팀은 이러한 이미지를 걸러내기 위해 아마존 메커니컬 터크(Amazon Mechanical Turk, 이하 MTurk)로 눈을 돌렸다.[15]

MTurk는 오토마타의 역사에서 비교적 최근에 등장한 서비스로 아마존에서 웹 사이트를 제공하고 있으며, 사용자는 이 사이트에서 컴퓨터에게 작고 단순한 작업을 시킬 수 있다. 사용자는 이 작업이 어떻게 수행되어야 하는지 간단히 설명하고 작업에 해당하는 요금을 내면 된다. 페이페이와 연구 팀은 컴퓨터에게 "이 이미지에 캬약이 있는지 알려줘" 또는 "이 이미지에 샴 고양이가 있는지 알려줘"와 같이 효율적으로 질문할 수 있도록 정확한 설명을 MTurk에 입력했다.[16] 이들 작업이 아마존에 업로드되자 웹 사이트의 컴퓨터들은 설명대로 작업을 처리하기 시작했다.

'체스 두는 오토마타-터키인' 이름을 MTurk에 붙인 이유는 사실 이 서비스를 하는 컴퓨터들은 오토마타가 아니라 컴퓨터를 가진 사람들이었기 때문이다. 이 웹 사이트는 사람을 컴퓨터 뒤에 숨기고 마치 모든 작업이 컴퓨터가 자동으로 수행하는 것 같은 느낌을 주었다. 아마존은 실제 사람이 작업한다는 것을 굳이 숨기지 않았고 제한적이지만 작업을 수행하는 사람들에게 연락을 취할 방법도 제공했다.

페이페이와 연구 팀이 노력한 결과 이미지넷은 22,000개의 범주로 분류된 1,400만여 개의 고화질 이미지를 갖춘 사이트로 성장했다.[17] 이미지넷은 그 당시의 다른 벤치마크 데이터 제공 서비스와 비교할 수 없을 정도로 막대한 양의 데이터를 제공했다. 다른 데이터 서비스가 고양이와 개 정도의 범주에서 제공했다면 이미지넷은 그보다 더 상세한 메타데이터를 갖추고 있었다. 이미지넷은 개의 경우 달마티안, 케이스혼트, 미니어처 슈나우저 등의 하위 범주가 120개나 되었다.[18]

2010년 페이페이는 이 데이터로부터 1,000여 개의 범주에 포함된 140만 개의 이미지를 선별하여 '이미지넷 대규모 시각 인식 대회(ImageNet Large-Scale Visual Recognition Challenge, 이하 줄여서 '이미지넷 대회')'를 주최했다. 대회의 한 부문은 선별된 이미지가 1,000여 개의 범주 중 어디에 속하는지를 판별하는 알고리즘을 다뤘다. 범주는 백상아리, 수탉, 모래시계 등 다양했다.[19]

대회가 열리고 첫 2년 동안 오류율은 2010년 28%, 2011년 26%를 기록했다. 넷플릭스 프라이즈 2년차 때 그랬던 것처럼, 컴퓨터 비전(vision) 분야의 연구자들이 쉽게 개선할 수 있는 부분은 첫해에 대부분 끝낸 상태였다. 각 분야는 매년 수작업으로 더 많은 특성을 추가해 성능을 조금씩 쥐어 짜냈다. 하지만 주목받지 못하던 한 기법이 2012년 이미지넷 대회에서 우승하며 패러다임을 바꾸었다. 바로 심층 신경망(deep neural network) 기법이었다. 이 기법을 사용하자 오류율은 16%까지 떨어졌다. 바로 전년도의 오류율에 비해 10%나 낮은 수치였다.[20]

합성곱 신경망

 2012년의 패러다임 전환을 이끈 심층 신경망은 알렉스넷(AlexNet)이었다. 알렉스넷이 더 좋은 성능을 보인 이유는 몇 가지 있는데 그중 두 가지는 앞에서 언급한 것이다. 알렉스넷은 엄청난 양의 데이터를 학습했고 조정할 가중치가 그렇게 많지 않았다. 연구자들은 신경망이 데이터를 효율적으로 이용할 수 있게 하려고 적당한 수의 변수가 적절한 곳에 배치되도록 신경망을 설계했다.

 사진에서 개를 찾을 수 있는 신경망을 만든다는 우리의 목적으로 돌아와서 알렉스넷의 아이디어를 활용해 보자. 알렉스넷은 아타리 게임 신경망처럼 합성곱(convolution) 신경망을 사용했다. 이 신경망은 일련의 합성곱 레이어와 이들 레이어를 연결하는 완전 연결(fully-connected) 레이어로 이루어졌다([그림 9-2]처럼 앞에 다섯 개, 뒤에 세 개의 레이어가 있다).[21]

 합성곱 레이어 뒤에 완전 연결 레이어를 두는 패턴은 이미지 인식을 할 때 널리 쓰이는 방법이 되었다. 알렉스넷의 구조가 성공적인 결과를 거둔 이유는 무엇일까?

 합성곱 레이어는 이미지에서 객체를 찾아 그 결과를 이미지 형태로 출력한다는 내용을 떠올려 보자. 각 합성곱 레이어는 이전 레이어에서 입력된 이미지로부터 특정한 패턴을 찾기 위한 여러 필터를 갖고 있다. 백사장에서 탐지기로 다양한 물건을 찾는 광경을 상상해 보자. 필터는 탐지기와 비슷한 역할을 한다. 어떤 필터는 백사장에서 예쁜 조개껍질을 찾고, 어떤 필터는 해수욕하던 사람이 잃어버린 손목

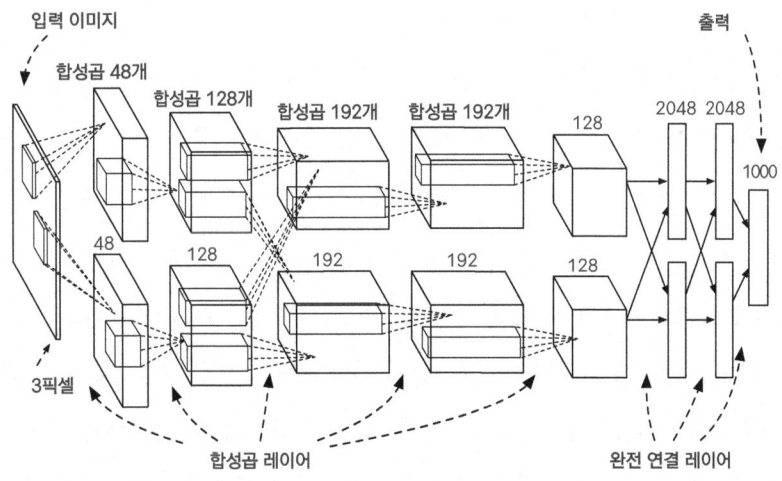

▲ 그림 9-2 알렉스넷의 구조

2012년 이미지넷 대회에서 우승한 인공 신경망 알렉스넷의 구조는 이미지 분류에 새로운 장을 열었다. 알렉스넷은 다섯 개의 합성곱 레이어와 그 뒤에 있는 세 개의 완전 연결 레이어로 구성되었다. 신경망은 대개 두 개의 서로 다른 프로세서를 통해 학습되었기 때문에 일부 레이어는 어떤 한 프로세서에 의해 처리되어 합성곱 레이어에서 입력되는 데이터만 처리했다. 입력 레이어는 이미지의 RGB값을 나타냈으며, 출력 레이어는 신경망이 예측하는 1,000개의 범주 각각을 나타내는 뉴런 1,000개를 갖고 있었다. Russakovsky 외, 'ImageNet Large-Scale Visual Recognition Challenge'에서 허락을 받아 이미지를 사용함.

시계를 찾는다. 합성곱 레이어의 출력은 백사장의 지도 묶음과 같으며 각 필터는 탐색 결과로 지도를 한 장씩 갖게 된다. 만약 조개껍질 필터가 패턴에 맞는 이미지 조각을 찾지 못했다면 이 필터의 지도는 온통 검은색일 것이다. 반대로 필터가 조개껍질을 발견했다면 조개껍질이 발견된 부분이 밝게 표시되어 있을 것이다. 손목시계 필터도 마찬가지 방식으로 작동한다. 출력 레이어의 뉴런 하나가 특히 밝다면, 합성곱에 입력된 이미지의 해당 위치에 필터의 패턴에 아주 잘 들어

맞는 이미지 조각이 있다는 의미이다.

08장에서 다뤘던 퐁 게임의 막대와 스페이스 인베이더의 외계인을 찾는 필터의 경우를 생각해 보면, 사진 이미지를 인식해야 하는 (신경망의 합성곱 레이어에 포함된) 필터에게는 약간 이상하고 비현실적인 상황이다(아타리 에이전트의 경우에도 마찬가지일 것이다). 보통 첫 번째 레이어에 있는 필터는 작기 때문에 첫 번째 합성곱 레이어에 있는 필터로 이렇게 복잡한 사물을 인식하기는 쉽지 않다. 알렉스넷을 예로 들면, 첫 번째 레이어의 필터는 11×11 픽셀 크기의 조각 패턴을 찾는다.

만약 이 필터들이 픽셀로부터 외계인과 우주선을 인식할 수 없다면 사진 속 개는 어떻게 식별할 수 있는 걸까? 알렉스넷의 합성곱 레이어는 다섯 개이다. 신경망은 마지막 레이어에 도달하기 전까지는 개나 우주선 같은 복잡한 객체를 인식하지 못한다. 이 신경망이 어떻게 개를 식별할 수 있는지를 이해하기 전에 첫 번째 레이어를 다시 한 번 살펴보자. 알렉스넷은 첫 번째 레이어에서 수백 개의 필터를 사용했는데, 이는 다시 말해 수백 개의 감지기를 갖고 있다는 의미가 된다.

알렉스넷 같은 합성곱 신경망의 필터는 [그림 9-3-1] 같은 모습을 하고 있다. 이 이미지의 정사각형 하나하나는 첫 번째 합성곱 레이어에서 여러 필터 중 한 개의 필터를 밝게 만들 수 있는 픽셀 조각을 나타낸다. 흑백 이미지여서 알아볼 수는 없지만 이 필터는 여러 색상의 패턴에도 대응한다. 어떤 필터는 파란색과 흰색의 패턴을 찾고 어떤 필터는 노란색과 빨간색의 패턴을 찾는 식이다. 많은 연구자가 이 필터를 경계선 검출기(edge detector)라고 부르는데, 필터는 입력된 이미지에서 경계선이나 단순한 패턴으로 찾아내기 때문이다. 이들 픽셀 조각은 별 의미가 없어 보일 수도 있지만, 신경망 내부의 더 깊숙한 곳에 있는 레이어의 경계선 검출기와 결합했을 때 비로소 의미를 갖는

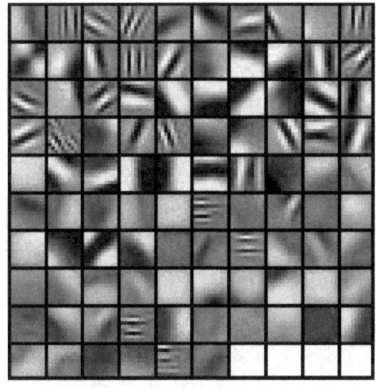

▲ 그림 9-3-1 첫 번째 합성곱 레이어 필터

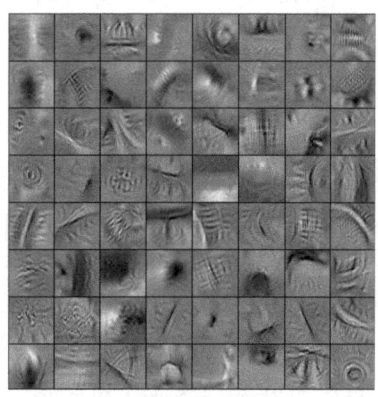

▲ 그림 9-3-2 두 번째 합성곱 레이어 필터

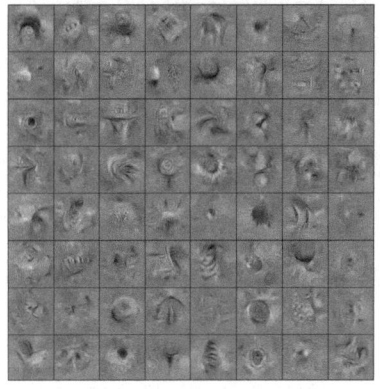

▲ 그림 9-3-3 세 번째 합성곱 레이어 필터

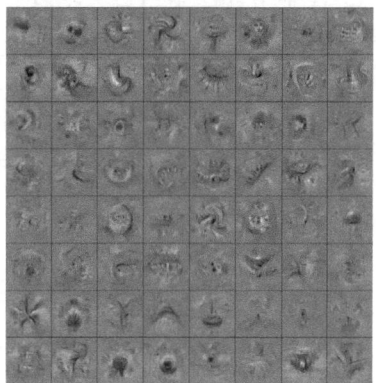

▲ 그림 9-3-4 네 번째 합성곱 레이어 필터

알렉스넷의 여러 레이어에서 필터를 활성화하는 픽셀의 다양한 패턴을 보여준다. 이들 필터는 흑백으로 이루어진 패턴을 찾는다(특정한 색상을 검색하기도 하지만 이 그림에서는 알아볼 수 없다). Yosinski 외, 'Understanding Neural Networks Through Deep Visualization'에서 허락을 받아 이미지를 사용함.

다. 달리 말해, 필터는 신경망을 따라 다음 레이어로 연속해서 연결된 레이어의 구성 요소로 사용된다. 그리고 이런 흐름 속에서 합성곱 신경망의 마법이 시작되는 것이다.

알렉스넷의 나머지 네 개의 합성곱 레이어는 각자 수백 개 이상의 필터를 갖고 있다.[22] 연속되는 각 합성곱 레이어는 선행 레이어에 있는 필터를 좀 더 복잡한 패턴을 만드는 구성 요소로 활용한다. 두 번째 합성곱 레이어는 픽셀 조각이 아닌, 첫 번째 레이어의 필터(즉 경계선들)를 입력으로 받아 탐색을 위해 이들 경계선에 대한 패턴을 생성한다.

[그림 9-3-2]에서 이들 패턴의 예를 볼 수 있다. 이 그림의 정사각형은 각각 입력 이미지의 어떤 픽셀이 두 번째 레이어의 출력단에 있는 필터의 불을 밝히는지를 나타낸다. 이들 패턴은 아직 특정한 사물을 검출할 수는 없으나 분명 점점 재미있는 양상을 보이기 시작한다. 어떤 패턴은 털과 비슷해 보이고(이는 개를 인식할 때 유용하다) 어떤 패턴은 곡선 형태를 보인다(이는 뱀, 입술, 또는 곡선으로 된 다른 사물을 인식할 때 유용하다).

신경망에서 더 깊숙한 레이어로 들어갈수록 합성곱 필터에 감지되는 구조는 점점 더 복잡해진다. [그림 9-3-3], [그림 9-3-4]에서는 세 번째와 네 번째 합성곱 레이어의 필터를 볼 수 있다. [그림 9-3-1], [그림 9-3-2]와 마찬가지로 정사각형 각각은 레이어의 일부 필터를 강하게 활성화하는 픽셀 조각을 나타낸다. 여기서부터 객체의 전반적인 구조가 나타나기 시작한다. 어떤 픽셀 조각은 동물의 눈을, 어떤 큰 픽셀 조각은 동물의 털을 나타낸다. 다른 픽셀 조각도 동물의 일부처럼 보이기 시작하며 어떤 것은 얼굴처럼 보이기도 한다. 이처럼 추상화는 알렉스넷의 합성곱 레이어로 깊숙이 들어갈수록 계속해서 증가한다.

다섯 번째 합성곱 레이어까지 진행하고 나면 세 개의 완전 연결 레이어가 있다. 신경망의 출력은 이미지넷 대회에서 제공한 1,000개의 범주에 대응하는 1,000개의 뉴런을 갖고 있다. 알렉스넷은 이들 범주에 대응하는 패턴을 포함하는 이미지가 있으면 해당 뉴런에 불을 밝히도록 학습되었다. 만약 이미지에 상어가 있으면 상어 뉴런에 불이 들어오고, 모래시계가 있으면 모래시계 뉴런에 불이 들어온다. 만약 범주에 해당하는 사물이 이미지에 없다면 뉴런에 불이 들어오지 않는다.

[그림 9-4-1], [그림 9-4-2], [그림 9-4-3], [그림 9-4-4]에서는 신경망의 출력 레이어에 있는 마지막 뉴런에 불이 들어오게 하는 이미지 조각의 네 가지 예를 볼 수 있다. 특정 범주에 대응하는 뉴런에 불이 들어오게 하는 이미지 조각은 사람이 볼 때에도 그럴 듯하다. 백상아리 뉴런에 불을 밝히는 이미지 조각에서는 백상아리가 있는 것처럼 보이며, 모래시계 뉴런에 불을 밝히는 이미지 조각에서는 모래시계의 모습이 보인다. 이미지에 포함된 이들 객체는 하나의 사진에서 얻은 것이 아니다. 이러한 이미지 조각은 신경망 자체에서 생성된 것이며 각각의 뉴런이 탐색하는 대상을 정확히 반영한다.

이미지넷 대회에서 사용된 이미지는 동물에 집중되었는데 1,000개의 범주 중 개를 분류하는 데만 120개의 범주를 사용할 정도였다.

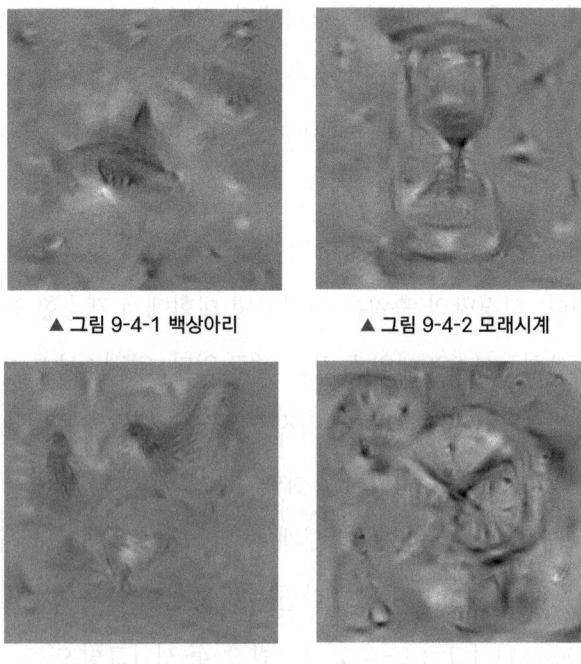

▲ 그림 9-4-1 백상아리　　▲ 그림 9-4-2 모래시계

▲ 그림 9-4-3 수탉　　▲ 그림 9-4-4 벽시계

신경망에서 출력 레이어의 뉴런을 활성화하는 이미지 조각들이다. Yosinski 외, 'Understanding Neural Networks Through Deep Visualization'에서 허락을 받아 이미지를 사용함.

알렉스넷의 신경망을 조금만 수정하면 개를 인식하는 신경망을 만들 수 있을 것이다. 단순히 개에 대응하는 출력 뉴런만을 남기고 나머지 뉴런은 모두 제거하거나 무시하면 된다.

　하지만 출력 뉴런을 남겨놓고 이미지에 다른 사물(다른 품종의 개나 고양이라도)이 있는지를 알아내는 것이 도움이 될 수 있다.

왜 심층 신경망인가?

이미지넷 대회에서 좋은 결과를 낸 심층 신경망이란 대체 뭘까? 이 신경망의 구조 자체가 좋은 걸까? 이를테면, 이 신경망의 레이어는 굳이 이렇게 깊을 이유가 있을까? 이미 알고 있겠지만, 히든 레이어가 한 개인 신경망은 임의의 복잡한 함수를 표현할 수 있어야 하며, 이론적으로는 히든 레이어가 단 한 개인 신경망도 이미지넷 대회에서 좋은 결과를 낼 수 있다.

하지만 히든 레이어를 한 개만 사용하는 경우 이 히든 레이어가 이미지를 검출하는 데 필요한 함수를 표현하려면 얼마나 커질지 알 수 없다는 문제가 있다. 만약 히든 레이어의 크기가 지나치게 커지면(정확히 말해 지나치게 넓어지면) 모델이 그만큼 가중치를 학습해야 하며 대량의 데이터가 없으면 과적합을 피할 수 없다. 다른 한편으로, 넓은 레이어 대신 깊은 레이어를 사용하라고 권하는 이론적인 근거가 있다. 그렇게 하면 복잡한 함수를 좀 더 효율적으로 표현할 수 있다는 것이다. 깊은 레이어를 사용할 경우 적은 뉴런을 사용하게 되며, 그에 따라 학습시킬 가중치의 수도 줄어들기 때문이다.[23]

넓은 레이어 대신 깊은 레이어를 사용해야 신경망을 더 효율적으로 만들 수 있다는 것은 무슨 뜻일까? 닌텐도 위(Wii)를 해본 경험이 있다면 미(Mii)를 만들어 본 적도 있을 것이다. Mii는 게임 플레이어인 사용자를 나타내는 캐릭터이다. 이들 캐릭터는 위 게임에서 플레이어의 아바타로 사용하기도 한다. 눈, 코, 피부색, 머리카락 등 다양한 얼굴과 몸의 특징을 선택하여 플레이어와 닮아 보이는 Mii 캐릭터를 만들 수 있다. 다양한 특징은 각각 선택할 수 있는 5~10개의 옵션으로 설정할 수 있다. 결과물은 현실적이라기보다는 만화적인데, 이렇게 만들어진 캐릭터는 사용자 또는 누군가를 (그리고 웃기게) 닮을 수 있다. 그리 많지 않은 구성 요소(눈, 코, 머리카락, 입 등 Mii 캐릭터의 특성)로 주변 사람을 상상해서 그와 닮은 다양한 Mii 캐릭터를 만들 수 있다.■

    이제 합성곱 레이어가 제공하는 장점으로 다시 돌아와 보자. 신경망 연구자들은 합성곱 레이어의 강력함을 주장하는데, 그 이유는 합성곱 레이어가 분산 표현(distributed representation)■■을 사용하여 이미지를 처리하기 때문이다. 합성곱 레이어는 서로 다른 뉴런 간의 구성 요소를 다시 사용한다. 신경망이 120개의 개 품종을 인식할 수 있다면, 처음 몇몇 레이어는 개를 묘사할 때 쓰는 아주 기본적인 특성(털의 종류, 귀의 종류, 다양한 색상 등)을 인식할 것이다. 그리고 다음 단계 레이어에서는 점점 이러한 기본 요소(primitives)를 다양한 방법으로 결합하는 데 집중할 것이다. 미리 정의된 얼굴과 신체의 특성을 골라 Mii 캐릭터를 만들었던 것처럼, 상위 단계의 합성곱 레이어는 하위 단계의 합성곱 레이어에서 가져온 특성을 이용해 (개와 같은) 객체를 구성할 수 있다.

    각 단계에서 이 작업을 반복할수록 각 레이어에서 표현할 수 있는 객체의 수는 기하급수로 늘어난다. 레이어가 증가함에 따라 개와 사

■ 캐릭터에서 변경할 수 있는 요소(눈, 코 등)가 많아지면 다양한 캐릭터를 표현할 수 있다. 즉 레이어 수가 늘어나면 신경망에서 조정할 수 있는 특성이 늘어나 신경망이 더 많은 패턴을 잡아낼 수 있다는 것을 보여주는 예시다.

■■ 분산 표현: 여러 특징을 사용해 어떤 대상을 표현하는 방식을 의미한다. 위에서 설명한 Mii 캐릭터의 경우처럼 눈, 코, 피부색 등의 요소를 조합하여 하나의 캐릭터를 설명하는 데 사용할 수 있다.

람을 인식하는 것을 넘어 전체 풍경을 나타내는 뉴런을 가질 수도 있다. 예를 들면, 동네 공원을 인식하는 뉴런(개, 사람, 놀이터의 시설)이나 도시 풍경을 인식하는 뉴런(자동차, 거리, 상점)을 설계할 수도 있다. 10장에서는 이러한 풍경 이미지에 설명글을 달 수 있는 신경망을 살펴볼 것이다.

알렉스넷 설계자는 여러 개의 레이어를 사용해 본 경험을 통해 이러한 합성곱 레이어의 장점을 발견했다. 합성곱 레이어를 하나라도 제거하면 신경망 전체의 성능은 떨어졌다.[24] 이미지넷 대회 참가자들 또한 이를 깨닫고 알렉스넷의 방식을 모방하기 시작했다. 더 깊은 신경망을 만들수록 성능은 계속해서 좋아졌다.

2012년 이후에는 알렉스넷의 방식에 따라 심층 신경망을 사용한 알고리즘이 대거 제출되었다. 2012년에 알렉스넷은 선두를 달렸지만 2013년에는 알렉스넷을 능가하는 팀들이 등장했는데 이들은 모두 딥러닝(deep learning, 심층 학습)을 사용했다. 다른 팀들이 매년 조금씩 성능을 올리고 연구자들이 계속해서 향상시킨 몇 년 동안 에러율은 급격히 떨어졌다. 심지어 2014년 구글은 일부 측정치에서 인간의 정확도를 넘어서는 신경망을 만들었다.*

이 책을 썼던 2018년에도 이 연구 분야는 매우 활기 찼고, 연구자들이 레이어를 연결하는 새로운 방식을 발견함에 따라 성과도 계속해서 나왔다. 이미지넷 대회에서 최고 성능을 보인 신경망의 오류율은 이제

■ 보통 사람의 정확도는 5%로 계산한다. 2014년 구글은 7%의 오류율을 보였다.

2.3%에 불과하다. 이는 알렉스넷의 16%에 비하면 아주 낮은 수치이다.[25] 구글 브레인의 컴퓨터 아키텍처 연구원이자 전직 UC버클리 대학 교수인 데이브 패터슨(Dave Patterson)이 지적한 것처럼, 이 분야의 개척자들조차 딥 러닝이 이토록 좋은 성능을 낼 줄 몰랐다며 놀라워했다.

신경망의 깊이가 중요하다는 것을 깨달은 이미지넷 대회 참가자들은 신경망을 말이 안 되는 수준까지 점점 더 깊게 만들었다. 예를 들어, 구글은 인셉션 신경망(inception network)을 만들면서 22개의 레이어를 넣었다. 이 신경망의 이름은 2010년의 영화 〈인셉션〉과 이 영화의 대사에서 비롯된 인터넷 밈(internet meme)■인 "더 깊이 들어가야 해(We need to go deeper)"에서 따왔다.[26] 하지만 레이어를 추가하면 조정해야 할 매개 변수(parameter)의 수가 늘어난다.

구글의 연구자들은 어떻게 과적합을 피하면서 레이어를 추가할 수 있었을까? 한 가지 방법은 합성곱 레이어의 뉴런을 단순하게 만드는 것이다(뉴런은 결국 가중 평균 분류기에 불과하다). 그 결과 뉴런을 축소된 신경망으로 대체하여 더 복잡한 패턴을 찾아낼 수 있었다. 어쨌든 구글은 이런 방식으로 아슬아슬하게 레이어마다 더 적은 매개 변수를 사용할 수 있었다(예를 들어, 두 개의 3×3 필터, 한 개의 1×1 필터, 세 개의 가중치를 결합하면 총 22개의 매개 변수가 필요하다. 반면, 좀 더 단순한 5×5 필터 한 개에는 25개의 매개 변수가 필요하다). 인셉션 신경망의 레이어 심도

■ 인터넷 밈: 인터넷에서 이미지, 동영상, 해시태그, 유행어 등의 형태로 급속도로 확산되어 사회 문화의 일부로 자리 잡은 소셜 아이디어, 활동, 트렌드 등을 일컫는다.

는 이제 더 이상 극단적인 것이 아니었다. 이제는 10~20개의 심층 레이어에 가중치가 수억 개가 되는 신경망도 흔하다. 어떤 신경망은 레이어가 수천 개가 되는 것도 있다.[27]

연구자들은 더 깊은 레이어 외에도 신경망을 개선할 방법을 찾아냈다. 바로 정보들이 특정 레이어를 그냥 지나쳐서 전달되면 (인접하지 않은 합성곱 레이어들 간에 연결을 추가하면 이러한 구성이 된다) 더 나은 성능을 보인다는 점이었다. 또한 뉴런들이 레이어 내에서 서로를 강화(reinforce)하는 방법도 찾아냈는데 이 과정은 자극(excitation)이라고 부른다. 예를 들면, 어떤 한 합성곱 레이어의 일부분이 고양이 털을 인식한다고 해보자. 고양이 털이 인식되면 이는 동일한 레이어의 다른 부분으로부터 연관된 다른 객체(고양이 눈, 고양이 혀 같은)를 찾으라는 신호가 될 수 있다.

데이터 병목

이러한 구조는 알렉스넷의 신경망이 성공하는 데에 중요한 요인으로 작용했지만, 연구자들이 신경망을 학습시키는 데 사용한 데이터의 양 또한 중요했다. 알렉스넷은 주최측에서 제공한 120만 개의 이미지를 사용해 학습된 신경망이었지만, 빛의 밝기와 색상의 변화가 객체의 식별 결과에 영향을 주지 않도록 연구자들은 사진을 위아래로 뒤집고, 변환하고, 색상 분포를 조정하는 방식으로 학습 데이터를 보강했다.[28] 그 결과 알렉스넷은 2억 개 정도의 이미지(처음 시작할 때보다

2,000배나 많은)로 이루어진 학습 데이터를 사용해 신경망을 학습시켜야 했다. 학습 데이터를 이런 방식으로 보강하지 않으려면 더 작은(그리고 인식률이 떨어지는) 신경망을 사용해야 했다.[29]

학습을 위한 이미지는 많았지만 신경망에 많은 이미지를 입력하는 것 자체에서는 병목 현상을 일으키지 않았다. 그보다는 얼마나 빨리 입력할 수 있느냐가 관건이었다. 알렉스넷의 제작자는 다음과 같이 밝혔다.

> 결국 신경망의 크기는 주로 현시점의 프로세서에 있는 메모리의 양과 우리가 학습에 사용할 수 있는 시간의 양에 좌우될 것입니다. 제 신경망은 학습시키는 데 5일에서 6일이 걸립니다. … 경험해 본 결과 단순히 더 빠른 프로세서와 더 거대한 데이터가 준비되는 것을 기다릴 수만 있다면 신경망의 성능은 개선할 수 있습니다.[30]

이와 같이 신경망을 학습시키는 데 필요한 하드웨어의 성능은 계속 좋아졌다. 신경망의 학습에는 수많은 행렬 연산이 포함된다. 컴퓨터 게임은 고품질 그래픽을 만들어 내기 위해 같은 유형의 연산을 계속 수행해야 하므로 그래픽 카드는 지난 몇십 년간 이러한 연산에 최적화되었다. 그래서 딥 러닝 연구자들은 그래픽 카드를 사용하기 시작했는데, 이 장비를 사용하면 신경망의 학습 속도를 10~50배까지 빠르게 할 수 있기 때문이다. 행렬 연산을 수행하는 데 쓰이는 컴퓨터 그래픽 카드 시장은 딥 러닝의 수요가 있기 전에도 꾸준히 성장해 왔으며 경쟁이 심하다. 딥 러닝의 수요 때문에 공급이 과잉되면서 그래픽 카드의 가격은 몇 년 전에 비해 크게 떨어진 상황이다.[31] 그래픽 카드 제조 회사인 엔비디아(NVIDIA)에서는 그래픽 카드를 신문처럼 찍어 내며 가격 하락에 기여했다. 엔비디아는 자율 주행차에 특화된 하드웨어도 생산하기 시작했다. 투자자도 이 뉴스를 놓치지 않아서 2015년에 20달러에 불과했던 엔비디아 주식은 2018년에 242달러까지 뛰어올랐다. 한편, 구글은 그래픽 칩의 속도를 극적으로 향상한 특수한 칩을 소개했다.[32]

지금까지 컴퓨터가 신경망을 사용해 이미지의 내용을 어떻게 인식할 수 있는지 대략 살펴보았다. 신경망의 레이어가 조직되는 방식과 신경망을 학습시키는 방식, 컴퓨터 인지 능력의 한계가 어떻게 계속 진보했는지를 예로 들 수 있다. 하지만 연구자들은 거시적인 수준에서 이들 신경망을 설계할 때 유용한 방법을 알아낸 것과 마찬가지로 미시적인 수준에서(즉 개별 뉴런의 수준에서) 신경망을 개선할 방법 또한 찾고 있다. 학습에 사용할 수 있는 정보를 신경망에 보존하기 위해 뉴런의 입력에 따라 신경망의 뉴런에 불을 밝히는 방식을 바꾸면 신경망의 기능에 큰 영향을 끼칠 수 있다. 10장에서는 이 방식이 왜 중요한지 자세히 알아볼 것이다.

10
심층 신경망의
내부 구조
LOOKING UNDER THE HOOD OF DEEP NEURAL NETWORKS

컴퓨터가 생성한 이미지

2015년 6월 10일, 이상하고 신비한 이미지가 imgur.com 웹 사이트에 익명으로 게시되었다. 얼핏 보면 다람쥐 한두 마리가 선반에서 쉬고 있는 그림 같다. 하지만 자세히 들여다보면 기괴한 부분(그리고 사물들)이 보이기 시작한다. 이는 프랙털(fractal) 도형 같은 환상적인 이미지로, 다람쥐의 얼굴 부위에 개의 주둥이가 있거나 이상한 탑이나 사람의 몸통이 여기저기 있으며, 새와 기린 같은 생물 등이 끊임없이 연결되어 이미지를 채웠다. 이미지 여기저기에서는 불쾌한 눈들이 빤히 쳐다보고 있다.

이 이미지가 사람이 만든 것이 아니라는 것은 명확했다. 사진으로 촬영하기에는 매우 기괴하고 그림으로 그려내기에는 매우 세밀하게 표현되어 있다. imgur.com에 이 이미지를 게시한 익명의 사용자는 다음과 같은 글을 남겨 놓았다.

> 이 이미지는 컴퓨터에서 생성되었음
> – 인공 지능 분야에서 일하는 친구로부터[1]

이 이미지가 인터넷에 퍼지면서 사람들에게 알려지자 구글의 엔지니어들이 이와 비슷한 이미지를 하나둘씩 만들어 공유하기 시작했다. 일 주일 후 이 현상에 대해 정리한 글이 블로그에 게시되었다. 이 이미지는 인공 지능, 특히 인공 신경망에 의해 만들어졌다. 이 현상은 '딥 드림(Deep Dream)'이라는 이름으로 알려졌다. 이러한 이미지를 접한 사람들은 불편한 질문을 꺼내기 시작했다. 인조 인간(android)의 꿈이란 이런 걸까? 우리는 신경망에서 과연 어떤 일이 일어나는지 이해할 수 있을까? 연구자들이 인간의 사유를 재창조하는 노력에 너무 깊이 빠진 건 아닐까?

지성을 가진 기계에 대한 염려는 기업가인 일론 머스크(Elon Musk)를 위시한 저명 인사들이 이러한 걱정에 대한 목소리를 높이면서 더욱 커졌다. 딥마인드에 투자한 일론 머스크는 인공 지능의 진보를 지켜보며 그의 친구인 구글 창업자 래리 페이지(Larry Page)가 실수로 무언가 나쁜 것을 만들지 않을까 걱정했다. 이를테면, 인류를 말살할 수

있는 인공 지능 로봇 군단 같은 것 말이다.[2]

이러한 인공 신경망이 만든 이미지가 등장했을 때 인공 신경망이 아타리 게임을 하거나 이미지의 내용을 이해하는 데 쓸모가 있다는 것은 연구자들 사이에선 이미 알려져 있었다. 신경망이 아타리 게임을 할 수 있는 이유와 환상적 이미지를 만들 수 있는 이유는 사실 밀접한 관련이 있다. 그 이유에 대해서도 곧 살펴볼 것이다. 이 꿈 같은 이미지는 처음에는 심층 신경망에 대해 신비한 인상을 주지만 내용을 알고 나면 사실 덜 신비하다는 것을 느낄 것이다.

스쿼싱 함수

신경망의 역사를 살펴보면 연구자들이 심층 신경망의 구조를 꺼렸던 시기가 있었다. 신경망의 레이어를 굳이 깊게 만들 필요가 없다는 점을 시사하는 보편적 근사 정리(08장 184쪽 참조)가 알려졌고, 연구자들은 실제로 심층 신경망의 학습이 쉽지 않다는 것을 알고 있었다. 하지만 심층 신경망의 학습이 어려웠던 진짜 이유는 연구자들이 신경망의 뉴런에 불을 밝히는 최적의 방식을 아직 발견하지 못했기 때문이었다.

신경망에서 각 뉴런은 간단한 분류기에 불과하다는 것을 기억하자. 182쪽 [그림 8-2]처럼 뉴런은 입력값을 가중 평균값으로 압축(squash)하여 출력값을 만든다. 스쿼싱 함수는 심층 신경망의 학습에 필수 불가결한 요소이다. 신경망 연구자들이 오랫동안 즐겨 사용해 온 스쿼싱 함수는 [그림 10-1-1] 같은 S자 곡선 함수였다.[3] 이 함수는 이전 레이어에서 뉴런의 밝기에 대한 가중 평균값을 받아서 0~1 범위의 출력값으로 압축한다. 뉴런의 입력에서 구한 가중 평균값이 아

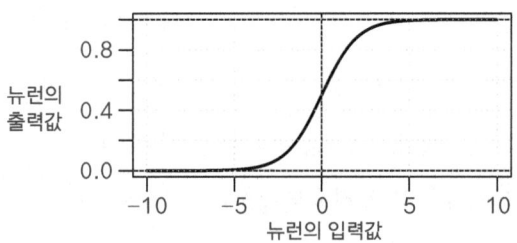

▲ 그림 10-1-1 S자 곡선 함수

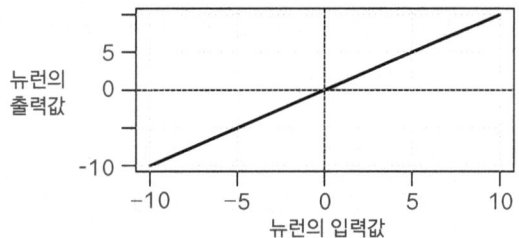

▲ 그림 10-1-2 선형 함수

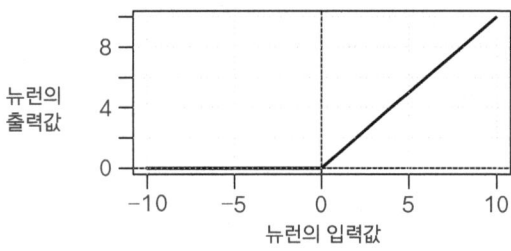

▲ 그림 10-1-3 ReLU 활성화 함수

신경망에 사용된 활성화 함수. 시그모이드(sigmoid)로 알려진 S자 곡선 함수([그림 10-1-1])는 오랫동안 즐겨 사용해 왔으나, 이제는 심층 신경망의 학습을 쉽게 해주는 ReLU 활성화 함수([그림 10-1-3])가 널리 쓰이기 시작했다.

10 · 심층 신경망의 내부 구조 **233**

주 작으면 뉴런의 출력은 0에 가까워진다. 반대로 가중 평균값이 클수록 뉴런의 출력은 1에 가까워진다.

S자 곡선 함수의 장점은 뉴런의 출력값이 고르게 나온다는 것이다. 뉴런이 말도 안 되게 높거나 낮은 값을 출력하는 경우는 없으며 입력값과 출력값이 매끄러운 형태를 갖는다. 신경망을 학습하거나 사용할 경우 이러한 특징은 꽤 유용한데, 이러한 특징이 없다면 신경망을 사용할 때 단말에서 가중치가 적용된 값이 무한대의 값까지 올라갈 수도 있기 때문이다. 입출력값이 매끄러운 함수가 있으면 신경망의 입출력값을 조정해야 할 때 값을 얼마나 조정해야 하는지 알 수 있다.

하지만 S자 곡선 함수의 문제는 신경망에서 전달되는 메시지를 희석시키는(dilute) 경향이 있다는 것이다. 뉴런에 입력된 가중 평균값이 큰 경우에 뉴런은 이 값이 얼마나 큰지에 대해서는 신경 쓰지 않는다. 어쨌든 출력값은 1이 되는 것이다. 반대의 경우에도 마찬가지다. 뉴런에 입력된 음수가 얼마나 작든지 간에 뉴런의 출력값은 0이 된다. 이것은 신경망을 작동시킬 때에는 별 문제가 안 되지만 학습시킬 때에는 문제가 될 수 있다.

가중치를 조정하기 위해 신경망에 피드백하는 값은 신경망을 통과하면서 희석된다. 원래 장점이라고 생각했던 점(신경망을 학습시킬 때 가중치를 얼마나 조정해야 하는지를 안다는 것)이 알고 보니 장점이 아닌 것이다. 신경망의 학습 과정에서 가중치는 계속 조정되지만 학습 알고리즘은 가중치가 조정되고 있다는 사실을 알 수 없기 때문이다. 이 문제는 기울기 소실(vanishing gradient)로 알려져 있다. 기울기는 신경망이 학습 데이터로부터 학습을 진행하면서 가중치가 이동하는 방향이다. 기울기 소실은 신경망 학습이 끝나지 않았는데 이 기울기가 0이 된다는 것을 의미한다. 기울기 소실이 일어나면 신경망은 이 학습 데이터로 학습할 수 없다. 학습 데이터가 의미 있는 경우에도 신경망은 이 데이터를 무시하기 때문이다. 이런 문제 때문에 연구자들은 여러 활성화 함수를 계속 검토했다.[4]

반대로 만약 뉴런의 출력값을 압축하지 않고 [그림 10-1-2]와 같은 활성화 함수를 사용하여 각 뉴런에서 계산한 가중 평균값을 곧바로 뉴런의 출력값으로 전달하면 어떻게 될까? 이 경우 기울기 소실 현상은 발생하지 않으며, 사실 이러한 함수를 사용했을 때 신경망의 가중칫값을 조정하는 것은 아주 쉽다. 하지만 이는 다른 문제를 일으킨다. 만약 신경망의 모든 뉴런에 이러한 활성화 함수를 사용하면 전체 신경망이 수학적으로 단일 레이어 신경망과 동치가 되어 버린다. 즉 심층 신경망을 사용함으로써 얻을 수 있는 장점을 잃는다. 다중 레이어 신경망의 장점이 더 중요하므로 이 방식을 사용할 수는 없다.

ReLU 활성화 함수

2010년부터 양극단의 중간에 해당하는 [그림 10-1-3] 같은 활성화 함수가 더 나은 결과를 보여주었다. 이 활성화 함수는 정류 선형 유닛(rectified linear unit, 이하 줄여서 'ReLU')이라고 하며, 2012년에 알렉스넷에서 사용한 후 그 밖의 다양한 신경망에서도 활용되고 있다.[5]

10 · 심층 신경망의 내부 구조　**235**

ReLU는 뉴런의 입력 가중 평균 합이 0보다 작을 경우에는 0을 출력하고 0보다 클 경우에는 합의 값을 그대로 사용한다. 연구자들은 한동안 이 함수가 S자 곡선 함수와 동일하게 레이어를 통과하는 메시지를 희석시키는 문제를 안고 있지 않을까 걱정했으나 실제로 적용해 보니 그런 일은 일어나지 않았다.[6]

ReLU 활성화 함수는 오히려 더 나은 특성을 갖고 있었다. 수정된 입력값에 대해 신경망의 뉴런 중 일부는 비활성화되거나 활성화된다. 만약 입력값을 어느 방향으로든 조금 조정하면 활성화되거나 비활성화된 뉴런들의 모임값은 보통 바뀌지 않는다. 불이 들어온 뉴런의 밝기는 입력값이 조정됨에 따라 변하겠지만 불이 켜진 상태나 꺼진 상태 자체는 그대로 유지될 것이다. 하지만 더 중요한 점은, 이 입력의 작은 영역에서는 신경망이 단일 레이어를 가진 신경망처럼 작동한다는 것이다. 마치 가중 평균 분류기의 모음처럼 말이다.

신경망의 입력값을 계속 조정해서 최초의 입력값에서 점점 멀어지게 하면 뉴런들의 출력값은 바뀌기 시작한다. 출력값은 입력값을 조정함에 따라 매끄럽게 변할 것이다. 즉 입력값을 갑작스럽게 변경하지 않는 한 출력값이 갑자기 튀는 일은 없다.[7] 하지만 입력값과 출력값 사이의 관계는 변한다. 즉 하나의 신경망을 단일 레이어 신경망의 모음(합쳐진 상태에서 학습 데이터를 받아들일 수 있는)처럼 사용할 수 있다. 어떤 단일 레이어 신경망이 입력값을 처리하는지는 어떤 뉴런이 입력값에 의해 켜지고 꺼지는지에 따라 달라진다. 사실 하나의 신경망 안에서 엄청나게 많은 양의 단일 레이어 신경망을 담아낼 수도 있다.[8]

엄청나게 많은 양의 신경망이란 것은 그저 우연이나 아무 생각 없이 나온 말이 아니다. 수학적인 의미에서 기하급수적인 숫자를 의미한다. 하나의 신경망 안에 숨길 수 있는 단일 레이어 신경망의 수는 신경망 안에서 뉴런을 켜고 끌 수 있는 모든 방법의 수에 의해 결정된다. 고작 60개의 뉴런이 있는 ReLU 신경망의 경우 뉴런을 켜고 끌 수 있는 모든 방법의 수(즉 신경망 안에 숨길 수 있는 단일 레이어 신경망의 수)는 지구의 사막과 해변에 있는 모래 알갱이의 수를 모두 합친 숫자에 가깝다.[9] 270개의 뉴런이 있는 신경망 조합은 현재까지 알려진 우주에 존재하는 원자의 수만큼 표현할 수 있다.[10] 기억해야 할 것은, 요즘의 신경망은 수백만 개의 뉴런이 있는 경우도 흔하다는 것이다. 신경망의 입력을 표현하는 데 간단한 함수만 사용해도 상관없다면 그래도 된다. 만약 단일 레이어 신경망의 모음에 좀 더 복잡한 함수를 사용할 필요가 있다면 그렇게 하면 된다.[11]

　ReLU 함수의 출력값 대부분은 S자 곡선 함수와 마찬가지로 일정한데, 왜 S자 곡선 함수와 같은 문제를 갖고 있지 않은 걸까? 신경망을 학습시킬 학습 데이터가 있다고 가정해 보자. 일반적인 입력에 대다수 뉴런은 불이 꺼진 상태가 되겠지만, 조금이나마 신경망의 입력에서 출력까지 불을 켜는 뉴런의 경로가 있다면 이 신경망의 가중치를 해당 경로를 따라 조정하여 예제 데이터를 학습시킬 수 있을 것이다. 학습 데이터에 포함된 정보가 뉴런의 경로를 활성화시킬 때 이 경로를 따라가는 가중치는 학습 데이터에서 좋은 결과를 얻을 수도 있고 오히려 나빠질 수도 있다.[12] 신경망이 학습하면서 보았던 예제 데이터와 비슷한 입력값을 만나면 신경망은 일부 또는 동일한 뉴런들에 불을 밝힘으로써 이 데이터를 기억할 것이다.

ReLU는 심층 신경망을 학습시킬 때 널리 쓰이는 다른 기법과 유사하게 학습하면서 특정 뉴런들이 일시적으로 억제된다는 장점이 있다. 신경망을 학습시키기 위해 학습 데이터를 사용할 때 뉴런의 일부(50%라고 해보자) 출력을 0으로 만듦으로써 이 뉴런을 학습에서 임의로 배제할 수 있다.[13] 이렇게 억제된 뉴런은 마치 존재하지 않는 것처럼 취급되고 나머지 뉴런의 가중치는 학습 데이터에 따라 조정된다. ReLU를 사용하면 기하급수적인 방법으로 이들 뉴런을 억제할 수 있다. 그러므로 실제 학습시킬 수 있는 신경망이 무한정 있는 것과 마찬가지다.

예측에 신경망의 결괏값이 쓰일 때 각 뉴런의 출력에 대한 해상도를 줄임(scale down)으로써 각 뉴런의 입력값은 서로 독립해서 학습된 모델들의 평균값이 된다. 이렇게 전체 신경망은 사실상 학습이 끝난 수많은 모델을 합친 것처럼 작동한다. 이 방식은 넷플릭스 프라이즈에서 성공을 거두었던 모델 평균 기법을 떠올리게 한다.[14]

심층 신경망 학습 기법(즉 ReLU 활성화 함수, 학습하면서 임의의 뉴런 억제, 많은 양의 학습 데이터, 넓은 레이어 대신 깊은 레이어 사용, 합성곱 레이어 사용 등)의 조합은 사람처럼 또는 그 이상으로 이미지를 잘 분류할 수 있는 신경망을 만드는 데 주요한 요소가 되었다.

이미지에서 객체를 식별하는 데 신경망이 사람보다 뛰어난 것은 사실이지만 여기에는 여러 변수가 있다. 한 개의 신경망은 특정한 범주를 인식하는 능력 면에서 인간을 능가하지만 자신이 학습한 좁은 범위에서 우위를 갖는다. 예를 들면, 학습 데이터에서 얻은 120가지 개의 종류와 같은 특정한 범주에서만 인식 능력이 유효하다는 것이다. 신경망은 대부분 한정된 유형의 대상만 정확히 식별할 수 있다. 예를 들어, 코칼(coucal, 뻐꾸기의 일종), 코몬도르(komondor, 목양견의 일종), 노란 복주머니꽃(yellow lady's slipper, 난초의 일종) 같은 대상을 인식하는 신경망이 있지만, 일반인은 이들 대상을 좀 더 넓은 범주에서 뻐꾸기, 목양견, 난초 정도로 인식하거나 그저 새, 개, 꽃 정도의 범주로 인식할 수도 있다. 이미지넷 대회에 참가한 연구자들은 컴퓨터와 비교했을 때 인간은 이러한 범주를 공부하면 할수록 더 좋은 결과를 낸다는 사실을 발견했지만, 사실 인간은 불완전하다는 것 또한 발견했다.[15]

또한 신경망에도 약점은 있다. 인간을 능가하는 알고리즘도 이미지에서 객체를 식별할 때는 사람이라면 하지 않을 실수를 저지른다.[16] 예를 들면, 흰색 배경에 줄이 다섯 개인 빨간색 바느질 자국이 있는 이미지를 사용해 신경망이 야구공을 보고 있다고 생각하도록 속일 수 있다. 한 가지 예를 더 들면, 신경망에게 검은색, 회색, 오렌지색의 물결무늬를 보여주자 킹펭귄(king penguin)으로 인식했다. 마지막 예로, 신경망은 잘 배치된 여러 사각형을 리모콘으로 인식하기도 했다. 사람도 어떤 대상을 보고 착각을 일으킬 수 있지만, 신경망은 그와는 또 별개의 다른 대상으로 인식할 수 있다.[17] 이런 현상은 신경망이 이미지를 사람과는 다른 방식으로 해석하기 때문에 일어난다.

인조 인간의 꿈

09장에서 논의했던 합성곱 신경망에 개를 촬영한 사진 이미지를 입력한다고 가정해 보자. 신경망의 가중치에 따라서 신경망의 레이어들이 하나하나 활성화될 것이다. 각 레이어는 이미지에서 발견한 다양한 패턴에 반응해서 어떤 뉴런은 꺼지고 어떤 뉴런은 켜질 것이다. 개의 사진을 신경망에 입력했으므로 신경망을 깊게(네 번째 또는 다섯 번째 레이어라고 해보자) 들여다보면 개의 일부분을 나타내는 뉴런들을 인지할 수 있을 것이다. 개의 털이나 얼굴 같은 부분에 해당하는 이들 뉴런이 밝게 빛날 것이다. 마지막 레이어에서는 개에 해당하는 뉴런에 빛이 들어올 것이고 나머지 뉴런들은 불이 꺼진 상태일 것이다.

여기가 재미있는 부분이다. 09장에서 신경망을 처음으로 학습시킬 때 개별 학습 데이터에 따라서 신경망의 가중치가 어떤 식으로 조정되는지 세부 내용은 자세히 다루지 않았다. 신경망 학습 알고리즘은 신경망의 말단에 있는 개 뉴런이 얼마나 부정확한지에 따라 자신의 가중치를 조정한다는 점을 기억하자. 이 알고리즘은 신경망의 출력이 학습 데이터의 메타데이터에 있는 값과 일치하는 정도를 측정하는 수학 함수를 사용한다. 이 메타데이터는 단순히 이미지에 개가 있는지 여부를 나타내는 1과 0의 값이다. 알고리즘은 신경망을 학습시킨 후 다음번에 출력값을 조금 더 정확히 예측하도록 하려면 신경망의 가중치가 어느 방향으로 조정되어야 하는지를 고등학교 수준의 수식을 사용해 계산한다.

만약에 이미지를 잘 인식하기 위해 신경망의 가중치를 조정하는 대신 신경망에 더 잘 들어맞게 이미지를 변형하면 어떨까? 즉 신경망의 학습이 끝나면 신경망의 가중치는 고정해 놓은 채 입력 이미지를 변형하는 방식으로 개 뉴런을 활성화하고 다른 뉴런들은 비활성화되도록 한다면 어떤 일이 일어날까?

이렇게 이미지의 픽셀을 조금씩 반복해서 변형한다면 처음에 개가 사진에 존재하지 않았어도 실제로 나타나기 시작할 것이다.[18] 사실 09장에서 살펴본 이미지는 이런 방식으로 생성된 것이다. 딥 러닝 연구자들은 알렉스넷과 같은 신경망으로 특정한 뉴런(예를 들어, 백상아리나 모래시계 등을 나타내는)을 활성화하고 다른 뉴런의 불은 꺼지도록 입력 이미지를 변형했다.[19] 구글의 연구자들은 비슷한 방식을 사용해 자신들이 만든 신경망을 분석해 보았다. 그들은 분석 내용을 공개하면서 몇 가지 예를 들었다. 그중 하나는 체육관에서 볼 수 있는 덤벨을 인식하는 뉴런으로부터 생성된 이미지였다. 이 이미지에는 덤벨이 실제로 있었지만 이 덤벨에 연결된 근육질의 팔도 함께 보여주었다. 연구자들이 발견한 것은 신경망이 덤벨을 구별하기 위해서 학습한 주요 특성에는 덤벨 그 자체뿐만 아니라 덤벨이 존재하는 맥락도 포함했다는 것이다.[20]

구글은 비슷한 방식으로 딥 드림(Deep Dream) 이미지를 제작했다. 하지만 구글은 신경망이 개나 특정한 대상 자체를 이미지에 삽입하게 하는 대신 신경망이 대상에서 발견한 특성을 아무 것이나 사용할 수 있게 했다. 딥 드림을 만든 엔지니어는 구글 AI 블로그(ai.googleblog.com)에 다음과 같은 글을 남겼다.

우리는 신경망을 통해 재생산하려는 특성을 정확하게 선택하는 대신 이 선택조차도 신경망에게 맡겼습니다. 이 경우 우리는 그저 신경망에 아무 이미지나 사진을 입력하고 신경망이 그 그림을 분석하도록 놔두었죠. 그런 다음 우리는 레이어를 선택하여 신경망 스스로 감지한 대상을 강화하도록 했습니다. 신경망의 각 레이어는 서로 다른 추상화 수준에서 특성을 처리하기 때문에 우리가 만들어 내는 특성의 복잡도는 어떤 레이어를 선택했는지에 달려 있습니다. 예를 들면, 낮은 수준의 레이어는 붓의 자국(stroke)이나 간단한 무늬를 생성하는 경향이 있는데, 이는 이들 레이어가 경계선 검출이나 패턴 방향 등의 기본 특성에 민감하기 때문입니다.

높은 수준의 레이어를 고르면, 이 레이어는 이미지에서 좀 더 복잡한 특성을 감지하기 때문에 복잡한 특성이나 대상 전체가 드러나는(emerge) 경향이 있습니다. 우리가 기존에 존재하던 이미지를 방금 신경망에 넣었다고 해보죠. 우리는 신경망에게 "방금 본 그 이미지를 더 만들어 봐!"라고 요구합니다. 이 과정은 피드백 루프를 만듭니다. 만약 구름이 새와 조금이라도 비슷해 보이면 신경망은 구름을 좀 더 새와 비슷하게 보이게 만들 것입니다. 이는 다음 차례에 신경망이 좀 더 새를 민감하게 인식하도록 만들고 더 선명한 새가 여기저기에서 뚜렷하게 등장하기까지 계속 반복됩니다.[21]

Imgur.com에 게시된 신비한 이미지는 이런 방식으로 만들어졌다. [그림 10-2-2]에서 딥 드림이 이와 유사한 알고리즘에 새끼 고양이 사진([그림 10-2-1])을 입력해서 생성해 낸 결과를 볼 수 있다.

구글 AI 블로그에 이 글이 공개된 후 다른 연구자들도 이와 비슷한 아이디어를 사용하기 시작했다. 연구자들은 작가의 그림에서 가져온 특정한 스타일을 전혀 다른 이미지에 적용할 수 있도록 해주는 프로그램을 만들었다. 가족사진에 빈센트 반 고흐의 그림 스타일을 적용하고 싶다면 사진을 찍어서 이러한 프로그램에 입력하면 되는 것이다.

프로그램에서 어떤 작가 스타일의 이미지(예를 들어, 고흐의 그림)가 신경망에 입력되면 뉴런은 평소처럼 활성화된다. 하위 레이어에서 활성화된 뉴런은 주로 낮은 수준의 윤곽선 검출기를 갖고 있고 상위 레이어의 뉴런은 객체 검출기를 갖고 있다. 스타일 변형 알고리즘은 이미지 전체에서 각 레이어의 필터들이 서로 얼마나 관련이 있는지를 측정한다. 이 관련성은 알고리즘이 작가의 스타일을 정의하는 방식이다. 특정한 필터들이 이미지의 서로 다른 부분에서 지속적으로 활성화되고 이에 대한 추론이 이루어지고 나면 활성화된 뉴런은 작가의 스타일에서 중요한 요소를 표현하는 단서가 된다. 만약 어떤 작가가 몇 가지 색으로 수많은 작은 점을 사용하는 경향이 있다면 이러한 작은 점을 인식하는 뉴런들이 서로 관련성을 갖는다. 또한 어떤 작가가 날카로운 붓놀림을 사용하는 경향이 있다면 이것을 감지하는 뉴런은 그림에서 이러한 부분이 있을 때마다 서로 함께 활성화된다.

▲ 그림 10-2-1 새끼 고양이 사진

▲ 그림 10-2-2 딥 드림 알고리즘을 반복해서 적용하여 신경망의 인식에 따라 재해석된 새끼 고양이 사진

▲ 그림 10-2-3 스타일 변형 알고리즘을 적용하여 고흐의 그림 느낌이 나는 새끼 고양이 사진

▲ 그림 10-2-4 스타일 변형 알고리즘을 적용하여 〈심슨 가족〉의 그림 느낌이 나는 새끼 고양이 사진

[그림 10-2-1]을 제외한 나머지 [그림 10-2-2], [그림 10-2-3], [그림 10-2-4] 이미지는 https://deepdreamgenerator.com에서 생성한 것이다.

그런 다음 변형할 이미지(예를 들어, 가족사진)를 동일한 신경망에 입력한 뒤 신경망에서 이미지의 핵심 요소를 감지할 레이어를 선택한다. 그러고 나면 알고리즘은 가족사진을 변형하여 각 레이어의 뉴런이 서로 연관성을 맺게 만들어 이 연관성이 스타일 이미지에서 발견한 연관성과 비슷해지게 만든다. 이 과정에서 알고리즘은 선택한 레이어의 뉴런들이 원래 값에서 크게 벗어나는 것을 허용하지 않는다.

각 레이어에서 나타난 필터 간의 연관성이 작가의 스타일을 반영할 수 있다면 결과적으로 첫 번째 이미지 스타일의 새로운 이미지가 생성될 것이다. 실제로 예측은 들어맞아서 알고리즘의 결과물은 상상한 것과 일치했다. 앞에서 예를 든 가족사진이 고흐 그림의 스타일에 맞춰 새로운 이미지로 생성된 것이다.

그리고 어떤 그림이든 스타일 이미지로 사용할 수 있었다.[22] 동일한 방식을 새끼 고양이의 사진에 적용한 결과는 [그림 10-2-3]과 [그림 10-2-4]에서 볼 수 있다. 결과 이미지는 서로 다른 회화적 스타일의 특징을 잡아냈다. 한 이미지는 고흐의 〈자화상〉 같은 유명한 작품에서 볼 수 있는 강렬한 붓 자국을 볼 수 있으며, 다른 이미지는 〈심슨 가족〉 스타일의 만화 이미지를 떠올리게 한다.

이 알고리즘이 가족사진을 재해석할 때 실제로는 내부에서 해석하는 일은 일어나지 않는다는 것을 기억하자. 신경망은 단순히 스타일 이미지와 변형할 이미지를 처리하여 각각의 뉴런이 예측한 대로 활성화되도록 하며, 그런 다음 알고리즘은 미리 정의된 수학 함수에 최적화되도록 원본 이미지를 조정하여 스타일 이미지에서 서로 연관성이 있는 뉴런들이 원본 이미지에서 같은 방식으로 활성화되도록 이미지를 변형한다. 컴퓨터 프로그램의 결과물이라 생각하면 놀라워 보일 수 있다. 그러나 신경망은 우리가 생각하는 것보다 고차원의 추상화된 명령을 수행한다.

우리는 최근까지 컴퓨터가 매우 기본적인 수준의 이미지 작업만 수행한다고 알고 있었다. 현실이 그러했기 때문이다. 사람들이 사용하는 사진 편집 소프트웨어에는 사진의 색상 균형(color balance)을 조정하거나 화질을 부드럽게 하는 기능이 들어 있다. 최근에는 이러한 기능이 합성곱 신경망의 하위 레이어를 사용해 구현할 수 있게 되었다. 지금까지 소개한 알고리즘은 좀 더 추상적인 수준의 이미지 작업을 수행하며 여러 레이어에 걸친 뉴런을 사용해 이미지를 해석하고 조정한다. 이와 같은 기능은 신경망의 장점 중 첫째로 꼽을 만한 것이며 신경망이 여러 독특하고 비직관적인 응용 프로그램에 적용할 수 있는 이유이기도 하다.

09장과 10장에 걸쳐 심층 신경망을 이용해 컴퓨터가 이미지를 어떻게 해석하고 조작할 수 있는지를 사람의 관점에서 살펴보았다. 지금까지는 심층 신경망을 사용해 시각 정보를 해석하는 일에만 초점을 맞추었다. 심층 신경망으로 다른 종류의 매체, 이를테면 음성 녹음이나 텍스트를 해석하고 조작하는 것도 가능하지 않을까?

이것이 11장에서 살펴볼 내용이다. 심층 신경망은 이러한 영역에서도 잘 작동하는데 그 이유는 이런 분야에도 막대한 데이터가 존재하기 때문이다. 곧 살펴보겠지만, 다른 매체를 처리하기 위해서는 새로운 심층 신경망 도구(합성곱 필터와 닮았지만 시계열 데이터■를 다룰 수 있는)를 도입해야 한다.

■ 시계열 데이터(time series data): 시간의 흐름에 따라 일정한 시간 간격으로 배열된 데이터

세상과 소통하는 인공 지능

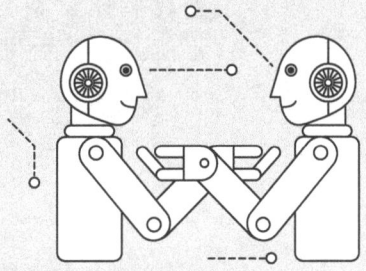

영화에서 인공 지능은 사람과 대화하고 스스로 판단하는 등 사람에게 도움을 주는 것으로 묘사된다. 언제쯤이면 인공 지능이 언어를 이해하고 문맥을 파악해서 문제에 적합한 답을 할 수 있을까? IBM에서 만든 왓슨은 퀴즈 쇼 <제퍼디!>에서 대화형 인공 지능의 아이디어를 제시했다. 왓슨이 DeepQA 시스템을 활용해서 <제퍼디!>를 정복한 접근법을 알아보자.

11 ▶ 듣고 말하고 기억하는 신경망

12 ▶ 자연어, 그리고 <제퍼디!> 문제의 이해

13 ▶ <제퍼디!>의 답 마이닝하기

11

듣고 말하고 기억하는 신경망

NEURAL NETWORKS THAT CAN HEAR, SPEAK, AND REMEMBER

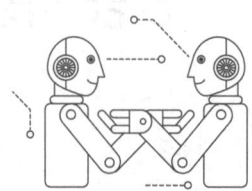

기계가 '이해'한다는 것의 의미

지금까지 몇 장에 걸쳐 심층 신경망(deep neural network)이 어떻게 이미지의 객체를 인식할 수 있는지 살펴보았다. 이러한 종류의 신경망에 집중한 것은, 이 책에서 다룬 대부분 사례에서는 컴퓨터가 세상을 시각 형태로 인식하기 때문이다. 하지만 컴퓨터가 다른 수단을 통해 세계와 상호 작용할 수 있다면 어떻게 될까? 예를 들면, 문장을 만든다든가 사람의 말을 이해한다든가 하는 방식으로 말이다. 합성곱 신경망이 이런 문제도 해결할 수 있을까? 이런 상황에 다른 신경망의 요소도 쓸모가 있을까? 질문의 범위를 약간 바꿔서, 음성 언어를 이해하는 데 신경망을 사용할 수 있을까?

이러한 질문에 모두 '예'라고 대답할 수 있다. 그래서 11장에서는 시각 형태가 아닌 다른 방식으로 세계와 상호 작용하는 방법을 살펴보려고 한다. 자세히 살펴보기 전에 컴퓨터 프로그램이 사람의 음성을 '이해'한다(understand)는 표현을 사용할 때의 의미를 좀 더 명확히 하고 넘어가자. 사람이 자연어를 이해하는 방식과 동일하게 기계에게 자연어를 이해시키는 일은 아직 요원하지만, 녹음된 음성을 단어 나열로 변환하는 음성 인식(speech recognition) 프로그램은 이미 개발되어 있다. 이러한 알고리즘은 알렉스넷이 이미지를 다루는 방식과 동일하게 작동한다. 음성을 분류하고 인간이 해석할 수 있는 특정 단어를 분류 결과에 할당하는 것이다. 이미지에서 객체를 찾아내는 알고리즘이 사람의 정확도와 경쟁하듯 음성 인식 알고리즘 또한 사람의 음성 인식 능력과 경쟁하고 있다.

음성 인식 심층 신경망

음성 언어를 문자화하는 신경망을 설계하는 작업을 진행한다고 가정해 보자. 어디에서부터 시작해야 할까? 신경망에는 어떤 데이터를 입력하고 어떤 출력 결과를 얻어야 할까? 얼마나 많은 레이어를 사용해야 하고 이들 레이어는 어떤 방식으로 연결해야 할까? 이러한 질문에 대한 답을 알아내기 위해 웹 검색 분야의 거대 기업인 바이두(Baidu)가 만든 음성 인식 시스템을 살펴보자.

바이두의 신경망은 인간의 음성 인식 능력과 견줄 만한 수준이다. 구글의 신경망이 대규모 데이터를 토대로 이미지 분류에서 인간과 경쟁할 정도의 결과물을 만들었던 것과 마찬가지로, 바이두도 대규모 데이터를 토대로 이러한 일을 해낼 수 있었다. 바이두는 성능이 가장 좋은 음성 신경망을 학습시키기 위해 11,940시간 분량의 영어 음성(1년을 꽉 채우고도 남는다!)을 사용했다. 알렉스넷의 제작자가 이미지넷의 데이터를 변조해서 학습에 활용했던 것과 마찬가지로 바이두는 음성 데이터를 변조하여 학습 데이터를 보강했다. 녹음된 음성을 이리저리 늘리거나, 녹음된 음성의 높낮이를 바꾸거나, 잡음을 추가하는 방법으로 데이터의 양을 몇 배나 늘릴 수 있었다.[1] 음성의 내용은 바꾸지 않고 음성이 어떻게 들리는지만 변형했다. 하지만 음성을 정확하게 문자화하는 신경망을 만드는 일은 대량의 데이터만 있다고 해서 가능한 일은 아니었다. 적절한 신경망 구조를 선택하는 일이 필요했다.

이 신경망은 녹음된 소리를 입력받아 음성을 문자화한 결과를 출력한다. 음성 신경망의 입력 데이터로 녹음된 소리의 스펙트로그램(spectrogram)을 사용할 수 있다. 스펙트로그램은 녹음된 소리를 시간 흐름에 따라 서로 다른 주파수로 구분해 소리의 세기를 보여준다. 스펙트로그램을 흑백 이미지로 생각해 보면 x축은 시간, y축은 주파수, 흑백의 픽셀은 특정 시간의 특정 주파수의 세기를 나타낸다. 고음을 표현한 스펙트로그램은 그림의 상단에 검은 막대가 죽 그려져 있을 것이다. 간헐적으로 반복되는 소리는 흰색 배경에 검은 덩어리가 왼쪽에서 오른쪽으로 늘어서 있는 형태의 스펙트로그램을 만들 것이

다. 또한 녹음된 소리를 스펙트로그램으로 변환할 수 있는 것처럼 스펙트로그램에서 녹음된 소리를 복

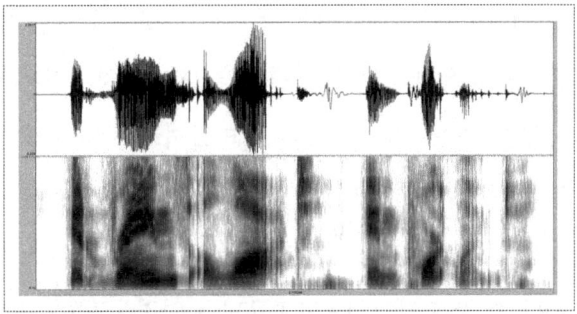

▲ 일반적인 스펙트로그램의 이미지. 아론 파레키(Aaron Parecki) 제공

원할 수도 있다. 사실 녹음된 소리를 스펙트로그램으로 부호화할 수 있다는 것은 스펙트로그램을 신경망에 입력할 수 있다는 의미이기도 하다.

이제 녹음된 소리가 이미지로 변환되었으니 이를 처리하는 신경망에 합성곱 레이어를 사용해야 할까? 그렇다. 그리고 바이두의 신경망도 합성곱 레이어를 사용한다. 바이두가 사용하는 신경망의 앞쪽에 위치한 몇 개의 레이어는 실제로 합성곱 레이어이다. 하지만 앞에서 (216쪽) 살펴본 것과는 좀 다른 합성곱 레이어가 필요한데 이는 신경망에서 시간을 처리할 방법이 필요하기 때문이다.

순환 신경망(RNN)

시계열 데이터와 순차 데이터를 다룰 때 가장 흔히 사용하는 신경망은 순환 신경망(recurrent neural network, 이하 줄여서 'RNN')이다. RNN은 동일한 뉴런 유닛을 묶어서 [그림 11-1]처럼 입력을 차례대

로 전달하는 신경망이다. 각 뉴런 유닛은 합성곱 필터처럼 동일한 가중치를 공유한다. 합성곱 필터와 RNN의 차이점은, 합성곱 필터에서는 동일한 가중치를 공유하는 필터들끼리는 서로 입력값을 전달하지 않는다는 것이다. 반면에 RNN은 각각의 RNN 유닛이 자신의 출력값을 자신과 동일한 가중치를 가진 바로 다음 RNN 유닛에 입력값으로 전달한다. 그리고 각각의 RNN 유닛은 입력을 받아 다양한 방식으로 변환한 뒤 출력한다. RNN은 각 유닛이 데이터를 조작하고 전달하는 방식으로 데이터의 상태를 기록할 수 있게 해주는 마법을 일으킬 수 있다.

여기서 잠깐 앞으로 돌아가서 자율 주행차가 어떻게 복잡한 기능

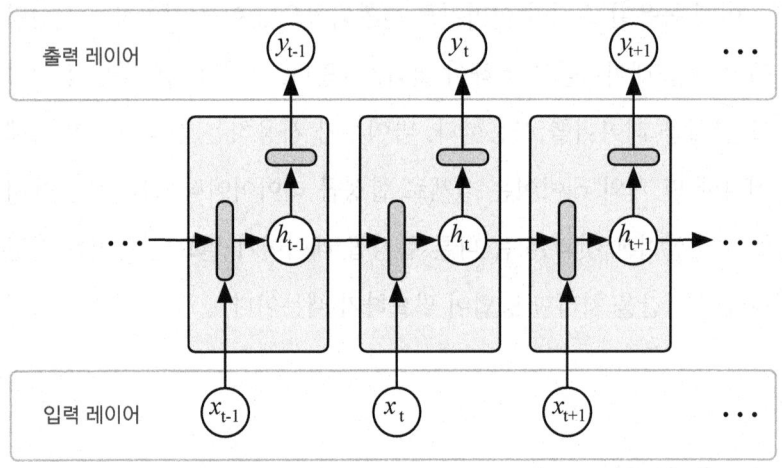

▲ 그림 11-1 시간 흐름에 따라 펼쳐진 RNN 유닛들

각 유닛은 상태 변수 h를 갖고 있으며, 이 값은 각 유닛을 통과하면서 전이(transition)된다. 전이는 입력 x와 유닛의 직전 상태로 정의된다. 각 유닛은 출력 y를 생성하여 신경망의 나머지 부분과 상태에 대한 정보를 공유한다. 어두운 부분은 유닛 내에서 일어나는 변환(transformation)을 나타낸다(변환은 보통 신경망의 뉴런들에 의한 부호화를 의미한다).

을 수행할 수 있었는지 생각해 보자. 주변 상황을 인식하는 기능은 자율 주행차에게 당연히 필요하다. 하지만 보스처럼 시내를 주행해야 하는 자율 주행차는 복잡한 상황에서 이성적으로 결정을 내리는 방법이 필요하다. 보스의 추론 레이어에는 유한 상태 기계(모노폴리 판)가 있어서 보스는 임무를 수행하는 동안 여기에 진행 상황을 기록했다. 보스의 임무가 하나하나 진행되면 추론 레이어는 가상의 말을 모노폴리 판 위에서 움직여 가며 보스가 지금 어디에 있는지, 다음에 갈 수 있는 장소로 어떤 곳이 있는지, 다음에 갈 장소를 어떻게 결정해야 하는지 등의 상태를 기록했다.

RNN은 모노폴리 판이 보스에게 제공한 것과 동일한 기능을 신경망에게 제공한다. 각각의 순환(recurrent) 유닛은 현재 상태를 살펴보고, 그 상태에 따라서 특정한 행동을 수행할지 결정하고, 필요하면 주변 환경에서 인지한 정보를 바탕으로 현재 상태를 변경한다. 신경망에서는 모노폴리 판에서 말을 움직이는 것과 비슷한 역할을 RNN이 한다고 볼 수 있다.

물론 보스의 모노폴리 판과 RNN에는 몇 가지 차이가 있다. 보스의 유한 상태 기계에서는 (당연하지만) 상태의 수가 유한하다. RNN의 상태 정보는 보통 고정 소수점의 벡터로 표현되기 때문에 RNN의 상태 표현 방식이 좀 더 유연하다.∎ 이 숫자는 다차원 공간의 점 같은 것으

∎ 상태의 개수가 고정된 이산(disclete)형이 아니라 연속된 값을 가지기 때문에 유연하다고 표현한 것이다.

로, 이 점의 위치는 상태의 의미(semantics)로 정의되는 공간 내에 존재하는 것이다. 또 다른 차이점은, 보스 같은 자율 주행차의 유한 상태 기계는 사람이 직접 보스의 상태 전이에 대한 간단한 규칙을 적용하면서 프로그래밍을 한다는 점이다.

반면에 RNN에서의 상태 정보와 상태 전이는 뉴런의 가중치에 저장된 규칙을 따른다. 이 가중칫값들은 데이터에서 학습된 결과다. 즉 각각의 RNN 유닛은 매우 단순해서 자신의 가중칫값을 저장하고 변경하는 일밖에 할 수 없다. RNN 유닛은 그저 상태 변경기일 뿐이다. 신경망이 상태 정보를 가지고 뭔가 재미있는 일을 하려면 RNN 유닛은 상태 정보에 대한 메시지를 신경망의 다른 부분으로 출력해야 한다. 음성 신경망에서 이들 유닛은 신경망의 깊은 레이어 쪽으로 메시지를 출력한다. 데이터가 충분하다면 차례대로 연결된 순환 유닛들은 음성 신경망에서 녹음된 음성의 주파수 스펙트로그램을 정리하는 데 필요한 상태 정보를 학습하게 된다. 신경망은 어떤 소리가 공통으로 들리는지, 어떤 소리가 다른 소리의 뒤에 이어 들리는지 등을 학습하게 될 것이다.

이제 우리는 음성 신경망의 여러 부분에서 RNN을 활용할 수 있다. 시간의 흐름을 따르는 RNN을 만들 수 있는 것처럼 시간을 역행하는 RNN 또한 만들 수 있다. 상태 정보와 상태 전이를 학습할 때 이 방식을 사용해 스펙트로그램을 다른 방식으로 정리할 수 있다. 또한 여러 RNN을 쌓아서 연결할 수도 있다. [그림 11-2]에서 볼 수 있는 것처럼, 시간 차원에 따라서 RNN을 나열하는 것이 아니라 RNN 위에

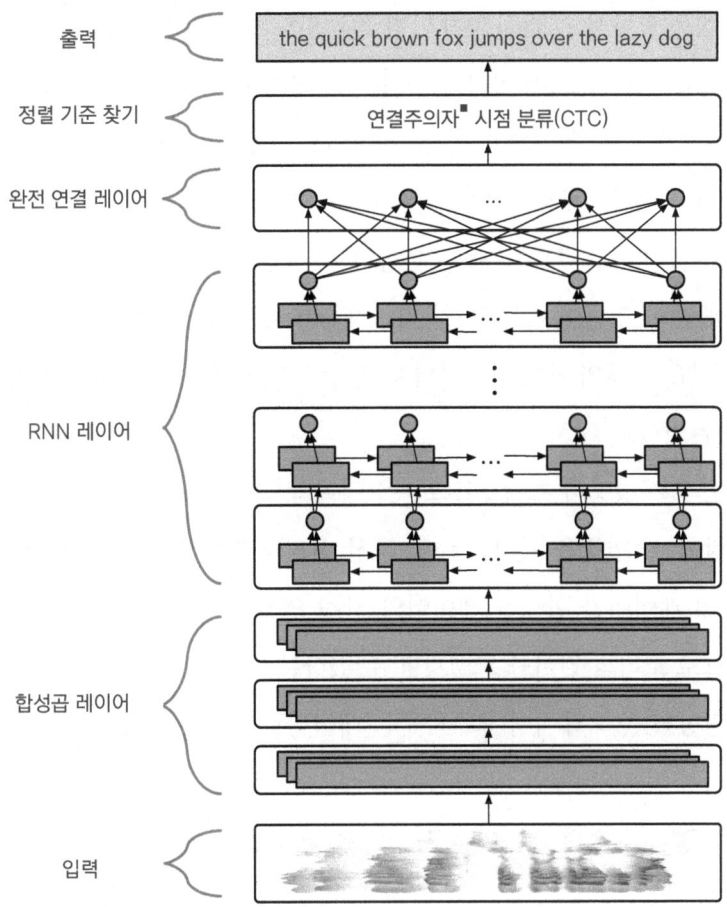

▲ 그림 11-2 바이두의 음성 인식 시스템인 딥 스피치 2의 구조

신경망의 학습은 녹음된 사람의 음성에 대한 대본과 CTC(connectionist temporal classification, 연결주의자 시점 분류)라는 개념을 사용해 이루어진다. CTC는 단어와 완전 연결 레이어 간의 정렬 방법을 찾는 것이다. Amodei 외, '딥 스피치 2'에서 허락을 받아 이미지를 사용함.[1]

■ 연결주의자: 연결주의를 따르는 기계 학습 연구자를 가리킨다. 최근 급속한 인공 신경망의 발전을 이끄는 제프리 힌튼, 요수아 벤지오, 얀 르쿤 등이 포함된다. 연결주의는 인공 지능이나 인지 과학, 뇌 과학 등을 연구할 때 단순한 유닛들의 상호 연결된 망으로 정신적 또는 행위적 현상을 모델링하는 접근법을 뜻한다.

RNN을 쌓아서 시간 차원에 따라 정렬되도록 하는 것이다. 이런 방식으로 RNN을 쌓으면 여러 개의 합성곱 레이어를 사용하는 것과 같은 방식으로 활용할 수 있다. 깊은 레이어로 갈수록 각각의 RNN 레이어는 이전 레이어에서 두드러진 경향성을 찾아내는 방식으로 이전 레이어의 출력을 요약하고, 높은 추상화 수준을 바탕으로 신경망의 입력값에 대한 추론이 가능해진다. RNN 레이어를 몇 개 쌓은 후 이 레이어를 또 몇 개의 합성곱 레이어 위에 두고 그 위에 완전 연결 레이어를 둘 수 있다.

음성 신경망이 스펙트로그램을 입력받으면 알렉스넷과 비슷한 신경망이 이 입력을 처리하는데, 음성 신경망과 알렉스넷의 차이점은 RNN 레이어가 합성곱 레이어와 완전 연결 레이어 사이에 끼어 있으므로 소리의 전이를 모델링할 수 있다는 것이다. 이제 필요한 것은 신경망의 출력 레이어에서 나오는 데이터로 텍스트를 예측하는 방법이다.

신경망의 출력 레이어는 시간의 흐름을 나타내는 축과 알파벳 글자(그리고 글자 사이의 간격)를 나타내는 축으로 이루어진 격자(grid) 형태의 뉴런들이다. 신경망이 작동하면 신경망은 상태가 변화하는 순간마다 어떤 글자가 나타날지 예측값을 생성한다. 이 예측값은 특정 순간에 어떤 글자가 나타날 확률이 높을 때는 높은 값을 갖고 그렇지 않을 때는 낮은 값을 갖는다. 하지만 이 방식으로는 녹음된 음성에서 텍스트를 예측하는 데 문제가 있다. 실제 텍스트에 맞춰 출력 레이어의 뉴런을 정렬해야 한다. 단순히 모든 순간마다 나타날 확률이 높은 글자를 출력한다면 다음과 같이 반복되는 문자열을 얻을 것이다.

> wwwhhhaattt iissss tthhe wwweeeaatthheerrrr lllikke iiinnn bboostinn rrrightt nnowww

이 문제를 해결하는 방법 하나는 (단지 일련의 문자열을 예측하는 작업일 경우) 간단히 매 순간 나타날 확률이 높은 글자로 이루어진 단어를 생성한 뒤 중복을 제거하는 것이다.[2] 이 방법은 그럭저럭 작동하지만 부정확한 결과를 만들 수도 있다.

> what is the weather like in bostin right now[3]

bostin은 Boston을 뜻하며 철자는 틀렸지만 음성학적으로는 옳은 결과이다. 가끔 음성학적으로는 얼추 맞아도 다음 텍스트처럼 영문을 알 수 없는 결과가 나올 수도 있다.

> arther n tickets for the game[4]

원래 인식되어야 했을 텍스트는 "Are there any tickets for the game?"였다. 영어 단어가 나열되는 순서에 대한 통계를 사용하면 이 결과를 바로잡을 수 있다. 이 방법에 대한 감을 잡기 위해 다음 두 문장 중 어느 쪽이 더 자연스러운지 한번 살펴보자.

> - People he about spilled thing the fun secret most of the the was blender
> - He spilled the secret of the blender was the most fun thing about people

두 문장은 정확히 같은 단어를 사용하고 있고 두 문장 모두 어떤 의미를 갖는 문장은 아니지만 두 번째 문장이 좀 더 자연스러워 보인다. 이 문장을 살펴보면서 문장에서 세 개의 연속된 단어를 아무거나 뽑아보면 일반적인 문장에서 찾아볼 수 있는 단어의 흐름이 있다. 그러나 첫 번째 문장의 경우에는 그렇지 않다. 바이두의 연구자들은 이 아이디어를 사용해 영어 텍스트에서 등장하는 빈도를 기준으로 자연스러워 보이는 최대 다섯 개까지의 단어로 구성된 구문을 수집했다.[5] 상상할 수 있듯이, 단어의 나열 순서에 대한 통계를 사용하면 구성할 수 있는 텍스트의 경우의 수를 크게 줄일 수 있다. 예를 들어, 다음 문장에서 빈칸에 들어갈 단어가 무엇일지 예측해 보자.

> rain fell from the _____

당연히 이 문장은 sky 또는 clouds로 끝을 맺을 것이다. 그러므로 녹음된 음성이 객관적으로도 rain fell from this guy로 들린다 해도 바이두의 음성 인식 시스템은 언어 통계를 사용해 rain fell from the sky라는 텍스트를 고를 것이다.

그런 다음 바이두의 음성 인식 시스템은 음성 신경망의 출력 레이어 값과 단어의 순서에 대한 통계를 바탕으로 검색 알고리즘을 사용해 글자의 나열 순서가 최대한 일치하는 텍스트를 찾는다. 이 검색 알고리즘은 보스가 주차장에 주차할 때 사용했던 경로 탐색 알고리즘과 비슷한 점이 많다. 하지만 보스의 경로 탐색 알고리즘은 더 작은 경로 조각들을 결합해서 길을 찾는 형태였고, 이 음성 인식 시스템은 글자의 나열 순서를 검색한다. 또한 경로 탐색 알고리즘은 비용 함수에서 시간과 위험성이라는 인자를 사용하지만, 음성 인식 시스템은 신경망의 예측값과 단어 모델(다섯 개의 단어로 구성된 문구들)에서 가져온 통계를 바탕으로 등장할 가능성이 가장 큰 글자와 단어로 텍스트를 구성했다.

이미지 설명글 생성기

앞에서 살펴본 음성 인식 시스템은 녹음된 음성을 정확히 문자로 필사할 수 있지만 그 내용까지 이해하지는 못한다. 아직 언어를 이해할 수 있는 신경망까지는 갈 길이 멀지만 연구자들은 RNN을 사용해서 신경망이 언어를 이해하는 것처럼 보이게 할 방법을 발견했다. 최근 진전된 것이 있다면 이미지의 내용을 자연스러운 구문으로 설명하는 신경망을 들 수 있다.

이미지 설명글 생성 알고리즘(image captioning algorithms)에서 주목할 만한 점은 작업(이미지를 이해하고 이미지를 설명하는 문구를 생성하는)이 모두 신경망을 통해 이루어진다는 것이다(잠시 후 다른 검색 알고리즘의 경우도 살펴볼 것이다). 이 알고리즘이 어떤 맥락에서 동작하는지 알아보기 위해 이미지에서 검출한 객체의 이름을 템플릿에 채워 넣는 데 쓰인 예전의 알고리즘을 한번 살펴보자. 이 알고리즘의 출력 결과는 컴퓨터 프로그램에서 기대할 법한 단순한 문장이다.

> There are one cow and one sky. The golden cow is by the blue sky.[6]

예제를 하나 더 살펴보자.

> This is a photograph of one sky, one road and one bus. The blue sky is above the gray road. The gray road is near the shiny bus. The shiny bus is near the blue sky.[7]

이들 알고리즘은 사진 속의 풍경을 설명하고 있지만 결과물이 어색하다. 사진 속에서 반짝이는 버스가 파란 하늘 근처에 위치하는 것은 사실이지만, 버스가 하늘 옆에 있다고(is near) 표현하는 것은 좀 기묘하다. 하지만 컴퓨터에게 기대할 만한 결과는 이 정도이다. 낮은 수준의 이미지 작업을 수행할 수 있는 이미지 편집 소프트웨어에게 우리가 기대할 수 있는 기능은 색상 균형(color balance)을 조정하거나 픽셀을 흐리게 하는 정도일 뿐 그 이상의 복잡한 기능은 요구할 수 없다. 마찬가지로 컴퓨터에게 복잡한 방식의 언어 구사 능력을 기대하긴 어렵다.

반면에 신경망을 사용하면 이미지에 다음과 같은 설명글을 생성할 수 있다.

A group of people shopping at an outdoor market

A group of people sitting in a boat in the water

and

A giraffe standing in a forest with trees in the background[8]

이런 식으로 설명글을 생성하는 신경망은 일련의 변형 과정을 거쳐 사진을 구문으로 변환한다. 변형 과정에서 신경망은 첫 번째로 합성곱 신경망을 사용해 이미지를 처리한다. 서로 다른 객체가 이미지에 있는지 없는지를 예측하는 대신 신경망이 이미지를 부호화하여 해당 이미지 속의 풍경에 대한 간결한 설명을 제공하기 위한 수많은 벡터값을 생성한다는 점을 제외하면 이는 알렉스넷이 이미지를 처리하는 방식과 비슷하다.

일단 알고리즘이 이미지를 벡터값으로 정의하면 신경망의 나머지 부분(일련의 RNN 유닛을 갖고 있다)은 설명글을 만든다. 앞에서 살펴본 대로 RNN 유닛은 상태 정보를 이용해 서로 연결되어 있으며 순차적으로 연결된 각각의 유닛은 설명글의 단어 하나를 출력한다([그림 11-3]).[9]

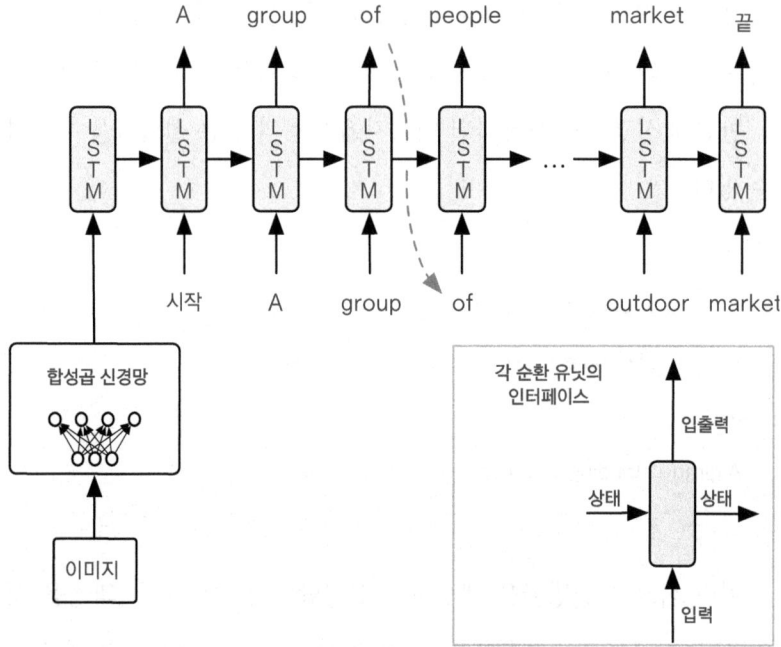

▲ 그림 11-3 이미지 설명글 생성 신경망

각 RNN 유닛의 상태는 얼마나 많은 설명글이 생성되었는지를 보존한다. 각 유닛의 출력은 단어들의 확률 분포를 나타내며, 각 유닛의 입력은 이전에 생성된 단어이다. 첫 번째 유닛의 입력은 합성곱 신경망의 출력이다. Vinyals 외, 'Show and Tell'에서 허락을 받아 이미지를 사용함.

이 간단한 신경망이 어떻게 영어 문장을 조리 있게 만들 수 있을까? 순환 유닛의 특징을 떠올려 보자. 순환 유닛은 신경망이 상태 정보를 추적할 수 있게 해준다. 연결된 유닛을 따라 전진하면 상태 정보에는 무엇이 들리고 들리지 않았는지 기록된다. 각각의 유닛이 현재 상태를 검사하고 새 단어를 출력할 때마다 유닛은 내부 상태 정보를 갱신하여 다음 순환 유닛에게 넘겨준다. 각 순환 유닛은 직전의 순환 유닛이 출력한 단어를 입력받아 자신의 상태 정보를 갱신한다.

신경망의 최상단에 검색 알고리즘을 추가함으로써 신경망에서 생성하는 설명글을 개선할 수 있으며, 바이두 또한 그들의 음성 인식 시스템에 이 방식을 사용하고 있다. 기술적으로 신경망의 출력 레이어에는 각 시간 단위와 단어별로 하나의 뉴런이 할당되어 있다. 신경망의 출력값은 합쳐져서 각 단어가 문장에서 다음 단어로 나타날 확률을 예측한다.

앞에서 살펴본 예제를 떠올려 보자. 이미지에 무엇이 있든지 간에 첫 번째 단어는 'A'가 될 확률이 높다. 만약 이미지에 고양이가 포함되어 있다면 그다음 단어는 'cat'이 될 확률이 높으며, 이런 식으로 예측은 계속 이어진다.

신경망이 모델을 실행한 뒤 매번 확률이 높은 단어를 고르는 반면에 검색 알고리즘은 몇 번이고 모델을 실행시키면서 구문을 생성한다. 신경망은 매번 단어를 선택해야 할 때 모델을 기반으로 가능성이 큰 단어를 고르지만 검색 알고리즘은 가장 가능성이 큰 문장을 한정해서 검색한다. 검색 알고리즘은 이 과정에서 'cat'이라는 단어 대신 'furry(털복숭이)'를 선택할 수도 있다.

알고리즘이 모델을 여러 번 실행하여 있을 법한 구문 여러 개를 생성하고 나면, 알고리즘은 그중에서 최적의 설명글을 찾기 위해 어떤 구문이 신경망 모델에 더 잘 맞는지를 측정하는 비용 함수를 사용해 각각의 구문을 평가한다.[10]

LSTM 유닛

RNN 유닛은 자신의 출력값을 다른 RNN 유닛의 입력값으로 전달하므로 RNN 신경망은 시간의 흐름에 따라 작동하는 심층 신경망으로 볼 수 있다.[11] 연결된 RNN 유닛을 통해 보내야 할 메시지가 학습 과정에서 손실(decay)되는 경향이 있어 한동안 RNN을 깊게 구성할 수 없었다. 순환 유닛의 깊이가 깊어질수록 이처럼 상태를 잊어버리는 경향은 증가했다. 이를 피하기 위해 연구 커뮤니티에서 발견한 방법으로, 유닛이 상태를 해석하고 변경하는 방식을 통제하는 제어 뉴런(control neuron)을 사용했다([그림 11-4]).[12]

이 제어 뉴런은 유닛이 작동하는 방식을 변경하는 특별한 배선(wires) 같은 것이다. 이 제어 배선은 디지털시계에서 시간을 맞추는

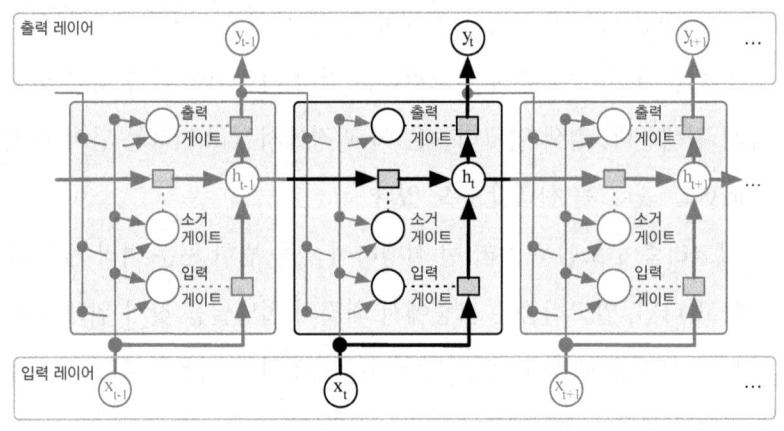

▲ 그림 11-4 RNN의 LSTM 유닛

일반적인 RNN과 마찬가지로 상태 정보는 신경망에서 관측된 정보에 따라 다음 유닛으로 각각 전달된다. 이러한 LSTM은 게이트(gate)를 사용해 한 번의 곱 연산(multiplication)으로 각 유닛의 입력, 출력, 상태 정보를 변경할 수 있다. Vinyals 외, 'Show and Tell'에서 허락을 받아 이미지를 사용함.[8]

데 쓰는 설정 버튼 같은 역할을 한다. 설정 버튼을 누르면 시계는 특별 모드로 변경되어 다른 버튼을 눌렀을 때 시간을 바꿀 수 있다. 시간을 변경했으면 일반 모드로 돌아가서 매초 시간이 다시 진행되도록 할 수 있다.[13] 이 RNN에 제어 배선을 설정하면 디지털시계와 비슷한 방식으로 RNN의 상태를 변경할 수 있다. 제어 배선이 설정되지 않은 상태에서는 평소 규칙대로 상태 정보가 변경된다. 이 특수 유닛을 LSTM(long short-term memory) 유닛이라고도 하며 구글의 이미지 설명글 생성 신경망에 쓰이기도 한다([그림 11-4]).

적대적 데이터

이러한 알고리즘은 오토마타가 자연어를 이해하는 데 다다를 수 있도록 도움을 주지만 아직은 초보 수준에 머물고 있으며 알고리즘을 속이기 위해 만들어진 입력값에 취약하다. 10장에서 신경망을 속여 실제 존재하지 않는 대상을 존재하는 것처럼 착각을 일으키는 이미지(240쪽 인조 인간의 꿈)를 살펴봤다. 마찬가지로 이런 이미지를 입력하여 이미지 설명글 생성 신경망을 쉽게 교란할 수 있다. 기계 학습 분야의 연구자들은 기계 학습 모델을 속일 목적으로 만든 이러한 입력 데이터를 적대적(adversarial) 데이터라고 부른다.

적대적 입력으로 신경망을 속인다는 발상은 중요한데, 어떤 종류의 이미지가 신경망을 속일 수 있는지를 이해함으로써 안정된 신경망을 만들 수 있기 때문이다. 딥 러닝 분야에서 최근 이루어진 유망한 작업은 이 아이디어를 받아들여 실제와 같은 이미지를 생성하는 신경망을 학습시키는 것이다.[14] 시스템 중 한쪽은 사람이 인지하는 특정 범주의 이미지(고양이의 얼굴 사진 같은)처럼 보이는 이미지를 생성하고 다른 한쪽은 생성된 이미지가 해당 범주에 속하는지(이미지에 고양이가 있는지)를 판단한다. 이렇게 GAN(generative adversarial network)■의 두 부분은 시스템의 이미지 생성기가 정말로 실제 이미지처럼 보이는 이미지를 만들어 낼 때까지 계속 개선하려고 시도한다. 이 과정은 양쪽이 쫓고 쫓기는 추격전 내지는 팔씨름을 하는 것처럼 최선을 다해 경쟁한다.

GAN이 왜 유용한지 금방 이해하지 못할 수도 있다. 서로 경쟁하는 두 신경망을 도입해야 하는 이유가 대체 뭐란 말인가? GAN은 특정 목적의 데이터를 생성하고자 할 때 유용하다. 예를 들어, 실제 말, 새, 사람처럼 보이는 이미지를 생성하는 신경망이 필요하다고 해보자. 말과 얼룩말의 사진으로 신경망을 학습시켜서 말의 사진을 그럴 듯한 (하지만 가짜인) 얼룩말의 사진으로 변환하는 생성 신경망(generative network)을 만들 수 있다. 또는 신경망을 학습시켜 고흐 그림으로부터 극사실주의적(photorealistic)인 풍경 이미지를 생성할 수 있다.[15] 앞에서 설명했듯이 이 신경망은 이미지가 아닌 데이터(소리나 영어 문장)를 생성하는 데에도 활용할 수 있다.

■ GAN: 생성적 적대 신경망이라고 하며, 두 개의 신경망으로 구성되어 한 신경망이 다른 신경망과 경쟁하는 구조이기 때문에 적대적(adversarial)이라는 이름이 붙었다.

어쨌든 자연어를 이해하는 프로그램을 만드는 일은 쉽지 않다. 지금까지 논의된 프로그램들은 자연어를 이해하는 수준과는 여전히 거리가 멀다. 이미지 설명글 생성 알고리즘은 이미지를 설명하는 짧은 문장을 생성할 수는 있지만 자세히 살펴보면 곧 한계가 드러난다.

01장에서 언급했던 미국의 TV 퀴즈 쇼 〈제퍼디!〉에서 켄 제닝스와 브래드 러터를 꺾은 IBM의 왓슨을 떠올려 보자. 자연어를 이해하는 기계를 설계하는 일이 아직 요원하다면, 왓슨은 영어의 뉘앙스를 어떻게 이해해야 퀴즈 쇼에서 좋은 성적을 거둘 수 있었을까? 이 프로젝트에는 재치 있는 공학 기법이 포함되었으며 12장에서 자세히 살펴볼 것이다. 사실 왓슨은 질문을 이해하도록 설계된 것이 아니다. 왓슨은 질문에 답하도록 설계된 것이다.

12

자연어, 그리고 <제퍼디!> 문제의 이해

UNDERSTANDING NATURAL LANGUAGE AND *JEOPARDY!* QUESTIONS

> 왓슨은 겁먹지 않는다. 왓슨은 자만하거나 낙담하지도 않는다. 왓슨은 냉정하고 거침없이 자신만의 게임을 하며 답에 확신이 서면 완벽한 타이밍에 버저를 누른다.
>
> - 켄 제닝스(인간 <제퍼디!> 챔피언)[1]

왓슨의 개발은 인공 지능 연구에 독인가, 득인가?

2006년, 서배스천 스런은 인공 지능 콘퍼런스에서 자율 주행차 스탠리(두 번째 DARPA 그랜드 챌린지에 참가한)에 대해 프레젠테이션을 했다. 청중은 큰 감명을 받았다. 오스틴에 있는 텍사스 대학의 대학원생 제임스 팬(James Fan)도 그중 한 사람이었다. 그는 글로 되어 있는 문제에 대답할 수 있는 컴퓨터 프로그램을 개발하기 위해 당시 상대적으로 관심이 덜했던 컴퓨터 과학의 질의 응답(question answering) 분야를 연구하고 있었다. 제임스 팬은 서배스천 스런의 프레젠테이션을 보고 깊은 생각에 빠졌다.

얼마 후 제임스는 동료들에게 이렇게 말했다. "알렉스 트레벡이 질의 응답 분야의 그랜드 챌린지를 연다면 굉장하지 않을까?"² 알렉스 트레벡(Alex Trebek)은 미국의 유명한 TV 퀴즈 쇼 〈제퍼디!〉의 진행자이며, 참가자들은 이 퀴즈 쇼에서 고고학, 생물학, 영화를 비롯한 다양한 잡학 상식을 겨룬다. 알렉스가 참가자에게 어떤 문제를 답 형식으로 문제의 단서를 제공하면 참가자는 질문 형식으로 문장을 꾸며 답을 해야 한다.³

하지만 동료들은 제임스의 아이디어를 듣고 웃어넘겼다. 알렉스가 워낙 유명인이어서 공무원 월급과 연구 지원금으로는 알렉스를 섭외할 수 없기 때문이다. 물론 이를 현실화한다면 질의 응답 분야에 관심을 불러일으킬 계기가 되겠지만 그런 일에 세금을 쓸 수는 없는 일이다.

IBM 왓슨

그 후 2011년 1월 〈제퍼디!〉 역사상 가장 뛰어난 성적을 올렸던 켄 제닝스와 브래드 러터는 IBM 연구 팀이 개발한 컴퓨터 프로그램 왓슨을 상대로 시합을 했다.⁴ IBM 연구동에 임시 스튜디오를 설치하여 개최된 이 시합에서 왓슨은 인터넷 접속이 차단된 채 근처 데이터 센터에 있는 컴퓨터에서 실행되었다. 데이터 센터는 춥고 시끄러웠으며 냉각 팬이 수천 개의 CPU에 바람을 불어넣었다.⁵

그러나 임시 스튜디오는 열기에 가득 차 있었다. IBM은 알렉스 트레벡을 섭외해 쇼의 진행을 맡겼다. 참가자가 게임판에서 주제를 선택하면 알렉스는 문제의 단서를 읽고 답을 아는 참가자는 버저를 누르는 것이다. 왓슨 또한 답을 알면 솔레노이드(solenoid)■ 엄지손가락으로 완벽한 타이밍에 버저를 누를 것이다.[6] 알렉스가 단서를 읽어주었다.

> 이 사건에는 목격자가 없으며 블랙홀의 경계에서는 어떤 물질도 탈출할 수 없다.

(어떤 기자의 말에 따르면) 부드럽고 상냥한 기계적인 남성 목소리의 높낮이에 따라 왓슨의 화면은 반짝거렸다.[7] 왓슨은 정확하게 답했다.

> 사건의 지평선이란?

제닝스와 러터는 시합이 끝나기 한참 전에 이미 자신에게 가망이 없다는 것을 깨달았다. 그들은 이 퀴즈 쇼에서 망신을 당했다. 이틀간 열린 시합에서 제닝스는 24,000달러, 러터는 21,600달러를 획득했다. 왓슨은 인간 참가자들을 줄곧 압도하며 총 77,147달러로 시합을 마쳤다.[8] 제닝스는 마지막 문제의 답을 쓰면서 그 밑에 다음과 같이 굴복하는 내용의 메시지를 덧붙였다. "일단 나는 우리의 새로운 컴퓨터 지배자를 환영합니다.■■"

■ 솔레노이드: 둥근 대롱 모양으로 만든 코일. 전류를 흘리면 자석이 된다.

왓슨, <제퍼디!>에 도전하다

왓슨은 잡학 퀴즈에 답하는 다른 컴퓨터 프로그램보다 한참이나 앞섰다. 왓슨이 이러한 진전을 이뤄낼 수 있었던 이유를 알아보기 위해 왓슨에게 제시한 문제의 단서를 몇 개 살펴보자. 다음은 '2008년 올림픽'과 관련된 주제에서 나온 단서이다.

> 밀로라드 차비치는 2008년 올림픽에서 이 사람을 거의 이겼지만 100분의 1초 차이로 패배했다.
>
> Milorad Čavić almost upset this man's perfect 2008 Olympics, losing to him by one hundredth of a second.

또 다른 단서를 살펴보자.

> 널리 알려진 악한 존재. 바랏두르(Barad-Dur)의 탑에서 마지막으로 목격됨. 커다란 눈이며 벗어날 수 없음.
>
> Wanted for general evil-ness; last seen at the Tower of Barad-Dur; it's a giant eye, folks, kinda hard to miss

'주 재료로 들어가는 채소'라는 주제에서 나온 단서를 하나 더 살펴보자.

■■ 허버트 G. 웰스(Herbert G. Wells)의 소설이자 영화화한 <개미 제국(Empire of Ants, 1977)>의 대사를 인용한 것으로, 만화 <심슨 가족>이 이를 인용하여 유행어가 되었다. 웰스의 소설 '개미 제국'에서는 "하지만 나는 우리의 새로운 곤충 과잉 시대를 환영합니다."라고 했다.

콜슬로

coleslaw

컴퓨터가 어떻게 하면 이런 문제에 답을 할 수 있을까? 컴퓨터는 어떤 정보를 알고 있어야 할까? 그 정보를 어떻게 저장하고 있어야 할까? 그 정보를 검색하려면 문제를 어떻게 처리해야 할까? IBM의 연구자들은 단순히 문제를 읽고, 이해하고, 지금까지 알고 있는 내용에서 답을 떠올리는 프로그램을 만드는 것이 아니었다. 왓슨의 프로그래머는 각 단서에 답을 하기 위해 따라가야 할 작업 순서를 왓슨에게 명확히 가르쳐야 했다.

IBM의 왓슨은 문제의 내용은 둘째 치고 문제를 구성하는 각각의 단어가 무엇을 의미하는지조차 인간처럼 이해할 수 없었다. 하지만 두 명의 챔피언을 물리쳐야 했다. 이제부터 왓슨이 어떻게 인간을 물리칠 수 있었는지 살펴볼 것이다. 먼저 첫 번째 퍼즐 조각을 맞춰보자. 왓슨은 단서에서 어떤 것이 실제 문제인지를 어떻게 알아냈을까?

사실에 대한 긴 목록

얼핏 보면 특정한 〈제퍼디!〉 문제는 컴퓨터가 쉽게 답할 수 있을 것 같다. 〈제퍼디!〉는 퀴즈 쇼이고 이 퀴즈 쇼에서는 사실에 대한 문제를 던진다. 왓슨은 사실을 수집한 데이터베이스를 저장할 4테라바이트 짜리 디스크를 내장하고 있었다.[9] 이 정도면 왓슨을 만들 준비는 갖춰진 걸까?

예를 들어, 〈제퍼디!〉의 '누가 썼을까?(Who Wrote It?)'라는 주제에서 나온 다음 단서를 한번 살펴보자.[10]

> '라스베이거스의 공포와 혐오'라는 이름의 '야만 여행.'
> A 'savage journey' titled 'Fear & Loathing in Las Vegas.'

'작가의 미들 네임'이라는 주제에서 나온 다음과 같은 단서도 있다.

> 1849년 10월 7일에 '영영 끝난' 앨런.
> Allan, who was 'nevermore■' as of Oct. 7, 1849.

이들 문제에 답하려면 헌터 S. 톰슨(Hunter S. Thompson)이 《라스베이거스의 공포와 혐오(Fear and Loathing in Las Vegas)》를 썼다는 사실과 에드거 앨런 포(Edgar Allan Poe)가 1849년 10월 7일에 세상을 떠났다는 사실을 알아야 한다.[11]

이러한 사실은 데이터베이스에 저장될 수 있으므로 왓슨 또한 그렇게 했다. 이러한 사실은 관계(relation)라고 하는데 사람, 장소, 사물이 서로 어떻게 연결되어 있는지를 나타낸다. 이러한 관계 중 '~의 작가' 관계를 예로 들면 이는 첫 번째 단서에 답을 알려줄 수 있다.

■ 네버모어(nevermore): 에드거 앨런 포의 유명한 시 〈갈까마귀(The Raven)〉에서 반복해서 나오는 구절이다.

찰스 디킨스	~의 작가	크리스마스 캐럴
헌터 S. 톰슨	~의 작가	라스베이거스의 공포와 혐오
조앤 K. 롤링	~의 작가	해리 포터와 마법사의 돌
...	...	...

▲ 표 12-1 첫 번째 주제의 단서가 될 만한 관계 데이터

두 번째 단서의 답과 관계가 있는 '~까지 생존' 관계를 살펴보자.

에드거 앨런 포	~까지 생존	1849년 10월 7일
에이브러햄 링컨	~까지 생존	1865년 4월 15일
칭기즈 칸	~까지 생존	1227년 8월 18일
...	...	...

▲ 표 12-2 두 번째 주제의 단서가 될 만한 관계 데이터

이처럼 관계 데이터끼리 조합할 수 있는 수는 무한에 가깝다. 왓슨은 수백만 건의 관계 데이터를 저장하여 날짜, 영화, 책, 사람, 장소 등의 정보를 관리한다. 하지만 왓슨이 〈제퍼디!〉의 문제를 풀려면 수백만 건의 관계 데이터만으로는 한참 부족하다. 왓슨이 실제 시합에서 받았던 단서를 다시 살펴보자.

널리 알려진 악한 존재. 바랏두르의 탑에서 마지막으로 목격됨. 커다란 눈이며 벗어날 수 없음.

Wanted for general evil-ness; last seen at the Tower of Barad-Dur; it's a giant eye, folks, kinda hard to miss

왓슨은 '사우론이란?(What is sauron?)'이라고 옳게 답을 했지만, '~은 커다란 눈'이란 관계를 저장하지는 않을 것이다('~은 ~에 사는 커다란 눈' 같은 관계는 언급할 필요도 없을 것이다).[12] 왓슨은 사우론과 관련된 데이터를 구조화된 데이터베이스에 저장하지 않았을 것이며, 다만 사우론이 《반지의 제왕》에 등장하는 캐릭터라는 사실과 J. R. R. 톨킨(J. R. R. Tolkien)이 《반지의 제왕》을 썼다는 사실은 저장했을 것이다. 자율주행차가 전동 휠체어를 타고 길 한복판에서 오리를 쫓는 여성을 마주치는 드문 일(하지만 어떤 자율 주행차에게는 실제로 일어났던 일이다)을 미리 대비하지 않았던 것처럼, 왓슨의 연구자들도 단서로부터 나올 수 있는 모든 경우의 수를 대비한 관계 데이터를 저장해 둘 수는 없었다.

왓슨이 직면한 또 다른 문제는 〈제퍼디!〉의 단서가 다양한 형태의 문장으로 제시된다는 점이다. 에드거 앨런 포는 1849년에 '영영 끝난' 사람으로 묘사되었다. 왓슨은 '영영 끝난'이라는 말이 '사망한'과 동의어라는 것을 인식할 방법이 필요했다. 왓슨은 단어 사전과 동의어 사전(thesaurus)을 사용했지만, 일반적인 동의어 사전에는 '영영 끝난' 같은 말이 '사망한'의 동의어로 수록되어 있지 않다. 이 말은 〈제퍼디!〉의 단서로 등장한 구절에서만 의미가 있는데, '영영 끝난'이 에드거 앨런 포의 시에 등장하는 유명한 구절이기 때문이다.

왓슨은 관계 데이터를 검색하여 데이터베이스에서 단순한 답변을 찾아낼 수 있지만, 데이터베이스에 저장된 데이터와 관련이 있는 문제는 전체 문제의 4분의 1 정도밖에 안 되었다. 게다가 이런 단순한 답변을 검색할 수 있는 문제는 2%에 불과했다.[13] 그렇다면 왓슨은 나머지 98%의 단서에 어떻게 답을 할 수 있었을까? 바로 단서를 체계적으로 분석하고 중요한 정보를 세세하게 걸러내는 방법뿐이다.

<제퍼디!> 챌린지의 탄생

왓슨이 제닝스와 러터를 상대하기 전에 스티븐 베이커(Stephen Baker)가 쓴 《최후의 제퍼디(Final Jeopardy)》가 출간되었다. 이 책은 원래 전자책으로 출간되었으며 마지막 장은 이 퀴즈 쇼가 방송될 때까지 공개되지 않았다(뒤이어 나온 출판본에서는 마지막 장이 포함되어 있었다). 이 책은 IBM 팀이 <제퍼디!> 프로그램을 어떻게 개발하게 되었는지를 담았다.[14]

2000년대 초반에 IBM은 자신의 기술적 성과를 공개할 계기를 마련하려고 했다. IBM에게는 이러한 도전의 장을 만드는 일이 중요했다. IBM은 수익성이 좋은 컨설팅 사업을 하고 있었으므로 IBM이 빅 데이터와 대규모 컴퓨팅 등의 첨단 분야를 선도하고 있다는 고객의 믿음이 중요했다. 실제로 IBM은 1997년에 딥 블루로 체스 챔피언인 게리 카스파로프를 꺾은 적이 있다. 그렇기에 모두 IBM의 새로운 도전을 기대하고 있었다.[15]

<제퍼디!>에 도전하겠다는 최초의 아이디어가 어디서 시작되었는지는 확실하지 않다. IBM 직원들이 이 프로젝트에 대해 저마다 다른 사연을 갖고 있기 때문이다. 한 가지 주장은, IBM의 선임 매니저가 2004년 가을 어느 날 음식점에서 이 아이디어를 떠올렸다는 것이다.

그는 음식점에서 사람들이 음식에 손도 대지 않고 어딘가로 모여드는 것을 보았다. 사람들은 텔레비전 주위에 둘러서서 켄 제닝스의 연승을 지켜보았다. 켄 제닝스는 〈제퍼디!〉에서 벌써 50회 이상 우승을 거두고 있었다. 그의 연승이 계속 이어질까? 사람들 사이에서 이 시합이 화제가 되고 있다면 사람과 컴퓨터가 경쟁하는 시합에도 사람들이 관심을 갖지 않을까?[16]

어쨌든 IBM은 〈제퍼디!〉 챌린지 프로젝트에 착수했고(IBM의 매니저가 이 아이디어를 제안했다고 말한 직원이 있었지만, 이 장의 앞쪽에 등장한 제임스 팬 또한 독자적으로 이 아이디어를 떠올렸다), 프로젝트가 진행됨에 따라 여러 내부 문제에 직면해야 했다. 〈제퍼디!〉 챌린지를 단순히 돈과 연구원의 시간을 낭비하는 보여주기식 쇼라고 보는 사람도 있었다. 심지어 회사의 신용에 악영향을 끼칠 거라고 말하는 사람도 있었다. 이러한 저항 속에서도 3,000여 명의 IBM 연구원을 이끄는 연구 부서의 수장은 몇 명의 연구원들에게 이 프로젝트를 진행할 것을 제안했다. 이들 연구원 중에 데이비드 페루치(David Ferrucci)가 있었다.[17]

페루치는 이런 문제에 이미 익숙했는데, 그가 이끌던 연구 팀 중 한 팀이 몇 년간 질의 응답 시스템을 연구하고 있었기 때문이다. 그들이 만든 시스템은 세계적으로 우수했고 또한 꾸준히 개선되었다. 하지만 페루치와 팀원들은 현재 시스템 수준으로는 〈제퍼디!〉에 도전하려면 한참 모자란다는 것을 알고 있었다. 박사 학위를 마치고 팀에 막 합류한 제임스 팬만이 팀원 중 유일하게 〈제퍼디!〉에 도전한다는 아이디어를 낙관적으로 받아들였다.[18] 하지만 팀에서는 질의 응답 시스템의 연구가 아직 무르익지 않았다고 결론을 내렸고, 페루치는 부서장에게 프로젝트를 진행하지 않는 것이 좋겠다고 보고했다.[19]

그전에 페루치와 팀원들은 회의실에 모여 브레인스토밍을 했는데, 프로젝트에 대해 그들이 내린 결론은 비슷비슷했다. 현재 그들의 질의 응답 시스템보다 훨씬 빠른 시스템이 있어야 〈제퍼디!〉의 문제를 풀 수 있다는 것이다. 이 시스템은 다양한 문제에 답을 할 수 있어야 할 뿐만 아니라 답의 정확성을 더 끌어올려야 했다. 연구를 통해 해결해야 할 문제가 매우 많았고 이는 거의 불가능해 보였다. 하지만 그들은 성공 가능성과 자신들의 직감을 믿었고 결국 왓슨이 탄생했다.[20]

DeepQA

페루치의 팀이 처음 왓슨을 만드는 작업에 착수했을 때, 이미 IBM에서 만들었던 질의 응답 시스템은 당시 기준에 비추어 보면 괜찮은 편이었다. IBM은 이 시스템을 만드는 데 이미 많은 자원을 투자한 상태였다. 네 명으로 구성된 팀이 6년에 걸쳐 이 시스템을 개발했다. 하지만 이 질의 응답 시스템을 곧바로 〈제퍼디!〉에 적용할 수는 없었기 때문에 페루치의 팀은 〈제퍼디!〉에서 시합을 할 수 있도록 한 달 동안 질의 응답 시스템을 전환하는 작업을 했다.

또한 페루치의 팀은 스스로 시스템을 평가할 기준이 필요했다. 다행히도 그들은 인터넷에서 〈제퍼디!〉의 단서와 답을 정리해 놓은 금광을 발견할 수 있었다. 〈제퍼디!〉의 팬들은 그동안 방영된 〈제퍼디!〉

의 문제와 답을 수집해 놓은 웹 사이트를 만들었고, 여기에서 문제에 대한 상세한 정보를 찾을 수 있었다.[21]

IBM 팀은 이 웹 사이트를 이용하여 과거 〈제퍼디!〉 우승자의 성적 통계를 냈다. 〈제퍼디!〉의 우승자는 버저를 얼마나 많이 눌렀는지, 우승자가 버저를 눌렀을 때 정답률은 얼마나 되었는지, 페루치의 팀은 이 두 가지 수치를 이용하여 과거 〈제퍼디!〉 우승자가 얼마나 정확히, 그리고 얼마나 많이 답변을 시도했는지 보여주는 분산(scatter) 차트를 만들었다. 그들은 이 차트를 '승자의 구름'이라고 불렀으며 왓슨의 평가를 위한 기준 자료로 활용했다.[22] 왓슨의 성적이 이 구름 안으로 들어간다면, 이는 곧 왓슨의 성적이 인간 우승자의 성적과 견줄 만한 수준이 된다는 것을 의미했다. 왓슨의 성적이 이 구름을 넘어선다면 인간을 이길 수 있는 것이다.

〈제퍼디!〉에 참여할 수 있도록 기존 시스템을 전환하느라 한 달을 보낸 후, 팀은 이 '승자의 구름'을 사용해 새로운 시스템을 평가해 보았다. 새로운 시스템의 성능은 엉망이었다. 왓슨이 답을 확신하는 정도를 기준으로 상위 62%의 문제(켄 제닝스의 평균 답변율과 동일하게)에 답을 했을 때 정답률은 13%였다. 켄 제닝스와 경쟁하기 위해서는 정답률을 92% 이상으로 끌어올려야 했다.[23] 접근 방식을 바꿔야 할 필요는 명확했다.

이번 실패에는 사실 페루치의 의도가 일부 반영되어 있었다. 팀원들에게 현재의 시스템과 전통적인 방법론으로 성공할 수 없다는 것을 이해시키기 위해서였다. 이 실패를 통해 페루치의 팀은 처음부터 새

로운 관점으로 다시 시작할 수 있었다.[24]

그리하여 페루치의 팀은 학계 최신 방법론을 도입한 실험을 시작했다. 몇 달 동안 실험을 마친 후 마침내 쓸 만한 시스템 구조를 찾아내 DeepQA라는 이름을 붙였다.[25] DeepQA의 접근 방식은 단순했다. 다른 질의 응답 시스템과 마찬가지로 [그림 12-1]과 같은 명확한 단계를 거쳐 해답에 도달하는 방식이다. 문제를 분석하고 검색 엔진을 사용해 답변 후보를 물색한 후 답변을 조사하고 시스템이 찾아낸 근거를 바탕으로 이 답변에 점수를 매기는 식이다. 먼저 이 파이프라인■의 첫 번째 단계인 왓슨의 문제 분석 단계를 살펴보자.

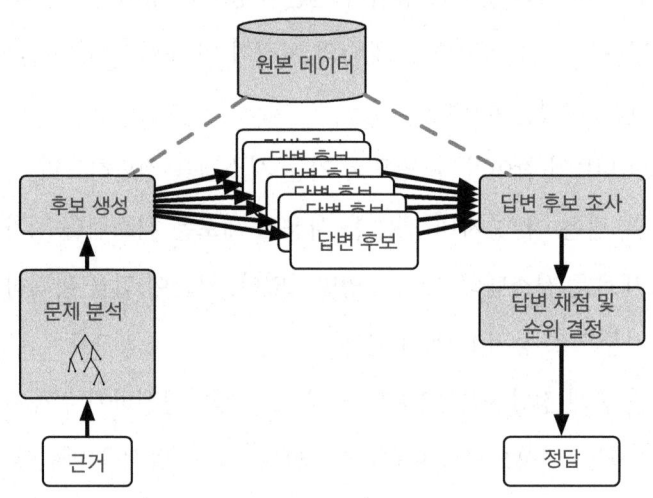

▲ 그림 12-1 DeepQA 파이프라인의 간략도

■ 파이프라인(pipeline): 데이터 처리 단계의 출력이 다음 단계의 입력으로 이어지는 형태로 연결된 구조

문제 분석

문제 분석 단계에서 왓슨의 목표는 문제를 정보의 조각으로 분해하는 것이다. 이를 나중에 파이프라인에서 답변을 찾아내거나 답변에 점수를 매길 때 활용하기 위해서이다. 다른 단계와 마찬가지로 문제 분석 단계는 NLP(natural language processing, 자연어 처리) 분야에 크게 의존했다. NLP는 왓슨에게 단서를 구성하는 단어로부터 뭔가 의미 있는 정보를 이끌어 낼 수 있는 능력을 주었다. 왓슨은 NLP를 사용해서 단서를 구성하는 단어를 발견하고, 단서에서 이름과 장소를 찾아내고, 단서에서 문장 구조도(sentence diagram)를 만들어 냈다.[26]

문제 분석 단계에서 왓슨의 가장 중요한 임무는 단서로 제시된 문장에서 실제 문제가 무엇인지를 구체적으로 요약하는 것이다. 예를 들어 보자.

> 간에서 염증을 일으키는 B형 이것은 사람끼리 접촉하여 전파된다.
>
> It's the B form of this inflammation of the liver that's spread by some kinds of personal contact.

단서가 시사하는 대상을 요약한 문구는 '간에서 염증을 일으키는 이것(this inflammation of the liver)'이다. 왓슨의 연구원들은 이 문구를 '초점(focus)'이라고 불렀다. 초점은 단서의 일부분이며 초점의 문구를 답으로 대체하면 단서는 사실을 구성하는 문장이 되었다.[27] 앞 예제의 단서에서 초점 '이것'을 '간염'으로 대체하면 이런 문장이 된다. 초점과 답변은 볼드체로 표시했다.

> B형 **간염**은 사람끼리 접촉하여 전파된다.
> It's the B form of hepatitis that's spread by some kinds of personal contact.

이제 이 단서는 사실을 나타내는 문장이 되었다. 다른 예를 살펴보자.

> 2005년에 **이 2인조**는 거대 토끼의 저주를 조사했다.
> In 2005 this title duo investigated 'The Curse of the Were-Rabbit.'

이 단서의 초점은 '이 2인조'이다. 초점에 답변을 대입하면 문장은 이렇게 된다.

> 2005년에 **월리스와 그로밋**은 거대 토끼의 저주를 조사했다.
> In 2005 Wallace and Gromit investigated 'The Curse of the Were-Rabbit.'

다시 한 번 강조하지만 문장은 사실을 나타낸 것이다. 왓슨은 초점을 찾아냄으로써 답변 후보를 골라 점수를 매길 때 이 정보를 사용할 수 있었다. 이제 이 방식을 '2008년 올림픽'에 대한 단서에 적용해 보자.

밀로라드 차비치는 2008년 올림픽에서 **이 사람**을 거의 이겼지만 100분의 1초 차이로 패배했다.

Milorad Čavić almost upset this man's perfect 2008 Olympics, losing to him by one hundredth of a second.

왓슨이 문제에서 추출할 수 있는 정보의 유형이 한 가지 더 있는데 이는 답변 유형을 설명하는 단어나 문구였다.[28] 이 단서는 대통령에 관해 묻고 있는가, 이 단서는 도시에 관해 묻고 있는가, 아니면 이 단서는 간염과 같은 질병, 또는 양배추와 같은 식자재에 관해 묻고 있는가? 왓슨은 이러한 정보를 사용해서 답변 후보를 물색한 후 나중에 파이프라인에서 답변에 점수를 매겼다. 이 부분에 대해서는 13장에서 자세히 다룰 것이다.

여기에서 알아둘 내용은, 이 단계에서 왓슨이 답변 유형에 대한 정보를 저장해 두었다가 이후 단계에서 답변 후보를 선별하고 답변의 범위를 좁히는 데 사용한다는 것이다. 예를 들어, 만약 문제가 질병에 대한 것이었다면, 왓슨은 이후의 단계에서 실제로 질병과 관련된 답변에 높은 가중치를 주고 질병의 증상과 관련된 답변에는 낮은 가중치를 주는 방식으로 답변의 범위를 좁힐 수 있을 것이다.

답변 유형은 보통 초점의 일부분에 해당하는 정보이므로 만약 왓슨이 초점을 찾아낼 수 있다면 답변 유형을 찾아낼 확률도 높다. 앞에서 살펴본 '2008년 올림픽'에 대한 단서에서 답변 유형은 '인물'이다. 그러므로 왓슨은 나중에 파이프라인에서 이 정보를 사용하여 답변 후보의 범위를 실존 인물로 좁힐 수 있다.

가끔 왓슨에게 제시된 단서가 몇 안 되는 명사나 동사로 구성된 문구일 경우가 있다. 이런 종류의 단서 중에는 272쪽에서 살펴본 '콜슬로'처럼 단어 하나가 단서인 경우도 있다.[29] 이렇게 답변 유형을 찾을 수 없는 경우 왓슨은 답변 유형을 찾기 위해 단서의 범주를 검색한다(〈제퍼디!〉의 모든 문제는 특정 범주에 속하고, 문제를 풀 때 참가자는 이 정보를 알고 있다). 콜슬로의 범주는 주 재료로 들어가는 채소였으므로 이 경우 왓슨은 답변 유형을 채소로 지정한 뒤 나중에 이 정보를 사용하여 옳은 답을 찾을 수 있었다. 그리고 이 단서의 답은 '양배추'였다.[30]

또한 왓슨은 단서에서 고유 명사, 날짜, 관계에 대한 정보를 찾아냈다. 왓슨은 고유 명사를 찾아내어 나중에 답변 후보를 물색할 때 활용할 수 있었다. '2008년 올림픽'에 대한 단서의 경우 왓슨은 밀로라드 차비치(Milorad Čavić)라는 인명과 2008년 올림픽이라는 문구를 찾아내고 또한 단서의 2008이라는 숫자가 날짜라는 것을 인식할 수 있었다.

그렇게 왓슨은 단서를 분석하여 유용한 정보라면 무엇이든지 뽑아냈다. 이런 정보 중 일부는 패턴 매칭(pattern matching)을 사용해 찾아냈다. 예를 들면, 왓슨은 1이나 2로 시작하는 네 자리 숫자를 검색하는 방식으로 날짜를 쉽게 찾아낼 수 있었다. 하지만 왓슨이 단서에서 이와 다른 정보를 추출할 때에는 좀 더 복잡한 도구를 사용해야 했다.

왓슨의 문장 해석 방법

현대의 오토마타가 세계와 소통하는 가장 중요한 방법은 인지(perception)다. 03장에서 자율 주행차가 주변 환경을 어떻게 인지하는지 살펴보았다. 자율 주행차는 레이저 스캐너, 카메라, 가속도계 등을 사용해 세계 모델을 만들었다. 왓슨은 레이저 스캐너, 가속도계가 내장되어 있지 않았고, 화면을 읽을 수 있는 카메라나 알렉스 트레벡의 목소리를 들을 수 있는 마이크나 스피커도 없었다. 그 대신 왓슨은 단서를 텍스트 파일 형식으로 전달받았다. 왓슨이 텍스트 파일을 열어 인지할 수 있는 것은 정렬된 문자열뿐이었으며, 이 문자열을 이해하기 위해 자연어 처리 기법을 사용했다.

이 문자열을 왓슨에게 이해시키는 첫 번째 방법은 단서를 문자열이 아닌 일련의 단어로 해석하는 것이다. 일단 왓슨이 단서를 여러 단어로 받아들이고 나면 이를 처리하기 위해 여러 흥미로운 기법을 동원했다. 이들 기법 중 가장 중요한 것은 단서의 구조에서 문장 구조도를 만들어 내는 것이다. 컴퓨터는 파싱(parsing)■이라는 과정을 거쳐 문장 구조도를 생성한다. 이 과정의 결과물은 보통 파스 트리(parse tree)라고 한다.

[그림 12-2]에서 '2008년 올림픽'의 단서에 대한 파스 트리를 볼 수 있다. 이 단서에서 주어는 고유 명사인 Milorad Čavić이고 동사는

■ 파싱: 컴퓨터에서 데이터를 의미가 있는 단위로 나누어 처리하는 방식. 여기서는 영어 문장을 단어 단위로 나누는 과정을 의미한다.

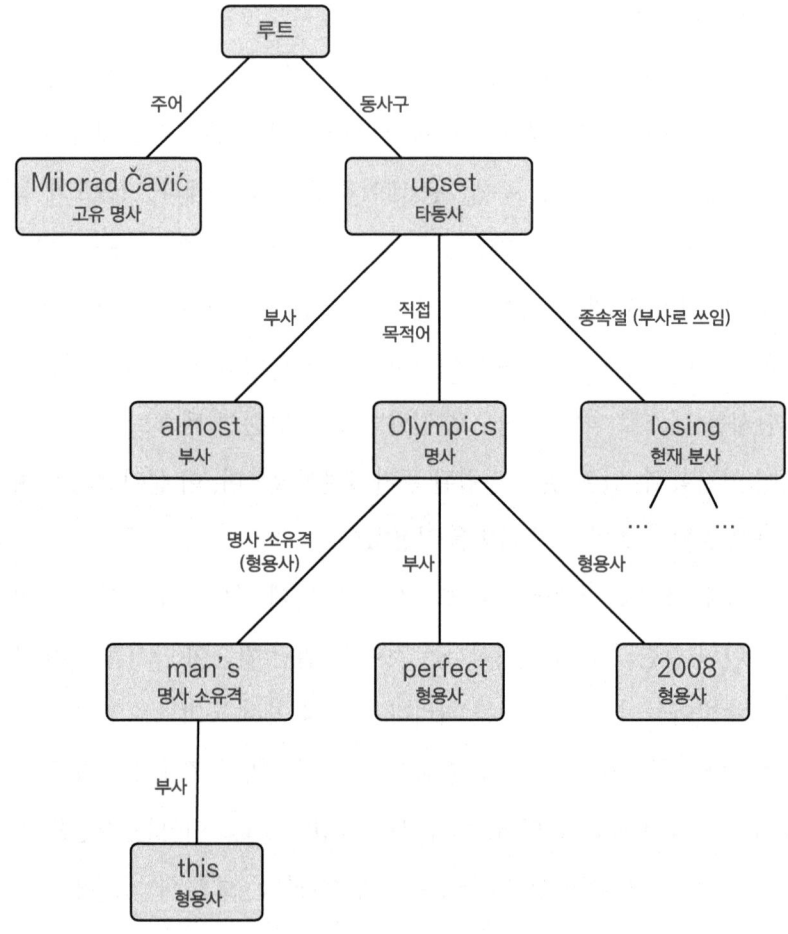

▲ 그림 12-2 문장 파스 트리의 예시

'Milorad Čavić almost upset this man's perfect 2008 Olympics, losing to him by one hundredth of a second.'라는 문장의 파스 트리. 왓슨이 문장을 파싱하는 방식은 이 그림과 일치하지는 않지만 기본 아이디어는 같다.

upset이지만 문장의 나머지 부분은 동사구를 수식하는 역할을 한다 (왓슨이 문장을 파싱하는 방식은 지금 설명하는 내용과 정확히 일치하지는 않지만 기본 아이디어는 같다). 문장 구조도가 만들어지고 나면 왓슨은 이 구조도를 사용해 좀 더 흥미로운 방식으로 문제 분석을 수행할 수 있었다. 이에 대해서는 잠시 후에 살펴보자. 우선 왓슨이 어떻게 파스 트리를 만드는지 간략히 살펴보자.

컴퓨터가 파스 트리를 만들 때 사용하는 탐색 알고리즘은 04장의 시내 주행에서 경로를 계획할 때 보스가 사용했던 방식과 닮은 점이 많다. 보스가 지도에서 최적의 경로를 탐색하기 위해 탐색 알고리즘을 사용한다면, 왓슨의 파서(parser)*는 문장의 단어들을 문법에 맞게 트리 형태로 구성하는 최적의 경로를 찾기 위해 탐색 알고리즘을 사용한다. 오늘날의 파서는 단어 간의 관계와 문장 요소에 대한 통계를 사용해서 가장 적절한 파스 트리를 찾아낸다.

하나의 영어 문장은 주어구와 동사구로 나눌 수 있으며, 이들 요소를 그 이상으로 세분할 수 있다는 내용은 학교에서 영어 수업 시간에 배운 적이 있을 것이다. 예를 들어, 동사구와 명사구는 다음과 같이 두 부분으로 나눌 수 있다.

동사구 = 부사 + 동사구

명사구 = 형용사 + 명사

이와 같은 문법을 적용하여 모든 단어가 기본 요소가 될 때까지 문

■ 파서: 파싱을 하는 프로그램

장을 분석할 수 있다. 문장 파서는 이러한 규칙을 사용한다. 문장을 파싱하기 위해 파서는 문법을 사용해 문장을 분해할 최적의 방법을 탐색하고, 문장을 더 이상 작은 단위로 분해할 수 없을 때까지 이 작업을 계속한다.

가끔 모호한 파스 트리를 생성하는 문장도 있다. 다음은 신문 머리기사로 실린 예시 문장■이다.[31]

- Juvenile Court to Try Shooting Defendant
- Hospitals Are Sued by 7 Foot Doctors

지나치게 억지스러운 예시 문장이라고 반문할 수도 있다. 과연 이런 문장은 극히 예외적인 경우일까? 사실 이런 종류의 모호함은 일상적인 언어 생활에서 늘 일어난다. 하지만 우리의 의식은 이러한 모호함을 금방 해결하기 때문에 알아차리기가 어렵다. 앞에서 살펴본 단서에서도 이런 모호함이 존재하는지 한번 살펴보자.

간에서 염증을 일으키는 B형 이것은 사람끼리 접촉하여 전파된다.

■ 다음과 같이 두 가지 의미로 해석할 수 있다.
- Juvenile Court to Try Shooting Defendant
  소년 법원이 피고의 총기 사용을 조사해 // 소년 법원이 피고 총살을 고려해
- Hospitals Are Sued by 7 Foot Doctors
  7명의 족부 의사가 병원을 고소해 // 키가 210cm인 의사들이 병원을 고소해

It's the B form of this inflammation of the liver that's spread by some kinds of personal contact.

이 단서에서는 사람끼리 접촉하여 전파되는 것이 간인지 염증인지 모호해 보일 수 있다. 사람에게는 간이 전파된다는 이야기가 말이 되지 않지만, 왓슨의 문장 파서는 이를 확실히 인지할 수 없다. 문장의 의미 자체는 괴상하더라도 문법적으로는 잘못된 부분이 없기 때문이다.

다른 예를 하나 더 살펴보자. 다음 문장은 왓슨이 켄, 브래드와 함께 참가한 퀴즈 쇼에서 나온 단서이다.

1959년에 휴고상을 받은 것은 대니얼 키스(Daniel Keyes)의 이 소설에 등장하는 찰리 고든(Charlie Gordon)과 지능이 평균 이상인 연구실의 쥐였다.

This 1959 Daniel Keyes novella about Charlie Gordon and a smarter-than-average lab mouse won a Hugo award.

이 문장에서는 찰리 고든과 지능이 평균 이상인 연구실의 쥐가 소설에 등장하는 것인지(옳은 파싱 결과), 찰리 고든의 소설과 지능이 평균 이상인 연구실의 쥐가 휴고상을 받은 것인지(잘못된 파싱 결과) 모호하다. 참고로 휴고상은 SF와 판타지 장르의 책에 수여하는 상이다. 두 번째 파싱 결과에서는 문장에 문법이나 의미 면에서 잘못은 없지만, 이 문장을 읽는 사람이 휴고상에 대해서 알고 있다면 지능이 평균 이상인 쥐가 휴고상을 받는다는 게 뭔가 이상하다고 느낄 것이다. 어쨌든 이 단서에 대한 답은 《앨저넌에게 꽃을(Flowers for Algernon)》■이었다(왓슨은 답을 맞혔다).

이 문장의 내용에 대한 문맥이 더 제공되지 않는 한 어떤 파스 트리가 옳은지 컴퓨터에게는 판단할 방법이 없다. 하지만 앞에서 언급했듯이 오늘날의 파서는 단어와 문장 요소의 통계 데이터와 문장의 구성 방법을 사용한다. 컴퓨터는 보통 이러한 확률 데이터로 옳은 파스 트리를 충분히 찾아낼 수 있다.

왓슨은 이러한 문장 구조도를 생성할 수 있지만 문장의 의미는 이해할 수 없었다. 왓슨에게 이 문장 구조도는 단순히 컴퓨터 메모리에 저장되어 서로를 가리키는 데이터 구조에 지나지 않았다. 다행스럽게도 왓슨은 이러한 문장 구조도를 이해할 필요가 없었다. 문장 구조도는 단지 프로그래머가 문제를 해석할 때 유용한 도구일 뿐이다. 그렇다면 프로그래머는 문제를 보지도 않고 어떻게 해석할 수 있는 걸까?

05장에서 다뤘던 자율 주행차의 모노폴리 판을 떠올려 보자. 모노폴리 판은 자동차가 처할 수 있는 여러 상황(예를 들면, 신호등 앞에서 진입 우선권에 대한 관례)에 대한 인간의 지식을 부호화(coding)해서 저장한다. 보스가 혼잡한 교차로에서 스스로 운전할 수 있도록 보스 제작자가 여러 규칙을 손수 만들었던 것처럼, 왓슨 개발자도 왓슨이 스스

■ 《앨저넌에게 꽃을》: SF계의 노벨상이라 하는 휴고상과 네뷸러상을 받았으며 국내에서는 2017년 뮤지컬 〈미스터 마우스〉로 공연되었다. 급격한 지능 변화를 겪는 아이큐 70인 주인공 찰리가 아이큐 180인 천재가 되기까지 스스로 자신의 정신 상태를 담담히 서술해 나가는 식의 보고서이자 일기 형식으로 구성되었다.

로 문장 구조도를 탐색하여 단서에서 의미 있는 정보를 추출하도록 다양한 규칙을 직접 만들어 넣었다.

왓슨은 이러한 규칙을 사용하여 DeepQA 파이프라인을 통해 파스 트리를 조사하는 방식으로 문제 분석 단계를 시작할 수 있었다. 왓슨은 파스 트리를 사용하여 단서의 초점을 찾아냈다. 다시 말하면, 초점은 단서 안에 존재하는 문구로 문제가 정확히 무엇을 묻고 있는지(앞서 살펴본 단서에서 나왔던 인물이나 염증 같은)를 나타낸다. 초점을 찾기 위해 왓슨은 '이것(this)' 또는 '이것들(these)'로 표현된 명사구를 검색하는 등의 간단한 규칙을 사용했다.[32]

왓슨은 또한 파스 트리에서 그 밖의 정보도 추출했는데, 이 정보에는 하나의 단서가 다른 단서를 내포하는지 여부, '또는(or)'과 같은 접속사로 연결된 다수의 단서가 존재하는지 여부 등도 포함되어 있다. 또한 왓슨은 단서의 초점이 포함된 관계에 대한 정보의 파스 트리도 검색했다.

[그림 12-3]에서 왓슨이 올림픽에 대한 단서를 어떻게 분석하는지를 볼 수 있다. 왓슨은 규칙을 통해 체계적으로 단서를 분석하고 이 과정에서 파스 트리를 조사하는 렌즈처럼 사용했다. 문제 분석 단계에서 왓슨은 강박증이 있는 정리 전문가처럼 문장에서 무엇을 발견했는지 따져보고 정보의 파편에 이름을 붙여 저장소에 저장했다. 하지만 이런 작업만으로는 단서가 실제로 무엇을 묻고 있는지 이해할 수는 없었다. 왓슨은 이 단계에서는 맹목적으로 단서를 처리할 뿐이고, 이를 통해 DeepQA 파이프라인의 나머지 단계에서 추가 작업이 이루

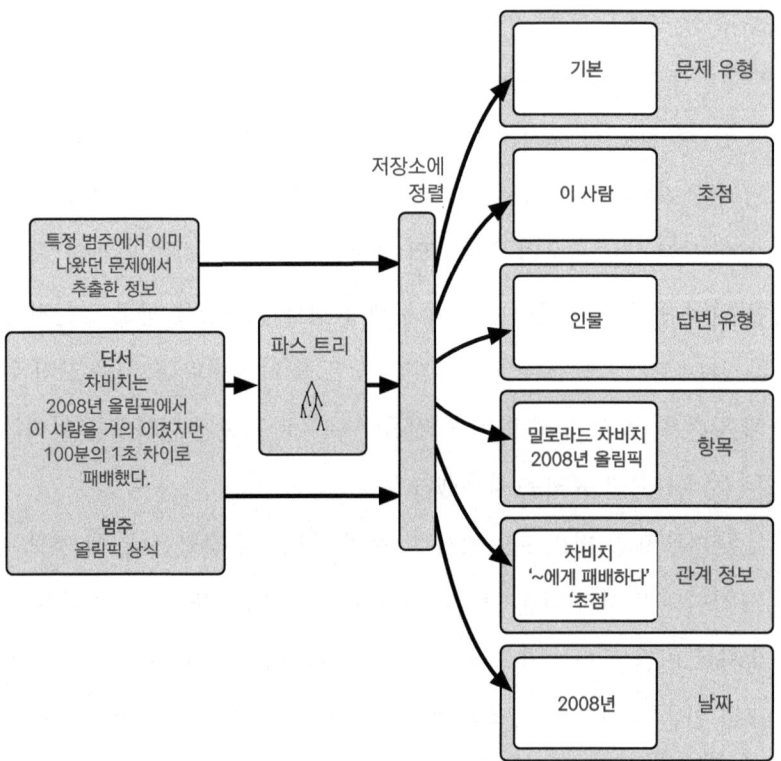

▲ 그림 12-3 왓슨이 문제 분석 단계에서 단서로부터 찾아낸 가장 중요한 정보 중 일부

어졌다.

왓슨이 정보에 이름을 붙이는 과정을 끝내고 나면 단서에 대한 옳은 답을 찾기 위한 매우 힘든 과정이 남아 있다. 이를 위해서 왓슨은 흔히 생각할 수 있는 데이터 소스를 일부 활용하기도 했다. 예를 들면, 사전, 지도, 영화 데이터베이스, 심지어 위키피디아까지도 사용했다. 13장에서 살펴보겠지만, 왓슨은 인간과는 아주 다른 방식으로 이러한 데이터 소스를 활용했다.

13

⟨제퍼디!⟩의
답 마이닝하기

MINING THE BEST *JEOPARDY!* ANSWER

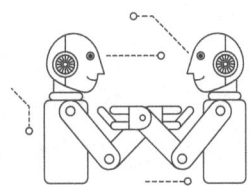

최저 기준

　데이비드 페루치는 ⟨제퍼디!⟩ 챌린지 프로젝트에 착수하면서 사람들에게 이 프로젝트가 그렇게 어려운 일이 아니라는 것을 입증할 근거가 필요했다. 스티븐 베이커가 《최후의 제퍼디》에서 말한 것처럼, 성공할 가망이 없는 프로젝트에 인력과 시간을 투자하는 정치적으로 위험한 행보는 내부의 반발을 불러올 만했다.[1] 이와 동시에 페루치는 ⟨제퍼디!⟩를 플레이하는 컴퓨터를 만드는 일이 생각보다 쉬울 경우도 고민해야 했다. 만약 IBM이 프로젝트 연구에 몇 년을 투자하고 수백만 달러를 마케팅에 지출했는데 갑자기 어떤 해커가 나타나 한 달 만에 같은 일을 해내면 어떻게 할 것인가? 시간 낭비는 둘째 치고 회사 차원에서는 그야말로 망신이 따로 없는 일이었다.[2] 그래서 페루치와 팀원들은 나중에 최저 기준(basement baseline)으로 알려진 간단한 테스트를 고안했다.

팀원 대부분이 〈제퍼디!〉에 참여할 수 있도록 기존의 질의 응답 시스템을 전환하는 작업을 하느라 한 달을 보내는 동안, 페루치는 제임스 팬(그는 〈제퍼디!〉 시합용 시스템을 만드는 일에 가장 열성적인 팀원이었다)에게 자신의 사무실에서 모든 도구를 동원하여 시스템을 해킹하여 새로운 시스템을 만들어 보라고 제안했다. 제임스는 이 기간에 점심 식사와 미팅을 할 때 외에는 다른 팀원과 함께 일하지 않았다. 그 대신 제임스는 자신만의 방법으로 페루치가 제안한 임무를 수행했다.

이렇게 해킹으로 만든 시스템은 〈제퍼디!〉를 플레이하도록 전환한 시스템과 경쟁해야 했다. 만약 제임스의 시스템이 더 좋은 성능을 보인다면 페루치와 팀원들은 이 문제를 어떻게 처리할지 결정해야 했다.[3] 페루치와 팀원들이 이 기간에 새로운 아이디어를 선보이는 데 실패한다면 이 문제는 정말 어렵다는 것을 입증하는 셈이었다.[4]

두 팀(정식 연구 팀과 제임스 팬 혼자 작업한 팀)이 각자 한 달 동안 작업한 후 최저 기준이 그럭저럭 괜찮다는 것을 알게 되었다. 전환된 시스템은 부분적으로 괜찮았지만 인간이 〈제퍼디!〉를 플레이하는 수준과는 여전히 한참 동떨어진 상태였다. 그와 동시에 제임스는 한 달 동안에 괜찮은 아이디어를 떠올릴 수 있었다.[5] 다행이었다. 페루치의 팀은 이제 이 시스템의 개발이 적절한 난이도를 갖고 있다는 근거를 마련했으므로 갑자기 누군가가 문제를 쉽게 해결하여 망신당할 염려는 없게 된 것이다. 현재의 접근 방식에 인력을 계속 투입하면 성능을 개선할 여지가 있다는 것 또한 알게 되었다.[6]

어쨌든 (12장에서 살펴본 대로) 이들은 이제 새로운 문제와 마주하게 되었다. 〈제퍼디!〉에서 시합하기 위해 전환된 시스템은 아직 인간 참가자와 경쟁할 수준은 아니었다.[7] 페루치의 팀은 기존 시스템을 개선하느라 노력하는 한편, 자신의 기존 가설을 폐기하고 처음부터 다시 시작하기로 했다. 몇 달 동안 실험한 끝에 그들은 DeepQA라 이름 붙인 시스템을 만들었다.

DeepQA 시스템의 첫 단계는 문제 분석 단계이다. 문제 분석 단계의 목적은 단서 안에서 쉽게 추출할 수 있는 인물, 장소 등의 대상에 대한 정보를 수집하고, 단서에서 묻고 있는 답변 유형을 알아내고, 이러한 정보 조각에 이름을 붙여 저장한 뒤 이후에 다른 단계에서 이들 정보를 활용하도록 하는 것이다. 앞으로 살펴볼 DeepQA의 나머지 단계에서는 정답을 찾아내는 작업을 수행한다.

왓슨은 인간이 하는 방식으로 답을 찾지 않는다. 인간은 문제에 대해 생각하고 답과 관련된 적절한 문맥을 선택한 후 그 문맥의 범위 내에서 답을 찾는다. 만약 이 문맥에서 답을 찾지 못한다면 두 번째로 적절한 문맥에서 답을 찾으려고 하거나 다른 방식으로 실마리를 찾아내 생각의 방향을 바꾸려고 시도할 것이다. (보통 한 가지 정보의 원천을 토대로) 일단 답을 찾으면 책을 덮고 확신에 차서 그 답을 말할 것이다.

반면에 왓슨은 문제 하나하나를 대규모 연구 프로젝트로 간주한다. 왓슨의 문제 해결 단계는 채용 조건에 완벽하게 들어맞는 사람을 찾아내는 채용 과정과 아주 비슷하다. 첫 번째 단계에서는 자세한 채용 공고를 만들어야 한다. 이 단계가 왓슨의 문제 분석 단계에 대응한다. 왓슨이 일단 채용 공고를 작성하고 나면, 이제 다양한 출처로부터 조건에 맞는 수백 명의 이력서를 수집하고, 인터뷰에서 후보자를 자세히 조사한 후 심사숙고해서 적임자를 선별하기 위해 각 후보의 장단점을 평가해야 한다.[8] 먼저 후보를 찾고 평가하는 과정의 첫 번째 단계인 왓슨이 후보 목록을 얻는 과정부터 시작해 보자. 왓슨 제작자는 이 단계를 후보 생성 단계(candidate generation)라고 불렀다.

후보 생성 단계

직원을 채용하려면 우선 이 일자리에 관심이 있는 사람들의 이력서를 모아야 한다. 이 단계에서 목표는 적임자를 찾는 것이 아니라 채용을 고려할 만한 사람들의 목록을 만드는 것이다. 이러한 구직자는 다양한 장소에서 찾을 수 있다. 구인·구직 검색 엔진을 이용하거나, 전문가 인맥을 통해 사람을 소개받거나, 회사 홈페이지에 채용 공고를 올려 지원을 받을 수도 있다. 심지어 지역 신문에 채용 공고를 낼 수도 있다. 시간이 흐르면 이러한 후보자의 이력서가 쌓일 것이다.

왓슨은 답변 후보 목록을 만들기 위해 이와 비슷한 접근 방식을 사용했다. 왓슨의 목적은 정답을 선별하는 것이 아니라 정답으로 고려할 만한 답변 후보를 수집하는 것이다. 하지만 왓슨이 해야 하는 일은 채용보다 약간 까다로운 면이 있는데, 적임자가 한 명 이상 존재하는 인재 채용과 달리 〈제퍼디!〉 문제의 단서에는 정답이 단 하나만 존재한다는 것이다. 후보 생성 단계가 끝났을 때 왓슨의 후보 목록에 정답이 들어 있지 않다면 왓슨은 답을 맞힐 기회 자체가 없어지는 것이다. 그러므로 왓슨은 후보의 기준을 낮춰야 했다.

왓슨이 후보를 어떻게 물색하는지 명확히 알아보기 위해 2008년 올림픽에 대한 단서를 다시 한 번 살펴보자.

> 밀로라드 차비치(Milorad Čavić)는 2008년 올림픽에서 **이 사람**을 거의 이겼지만 100분의 1초 차이로 패배했다.

문제 분석 단계에서 왓슨은 단서와 관련된 정보 몇 가지를 찾아낼 수 있다. 292쪽 [그림 12-3]을 보면, 왓슨이 단서에서 고유 명사인 '밀로라드 차비치(Milorad Čavić)'와 '2008년 올림픽'을 식별하고 초점인 '이 사람'을 찾아내서 답변 유형이 '인물'임을 알아낼 수 있다. 왓슨은 단서에 관한 이러한 정보를 바탕으로 답변 후보를 찾기 시작했다.

왓슨은 답변 후보를 찾기 위해 뉴스 기사와 백과사전의 항목 등 다양한 소스를 검색했다. 답변 후보 중 일부는 다양한 유형의 관계 정보(인물, 장소, 여러 대상 간의 연결에 대한 정보이다)를 표로 정리한 왓슨의 구조적 데이터 소스에서 검색되었다. 약간 뭉뚱그려서 이야기하자면, 왓슨이 알고 있는 관계 정보는 위키피디아 각 항목의 차례 상자(infoboxes)에 표시된 데이터와 같다.[9] 예를 들면, 2010년 당시 위키피디아의 '밀로라드 차비치(Milorad Čavić)'와 '2008년 올림픽' 항목에는 밀로라드의 국적이 세르비아라는 것과 2008년 올림픽이 베이징에서 개최되었다는 정보가 포함되어 있다. 왓슨은 이를 토대로 '세르비아인'과 '베이징'을 답변 후보 목록에 추가하고, 이 두 정보와 관련된 다른 정보 또한 추가할 수 있었다. [표 13-1]에서 이러한 관계 정보에서 추출한 해당 단서의 다양한 답변 후보를 볼 수 있다.

12장에서 살펴보았듯이, 관계 정보의 데이터베이스에서는 단서로부터 검색할 수 있는 일부 정보만 찾아낼 수 있다. 방금 살펴본 단서도 예외가 아니어서 (왓슨은 이를 미리 알 수 없다) 이 구조적 데이터베이스에서 찾아낸 답변 후보에 정답이 포함되어 있지 않을 수도 있다. 하지만 상관없다. 왓슨은 이 단계에서 정답을 선별하는 게 아니라는 점을 다시 한 번 기억하자. 이 단계에서는 단지 목록 어딘가에 정답이 있다는 것만 확실히 하면 된다. 왓슨이 다양한 소스를 검색하는 것은 그러한 이유 때문이다.

후보의 출처	답변 후보

'밀로라드 차비치'와 '2008년 올림픽'에 관련된 위키피디아의 차례 정보(DBPedia)에서 추출한 관계 정보
 	
Relations from Wikipedia infoboxes (DBPedia) related to 'Milorad Čavić's' and '2008 Olympics'
	• 세르비아인(차비치의 국적)
	  Serbian(Čavić's nationality)
	• 198cm(차비치의 키)
	  6'6"(Čavić's height)
	• 97.5kg(차비치의 체중)
	  215 pounds(Čavić's weight)
	• 접영, 자유형(차비치의 영법)
	  butterfly, freestyle(Čavić's strokes)
	• UC버클리(차비치의 대학 팀)
	  University of California, Berkeley(Čavić's college team)
	• 베이징(2008년 올림픽 개최 도시)
	  Beijing(2008 Olympics city)

	- 베이징 국립 경기장(2008 올림픽 개최지)
	  Beijing National Stadium(2008 Olympics venue)
	- 8월 8일(2008년 올림픽 개막일)
	  August 8(2008 Olympics opening ceremony date)
	- 8월 24일(2008년 올림픽 폐막일)
	  August 24(2008 Olympics closing ceremony date)

위키피디아에서 찾은 후보들
- 검색 결과에 표시된 문서의 제목
- 해당 문서로 리다이렉트되는 문서
- 문서를 서로 연결하는 하이퍼링크의 텍스트
- 결과에 링크된 페이지의 제목
 	
Candidates from Wikipedia: the titles of articles in the search results, articles that redirect to these articles, text of hyperlinks between articles, and titles of the pages linked from these results
	- 그로바리(제목)
	  Grobari(title)
	- 라파엘 무노스(제목, 링크 텍스트)
	  Rafael Muñoz(title, link text)
	- 피터 판덴 호헨반트(제목)
	  Pieter van den Hoogenband(title)
	- 알렉산다르 도르데비치(제목)
	  Aleksandar Đorđević(title)
	- 밀로라드 차비치(제목)
	  Milorad Čavić(title)
	- 2012 하계 올림픽 수영 대회(제목)
	  Swimming at the 2012 Summer Olympics(title)
	- 세계 및 2008 하계 올림픽 기록(제목)
	  World and Olympic records set at the 2008 Summer Olympics
	- 마이클 펠프스(제목, 링크 텍스트)
	  Michael Phelps(title, link text)
	- 르클로(제목)
	  Le Clos(title)
	- 예브게니 코로티시킨(제목)
	  Yevgeny Korotyshkin(title)
	- 베이징 올림픽(링크 텍스트)
	  Beijing Olympics(link text)
	- 100m 접영 세계 기록(링크 텍스트)
	  100m butterfly world record(link text)
	- 선거(링크 텍스트)
	  voting(link text)
	- 우사인 볼트(링크 텍스트)
	  Usain Bolt(link text)
	- 2008 하계 올림픽(제목)
	  2008 Summer Olympics (title)
	- 2008 올림픽(검색 결과로 리다이렉트되는 페이지)
	  2008 Olympics(page that redirects to search result)

▲ 표 13-1 답변 후보 목록과 출처

"밀로라드 차비치는 2008년 올림픽에서 이 사람을 거의 이겼지만 100분의 1초 차이로 패배했다"는 단서에서 찾아낸 답변 후보 목록

답을 찾아서

왓슨은 광대한 비구조적(unstructured) 데이터들, 사전이나 뉴스 기사 같은 문서, 위키피디아 항목, 문학 작품, 사전, 유의어 사전 등에서 닥치는 대로 답변 후보를 검색했다. 하지만 왓슨은 이렇게 엄청난 데이터에서 어떻게 몇 초 만에 정답을 찾아낼 수 있을까? 왓슨은 대규모 텍스트 문서를 검색하는 것처럼 검색 엔진을 사용했다.[10]

왓슨은 시합에서 인터넷에 접속할 수 없기 때문에 구글 같은 검색 엔진을 사용할 수 없었다. 그래서 연구원들은 왓슨의 인터넷 접속이 차단되기 전에 왓슨의 문서를 전부 모아서 자체 검색 엔진에 업로드 했다. 이 검색 엔진은 시합을 하는 동안 IBM의 데이터 센터에서 왓슨의 일부처럼 실행되었다.[11] 왓슨은 이 검색 엔진을 우리가 일상적으로 사용하는 검색 엔진처럼 사용했다. 검색어를 입력하면 검색 결과 목록이 나타나는 방식이었다.[12]

왓슨이 이 검색 엔진을 사용하려면 검색 질의(query)를 만들어야 했다. 그래서 문제 분석 단계에서 단서로부터 추출한, 중요하다고 판단된 단어와 구절을 사용하여 검색 질의를 만들었다. 질의에는 정답의 유형(대통령, 채소, 감각 기관, 2인조 등) 또한 포함되었다. 단서에서 관계 정보(예를 들면, '~에 출연하다')를 찾아내면 이와 관련 있는 후보에는 더 높은 가중치를 두었다. 일반적으로 사람들은 구글에서 검색할 때 어떤 단어를 검색어로 할지 고민하곤 한다. 그러나 왓슨은 고민하지 않는다. 그저 개발자가 만든 간단한 서식에 문제 분석 단계에서 찾아낸 정보를 채워 검색 질의를 만들어 내면 된다.

왓슨이 검색 엔진에 이 질의를 전송하고 나면 검색 결과에 더 많은 답변 후보가 추가된다. 가끔 이 작업에서 하는 일이 단순히 검색 결과에 표시된 제목을 답변 후보에 추가하는 것이 전부일 경우도 있다.[13] 대부분 왓슨은 좀 더 미묘한 기법을 동원했다.

이러한 기법으로 위키피디아 항목을 영리하게 이용하는 것을 예로 들 수 있다. 제임스 팬은 한 달 동안 최저 기준의 시스템을 해킹하면서 답변 후보를 생성하는 데 위키피디아가 매우 효과적이라는 사실을 발견했다.[14] 후보 생성 단계의 작업을 하다 보니 놀랍게도 〈제퍼디!〉 정답의 95%가 위키피디아 항목의 제목에 포함되어 있다는 사실 또한 알아냈다.[15]

이러한 정보를 알게 된 팀은 위키피디아를 왓슨의 후보 생성 단계의 기초 데이터로 사용했다. 왓슨이 단서와 관련된 검색 결과에서 위키피디아의 문구를 찾아낼 때마다 이 결과는 체크리스트를 거쳐 해당 문구에서 답변 후보를 생성했다. 첫 번째로 해당 문구가 발견된 위키피디아 페이지의 제목을 답변 후보 목록에 추가했다. 그런 다음 해당 문구를 좀 더 자세히 조사하고 검색 질의와 대조하여 더 많은 후보를 찾아냈다. 해당 문구의 하이퍼링크(앵커 텍스트라 불리는) 텍스트에서도 답변 후보를 추출했고, 이 문구에 링크된 위키피디아 페이지의 제목은 물론 해당 하이퍼링크로 이동하는 위키피디아 페이지의 제목도 답변 후보로 사용했다.[16]

왓슨 팀은 또한 위키피디아의 모든 항목을 토대로 제목 목록을 만들어 어디서든 검색할 수 있도록 했다.[17] 이런 방식으로 왓슨은 단서에 있던 '2008년 올림픽'이 고유 명사라는 것을 알아낼 수 있었다. 위키피디아에도 '2008년 올림픽'이라는 항목이 존재했기 때문이다.

2008년 올림픽에 대한 단서를 통해 위키피디아를 활용하여 어떤 답변 후보를 찾아낼 수 있는지 다시 한 번 살펴보자. 해당 단서로 왓슨이 만들 법한 검색 질의를 이용해 wikipedia.org의 검색 결과만 보여주도록 제한을 걸고 검색을 실행했다.[18] 왓슨은 시합에서 인터넷 접속이 차단되어 구글을 사용할 수 없지만, 왓슨의 자체 검색 엔진은 구글과 비슷한 역할을 했으므로 위키피디아는 왓슨 팀이 만든 검색 엔진에서 사용하는 데이터의 출처였다.

이제 이 검색 결과로 왓슨이 위키피디아에서 데이터를 수집하는 방식으로 글의 제목, 외부 링크의 텍스트 등을 추출해 더 많은 답변 후보를 얻을 수 있다. 이렇게 추출한 답변 후보의 예를 들면 라파엘 무노스(Rafael Muñoz), 피터르 판덴 호헨반트(Pieter van den Hoogenband), 2012 하계 올림픽 수영 대회(Swimming at the 2012 Summer Olympics), 마이클 펠프스(Michael Phelps) 등이 있으며, 299쪽 [표 13-1] 하단에서 그 목록을 볼 수 있다.

이렇게 뽑은 답변 후보는 언뜻 봐도 괜찮은 것 같다. 부분적일지 몰라도 이들 후보 중 몇 명은 최소한 원래 단서에서 요구하던 답변 유형(인물)이기 때문이다. 하지만 왓슨은 이 답변 후보의 정답률이 더 높은지는 아직 알 수 없다. 사람이라면 이런 방식으로 답변 후보를 수집하면서 정답을 찾아낼 수 있다. 하지만 왓슨은 후보 생성 단계에서 정답에 대한 근거를 찾아내더라도 이 단계에서 답변 후보가 정답인지 확인하지 않는다. 왓슨은 그저 여러 출처에서 계속 검색해서 길고 긴 답변 후보의 목록만 만들 뿐이다.

가벼운 필터

왓슨은 수백 개의 답변 후보가 담긴 목록을 작성한 후 그중 어느 것이 정답인지 알아내야 한다. 왓슨은 답변 후보를 어느 정도 조사하여 (하지만 모든 답변 후보를 검토해야 하는 상황이 되지 않을 만큼은 충분히) 가벼운 필터(lightweight filter)로 답변 후보 목록의 범위를 좁혀야 한다.

다시 직원 채용의 예를 들어보자. 채용 공고를 내고 이력서를 한 다발 받고 나면, 다음 단계에서는 지원자에 대한 심층 분석을 한다. 즉 면접을 볼 지원자를 골라야 한다. 채용할 사람은 한 명인데 지원자가 수백 명이라면 이들 전부와 면접을 할 수는 없는 노릇이다. 먼저 가벼운 필터(예를 들어, 업무와 관련된 학위나 경력으로 제한을 둘 수 있다)를 적용해서 면접을 볼 지원자의 수를 줄일 수 있다. 검토해야 할 이력서의 양이 많으므로 이 필터는 간단해야 한다.

왓슨의 가벼운 필터 또한 답변 후보가 답변 유형(대통령, 도시, 인물 등)과 일치하는지를 간단하게 검사했다.[19] 2008년 올림픽에 대한 단서에서는 답변 유형이 인물이었으므로 왓슨은 이 단서의 답변 후보 목록에서 인물의 이름만 골라냈을 것이다. 가벼운 필터를 통과한 답변 후보는 증거 수집(evidence retrieval) 단계로 넘어가고 왓슨은 각 답변 후보에 대한 정보를 수집한다.[20]

증거 수집 단계

증거 수집 단계는 채용 과정에서 대면(onsite) 면접과 유사하다. 실제 면접이라면 몇 명의 지원자만 대상으로 하겠지만 왓슨은 100여 개의 답변 후보를 자세히 조사했다.[21] 이를 위해 왓슨은 데이터베이스와 검색 엔진을 다시 한 번 사용해야 했다.

면접에서는 지원자에게 채용 공고에 올린 채용 요건을 다시 하나하나 묻지는 않을 것이다. 그보다는 지원자 개인의 배경과 채용 공고의 특정 항목 등을 구체적으로 묻기 위해 지원자별로 다른 질문을 준비하여 해당 업무에 잘 맞는지 가려내야 한다. 왓슨도 답변 후보를 조사할 때 비슷한 일을 한다. 왓슨 역시 답변 후보와 단서에 맞춰서 구체적인 검색 질의를 준비하여 자신의 데이터 소스를 조사한다.

왓슨은 단서와 답변 후보(여기서 답변 후보는 필수 검색어로 사용된다)에서 찾아낸 중요한 단어와 문구를 결합하여 검색 질의를 만든다. 2008년 올림픽에 대한 단서로 어떤 구글 검색어를 만들 수 있는지 한번 살펴보자.

"Rafael Muñoz" Milorad Čavić upset 2008 Olympics losing hundredth second

"라파엘 무노스" 밀로라드 차비치 승리 2008년 올림픽 100분의 1초 차이 패배

그다음 왓슨은 자체 검색 엔진에 이 검색 질의를 입력한다. 그러면 [그림 13-1]과 같이 각 답변 후보와 단서에 맞춘 증거를 수집할 수 있

다. 이 조사 과정에서 왓슨은 개별 답변 후보의 신빙성을 뒷받침할 수 있는 증거를 모은다. 이 증거는 대부분 검색 결과에서 수집한 텍스트 조각일 뿐이다.

첫 번째 답변 후보인 '라파엘 무노스(Rafael Muñoz)'의 위키피디아 검색 결과는 정답일 확률이 그다지 높아 보이지 않는다. 첫 번째 검색 결과는 2008년 하계 올림픽 수영 대회에 관한 페이지로, [표 13-1]에서 라파엘 무노스의 이름은 경기 기록과 함께 한 번만 언급된다(이 페이지의 다른 곳에 라파엘 무노스가 아닌 정답이 언급되어 있지만, 왓슨은 이에 대해 알 수 없다. 왓슨은 단순히 규칙에 따라서 데이터를 처리할 뿐이며, 조사하는 페이지의 다른 부분을 함께 살펴보라는 규칙이 없기 때문이다). '라파엘 무노스'를 단독으로 검색한 결과도 마찬가지로 별 쓸모가 없다.

물론 왓슨이 첫 번째 답변 후보만 조사하고 끝내지는 않는다. 왓슨은 가벼운 필터를 통과한 나머지 답변 후보도 모두 자세히 조사한다. 다른 답변 후보의 검색 결과를 한번 살펴보자. '피터르 판덴 호헨반트(Pieter van den Hoogenband)'로 검색한 결과는 조금 가능성이 커 보이지만 여전히 정답 같지는 않다. 호헨반트에 대한 위키피디아 페이지에는 다음과 같은 문장이 있다.

> He returned to the Olympic Games in 2008 in Beijing and finished fifth in the 100m freestyle.
>
> 그는 베이징에서 열린 2008년 올림픽에 참가하여 100m 자유형에서 5위를 기록했다.

이 문장에서 2008, Olympic, 100(100분의 1초와 비슷한) 등의 키워드는 단서에 있는 것과 일치하지만 그 외의 키워드는 들어맞는 것이 없다. 나머지 검색 결과도 마찬가지다. 이제 마지막 답변 후보인 마이클 펠프스(Michael Phelps)를 검색해 보자. 'Swimming in the 2008

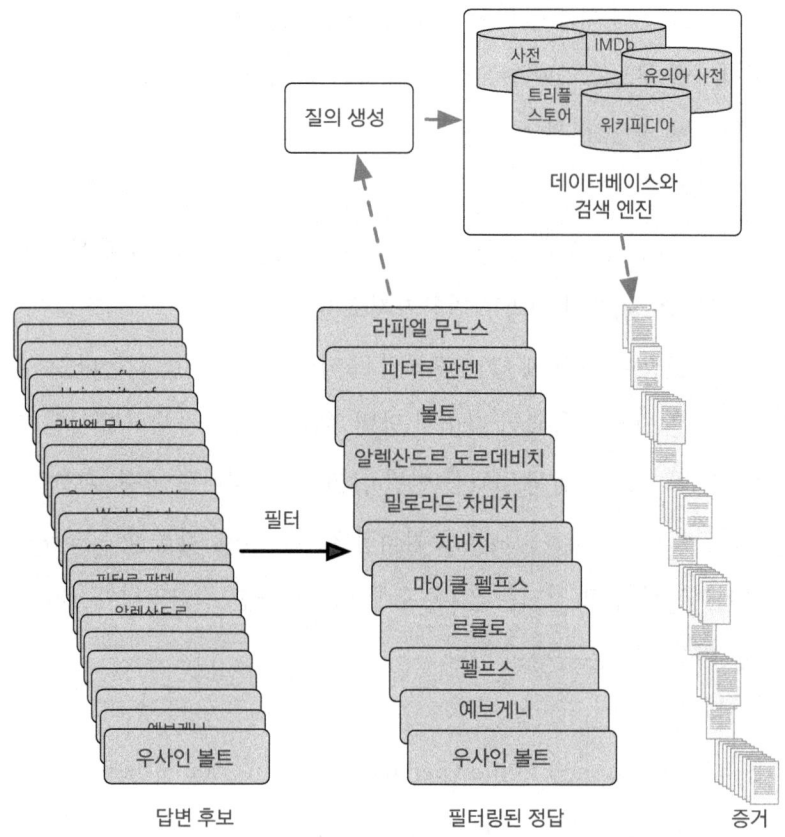

▲ 그림 13-1 왓슨의 증거 수집 단계

왓슨은 먼저 가벼운 필터를 사용해 답변 후보의 수를 줄인 후, 자체 데이터베이스와 검색 엔진으로부터 아직 남아 있는 답변 후보에 대한 증거를 수집했다.

Olympics"'에 대한 위키피디아 페이지에는 다음과 같은 문장이 있다.

> U.S. swimmer Michael Phelps set a new Olympic record of 50.58 to defend his title in the event, edging out Serbia's Milorad Čavić (50.59) by one hundredth of a second (0.01).
> 미국의 수영 선수인 마이클 펠프스는 올림픽 신기록인 50.58초를 수립하면서 또다시 금메달을 땄으며, 세르비아의 밀로라드 차비치(50.59초)를 100분의 1초 차이로 따돌렸다.[22]

이 검색 결과는 확실한 증거처럼 보인다. 다른 검색 결과인 마이클 펠프스에 대한 위키피디아 페이지에서도 비슷한 문장이 등장한다.

> On August 16, Phelps won his seventh gold medal of the Games in the men's 100-meter butterfly, setting an Olympic record for the event with a time of 50.58 seconds and edging out his nearest competitor Čavić, by one hundredth(0.01) of a second.
> 8월 16일, 마이클 펠프스는 남자 100m 자유형 경기에서 일곱 번째 올림픽 금메달을 수상했다. 50.58초로 올림픽 신기록을 수립하며 2위인 차비치를 100분의 1초 차이로 따돌렸다.[23]

■ 2019년 11월 현재 위키피디아에는 Swimming at the 2008 Summer olympics - Men's 100 meter butterfly 항목이 있다.

답변 후보인 '마이클 펠프스'는 정답일 확률이 매우 높아 보인다. 만약 나중에 왓슨이 이 답변 후보의 증거를 파이프라인에서 제대로 평가할 수 있다면 이 증거 수집 단계 또한 성공했다고 볼 수 있다.

왓슨이 증거 수집 단계에서 사용한 데이터 소스는 위키피디아에만 있는 것이 아니다. 앞에서도 말했듯이 왓슨은 사전, 유의어 사전, 백과사전, 과거의 뉴스 기사, 표로 정리한 관계 정보('~까지 생존', '~의 수도'와 같은) 등 여러 소스를 활용했다. 왓슨 개발자는 개별 데이터 소스에 맞게 왓슨의 질의를 적절히 조정했다. 왓슨은 문제 분석 단계의 단서에서 알아낸 정보와 답변 후보를 조사한 정보, 단서의 파스 트리에서 추출한 정보 등을 토대로 각각 연관된 데이터 소스에 맞는 검색 질의를 생성했다. 그 뒤 나중 단계에서 사용하기 위해 검색 결과를 저장했다.

사람이라면 '마이클 펠프스'처럼 단서에 대한 정답임을 시사하는 텍스트를 발견했을 때 검색을 중단할 수도 있다. 하지만 왓슨은 조사를 멈추지 않았다. 왜냐하면 왓슨은 지금까지 수집한 증거의 내용을 이해하는 작업을 아직 진행하지 않았기 때문이다. 왓슨은 증거 수집 단계를 마치고 다음 단계로 넘어가기 전까지는 답변 후보에 대해 어떤 판단도 내리지 않고 다음 단계로 넘어가야 증거에 점수를 매길 것이다. 이 시점에서 왓슨은 '마이클 펠프스'가 정답일 것이라는 증거가 '피터르 판덴 호헨반트'보다 더 강력한지 어떤지 알지 못한다.

답변 후보의 증거 각각은 단지 컴퓨터 메모리에 저장된 텍스트 조각에 불과하다. 마치 면접관이 지원자 면접을 마친 후 그에게 남긴 메모와 비슷하다. 왓슨은 단순히 계속 조사해서 모든 답변 후보에 대해 이를 뒷받침하는 증거 텍스트를 수집해 나간다. 마침내 왓슨이 답변 후보 조사를 마치면 가장 흥미로운 부분인 답변 후보의 점수 계산 단계를 진행할 준비가 끝난 것이다.

점수 계산 단계

증거 수집 단계가 끝나면 왓슨은 이 결과를 점수 계산 알고리즘에 입력한다. 왓슨이 문제를 분석하기 위해 다양한 규칙을 사용했던 것처럼 점수 계산 단계에서도 다양한 규칙을 사용하여 각 답변 후보의 증거를 분석한다. 여러분이 볼 때 이 채점기(scorer)는 왓슨에게 가장 흥미로울 것이다. 채점기 알고리즘은 답변 후보의 증거를 구성하는 각 정보가 단서에 얼마나 잘 들어맞는지를 평가한다.

이 단계는 지원자에 대한 평가 자료를 커다란 스프레드시트에 넣는 작업과 비슷하다. 지원자에 대한 자료를 하나하나 평가하려면 의사 소통 능력, 직무 관련 경험, 사내 문화에 대한 적응도, 즉각적인 비판적 사고 능력 등 다양한 기준이 필요하다. 점수 계산 단계의 목표는 지원자 자체를 평가하는 것이 아니라 질문에 대한 지원자의 답만 최대한 객관적으로 평가하는 것이다. 이는 지원자에 대한 자료를 일일이 구분하여 점수를 매겨야 한다는 의미이다. 왓슨이 다음 단계에서 증거 자료에 점수를 매기는 것처럼 말이다.

왓슨은 다양한 채점기를 사용해 증거를 평가하는데 각각의 알고리즘은 매우 간단하다. 채점기 하나를 예로 들면, 이 채점기는 단서와 증거의 텍스트에서 중복으로 나오는 단어의 개수를 센다. 각 단어의 가중치를 매길 때에는 단어가 전달하는 '정보'의 양이 얼마인지를 간접적으로 가늠해 볼 수 있는, 희소한 단어일수록 더 큰 가중치를 매기는 IDF(inverse document frequency)라는 접근법을 사용했다. 이 방식의 기저에 있는 발상은 드물게 등장하는 단어일수록 희소성 때문에 좀 더 정확한 정보를 전달한다는 데 있다.

또한 이 발상은, 만약 단서와 증거 텍스트 둘 다 희소한 단어(예를 들면, 'Čavić'이나 'scorpion' 같은)를 포함하고 있다면, 상대적으로 흔한 단어('almost', 'one' 같은)가 포함되어 있을 때보다 높은 가중치를 주어야 한다는 것이다.[24] 답변 후보 '마이클 펠프스'는 이 기준으로 높은 점수를 받을 수 있는데, 이는 답변 후보의 근거 텍스트와 단서 모두 흔치 않은 단어인 '차비치'를 포함하고 있기 때문이다. 다른 답변 후보의 근거 텍스트는 이 채점기에서 좋은 점수를 받지 못했다.

이 중복 단어 채점기(word-overlap scorer)의 약점은 텍스트에 등장하는 단어의 순서를 완전히 무시한다는 것이다. 다음 단서를 예로 들어 살펴보자.

그는 2003년 6월 중국의 대통령이 되었다.

중복 단어 채점기는 다음과 같은 근거 텍스트가 완전히 틀린 답인데도 높은 점수를 매길 것이다.

2003년 6월에 조지 W. 부시 대통령은 중국에 찬사를 보냈다.

이 채점기는 중복으로 등장하는 단어가 많다는 이유로 완전히 잘못된 근거 텍스트에 높은 점수를 줄 것이다. 그래서 왓슨은 이러한 단점을 보완할 수 있는 다른 채점기도 준비했다. 이 중 한 채점기는 단서와 근거 텍스트에 등장하는 단어를 차례대로 정렬하고 탐색 알고리즘으로 두 텍스트에서 일치하는 부분을 찾았다. 일치하는 단어는 높은 점수를 받고, 일치하지 않거나 빠진 단어가 있으면 낮은 점수를 받았다. 또 다른 채점기인 단어 정렬 채점기(alignment scorer)는 흔한 단어보다 희소한 단어에 더 높은 점수를 주었다.

IBM 연구원들이 추가한 또 하나의 채점기는 성별 채점기(gender scorer)였다. 왓슨을 테스트하다가 발견한 다음 단서를 보면 왜 이 채점기가 필요한지 알 수 있을 것이다.

이 영부인은 1912년 3월 16일에 네바다에서 태어나 델마 캐서린 라이언■(Thelma Catherine Ryan)이라는 이름을 얻었다.[25]

성별 채점기가 없을 때 왓슨이 내놓은 답은 '리처드 닉슨(Richard Nixon)'이었다(정답은 닉슨의 아내인 Thelma Catherine 'Pat' Nixon이었다). 왓슨은 채점기에서 파스 트리도 활용했다. 채점기 중 하나는 공통 단

■ 라이언(Ryan): 팻 닉슨(Pat Nixon)이 리처드 닉슨과 결혼하기 전의 성이다.

어 채점기와 비슷하지만, 공통 단어의 수를 세는 대신에 단서의 파스 트리와 근거 텍스트의 파스 트리에서 서로 연결된 단어의 쌍이 얼마나 자주 등장하는지를 측정했다.[26]

또 다른 채점기는 근거 텍스트의 파스 트리로 단서의 파스 트리를 직접 정렬하려고 시도하기도 했다. 두 개의 파스 트리를 정렬했을 때 초점이 답변 후보와 일치하면 이 답변 후보는 정답일 가능성이 크다고 판단했다. 어떤 채점기는 단서와 근거 텍스트의 날짜가 일치하는지를 확인했고, 다른 채점기는 단서와 근거 텍스트에 나타난 지리적 위치를 확인했다. 왓슨이 사용하는 채점기의 목록은 점점 길어져서 총 100개가 넘었다. 넷플릭스 프라이즈의 모델에서 그러했던 것처럼 누군가가 기존 채점기의 단점을 발견하고 새로운 수학 함수를 고안하면, 이를 채점기로 만들어 왓슨의 성능이 개선되는지를 테스트한 후 이를 왓슨에 추가하는 일이 반복되었다.

왓슨은 답변 후보에 모두 점수를 매길 때에도 아직 어느 답변 후보가 정답에 가장 가까운지 판단을 내리지 않은 상태였다. 이 시점에서 왓슨은 답변 후보의 근거 각각에 대한 수치화된 점수 목록을 갖고 있을 뿐이다. 왓슨은 최종 단계인 집계와 순위 결정(aggregation and ranking) 단계에서 최종 판단을 내렸다.

집계와 순위 결정

왓슨이 최고의 답변 후보를 선택하기 위해 단순히 (어린이용 요리책이나 인공 신경망에서 그러했던 것처럼) 간단한 분류기로 정답에 점수를 매길 것으로 생각할 수 있다. 하지만 왓슨에게는 그렇게 간단한 일이 아니었다. 왓슨은 결국 분류기를 사용했지만, 먼저 점수를 매긴 스프레드시트를 적절한 형식의 데이터로 변환해야만 했다. 각 답변 후보의 근거를 평가하기 위해 스프레드시트를 만들었을 때, 어떤 답변 후보는 아주 많은 근거 텍스트(근거에 대응하는 채점 기록도 많다)가 있을 수 있고, 반면에 근거 텍스트가 적거나 거의 없는 텍스트(따라서 근거에 대한 채점 기록도 적은) 답변 후보도 있을 수 있다. 그 밖에 중복된 정답이 존재할 가능성도 있는 등 여러 측면에서 답변 후보 목록은 다루기 어려운 데이터였다.

요약하면, 이 스프레드시트는 분류기에 입력하는 데 적합한 형식의 데이터가 아니었다. 가중 평균 분류기에 입력하는 데이터는 특성이 같아야 하는데 왓슨이 분류하는 답변 후보는 서로 다른 데이터이기 때문이다. 답변 후보 데이터에 분류기를 적용하는 것은 둥근 구멍에 네모난 못을 박는 것과 같다. 이 문제를 해결하기 위해 왓슨은 최종 답을 구하기 전에 각각 다른 분류기를 사용하는 일곱 개의 레이어로 데이터를 처리했다.[27] [그림 13-2]에서 이 레이어의 대략적인 모습을 볼 수 있다.

어떤 레이어는 중복된 정답을 합치는 작업을 수행한다. 앞에서 살펴본 올림픽 예에서 펠프스(Phelps)라는 답변 후보는 마이클 펠프스(Michael Phelps)와 동일한 항목이며, 볼트(Bolt)는 우사인 볼트(Usain Bolt)와 동일한 항목이다. 또는 왓슨이 구체적인 답변 후보와 좀 덜 구

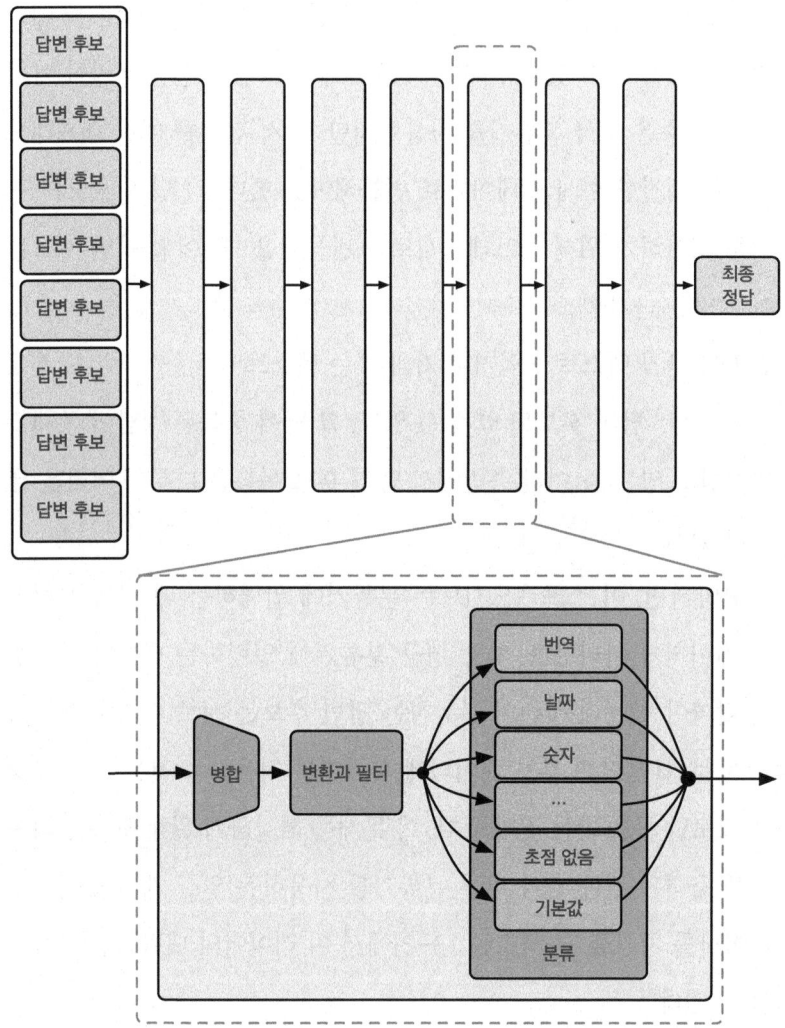

▲ 그림 13-2 왓슨이 실행하는 DeepQA 프레임워크의 집계와 순위 결정 단계

이 단계는 일곱 개의 레이어로 구성되는데 각 레이어는 병합, 변환과 필터, 선형 분류기(문제 유형별로 다른 분류기를 사용한다) 작업으로 이루어진다. 일곱 개의 레이어 각각은 고유의 병합, 변환, 분류 작업을 수행하고(몇몇 레이어에서는 일부 생략할 수도 있다), 프레임워크는 레이어별로 작업하는 데 필요한 기능을 제공한다.

체적인 답변 후보를 갖고 있을 경우도 있었다. 이때 왓슨은 처리 과정에서 중복된 답변 후보와 그 근거 데이터를 하나로 합쳤다.[28]

왓슨이 부딪힌 또 다른 문제는 답변 후보로부터 각각의 채점기가 받은 채점 결과의 개수가 서로 다를 수 있다는 것이다. 그러므로 일곱 개의 레이어 중 한 레이어에서는 어떻게든 말이 되는 점수가 되도록 이들 점수를 결합했다. 왓슨은 어떤 채점기의 결과에서는 평균을 계산하고, 다른 채점기의 결과에서는 답변 후보의 근거 중에서 가장 높은 점수를 올린 항목만 가져와서 계산했다.[29] 왓슨의 순위 결정 단계에서는 이 점수의 단위를 변경하거나 빠진 특성값을 채우는 변환 과정을 거쳤다.[30]

마지막으로 점수가 높은 답변 후보와 낮은 답변 후보를 분리하는 작업에 적합한 분류기는 점수가 가장 높은 답변 후보 중에서 답변 후보를 가려내는 작업에는 적합하지 않을 수도 있다. 그래서 왓슨의 파이프라인에 있는 어떤 레이어에서는 가장 점수가 낮은 답변 후보를 분류기가 걸러낸 후 다른 분류기가 상위 다섯 개의 답변 후보를 고르고, 또 다른 분류기가 그중 가장 점수가 높은 답변 후보를 골랐다.[31]

레이어의 데이터 처리 과정은 파이프라인의 최종 단계에서 단순한 분류기를 적용할 수 있도록 답변 후보의 데이터를 가공하는 작업이다. 달리 말하면, 이 과정은 네모난 못의 모서리를 둥근 구멍에 맞게 깎는 작업이라고 할 수 있다. 왓슨은 이렇게 바꾼 데이터를 최종적으로 분류기에 입력한다.

왓슨의 집계와 순위 결정 단계에서 작동하는 이 일곱 개 레이어의 재미있는 점은, 모든 레이어가 동일한 구조로 되어 있다는 것이다. 앞에서 살펴본 것처럼 일곱 개의 레이어는 각자 다른 작업을 수행한다. 하지만 왓슨이 데이터를 각 레이어에 밀어넣는 방식은 모두 동일하다. 각 레이어는 세 개의 기본 요소로 구성된다. 근거 데이터의 병합(evidence merging) 작업, 이 레이어에 필요한 고유의 작업(특성을 조작하거나 답변 후보를 필터링하는 등의)을 수행하는 처리(processing) 작업, 다음 단계를 위해 답변 후보의 점수를 다시 매기는 분류(classification) 작업이다.

이 7 레이어 구조는 어떤 점에서는 7 레이어 신경망과 비슷하다. 7 레이어 신경망은 구글의 인셉션 신경망(09장 226쪽 참조)과 비슷해서 단순한 뉴런보다 더 다양한 작업을 뉴런 수준에서 처리할 수 있도록 해주는 변환된 신경망으로 봐도 무방하다.[32] 각 레이어에서 앞의 두 작업은 답변 후보에 대한 비선형 변환 작업을 수행하고, 세 번째 작업(분류 작업)에서는 단순한 S자 곡선 분류기(10장 233쪽 참조)를 사용한다. 이 변환 작업의 결과는 각각 신뢰도 점수가 매겨진 최종 정답 목록이다. 왓슨은 이 목록에서 가장 높은 점수를 얻은 답변 후보를 정답으로 선택한다.

왓슨 최적화하기

왓슨은 거대한 시스템이었다. 복잡함 때문에 시스템의 최적화(tuning)도 느리고 어려웠다. CPU를 하나만 사용했던 왓슨의 초기 버전은 한 문제를 푸는 데 두 시간이나 걸렸다.[33] 다행히 왓슨은 내부의 여러 단계를 병렬로 실행하도록 설계되었다. 예를 들어, 왓슨은 각 답변 후보를 개별적으로 하나하나 조사하는 대신, 작업을 여러 CPU에 할당하는 방식으로 여러 답변 후보를 동시에 조사할 수 있었다. 이렇게 병렬 처리를 하고 2,880개에 이르는 CPU에 작업을 분산시킴으로써 페루치의 팀은 왓슨의 정답 시간을 5초 이내로 유지할 수 있었다. 이 정도면 러터와 제닝스를 이길 수 있을 만큼 빠른 속도였다.

하지만 페루치의 팀은 어떻게 이런 복잡한 시스템을 이해했을까? 왓슨은 거대한 소프트웨어 프로젝트여서 대규모 연구 팀의 협력이 필요했다. 연구원 25명이 4년 동안 이 작업에 매달렸다.[34] 시스템 변경은 특정 부분에 국한될 수 없었다. 누군가가 시스템 일부를 개선하면 이 변경 사항이 시스템의 다른 곳에서 어떤 문제를 일으킬지 알 수 없었다.

왓슨과 같은 복잡한 시스템을 설계하고 최적화하기 위해 페루치의 팀은 광범위한 실험과 종단간(end-to-end) 측정을 실행했다. 모든 변경 사항을 신중하게 측정했고 한계 분석(marginal analysis)을 수행하여 채점기 하나를 추가하거나 제거했을 때(또는 채점기를 한 개만 사용했을 때) 왓슨이 어떤 결과를 출력하는지 측정했다. 그리고 이 모든 것을 종합하여 왓슨이 '승자의 구름'(12장 279쪽에서 설명한 〈제퍼디!〉 정답에 대한 분산 차트)의 어느 위치에 있는지를 추적했다. 이 차트에는 〈제퍼디!〉 우승자들이 답을 얼마나 정확하게 맞추었는지 나타내는 점들이 그려져 있다.

DeepQA 다시 살펴보기

그 당시에 어떤 시스템도 비슷한 성과를 거두지 못한 것과 비교하면, 왓슨의 어떤 특별한 점이 〈제퍼디!〉에서 인간 참가자들을 이길 수 있게 했을까? 왓슨이 차별화된 점은 기존 시스템과 차원이 다른 거대한 규모로 만들어졌다는 것과 DeepQA의 존재였다. 지금까지는 왓슨과 DeepQA가 동일한 것처럼 설명했지만 사실 기술적으로 이 둘은 서로 별개의 존재이다. DeepQA는 데이터 처리 엔진이며 왓슨은 DeepQA 위에 구현된 프로그램이다.

DeepQA는 범용 엔진이어서 다른 용도로도 활용할 수 있다. IBM은 DeepQA를 약학이나 게임 등 다양한 분야에서 응용하는 실험을 해왔다. 페루치의 팀은 DeepQA를 〈제퍼디!〉 이전에 작업해 오던 질의응답 과제에 적용해 본 결과 원래 이 과제를 위해 만들었던 시스템보다 좋은 성능을 보이는 것을 발견했다.[35] 하지만 반대로 옛날 시스템에서 〈제퍼디!〉를 실행해 보았더니 이 시스템의 성능은 처참할 정도로 형편없었다.

DeepQA는 딥 러닝(심층 학습)과 아무런 관련이 없다. DeepQA에서 'Deep'은 심층 자연어 처리(deep natural language processing) 또는 심층 질의 응답(deep question answering)에서 따온 것이며, IBM은 DeepQA라는 단어를 자연어 처리에 대한 단순한 접근법(개별 채점기를 사용하는 방식)과 대비하기 위해 사용했다. DeepQA의 강점은 핵심 설계 원칙인 다양한 방식을 조합하는 데에서 오는데, 이는 넷플릭스 프라이즈에서 간단한 모델을 조합(블렌딩)하여 최고 모델을 만든 것과 동일하다.[36]

왓슨에게 지성이 있을까?

〈제퍼디!〉의 문제에 답하는 왓슨의 능력은 왓슨이 지성을 가졌다는 것을 보여주는 증거라고 할 수 있을까? 이 책에 등장하는 다른 기계들과 마찬가지로 최소한 인간의 지성과 비교하는 것이라면 왓슨이 지성을 가졌다고 할 수는 없다. 먼저 왓슨이 제시된 단서로 정답을 찾아내는 방식에 대해 생각해 보자.

왓슨이 첫 번째로 하는 일은 사람이 만든 다양한 규칙을 기반에 두고 단서를 분석하는 것이다. 이 과정에서 문장 구조도가 생성되며, 수작업으로 만든 규칙으로 나중에 문제의 답을 구할 때 사용할 정보의 조각을 추출한다. 그런 다음 왓슨은 이 정보 조각을 사용하여 검색 엔진에서 답변 후보를 검색한다. 그러면 답변 후보의 목록이 만들어지고 이 답변 후보를 필터링하여 수를 줄인 후 각 답변 후보가 정답일 가능성을 뒷받침하는 근거 정보를 검색한다. 이렇게 수집한 근거 정보에 점수를 매기고, 마지막으로 일련의 변환과 분류 과정을 거쳐 정답에 가장 근접한 답변 후보를 선택한다.

이 파이프라인에는 왓슨이 실제로 단서가 무엇을 묻고 있는지를 이해하는 과정이 없다. 왓슨은 단지 결정된 일련의 처리 과정을 따르며, 문제를 조사한 후 수작업으로 만든 규칙과 데이터에서 학습한 가중치로 근거 정보에 점수를 매길 뿐이다.

실제 시합에서 벌어진 왓슨의 실수를 살펴봄으로써 왓슨의 한계에 대한 통찰을 얻을 수 있다. 앞에서 살펴봤듯이, 아직 성별 채점기를 추가하지 않았을 때 왓슨은 리처드 닉슨을 미국의 영부인으로 추측하는 실수를 저지른 적이 있다(311쪽). 왓슨이 적절한 채점기나 필터를 갖추지 않을 경우 이러한 문제는 언제든지 일어날 수 있다. 이와 비슷한 문제 때문에 왓슨이 불쾌한 답을 내놓을 수도 있다.

스티븐 베이커의 《최후의 제퍼디》에 나오는 일화로, 〈제퍼디!〉의 연습 시합에서 '그냥 아니라고 말해(Just say no)'라는 범주의 문제가 출제되었다. 왓슨과 인간 참가자에게 네 자로 이루어진 단어를 묻는 시합이었다. 왓슨은 버저를 누를 정도로 답을 확신하지 못했는데, 결국 왓슨이 선택해서 화면에 표시한 답은 '젠장 뭐야?(What is fuck?)'였다(다행히 〈제퍼디!〉 책임자와 동료들은 이를 불쾌하다기보다 재미있는 일로 받아들였다). 이 일은 단순한 사고가 아니었다. 왓슨 팀은 왓슨의 정답 중 5%가 노골적으로 무례하지는 않지만 희롱하는 것으로 여겨질 만한 답변이라는 것을 발견했다. 페루치는 왓슨이 시합을 하면서 멍청한 발언을 하지 못하도록 이 일을 맡을 팀을 꾸렸으나(이 팀은 나중에 '멍청이 팀'으로 알려졌다), 실제로는 다른 팀에서 왓슨이 실제 시합을 하는 동안 사용할 검열 필터를 만들었다.[37]

왓슨은 세계와 상호 작용하는 방식에도 제한을 받았다. 예를 들면, 실제 〈제퍼디!〉 시합에서 왓슨에게 정확한 답변을 기대할 만한 범주가 제공되었다. 왓슨 제작자는 왓슨이 문제를 선택할 수 있는 상황일 때에는 이러한 범주의 문제를 선택하도록 프로그래밍했다. 불행하게도 이 범주에서 왓슨에게 제공된 단서는 매우 부족했고, 다른 참가자는 왓슨보다 빠르게 이 단서에 답을 할 수 있어 점수를 얻었으며 이와 동시에 문제 선택의 권리도 가져갔다.[38] 어떤 경우에는 켄 제닝스가 틀린 답을 말한 뒤 왓슨이 버저를 눌렀다. 왓슨도 틀린 답을 말했다. 왜냐하면 왓슨은 방금 켄 제닝스가 한 답과 똑같은 답을 말했기 때문이다.

DeepQA에 대한 정보 대부분은 IBM 자체에서 나온 것이며, IBM은 예산을 편성하고 숙련된 마케팅 팀을 활용해 진정한 지성을 갖춘 왓슨을 홍보하고자 했다.[39] 예를 들어, 왓슨에 대한 백서에서 IBM은 왓슨의 채점기를 추론 알고리즘으로 과장하여 묘사했지만 단순히 중복된 단어의 수를 세는 일을 할 뿐이었다. IBM은 왓슨을 다양한 문제를 해결할 수 있는 범용 인공 지능 솔루션으로 광고했다.

왓슨이 〈제퍼디!〉에서 시합을 얼마나 잘하는지와 상관없이 왓슨의 원래 버전은 특정한 작업 한 가지만 수행하도록 설계되었다. 넷플릭스 프라이즈에서 수상하는 데만 몰두했던 실용이론 팀처럼 왓슨 팀은 〈제퍼디!〉에서 시합을 할 수 있는 시스템을 구축하는 것에만 집중했다. 그리하여 왓슨(최소한 초기 버전의 왓슨)은 프로그램을 개조하지 않는 한 〈제퍼디!〉에서 시합하는 것 말고 다른 일은 할 수 없었다. 그러나 IBM은 왓슨을 다양하게 응용할 수 있다고 광고했다. 다른 분야에 쓰인 이런 왓슨의 응용 프로그램은 원래의 왓슨과는 매우 다르게 구현되어서 이들 응용 프로그램의 성능을 평가하기는 매우 어려웠다. 사실 왓슨 브랜드는 〈제퍼디!〉 이후 실망스러운 평가를 받곤 했다.

그래도 왓슨이 최초로 주목을 받았을 때 IBM은 왓슨이 어떻게 작동하는지를 공개했고, 이 연구는 주류 자연어 처리 커뮤니티에 받아들여졌다. 〈제퍼디!〉에서 시합하는 왓슨의 기능이 존경받을 만한 공학적 성취로 널리 받아들여진 것은 의심할 여지가 없으며, IBM은 왓슨을 만들어서 이 자연어 처리 관련 시스템의 기준을 높였다.[40]

〈제퍼디!〉에서 시합을 하는 동안 왓슨 같은 플레이어는 자연어를 이해하는 것과 상관없는 다양한 의사 결정을 내려야 했다. 언제 버저를 누를지 아니면 누르지 말지, 얼마나 많은 금액을 걸어야 할지, 다음 문제로 어떤 단서를 선택해야 할지 등을 결정하려면 고차원 전략이 필요했다.

단서 채점기 외에도 왓슨 팀은 이러한 전략적 의사 결정을 내리는 알고리즘을 신중하게 다듬었다. 이 알고리즘은 왓슨이 경쟁자의 행동에서 가져온 모델에 바탕을 두었다. 14장에서는 왓슨이 어떻게 게임을 시뮬레이션하고 그 결과에 따라 의사 결정을 하는지 살펴보고, 좀 더 일반적인 시각에서 지능적 시스템이 전략 게임을 하는 방식에 대해 알아보자.

게임과 인공 지능

바둑, 스타크래프트 같은 전략이 필요한 게임은 경우의 수가 많아 인공 지능으로 판단하기란 거의 불가능하다. 하지만 알파고는 수많은 경우의 수를 효율적으로 탐색하는 방법을 적용하여 서울의 한 호텔에서 세계 바둑 챔피언인 이세돌을 이겼으며, 알파 스타 역시 훨씬 더 복잡한 전략 게임인 스타크래프트에서도 성과를 거두었다. 이제 인공 지능은 복잡한 실세계 문제에 반응할 수 있을까?

14 ▸ 무차별 탐색으로 좋은 전략 찾기

15 ▸ 알파고는 어떻게 완성되었나?

16 ▸ 실시간 인공 지능과 스타크래프트 봇

14

무차별 탐색으로
좋은 전략 찾기

BRUTE-FORCE SEARCH YOUR WAY TO A GOOD STRATEGY

> 체스를 두는 컴퓨터를 만들 때 사람 편에 서서 좋은 전략을 설계하는 방식은 권장할 수 없었습니다. 그보다는 컴퓨터 능력과 약점에 맞는 방식이어야 했습니다. 컴퓨터는 빠르고 정확하지만 분석력과 인지 능력은 떨어집니다. 그러므로 사람과 달리 컴퓨터는 무식한 계산 방식을 사용해야 합니다.
>
> - 클로드 섀넌(Claude Shannon, 정보 이론을 주창한 수학자)[1]

게임에서 이기는 수 탐색

01장에서 18세기 오토마타는 기계식 태엽 장치와 같은 원리를 기반에 두고 작동한다는 점을 살펴보았다. 이러한 장치는 기계 부품(도르래, 톱니바퀴, 레버 등)만을 사용해 하프시코드(피아노 비슷한 악기)를 연주하거나, 손에 쥔 연필로 간단한 문장을 쓰거나 복잡한 그림을 그리는 등 놀라운 기능을 보여주었다. 이러한 움직임은 기계의 태엽 장치에서 부호화(coding)된 프로그램을 실행한 결과였다.

지금까지 우리는 인간의 행동을 흉내내는 다양한 컴퓨터 프로그램을 알아보았고, 이제부터는 체스나 바둑을 프로 선수보다 더 잘 두는 컴퓨터 프로그램을 살펴볼 것이다. 게임을 하는 이 오토마타는 현대의 디지털 컴퓨터 프로그램 형태로 구현되었다. 그렇지만 오늘날의 컴퓨터도 여전히 기계로 만들었던 옛날의 오토마타처럼 프로그램에 따라 작업을 수행할 뿐이다.

사실 체스와 바둑 같은 게임을 하는 컴퓨터 프로그램은 말을 옮기는 장치가 있어야 완벽하게 모사할 수 있다. 이러한 기계식 컴퓨터(간혹 기계식 튜링 머신이라 불리는)는 나무로 만들어서 인력으로 구동할 수도 있다. 나무 컴퓨터는 매우 거대하여 구현하는 데 드는 비용이 비현실적이지만 이론적으로는 어쨌든 가능하다.[2]

곰곰이 생각하면, 인력으로 구동하는 나무로 된 거대한 장치가 체스를 제대로 둘 수 있다면 굉장할 것이다. 기계로 된 터키인이 대중에게 관심을 끈 것도 이런 이유에서였다. 이런 장치가 전략 게임을 할 수 있을 뿐만 아니라 인간 최고 고수들을 꺾을 수 있다면 어떨까? 14장에서는 전략 게임을 할 수 있도록 프로그래밍된 오토마타를 살펴보면서 이 질문을 중심으로 이야기를 풀어 나갈 것이다. 이러한 오토마타의 주요 기능은 게임이 어떻게 진행될지 예측하는 데 필요한 일종의 통찰력이다. 이 기능이 어떻게 작동하는지를 살펴보기 위해 간단한 고전 게임인 스도쿠(Sudoku)부터 시작해 보자.

스도쿠

스도쿠는 1~9까지의 숫자가 들어 있는 9×9 격자의 빈칸에 숫자를 채우는 혼자서 하는 게임이다. 스도쿠 게임을 시작하면 스도쿠 문제 생성기는 빈칸에 부분적으로 숫자를 채운다. 게임을 시작할 때 스도쿠의 격자는 [그림 14-1]과 같은 형태를 하고 있다.

스도쿠 게임의 목표는 빈칸에 숫자를 채울 때 각 행과 열에 1~9까지의 숫자가 하나씩 들어가야 한다는 것이다. 이와 동시에 3×3 크기의 내부 격자에도 1~9까지의 숫자가 하나씩 들어가야 한다.

4	3	5	2	6	9	7	8	1
6	8	2		7			9	
1	9				4	5		
8	2		1				4	
		4	6		2	9		
	5				3		2	8
		9	3				7	4
	4	?		5			3	6
7		3		1	8			

▲ 그림 14-1 스도쿠 판

사람이 이 게임을 할 때는 추측과 소거의 과정을 거쳐서 빈칸을 하나씩 채워 나가는 방식으로 접근한다. 예를 들어, [그림 14-1]의 맨 위 첫 행 왼쪽에서 세 번째 칸에는 5 외의 값을 넣을 수 없음을 알아차렸다면, 그 칸에 5를 적은 후 계속 진행하는 것이다.

어떤 칸은 값을 채우기가 좀 더 어렵다. 언뜻 보기에 맨 아래로부터 두 번째 행 왼쪽에서 세 번째 칸에는 1, 2, 8 중에서 하나를 넣으면 될 것 같다. 이럴 때 다른 칸을 먼저 살펴보고, 방금 살펴본 칸에 넣을 수 있는 값의 경우의 수를 줄여 나가면서 나중에 다시 이 칸에 값을 채우는 시도를 할 수 있다. 또는 연필로 값을 하나 채워보고(8을 적는다고 해보자) 나머지 칸의 값이 어떻게 될지 살펴보면 된다. 이 문제는 그다지 많이 추측하지 않아도 되기 때문에 비교적 쉬운 편이다. 좀 더 어려운 문제는 매우 깊게 생각해야 진행할 수 있다.

스도쿠는 1990년대에 웨인 굴드(Wayne Gould)라는 온화한 뉴질랜드인 덕분에 널리 알려졌다. 굴드는 스도쿠 문제를 만들 수 있는 컴퓨터 프로그램을 설계했고 그 뒤 전 세계의 신문에 무료로 배포했다. 굴드의 프로그램은 앞에서 살펴본 예제처럼 초보자를 위한 쉬운 문제부터 숙련된 전문가를 위한 어려운 문제까지 난이도가 다양한 스도쿠 문제를 생성할 수 있었다. 어쩌면 굴드의 마케팅 전략(스도쿠 문제를 신문에 무료로 제공한)이 굴드의 컴퓨터 프로그램보다 더 현명했을지도 모른다. 그 대신에 신문은 굴드의 컴퓨터 프로그램과 그가 쓴 책을 홍보해 주었고 그 결과 굴드는 스도쿠 마니아에게 책을 400만 권 넘게 팔 수 있었다.[3]

스도쿠는 어려운 게임이지만 스도쿠 문제를 푸는 컴퓨터 프로그램을 만드는 것 자체는 그다지 어렵지 않다. 이는 실리콘밸리에서 소프트웨어 엔지니어를 채용할 때 인터뷰에서 종종 다루던 문제이다. 그리고 인공 지능을 소개하는 강의에서도 이러한 문제를 풀려면 탐색 알고리즘이 필요하다는 사실을 알려준다.

앞에서 자율 주행차가 주행 경로를 찾고 빈 주차 공간에 주차하는 방법을 계획할 때, 그리고 음성 인식 소프트웨어가 녹음된 음성을 문자화할 때 탐색 알고리즘을 사용하는 것을 살펴보았다. 스도쿠 문제를 풀기 위해 탐색 알고리즘을 사용하는 방법도 이와 비슷하다. 자율 주행차와 스도쿠 문제의 차이점은, 자율 주행차는 지도를 가로질러 이동하기 위한 일련의 경로를 단계적으로 찾아가야 하지만, 스도쿠 프로그램은 빈칸을 채울 수 있는 숫자를 찾아내야 한다는 것이다.

스도쿠 문제에는 정답과 오답을 모두 포함해 조 단위의 답이 존재한다. 스도쿠 문제를 푸는 컴퓨터 프로그램은 빈칸을 모두 채운 정답을 발견할 때까지 답을 탐색하는 과정을 반복한다. 앞에서 살펴본 문제에서는 빈칸이 45개 있으므로 탐색 알고리즘은 정답을 찾을 때까지 이 빈칸을 숫자로 채우는 다양한 조합을 탐색해야 한다.

그러므로 탐색 알고리즘은 스도쿠 판을 여러 상태의 객체로 간주할 수 있다. 스도쿠 판의 상태는 현재 판 위에 있는 숫자의 모음으로 정확하게 표현할 수 있다. 탐색 알고리즘이 판에 숫자를 채우면 스도쿠 판은 빈칸이 하나 줄어든 상태로 바뀐다. 또한 탐색 알고리즘은 판에서 숫자를 제거하기도 하는데 이 경우 빈칸이 하나 늘어난 상태로 바뀐다.

스도쿠는 경우의 수가 많아서 컴퓨터 프로그래머는 탐색 알고리즘이 이 작업을 어떻게 수행할지를 결정해야 한다. 먼저 컴퓨터가 첫 번째 빈칸(위쪽 가장 왼쪽 칸부터)에 대입할 수 있는 숫자를 모두 넣어본 후 아홉 개의 새로운 상태를 검토해 본다. 프로그램은 이렇게 아홉 개의 상태가 있을 때 각 상태에 대해 바로 다음 빈칸에 또 1~9까지의 값을 넣어봐야 하고 이 과정을 계속 반복해야 한다. 알고리즘이 45개의 빈칸을 모두 채우고 나면 스도쿠 판 위의 모든 값이 유효한지 검사해야 한다. 값이 유효하지 않으면 예전 상태로 돌아가서 유효한 값을 찾을 때까지 이 작업을 반복해야 한다.

이들 상태 변화는 서로 연결된 트리 구조*로 생각할 수 있다. 탐색 알고리즘은 빈칸에 값을 채워서(또는 빈칸에서 값을 제거해서) 이 트리 위

■ 트리 구조: 나무처럼 가지를 뻗는 형태의 데이터 구조를 말한다.

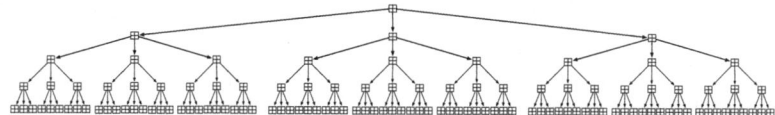

▲ 그림 14-2 2×2 격자를 1~3까지의 숫자로 채우는 모든 조합을 찾을 수 있는 검색 트리

탐색할 수 있는 상태의 개수는 각 트리의 깊이가 깊어질수록 빠르게 늘어나서 트리의 하단에 $3^4 = 81$개의 상태가 존재하는 것을 볼 수 있다. 45개의 빈칸이 있는 스도쿠 판은 트리의 하단에 짐작도 할 수 없을 만큼 많은 9^{45}개 상태의 트리를 만들 것이다.

에서 트리로 연결된 두 상태를 오고갈 수 있다. [그림 14-2]에서 이런 검색 트리의 예를 볼 수 있다. 9×9의 격자와 1~9까지의 숫자를 사용하면 트리가 커지므로 [그림 14-2]에서는 2×2 격자와 1~3까지의 숫자만 사용했다. 이 검색 트리의 하단에는 서로 다른 81가지 상태가 있지만, 자세한 내용을 살펴보기에는 그림이 작다. [그림 14-3]에서 검색 트리의 확대 버전을 볼 수 있다.

이러한 트리를 탐색하는 컴퓨터 알고리즘은 똑똑한 의사 결정을 내릴 필요가 없다는 점을 알아두자. 알고리즘은 단지 트리를 일정한 방식으로 순회(traverse)*하기만 하면 된다. 컴퓨터는 현재 처리하는 트리의 위치와 관계없이 단순히 다음 빈칸에 아직 대입해 보지 않은 숫자를 1부터 차례대로 채우고 다음 상태로 넘어가서 같은 과정을 반복하면서 나머지 빈칸을 채우면 된다. 빈칸에 1을 채우고 난 후 남은 빈칸을 채우는 과정에서 정답을 발견하지 못하면, 방금 1을 채웠던 칸의 값을 2로 바꾸고 또 남은 빈칸에 가능한 모든 조합을 대입하는

■ 순회: 트리의 각 노드(가지)를 아래 방향으로 차례대로 방문하는 행위

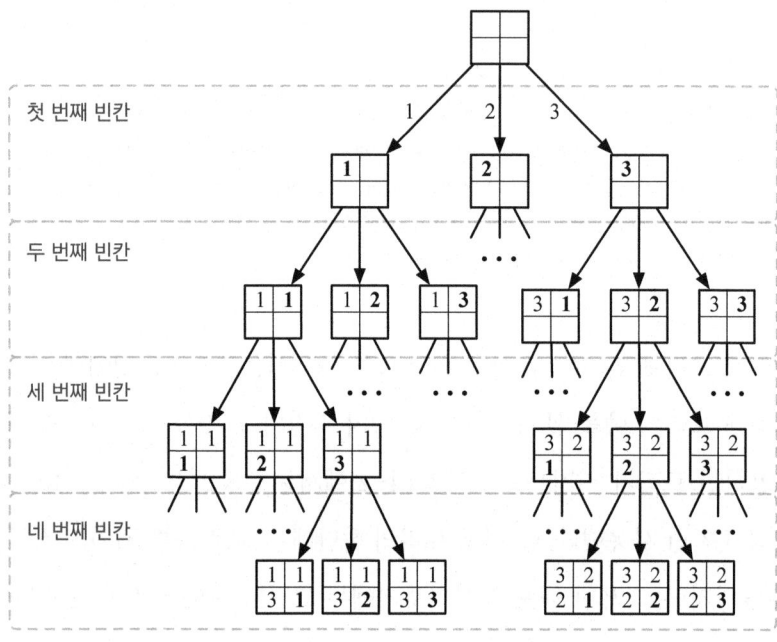

▲ 그림 14-3 검색 트리의 확대 버전

[그림 14-2]의 검색 트리 중 한 부분을 확대한 것이다. 트리의 각 수준에서 알고리즘은 다음 빈칸을 선택하고 1~3까지의 값을 채우려고 시도한다(굵게 표시된 숫자). 알고리즘은 숫자로 빈칸을 채우고 아래 수준으로 내려가서 또 다음 숫자를 채우려고 시도한다.

과정을 반복한다. 알고리즘은 이 과정에서 정답을 찾을 때까지 45개의 빈칸에 1~9까지의 값을 반복해서 채운다.

지금까지 살펴본 내용 중에서 두 가지를 다시 짚고 넘어가도록 하자. 첫째로, 알고리즘이 얼마나 정확하게 여러 상태를 탐색할 수 있는지는 전적으로 프로그래머에게 달려 있다. 둘째로, 컴퓨터는 [그림 14-2]와 [그림 14-3] 같은 검색 트리를 사용해서 모든 상태를 체계적으로 확인할 수 있다. 이러한 알고리즘에는 어떤 특정한 상태를 택할 수 있는 재량권이 없다. 컴퓨터가 모든 상태를 탐색하면 컴퓨터는 이미 정해진 알고리즘을 따라서 작동할 뿐이다. 이는 나무로 만들고 인력으로 구동하는 그런 장치로도 가능한 작업이다.

트리의 크기

하지만 이러한 무차별 대입 방식(brute-force)은 비현실적인 접근 방식일 수 있는데, 컴퓨터가 지수적으로(exponential) 증가하는 상태의 수 전부를 처리해야 하기 때문이다. 스도쿠의 트리에서 한 수준 아래로 내려갈 때마다 처리해야 할 상태의 개수는 9배로 증가한다. [그림 14-4]에서 볼 수 있듯이, 두 수준을 내려가면 트리에는 81개의 상태가 존재한다. 깊이가 45단계 트리인 경우 상태의 숫자는 대략 1 뒤에 0이 43개 붙는다. 이 정도 경우의 수는 적정한 시간 안에 평가하는 데는 무리이다.

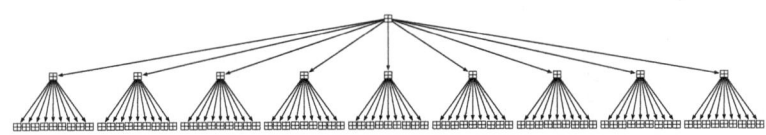

▲ 그림 14-4 2×2 격자를 1~9까지 숫자로 채우는 모든 조합을 찾을 수 있는 검색 트리

검색 트리에서 절대 답이 되지 않을 만한 분기(branch)를 알고 있을 때 이 분기를 미리 가지치기(pruning)함으로써 문제를 해결할 수 있다. 빈칸에 어떤 숫자를 넣을지 파악할 때에는 여전히 1~9까지의 값을 시험해 봐야 하지만 숫자를 선택해서 답이 될 수 있는 경우에만 다음

수준으로 내려갈 것이다. [그림 14-5]는 이러한 알고리즘 과정을 보여준다. 단지 두 개의 수준이 있는 스도쿠 검색 트리에서 조합할 수 있는 상태의 숫자는 9 × 9 = 81개이다. 상태의 개수는 트리의 수준이 하나 증가할 때마다 9배로 증가하므로 분기 가지치기 알고리즘을 사용하여 탐색 범위를 좁혀야 한다.

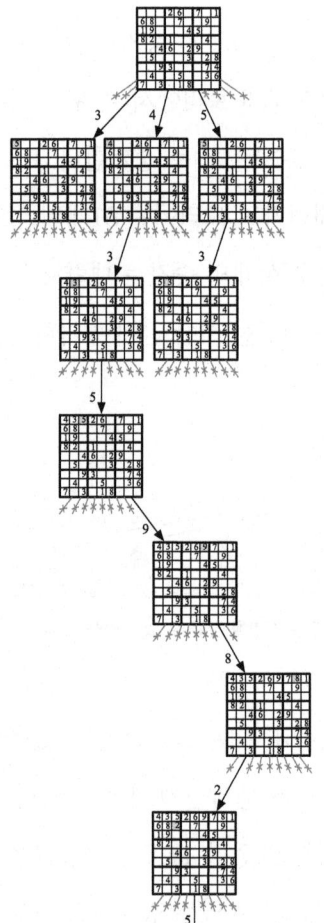

▲ 그림 14-5 스도쿠 판에서 값을 찾기 위해
일부 분기가 가지치기된 검색 트리
대부분의 분기는 스도쿠 문제의 정답 형태에 부합하지 않기 때문에 미리 가지치기된다.

[그림 14-5]는 탐색이 한 길로만 길게 뻗어 나가므로 트리라고 하기 어려울 정도다. 이 그림에서 볼 수 있는 것처럼 출발점에서 잘못된 시도가 몇 건 있지만 이 알고리즘에서는 분기가 그렇게 많이 나뉘지 않는다. 각 수준에서 분기가 아홉 개로 나뉘는 대신 가망이 없는 분기를 가지치기하면 보통 한 개의 분기만 남는다. 운이 좋은 경우에는 트리의 각 수준에서 아홉 개의 상태만 확인하고 정답이 아닌 분기들은 대부분 가지치기할 수 있다. 이로써 대부분의 수준에서 하나의 분기만 남고 나머지 분기는 가지치기된다. 그 결과 9 × 45개의 판만 평가하면 되며 이는 405개의 상태에 불과하다. 이 정도라면 1970년대 컴퓨터에서도 탐색 알고리즘을 빠르게 실행할 수 있을 정도로 크기가 작은 편이다.

분기 계수

검색 트리의 크기가 각 수준에서 얼마나 증가하는지를 나타내는 값을 분기 계수(branching factor) 또는 분기 비율(branching ratio)이라고 한다. 처음에 가지치기되지 않은 스도쿠 검색 트리에서는 분기 계수가 9였지만, 가지치기된 검색 트리에서 분기 계수는 1에 가까운 값이다. 분기 계수는 스도쿠 판의 초깃값에 따라서 달라지며 스도쿠 문제의 난이도는 이 분기 계수에 크게 의존한다. 웨인 굴드가 스도쿠 판을 생성하는 프로그램을 고안했을 때 그는 이미 이 개념을 알고 있었다. 분기 계수가 낮으면 스도쿠는 기계적인 게임이 되어 버렸고, 분기 계수가 높으면 당혹스러운 게임이 되기 일쑤였다.

게임의 불확실성

스도쿠처럼 혼자 즐기는 게임은 인공 지능 연구의 시각에서 볼 때 덜 흥미롭다. 탐색 경로와 플레이어가 취할 수 있는 행동이 처음부터 끝까지 정해져 있어 게임의 불확실성이 존재하지 않기 때문이다. 게임을 흥미롭게 만드는 요소는 불확실성이다. 게임에 임의성이 개입되거나(주사위를 사용하는 게임 같은) 플레이어가 한 명 이상일 때(체스 같은 게임) 불확실성은 그 모습을 드러낸다.

일정 정도의 불확실성이 존재할 때 게임 진행이 어떻게 변할 수 있는지 [그림 14-6]의 '고르고 던져(You-pick-this-then-flip-a-coin)'라는 간단한 게임을 통해 살펴보자.

이 게임에서는 시작 지점에서 위아래 중 어느 방향으로 갈 것인지를 결정한 후 동전을 던져서 다음 방향을 선택한다. 그 후 어디에 도착했느냐에 따라 돈을 내면 된다(게임을 하는 사람으로서는 그다지 즐겁지 않을 것이다). 잠깐 게임의 도식을 살펴보고 첫 시작 지점에서 어디로 가

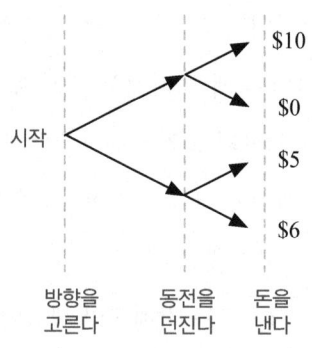

▲ 그림 14-6 '고르고 던져' 게임

는 것이 좋을지 전략을 세워보자.

이 게임을 이해하기 위해 위쪽에 있는 두 가지 결과의 평균과 아래쪽에 있는 두 가지 결과의 평균을 비교해 보면, 위쪽 분기를 택하는 편이 평균적으로 돈을 덜 내기 때문에 유리하다는 것을 알 수 있다. 위험을 감수하기 싫은 사람이라면 10달러가 최악의 결과임을 알아채고 이 결과를 피하려고 아래쪽 분기를 택할 수도 있다. 어떤 전략을 택하든 여기서 눈여겨볼 점은 마지막 결과에서부터 시작해 거꾸로 경로를 따라 시작 지점까지 살펴봐야 한다는 것이다.

2인 게임 또한 불확실성은 있지만, 다른 플레이어의 선택을 어느 정도 예측할 수 있으므로 혼자서 하는 게임보다 불확실성이 줄어든다. [그림 14-7]의 '네가 고르면 나도 고른다(You-pick-this-then-I-pick-that)' 게임을 살펴보자.

첫 번째 플레이어가 위아래 분기를 선택하면 그다음에는 두 번째

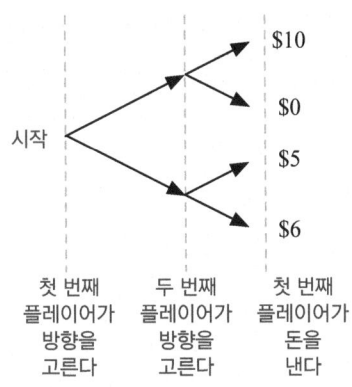

▲ 그림14-7 '네가 고르면 나도 고른다' 게임

플레이어가 위아래 분기를 선택한다. 그다음은 다시 첫 번째 플레이어의 순서가 돌아온다. 그러므로 첫 번째 플레이어가 마지막에 돈을 내야 한다. [그림 14-7]을 살펴보고 어떤 전략을 세워야 좋을지 잠깐 생각해 보자.

어쨌든 두 번째 플레이어에게 항상 유리한 게임이지만, 이번에는 결과를 예상할 수 있으므로 첫 번째 플레이어가 선택하기가 쉬워진다. 두 번째 플레이어는 언제나 가장 이득이 높은 쪽(10달러 아니면 6달러)을 택할 것이므로, 첫 번째 플레이어는 항상 손해가 적은(6달러) 아래쪽 분기를 택하게 된다. 첫 번째 '고르고 던져' 게임과 마찬가지로 여기서도 어떤 분기를 택할지 결정하려면 마지막 결과를 먼저 살펴본 뒤 거꾸로 거슬러 올라가야 한다.

플레이어가 차례를 여러 번 주고받아야 하는 체스 같은 게임에서도 최선의 전략을 찾기 위해 비슷한 접근 방식을 사용할 수 있다. 다만, 체스에서는 게임이 진행되는 데 따라서 수많은 의사 결정의 결과를 예측해야 한다는 점이 다르다. [그림 14-8]을 살펴보면, 몇 번의 선택이 오가는 것만으로도 검색 트리의 분기가 기하급수로 늘어나는 것을 알 수 있다.

[그림 14-8]에서 흰색 점은 내가 이기는 경우를, 회색 점은 상대방이 이기는 경우를 나타낸다. 자기 차례에서 어떤 수를 택했을 때 이길 수 있을지를 알아내려면, 마찬가지로 트리의 끝에서부터 거꾸로 수를 검토해 나가야 한다. 트리의 각 수준에서는 상대방이 이기기 위해 어떤 행동을 할지를 예측하거나 스스로 이길 확률을 최대한 높일 수 있

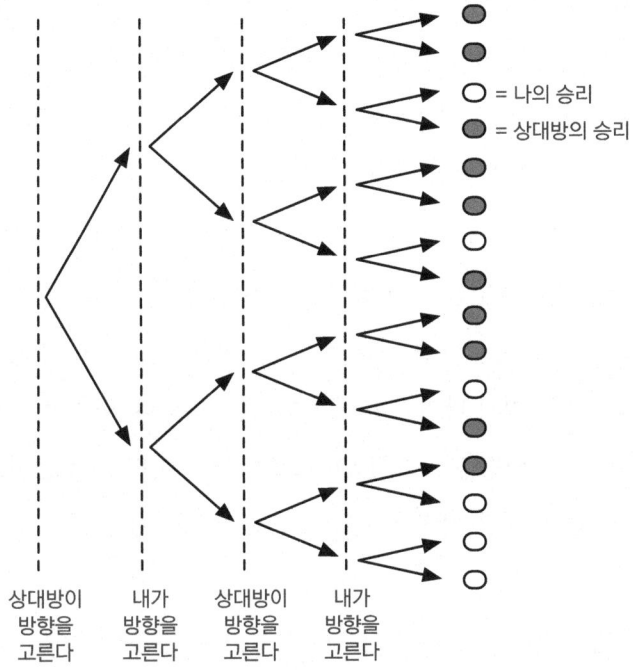

▲ 그림 14-8 2인 게임에서 선택 분기를 나타내는 다층 검색 트리
트리의 수준은 각각 플레이어가 선택할 수 있는 행동 두 가지를 나타낸다. 마지막 단계에서 흰색 점은 나의 승리를, 회색 점은 상대방의 승리를 의미한다.

는 행동을 선택해야 한다. 이 게임의 경우 옳은 선택을 한다면 승리할 수 있다.

컴퓨터에게 이 게임을 시키면 스도쿠처럼 탐색 알고리즘을 사용할 수도 있지만, 첫 번째 플레이어가 각 트리의 수준에서 어떤 행동을 하는지를 예측하고 다음 행동을 선택하는 프로그램을 작성할 수도 있다. 이 프로그램은 먼저 트리의 가장 깊은 부분까지 탐색을 시작할 것이다. 프로그램이 트리의 끝에 닿으면 그때부터 이 프로그램은 경로를 거꾸로 더듬어 간다. 마지막으로 선택할 수 있는 수를 살펴보고, 승리하기 위해서 두어야 하는 수를 예측하고, 그런 수가 존재한다면 그 수를 둘 것이다. 이렇게 할 경우 알고리즘은 이미 그 수의 결과를 알고 있으므로 트리의 마지막 단계를 무시할 수 있다.

알고리즘은 한 수준 위로 올라가서 상대방이 둘 수를 예측하고 이번에도 승리할 수 있는 수가 있다면 그 수를 둔다. 프로그램이 상대방의 수를 예측할 수 있다면 누가 이길지도 알아낼 수 있고 이 경우 프로그램은 검색 트리의 나머지 분기를 무시할 수 있다. 이런 식으로 프로그램이 트리를 역방향으로 처리하고 상대방이 어떤 수를 둘지를 예측하면서 트리의 시작 지점까지 돌아가면, 그 지점이 곧 게임을 시작할 때 판의 상태가 된다.

트리의 시작 지점으로 돌아오면 이제 어떤 수를 두어야 승리할 수 있는지를 탐색 알고리즘이 알려줄 수 있다. 이 알고리즘은 플레이어가 합리적일 것으로 예측하는데, 이는 플레이어가 미리 앞서 생각하여 최선의 수를 둘 것으로 예측한다는 의미이다. 플레이어가 전체 트리를 탐색할 수 있는 상황에서는 모든 플레이어가 합리적이라고 가정할 수 있다. [그림 14-8]의 경우 트리의 끝에서 시작해 모든 플레이어가 최선의 수를 알아낼 수 있었던 것처럼 프로그램도 예측할 수 있는 방식으로 동일한 작업을 할 수 있다.

[그림 14-8]의 트리는 체스 게임이 만들어 낼 수 있는 트리에 비하면 무척이나 단순하다. 이 그림에서 분기 계수는 2이며 트리의 깊이는 4이다. 체스 고수는 체스 게임을 할 때 30~40 사이의 분기 계수를

보여주며 한 게임당 평균 40개의 수를 둔다.[4] 체스 게임을 검색 트리로 표현하면 분기 가지치기 없이는 탐색할 수 없을 정도로 검색 트리의 크기가 커진다.[5] 탐색해야 할 경우의 수는 1 뒤에 0이 59개가 붙는 숫자를 가뿐히 넘어선다.

컴퓨터가 빠르면 이러한 문제를 해결할 수 있을까? 그렇지 않다. 검색 트리가 깊어질수록 경우의 수에서 나타나는 지수 증가율은 기술을 아득히 넘어서는 문제가 되어 버린다. 이 모든 경우의 수를 계산하는 것은 엄두를 못 낼 정도로 큰 비용이 든다. 검색 트리의 깊이가 40인 경우의 수를 적절한 시간(2분 정도라고 해보자) 안에 모두 계산할 수 있는 컴퓨터를 만들 수 있다고 해도, 이 컴퓨터는 트리 깊이가 2만큼만 깊어져도 경우의 수가 40 × 40 = 1,600배가 되므로 모든 경우의 수를 계산하느라 이틀 넘게 털털거리다 멈춰 버리고 말 것이다.

게다가 앞에서 스도쿠 트리에서 살펴봤던 분기 가지치기는 이미 이 검색 트리에 적용되어 있다. 앞에서 설명한 30~40 사이의 수는 모두 유효한 수이므로 분기 가지치기를 할 수 없다. 그러므로 이 검색 트리에서 분기 가지치기를 할 수 있는 다른 방법을 찾아야 컴퓨터로 체스 문제를 해결할 수 있다.

클로드 섀넌

미국 미시간주의 게이로드(Gaylord)에는 클로드 섀넌의 청동 흉상이 있다. 섀넌은 정보 이론(information theory)*으로 널리 알려진 수학자로 메시지에 포함된 정보의 양(문자 그대로)을 측정하는 우아한 방법을 발견했다.

정보에 대한 섀넌의 직관은 메시지의 예외성에 바탕을 두고 있다. '야옹거리며 우는 고양이가 있다'는 문장에는 정보가 별로 존재하지 않는다. 대부분 고양이는 그런 소리를 내기 때문이다. 하지만 '짖는 고양이가 있다'는 문장에는 많은 정보가 들어 있다. 고양이는 대부분 짖지 않기 때문이다. 이렇게 정보가 들어 있는 열 개의 서로 다른(그리고 서로 연관성이 없는) 문장을 나열한다면 이 문장들은 열 배만큼의 정보를 담고 있을 것이다.

섀넌은 자신의 직관을 정보 이해를 위한 프레임워크■■로 구현했다. 그는 불확실성의 아이디어를 형식화했는데, 그 핵심은 불확실성을 제거함으로써 정보의 양이 증가한다는 것이다. 섀넌의 아이디어는 정보 이론으로 널리 알려진 광대하고 아름다운 수학의 한 갈래가 되었다. 정보 이론의 아이디어는 디지털 메시지에 저장할 수 있는 정보의 이론적 한계와 같은 문제를 이해하는 틀을 제공했다. 이는 왓슨의 중복 단어 채점기에서 쓰였던 아이디어와 동일한데, 채점기는 단어가 얼마나 많은 정보를 담고 있는가에 따라서 단어의 가중치를 정했다. 'scorpion', 'Čavić' 같은 단어는 'almost', 'one' 같은 단어보다 더 많은 정보를 담고 있다(310쪽).

■ 정보 이론: 정보의 양을 정보 엔트로피로 정량화하는 응용 수학의 한 분야이다.
■■ 프레임워크: 체계, 개념을 구성하는 기본 구조

샤넌의 정보 이론은 기계 학습 분야에서 매우 중요한 주제이지만, 그가 1949년에 체스를 두는 컴퓨터 프로그램을 만드는 법에 관하여 쓴 학술 논문은 널리 알려지지 않았다. 컴퓨터가 일상용품이 되기 전 샤넌은 이 논문에서 체스를 두는 알고리즘을 작성하는 법에 대해서 단순하지만 심오한 아이디어를 제시했다. 그의 핵심 아이디어는 평가 함수였다.

평가 함수

평가 함수(evaluation function)는 플레이어가 합리적으로 게임을 한다고 가정했을 때 현재 게임 상태에서 어떤 플레이어가 승리할지를 예측하기 위해 적용해 볼 수 있는 테스트 방식이다. 완전(perfect) 평가 함수는 337쪽 [그림 14-8]의 검색 트리에서 현재 게임 상태로부터 시작해 누가 이길지를 알려줄 수 있다.

이 게임의 완전 평가 함수가 어떤 모습을 하고 있을지는 [그림 14-9]에서 살펴볼 수 있다. 이 그림에서는 각 상태로부터 누가 이길지를 색으로 표시했다. 평가 함수를 사용하는 컴퓨터 알고리즘은 다음에 어떤 수를 두어야 할지를 파악하기 위해 트리의 끝까지 모든 경로를 탐색해 볼 필요가 없다. 한 개 또는 두 개의 수준 아래에 있는 상태를 평가 함수로 들여다보고 다음 수를 두면 된다.

일반적으로 완전 평가 함수를 만드는 것은 불가능하므로 근사 평가 함수를 사용하는 데 만족해야 한다. 체스 게임에서는 근사 평가 함

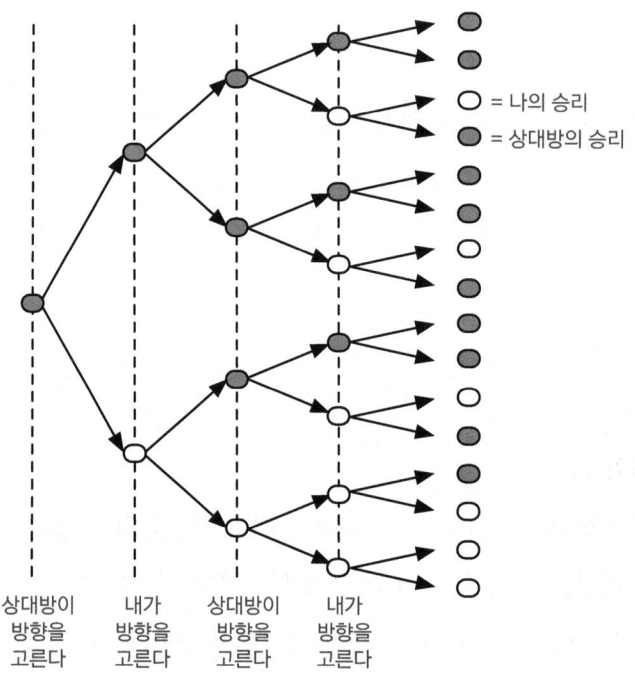

▲ 그림 14-9 완전 평가 함수의 결과에 따라 승패를 색으로 칠한 검색 트리

다중 레이어 검색 트리에서 각 상태는 평가 함수의 결과에 따라 색을 칠했다. 이 평가 함수는 완전 평가 함수이며 플레이어가 합리적으로 게임을 할 때 각 상태로부터 어느 플레이어가 승리할지를 보여준다. 사실 대부분의 평가 함수는 근사치를 구한다.

수를 사용하여 다음에 둘 수를 결정할 수 있다. 보통 체스를 둘 때에는 무의식중에 체스 말에 대한 대략적인 가치를 설정할 것이다. 퀸은 나이트보다 가치가 높고, 나이트는 폰보다 가치가 높다고 생각하는 식이다. 상대방의 말에도 마찬가지로 가치를 설정할 것이다.

섀넌이 설명했듯이, 체스를 위한 컴퓨터의 평가 함수는 각 말에 명시적인 가중치를 할당할 수 있다. 예를 들어, 퀸은 9, 비숍은 3, 나이트는 3, 폰은 1을 할당하는 식이다. 플레이어는 이 가중치를 사용해 체스 판에서 말의 가치를 합산할 수 있다.[6] 여기에 나열한 숫자는 임의로 정한 것이지만 (그리고 아마 틀린 값이겠지만) 직관적이다. 자신의 비숍을 희생하고 상대방의 퀸을 잡을 수 있다면 이 수는 분명 좋은 수이다. 아무 희생 없이 상대방의 퀸을 잡을 수 있다면 그 수는 더 좋은 수이다. 이 개념을 형식화하여 좀 더 엄밀한 평가 함수를 만든다면, 다음과 같이 현재 플레이어가 갖고 있는 말들의 가중치 합과 그 합에서 상대방이 갖고 있는 말들의 가중치 합을 빼면 된다.[7]

$$(100K + 9Q + 5R + 3B + 3N + 1P)$$
$$- (100K_0 + 9Q_0 + 5R_0 + 3B_0 + 3N_0 + 1P_0)$$

K: 킹, Q: 퀸, R: 룩, B: 비숍, N: 나이트, P: 폰

분류기를 평가 함수로 사용한다면, 체스 판 위에 어떤 말이 남아 있는지에 따라서 누가 이길지를 예측해 볼 수 있다.

방금 살펴본 것이 평가 함수의 간단한 예다. 하지만 이런 평가 함수도 특성을 충분히 추가하면 강력한 수단이 될 수 있다. IBM이 만든 강력한 체스 플레이 시스템인 딥 블루(Deep Blue)는 평가 함수를 사용했으며 특성은 8,000개가 넘었다(위 식에서 고작 12개의 특성을 사용한 것과 대조해 보라).[8]

어떤 값을 특성으로 추가할 수 있을까? 대다수 특성은 비법에 가까우며 자체 특성(material feature)과 위치 특성(positional feature)으로 구

분할 수 있다. 자체 특성은 '어떤' 말이 체스 판 위에 있는지를 나타내는 특성이고, 위치 특성은 체스 판의 '어디'에 말이 있는지를 나타내는 특성이다. 예를 들어, 폰 하나가 체스 판의 상대방 쪽 끝에 가까이 있으면 이 말은 퀸이 될 가능성이 있으므로 다른 폰보다 가치가 높다고 할 수 있다. 실제로 딥 블루는 이런 이유 때문에 폰을 상대방의 진영으로 전진시키는 것을 선호한다. 위치 특성은 체스를 두는 컴퓨터에도 필수적인데, 이는 딥 블루가 당시까지 체스 챔피언으로 군림하던 게리 카스파로프에게 도전할 때 분명히 깨달았다.[9]

카스파로프는 가장 위대한 체스 챔피언이다. 그는 체스를 두는 것은 혼돈을 지배하는 것이라고 표현했다.[10] 1988년 카스파로프는 인간 체스 그랜드 마스터에게 승리할 수 있는 컴퓨터가 2000년까지 등장할 수 있다고 생각하는지 질문을 받았다. 그의 대답은 간단했다. "천만에요. 만약 다른 그랜드 마스터가 컴퓨터와 대결하느라 곤란을 겪는다면 나는 흔쾌히 도와줄 준비가 되어 있습니다."[11]

딥 블루와 치른 게임에서 카스파로프는 특별히 딥 블루에게 효과가 있는 전략을 고안했다. 불쌍한 컴퓨터는 돌이킬 수 없는 상황까지 가기 전에는 지고 있다는 것을 파악하지 못했다. 딥 블루의 평가 함수는 자신이 아직 가치가 높은 말을 가졌는지에만 초점을 맞추었고 체스 말의 위치에 부여된 가치를 과소 평가했다.[12]

실전에서는 평가 함수를 어떻게 사용해야 할까? 한 가지 접근 방식은 [그림 14-10]처럼 검색 트리에서 고정된 깊이를 탐색하고 그 깊이까지 각 게임의 상태를 평가 함수로 계산한 후, 그 결과를 게임의 결말을 예상하는 데 사용하는 것이다. 체스의 경우 40단계 깊이의 트리를 탐색하지 않아도 된다. 6단계나 12단계 깊이까지만 탐색한 뒤 평가 함수를 사용해도 어떤 상태가 가장 이길 확률이 높은지 판단할 수 있기 때문이다. 여섯 수를 두었지만 게임의 결말에 대해서 전혀 감을 잡지 못하더라도 그 시점에서 누가 유리한지 조금이나마 더 정확한 예측을 얻을 수 있다.

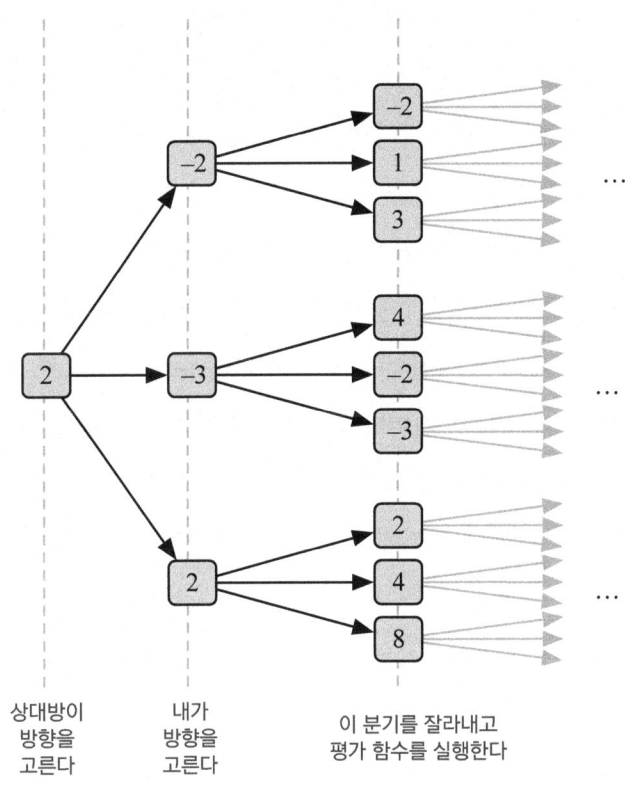

▲ 그림 14-10 2인 게임에서 고정 깊이를 탐색하는 평가 함수 사용하기

평가 함수는 검색 트리에서 분기를 가지치기할 때 다양하게 쓰일 수 있다. 분기를 가지치기하는 한 가지 방법으로 알파-베타 분기 가지치기(alpha-beta pruning) 방식이 있다. 알파-베타 분기 가지치기의 경우 검색 트리에서 지금까지 관찰한 결과를 토대로 전략적인 분기 가지치기를 하게 된다. 체스 게임에서 다음번에 둘 수를 파악하는 과정을 생각해 보자. 첫 번째 수를 A라고 했을 때 이 A에 대한 상대방의 수와 상대방의 수에 대한 플레이어의 수, 또 그 이후의 수에 대해 평가 함수를 수행하여 이 A가 꽤 좋은 수라고 해보자.

이 시점에서 탐색을 중단할 수도 있지만 반면에 더 나은 수인 B나 C를 찾을 가능성도 있다. 그러므로 B, C라는 수도 검토해 봐야 한다. B를 검토하다가 이 수를 뒀을 때 상대방이 반격하여 플레이어가 패배하는 수가 있다고 해보자. 이런 경우에는 B를 계속 검토할 필요가 없다. 상대방이 항상 최선의 수를 둘 것이라고 가정하기 때문이다. 상대방이 B라는 수에 대해 반격의 수를 두지 않을 수도 있지만 어쨌든 패배하는 상황보다는 나을 것이다. 그러므로 B에 대한 검토를 중단하고 C를 평가하기 시작한다. 알파-베타 분기 가지치기의 기본은 이렇게 현재 평가하는 수 검색 트리에서 이미 찾은 수보다 나쁜 결과가 나올 것으로 예상하면 해당 분기의 탐색을 중단하는 것이다.

알파-베타 분기 가지치기는 검색 트리의 최상위 레이어에만 국한되지 않으며 트리의 어떤 깊이에도 적용할 수 있다. 알파-베타 분기 가지치기의 효율성은 전체 검색 트리를 탐색하는 순서에 달려 있지만 탐색의 우선순위를 조정하지 않더라도 충분히 효율적일 수 있다. 알파-

베타 분기 가지치기는 IBM의 딥 블루가 사용한 방식이기도 하다.[13]

딥 블루

IBM의 딥 블루는 세계 체스 챔피언인 게리 카스파로프의 예측이 틀렸음을 입증한 컴퓨터였다. 카스파로프의 발언이 있고 난 뒤 1년도 채 안 되어 카네기멜런 대학(CMU)의 대학원생들이 꾸린 작은 팀에서 만든 컴퓨터가 역사상 처음으로 체스 그랜드 마스터를 무릎 꿇게 했다.[14] 체스를 두는 컴퓨터는 10년에 걸쳐 조금씩 진보했으며 점점 기량을 향상해서 그랜드 마스터를 하나하나 꺾어 나갔다.

딥 블루는 그저 재미로 컴퓨터 체스 프로그램을 만들었던 카네기멜런 대학원생들의 모임에서 시작되었다. 딥 블루의 시스템은 프로젝트 창립 위원인 쉬펑슝(Hsu Feng-hsiung, 許峰雄)이 설계한 전용 하드웨어를 기반으로 한다. 이 시스템은 작은 냉장고만 한 크기였고 체스 전용 하드웨어는 그 당시에는 드물었다.[15] 하지만 쉬펑슝의 말에 따르면, 딥 블루를 하드웨어 수준에서 구현함으로써 순수하게 소프트웨어로 구현된 알고리즘에 비해 100배 정도 빠르게 작동시킬 수 있었다고 한다.[16] 딥 블루는 이러한 하드웨어의 트리 탐색 가속 능력에 크게 의존했다. 딥 블루는 30개로 분산된 컴퓨터에 탑재된 480개의 체스 게임 전용 칩을 사용하여 초당 1억 2,600만 개의 수를 계산할 수 있었다.[17]

하지만 딥 블루 팀은 특정 깊이까지 무작위 탐색을 통해 평가 함수를 실행하는 것만으로는 부족하다는 것을 깨달았다. 그들은 체스 그랜드 마스터들이 고정된 깊이까지 탐색하는 검색 알고리즘보다도 훨씬 더 많은 수를 예측한다는 것을 발견했기 때문이다. 딥 블루 팀은 평가 함수를 트리의 한정된 깊이까지 실행했고 알파-베타 분기 가지치기를 했다. 하지만 당시 그들이 사용하던 하드웨어만을 고려하면 쉬펑슝은 최적화된 분기 가지치기 방식과 탐색 기법에 대해 회의적이었다. 딥 블루 팀은 이러한 검색 트리의 분기 가지치기 최적화 대신 높은 분기 계수를 줄일 수 있는 단수 확장(singular extension) 같은 방식에 호감을 보였다.[18]

특정한 탐색 경로를 선택해서 잘라내는 분기 가지치기 방식과 비교해보면 단수 확장은 특정한 탐색 경로를 선택적으로 확장한다. 예를 들어, 폰을 움직여 상대방의 킹을 위협할 만한 위치로 이동시키면 상대방은 킹을 보호하기 위한 수를 둘 것이다. 이러한 수는 상대방이 둘 수 있는 최선의 수(또는 유일한 수일 수도 있다)라는 성질을 갖고 있으며, 딥 블루는 이러한 수를 탐지하면 해당 수의 분기로 탐색을 확장하여 분기 계수를 1에 가깝게 유지한다.[19]

여러 종류의 게임을 할 수 있었던 딥마인드의 아타리 에이전트와 달리 딥 블루는 체스만을 할 목적으로 설계되었다. 딥 블루 팀이 평가 함수에서 가중치를 정하기 위해 일부 데이터 지향적인 최적화 방식을 사용했지만, 평가 함수에 있는 특성 대부분은 수작업으로 선별되고 구현되었다. 이는 지금까지 이 책에서 소개한 통계를 기반으로 한 기계들과 완전한 대척점**에 있는 것이다. 딥 블루는 또한 게임 초반에 괜찮은 전략적 수를 두기 위해 기보(棋譜, opening book)***를 사용했고,

게임이 종반에 다다랐을 때는 끝내기(endgame) 데이터베이스를 사용해서 다음에 둘 수를 선택했다.[20]

IBM에 합류하다

쉬펑슝은 (나중에 딥 블루로 발전하게 되는) 체스 프로그램을 개발하기 시작하면서 이 작업을 도울 대학원생을 모집하기 시작했다.[21] 그리고 몇 년 후 IBM은 이 학생들에 대한 소문을 듣게 된다. 딥 블루의 아이디어는 IBM의 부사장이 남자 화장실에서 대화를 나누다가 나온 것이라는 얘기가 있다. 이 대화를 재구성해 보면 아마 다음과 같을 것이다.[22]

친구: 슈퍼볼 광고하느라 마케팅 비용이 많이 들지?

부사장: 확실히 그렇지.

친구: 아, 그건 그렇고, 카네기멜런 대학 학생들이 만든 체스 컴퓨터 얘기는 들었지? 혹시라도 IBM이 이 팀을 채용해서 지원하면 세계 체스 챔피언을 이길 수 있지 않을까? 이걸 마케팅에 활용하면 비즈니스에도 좋을 테고 비용도 적게 들지 않겠어?

부사장: 흥미로운 이야기군.

■ 기계 학습에서는 기계가 스스로 (통계 함수를 사용해서) 특성의 가중치를 결정한다. 하지만 딥 블루의 평가 함수는 사람이 특성의 가중치를 결정해서 서로 완전히 다른 방향으로 접근했다는 의미이다.

■■기보: 바둑이나 장기 두는 법을 적은 책, 또는 바둑이나 장기를 둔 내용의 기록

IBM은 결국 이 프로젝트에서 일하던 카네기멜런 대학의 핵심 그룹을 인수했다. 학생들은 IBM에 합류할 때 매력적인 거래를 제안했다. 궁극적으로는 체스 기계를 만들겠다는 사명을 스스로 부과했으며, 업무 지시를 내리는 책임자 없이 스스로 일할 수 있는 자유를 요구했다.[23] 그들은 IBM에서 제공하는 혜택 외에 딥 블루를 완성하기 위한 막대한 재정 지원과 또한 게리 카스파로프와 시합할 수 있도록 IBM 마케팅 팀의 도움이 필요했다.[24]

2000년까지 그랜드 마스터를 꺾을 컴퓨터는 나오지 않을 것이라던 게리 카스파로프의 예측으로부터 아직 10년이 안 되었던 1997년에 체스 컴퓨터의 연구원들은 딥 블루의 마지막 버전을 완성했다. 여섯 번의 시합에서 컴퓨터는 게리 카스파로프를 완패시켰는데, 이는 카스파로프에게 프로 체스 선수로서의 첫 패배를 안겨주었다. 쉬펑슝은 이렇게 기록했다.

> 그래요, 맞습니다. 게리 카스파로프는 1997년의 재경기 전까지 프로 선수 인생에서 한 번도 패배한 적이 없었죠. … 게리 카스파로프가 패배하여 분노하지는 않을까 걱정하는 사람도 있었죠. IBM 팀은 … 만약 딥 블루가 시합에서 승리하면, 특히 시합을 마칠 때 웃지 말아 달라고 요청했습니다.[25]

탐색 그리고 신경망

그렇다면 아타리 게임에서는 왜 탐색 알고리즘 같은 접근 방식을 사용하지 않았을까? 브레이크아웃(Breakout)이나 스페이스 인베이더(Space Invaders) 같은 게임을 하는 탐색 알고리즘을 설계할 수는 없었을까? 아니라고 단정할 수는 없지만 여기에는 몇 가지 문제가 있다.

체스와 스도쿠의 경우에서는 게임의 상태가 명확하다. 두 게임 모두 체스판에서는 말의 위치를, 스도쿠 판에서는 숫자로 게임의 상태를 파악할 수 있다. 판에서의 위치와 게임의 규칙 또한 잘 정의되어 있으므로, 현재 게임의 상태와 상태 변화를 부호화하여 검색 트리 형태로 쉽게 나타낼 수 있다. 하지만 딥마인드는 다양한 게임을 할 수 있는 에이전트를 만들려고 했다. 아타리 게임에서는 검색 트리 안에 게임 상태를 어떻게 표현해야 하는지 명확하지 않다. 아타리 게임의 경우 화면에 표시된 픽셀의 고유한 배치가 검색 트리 안의 상태가 되어야 할까? 그렇다면 체스나 스도쿠보다 게임 상태로서 더 많은 경우의 수를 다뤄야 할 것이다. 그보다 더 심각한 문제는 여러 상태를 탐색할 때 한 상태에서 다음 상태로 넘어가는 방법을 모른다는 것이다. 여러 상태가 서로 어떻게 연결되는지조차 모른다면 탐색 알고리즘은 게임의 미래를 예측할 수 없다.

게임을 할 때 탐색 알고리즘의 역할은 에이전트가 현재 상태에서 좋은 결과를 내는 다음 상태로 갈 수 있는 경로를 찾도록 도움을 주는 것이다. 체스에서는 평가 함수를 통해 높은 가치로 계산되는 상태를 검색 트리에서 찾아내고, 그 상태로 한 발짝씩 다가설 수 있게 해주는 행동을 선택할 수 있다.

신경망을 사용한 강화 학습은 이와 동일한 목적을 달성하기 위한 또 다른 수단을 제공한다. 게임을 할 때 강화 학습의 역할은 미래에 보상받을 수 있는 상태로 에이전트를 이끌어 가기 위해 에이전트에게 어떤 행동이 그러한 상태로 이동할 수 있게 해주는지를 계속 알려주는 것이다. 강화 학습은 기본적으로 어떤 문제를 탐색 문제(보통은 더 어려운)에서 '언덕을 오르는' 문제로 바꿔놓는다. 에이전트는 이 언덕 위에서 한 발짝씩 움직여서 유리한 상태를 향해 나아간다.

언덕을 오르는 알고리즘으로 문제를 해결할 수 없는 경우도 있다. 더 높은 언덕이 주위에 있는데도 에이전트를 계곡으로 분리된 주변의 낮은 언덕으로 인도할 경우 알고리즘은 문제를 해결할 수 없다. 딥마인드는 08장에서 소개한 몬테수마의 복수(Montezuma's Revenge) 같은 게임에서 이런 문제를 접했다. 딥마인드는 게임의 전체 지형을 충분히 살펴볼 수가 없어서 더 높은 언덕이 있는 곳을 파악하지 못해 낮은 언덕에서 멈춘 것이다.[26] 반면에 탐색 알고리즘은 좀 더 넓은 범위를 탐색할 수 있으며 언덕 사이의 계곡을 돌파할 수도 있다. 게임 상태의 검색 트리를 더 깊게 탐색할수록 (적어도 이론적으로는) 에이전트가 더 유리한 행동을 찾을 확률이 높아진다.

이 두 가지 방식을 섞을 수 있을까? 즉 탐색 알고리즘을 사용해 가능한 한 트리를 깊게 탐색하고, 그다음에 아타리 게임에 사용했던 정교한 평가 함수를 사용하는 식으로 탐색-신경망을 합친 알고리즘을 만들 수 있지 않을까?

TD-GAMMON

IBM 연구원인 제럴드 테서로(Gerald Tesauro)는 나중에 왓슨이 〈제퍼디!〉에서 시합을 할 때 상금 걸기 전략을 개발했다. 이 전략은 1990년대 초·중반에 테서로가 백개먼(backgammon)을 플레이하는 프로그램을 개발할 때 사용했던 것과 같은 접근 방식이다. 백개먼은 체스와 비슷하게 두 명이 판 위의 말을 움직여 가는 게임이다. 백개먼에서는 주사위를 굴리고 플레이어가 말을 옮기는 등의 행동을 할 수 있어서 플레이어가 행동하는(ply) 한 번의 분기 계수는 수백 개에 달한다(여기에서 행동은 한 플레이어가 차례가 되었을 때 할 수 있는 행동을 말한다).[27]

테서로는 딥마인드가 아타리 에이전트를 만들 때 그랬던 것처럼 강화 학습을 사용하여 백개먼 에이전트를 프로그래밍했다. 이 에이전트는 신경망을 사용하도록 설계되었다. 에이전트의 구조는 181쪽에서 살펴봤던 단순 신경망 구조로, 입력 레이어와 출력 레이어와 히든 레이어가 각각 한 개씩 있는 형태였다.

테서로가 만든 백개먼 신경망의 입력 레이어는 게임판에서 플레이어 소속 말의 위치와 테서로가 직접 만든 특성을 부호화한다. 출력 레이어는 신경망이 학습하고자 하는 네 가지 결과를 나타낸다. 플레이어 1의 승리, 플레이어 2의 승리, 플레이어 1이 큰 차이로 승리('개먼'이라고 한다), 플레이어 2가 큰 차이로 승리이다. [그림 14-11]에서 볼 수 있듯이, 입력 레이어와 출력 레이어 사이에는 히든 레이어가 있다. 테서로의 실험에서 이 히든 레이어는 40~160개의 뉴런으로 잘 작동했다.

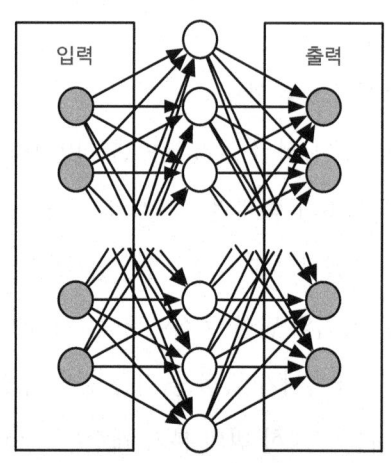

▲ 그림 14-11 백개먼 에이전트에 쓰인 신경망 구조

백개먼 에이전트는 입력 레이어이, 출력 레이어이, 레이어가 각각 한 개씩 있는 신경망을 사용하도록 설계되었다.

    테서로의 알고리즘은 탐색과 강화 학습의 혼합 알고리즘이었으며, 신경망을 사용해서 평가 함수를 실행하기 전에 플레이어의 행동을 2~3회 탐색하는 식으로 작동했다.[28] 백개먼의 상태와 상태 변화는 명확히 정의되어 있어서 테서로가 탐색 옵션을 사용할 수 있었다는 점을 기억하자. 테서로가 만든 백개먼 플레이 알고리즘의 초기 버전에서는 백개먼 전문 플레이어가 실행한 게임을 바탕으로 강화 학습을 사용해 신경망을 학습시켰다. 이 지도 학습(supervised) 알고리즘은 그럭저럭 작동했으나 좋은 결과를 내지는 못했다.

    하지만 테서로가 신경망 스스로 플레이하도록 했을 때 변화가 일어났다. 신경망은 사실상 무한한 학습 데이터에 노출되었고, 백개먼 신경망도 아타리 에이전트가 아케이드 학습 환경이라는 가상 세계에서 아타리 게임을 수백만 번 할 때 누렸던 이점을 동일하게 적용할 수 있었다. 신경망 스스로 게임을 150만 번 경험하고 나자 테서로의 탐색-신경망 혼합 알고리즘은 전문 백개먼 플레이어와 경쟁할 정도가 되었다(지금 시점에서는 이미 능가하고 있다). 심지어 전문 백개먼 커뮤니티에서는 이 알고리즘으로 기존 전략을 뒤집는 새로운 전략을 배우기도 했다.[29]

인공 지능 분야에서 테서로의 백개먼 신경망은 유명하지만 대중에게는 널리 알려지지 않았다. 게임을 하는 인공 지능 중에서 대중에게 알려진 것은 딥 블루, 왓슨, 그리고 2016년과 2017년에 각각 두 명의 바둑 세계 챔피언을 꺾은 알파고이다.

탐색의 한계

딥 블루와 백개먼 프로그램의 근간이 된 아이디어는 결국 알파고가 바둑을 둘 수 있도록 만든 알고리즘의 기초가 되었다. 하지만 이러한 아이디어 자체만으로는 충분하지 않다. 체스를 두는 컴퓨터는 초당 수억 회라는 말의 움직임에 대한 무작위 탐색과 트리의 분기 가지치기를 위한 간단한 평가 함수에 크게 의존했다. 8,000여 개에 이르는 딥 블루의 특성 평가 함수는 단순하다고 할 수는 없지만 이러한 특성은 대부분 인간이 해석할 수 있었다. 그래서 이런 아이디어를 서로 합친 컴퓨터 알고리즘은 체스 두는 능력에서 인간을 뛰어넘었다.

그러나 바둑에서는 달랐다. 바둑의 분기 계수는 체스의 분기 계수보다 10배 가까이 컸으며 바둑의 평가 함수는 체스보다 훨씬 더 복잡했다. 15장에서 살펴보겠지만, 테서로가 백개먼 에이전트를 만들고 딥 블루가 1997년에 게리 카스파로프를 꺾었던 당시에는 바둑을 두는 컴퓨터를 만드는 데 필요한 아이디어는 존재하지도 않았다. 20년 동안 축적된 새로운 아이디어와 하드웨어의 발전은 세계 최고의 바둑 기사와 겨룰 수 있는 바둑 에이전트의 등장을 이끌어 냈다.

15

알파고는 어떻게 완성되었나?

EXPERT-LEVEL PLAY FOR THE GAME OF GO

> 단순히 시스템을 확장하고 빠른 프로세서를 사용하는 현재 기술만으로는 충분하지 않습니다. 제 생각에는 알고리즘에서 획기적인 아이디어가 한두 개쯤은 나와야 할 것 같네요.
>
> - 마틴 뮐러(Martin Müller, 앨버타 대학 컴퓨터 과학 교수)[1]

2011년 봄, IBM의 왓슨이 〈제퍼디!〉에서 인간 세계 챔피언을 꺾었다는 소식이 지구촌 뉴스를 장식할 즈음, 왓슨 프로젝트 연구원들은 전 세계를 여행하며 시스템을 주제로 강연을 했다. 이 시스템을 개발하는 데 가장 열정적인 제안자이자 수석 연구원이었던 제임스 팬은 강연하러 앨버타 대학을 방문하고 인공 지능 분야를 선도하는 연구자 몇 명을 만났다.

그중 마틴 뮐러 교수는 바둑을 두는 컴퓨터 알고리즘을 연구하고 있었다. 이 연구원들은 인공 지능 분야를 선도하는 사람들이었지만 바둑 문제는 쉽지 않았다. 뮐러는 컴퓨터가 이 문제를 풀 수 있을지조차 명확하지 않아 고심했다. 심지어 컴퓨터가 바둑 문제를 해결하려면 최소한 10년은 필요하다는 것이 커뮤니티의 대체적인 의견이었다. 하지만 뮐러와 연구원들은 도전을 담담히 받아들였고 그들의 작업을 이어 나갔다.

컴퓨터 바둑

바둑은 오늘날까지 규칙이 변하지 않은 아주 오래된 게임이다. 게다가 세계적으로 수천만 명이 즐기고 있다. 역사가 오래된 만큼 바둑은 인터넷 시대의 기술과 함께 이상한 동거를 해왔다. 인터넷이 등장하기 오래전 네트워크로 연결된 컴퓨터에서 원격으로 대전을 하는 사람들이 있었다. 또한 1992년에는 인터넷 바둑 서버가 개발되어 바둑 애호가들이 온라인에서 바둑 대전을 할 수 있었다.[2] 서버가 점점 늘어나자 바둑을 즐기는 사람들은 전 세계에서 대전할 사람을 만날 수 있었다.

〈월 스트리트 저널〉은 2016년 마지막 주에 낸 기사에서, 눈이 커다란 만화에 나올 법한 여우 아바타를 사용하는 '마스터'라는 이름의 플레이어가 바둑 서버에 나타났다고 보

▲ 인터넷 바둑에 등장한 '마스터'라는 이름의 플레이어

도했다. 마스터는 정석이 아니라 기묘한, 간혹 어리석어 보이기까지 하는 수를 두었으며 생각하는 시간 없이 바로 다음 수를 두었다. 하지만 마스터의 전략은 어느 정도 통했다. 마스터는 그 마지막 주 동안 전 세계의 정예 바둑 기사를 꺾었다. 이 기간에 마스터는 세계 바둑 챔피언인 19세 커제(Ke Jie, 柯潔)와 대국을 치렀다.[3]

바둑 커뮤니티의 대다수는 마스터가 누구인지 몰랐지만 커제는 대국하기 전에 그 정체를 알고 있었다. 마스터는 구글 딥마인드가 바둑을 두기 위해 만든 알파고(AlphaGo)의 온라인 비밀 계정이었다.

사실 알파고가 바둑을 둔 첫 번째 프로그램은 아니었다. 1968년부터 사람들은 바둑을 두는 컴퓨터 프로그램을 만들어 왔다. 1985년에는 컴퓨터 바둑을 장려하고자 프로 바둑 기사를 이길 수 있는 알고리즘을 만드는 사람에게 상금 40만 대만 달러(현재 기준으로 16억 원 정도의 가치)를 내건 단체가 있었다. 10년 넘게 이 상을 받은 사람은 없었고 결국 알고리즘 대회는 취소되고 말았다.[4] IBM도 컴퓨터 바둑에 손을 댔고 몇몇 연구원들이 이 문제를 연구했지만 왓슨 프로젝트에 집중하느라 컴퓨터 바둑 연구는 미진했다.[5] 반세기 가까운 시간 동안 세계 바둑 챔피언을 꺾을 수 있는 컴퓨터 프로그램은 미완인 상태로 남아 있었다.

이는 노력이 부족했기 때문이 아니다. 바둑은 컴퓨터에게 극도로 어려운 시합이기 때문이다. 플레이어는 자기 차례가 돌아올 때마다 250여 개의 수(手) 중에서 하나를 선택해야 한다.[6] 처음 두는 세 개의 수(플레이어, 상대방, 그리고 플레이어가 차례로 두는 경우)를 탐색하는 데만 벌써 검토해야 할 경우의 수가 천만 개가 넘어 버린다. 그리고 이 천만 개의 상태는 바둑 대국 한 판을 놓고 보면 새 발의 피에 불과하다.

보통 대국에서는 150수 정도를 주고받는다. 이 숫자는 체스 게임과 비교하면 두 배쯤 되며 그에 따라 상상하기조차 힘든 경우의 수가 나온다.[7] 그래서 프로그래머들은 수십 년간 바둑에 맞는 인공 지능 기법을 적용하느라 거듭 노력해 왔다. 이들은 게임 트리를 탐색하는 프로그램을 만들고 분기 가지치기를 위해 평가 함수(보통 평범한 가중 평균 분류기였다)를 개발했다. 하지만 검색 트리의 크기가 매우 거대해지고 평가 함수는 매우 단순해지는 문제가 생겨 바둑에 맞는 프로그램을 만들기가 어려웠다.

바둑의 규칙

바둑의 규칙은 단순하다. 바둑은 체스처럼 둘이서 하는 시합으로 각자 흰 돌 아니면 검은 돌로 게임을 한다. 자신의 차례가 돌아오면 플레이어는 19 × 19 칸으로 된 격자선 위에 자신의 돌을 놓는다.[8] 한 번 놓은 돌은 상대방에게 잡히지 않는 한 바둑판 위에 그대로 남는다. 만약 돌이 잡히면 바둑판에서 제거된다.

바둑의 목적은 시합이 끝났을 때 자신의 돌로 지은 집이 바둑판에서 최대한 넓은 영역을 차지하는 것이다. 그리고 상대방의 돌을 자신의 돌로 둘러싸서 잡을 수 있다. 상대방의 돌이 모여 있고 돌 사이에 빈틈이 없으면 이 돌의 덩어리도 둘러싸서 잡을 수 있다. 이세돌과 커제의 대국인 [그림 15-1-1]과 [그림 15-1-2]에서 돌을 잡는 예를 볼 수 있다. [그림 15-1-2]에서 백이 D-6에 흰 돌을 놓아 D-4, D-5에 있는 검은 돌을 잡았다(그래서 이 돌들은 바둑판에서 제거된다). 이렇게 백은 집을 늘리고 우위에 설 수 있었다. 바둑 한 판은 한쪽이 패배를 인정하거나 두 사람이 더는 둘 수 없을 때 끝난다.

바둑의 규칙은 단순하지만 전략은 난해하고 미묘하다. 이 사실은 세계적인 프로 기사들에게도 예외가 아니었다. 커제는 마스터에게 패배했을 때 다음과 같이 회고했다. "인류는 수천 년 동안 바둑 전술을 진화시켰는데 컴퓨터는 우리에게 인류가 완전히 틀렸다고 말한다. … 그 누구도 바둑의 진리에 닿는 것조차 하지 못했다."[9]

이는 컴퓨터에게도 바둑이 어려운 이유이기도 하다. 바둑을 두는 동안 형세가 유리한지 판단하기란 극히 어렵기 때문이다. 돌 하나를

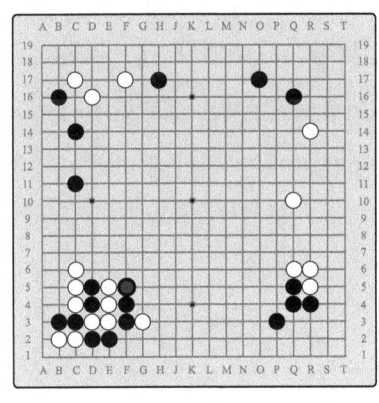 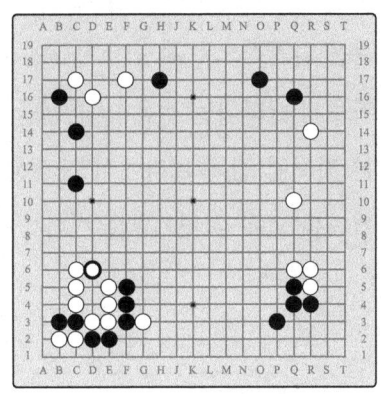

▲ 그림 15-1-1   ▲ 그림 15-1-2

바둑 챔피언 이세돌과 커제가 벌인 대국의 한 장면이다. [그림 15-1-2]는 [그림 15-1-1]에서 백이 돌을 두어 두 개의 검은 돌을 잡고 난 상태를 보여준다.

어떻게 두느냐에 따라 자신이 상대방의 돌을 잡아낼 수 있지만 상대방에게 자신의 돌이 잡힐 수도 있어 결과가 언제든 바뀔 수 있다. 예를 들어, [그림 15-1-2]의 백이 D-6에 돌을 둬서 검은 돌을 잡지 않았다면 흑은 E-6에 돌을 두어 흰 돌을 잡을 수 있었다.

    컴퓨터에게 바둑의 형세를 평가하기 어렵게 만드는 또 하나의 이유는 모든 돌의 가치가 똑같기 때문이다. 바둑판에 둔 돌의 가치는 오로지 돌의 위치로만 결정된다. 이것이 체스와 다른 점인데, 체스의 평가 함수는 각각의 말이 지닌 가치에 크게 의존한다(14장 343쪽에서는 이를 자체 특성이라고 설명했다). 체스에서는 퀸이 폰보다 높은 가치를 지니므로 퀸을 희생해서 폰을 잡는 경우는 거의 없다. 바둑에서 평가 함수는 바둑판 위에 있는 돌에서 중요한 패턴이 있는지를 식별해야 하며, 여기에는 사람의 패턴 인식 능력과 경쟁할 만한 인식 능력이 필요해진다. 이 기능을 구현하는 것은 어려운 작업인데, 이 작업에 필요한 직관은 일반적으로 사람이 사람에게 설명하기도 어렵다. 대국의 형세가 빠르게 변화하는 점은 이 문제를 더 어렵게 만든다. 앞 단락에서 살펴본 것처럼 검색 트리에서 가지치기된 분기가 수 하나에 따라 다양한 결과를 낳을 수 있기 때문이다.

직관을 길러주는 바둑 기보

    필자는 대학에서 친구 소개로 바둑을 처음 접했다. 그는 이렇게 조언했다. "이 프로그램을 다운로드 받아서 최대한 빠르게 컴퓨터와 여러 판을 둬봐. 처음에 잘 안 되는 것 같아도 괜찮아. 그냥 여러 판을 두면서 게임이 어떻게 흘러가는지 직관을 길러봐."

나는 그 조언을 따랐고, 바둑의 규칙을 안다고 해서 바둑을 잘 둘 수 있는 게 아니라는 것을 금방 깨달았다. 그 이후로도 바둑을 제법 둘 줄 안다고 할 만큼 많이 두진 않았지만 바둑을 잘 두려면 직관이 필요하다는 것은 명확히 알 수 있었다. 이러한 직관에 대해 몇 가지 정도는 설명할 수 있지만, 대부분은 단순히 잠재의식에서 이루어지는 패턴 매칭과 뚜렷하게 설명하기 어려운 직관에 의존하는 것이었다. 이를테면, 바둑판의 가장자리에서 충분히 떨어진 곳이 좋지만 너무 멀리 두면 안 된다는 것이다. 이런 특징은 바둑을 두는 컴퓨터 알고리즘을 개발할 때 중요한 질문 하나를 떠올리게 만든다. 바둑에 대한 인간의 직관을 충분히 반영한 평가 함수를 만들려면 얼마나 많은 특성이 필요할까? 곧 살펴보겠지만, 훌륭한 평가 함수로도 검색 트리의 분기 가지치기는 어려운 일이다. 그럼 궁극적인 문제로 직접 들어가 보자. 알파고는 검색 트리를 어떻게 순회하는 걸까?

어떤 수를 둘지 고르는 알파고의 전략 뒤에 숨은 직관은 대학에서 필자에게 바둑을 가르쳐 준 친구의 조언(직관을 기르려면 빠르게 여러 판을 두라는)과 약간 비슷하다. 알파고는 대국에서 수를 둘 때마다 현재의 바둑판 상태로부터 수많은 가상 대국을 만들어 낸다. 알파고는 메모리에 생성된 가상 대국을 마주하면서 이 대국이 끝날 때까지 검색 트리에서 하나의 경로를 계속 파고든다. 이 가상 대국을 치르고 나면 프로그램은 자신이 이겼는지 졌는지를 알게 된다. 프로그램이 만들어

낸 대국이 실제로 일어날 법한 대국이 아니라고 할지라도 상관없다. 중요한 것은 알파고가 이를 수천 번 반복하여 어떤 수를 둬야 하는지 직관을 깨우치는 것이다.

직관을 기르기 위해서 알파고는 검색 트리의 얕은 수준에서 승리와 패배의 수에 대한 통계를 끌어올렸다. 검색 트리에는 현재 상태에서 어떤 수를 두고 나면 승리하거나 패배한 횟수가 저장되었다. 알파고가 대국을 충분히 치르면 데이터를 바탕으로 다음에 어떤 수를 둘지 좀 더 나은 직관을 가질 수 있었다.[10]

[그림 15-2-1]과 [그림 15-2-2]에서 이러한 샘플링 방식의 예를 볼 수 있다. 알파고는 검색 트리의 최하단까지 쭉 내려가 대국을 한

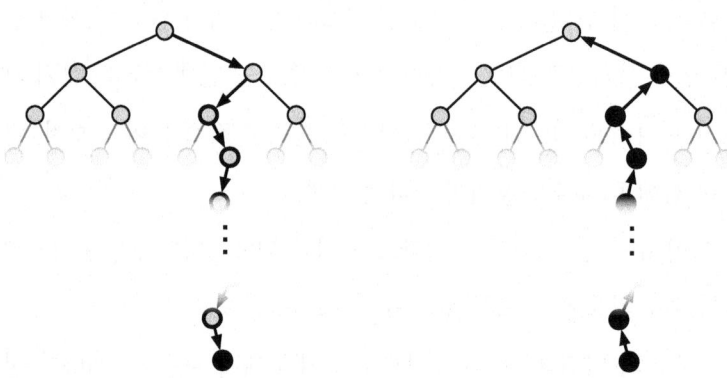

▲ 그림 15-2-1 검색 트리의 최하단까지 내려가 대국을 치른다.

▲ 그림 15-2-2 대국의 승패 정보를 최상단으로 올린다.

시뮬레이션을 한 바둑 대국의 검색 트리 예이다. 이 트리는 다음 수를 결정할 때의 샘플로 사용된다([그림 15-2-1]). 샘플링된 대국은 끝날 때까지 계속된다. 대국이 끝나면 승패의 결과가 나오고, 이 정보는 트리의 가장 위 레이어까지 끌어 올려진다([그림 15-2-2]). 샘플링된 대국을 롤아웃(rollout)이라고도 한다.

번 치른다. 그 후 이 대국에서 누가 승리했는지를 확인하고 나서 이 정보를 다시 검색 트리의 상단으로 보내어 승리 대 패배의 횟수를 기록한다. 이 검색 트리에 50개의 레이어가 있다고 해보자. [그림 15-2-1], [그림 15-2-2]에서 보이는 분기 계수는 2이므로 트리의 밑바닥에 존재하는 경우의 수는 1,000조에 이른다(바둑의 검색 트리는 이보다도 한참 더 크다는 것을 기억하자).

알파고에서 까다로운 부분은 현실적인 대국을 재연하는 것이다. 알파고는 차례가 돌아올 때마다 자신이 어떤 수를 둘지와 상대방이 어떤 수를 둘지를 예측해야 한다. 그저 수를 무작위로 둘 수는 없다.[11] 실제 대국의 흐름을 예측할 때 무작위로 수를 둔 대국에서 얻은 통계 데이터는 큰 도움이 되지 않았다. 알파고에게 필요한 것은 프로 기사가 둘 것 같은 수를 예측하는 방법이다.

알파고가 어떻게 프로 기사처럼 예측할 수 있었을까? 그것은 바로 딥마인드가 아타리 에이전트를 만들 때 썼던 것과 동일한 아이디어에서 나왔다. 대국을 시뮬레이션해야 할 때마다 알파고는 바둑판에 가상의 돌을 놓아가며 대국이 어떻게 흘러갈지, 각자 어떤 수를 둘지 차례대로 예측했다. 가상 대국이 펼쳐지는 동안 알파고는 신경망을 사용해 바둑판에 놓인 가상의 돌로 다음 수를 결정했다.

이 신경망을 일단 알파고의 '수 예측 신경망(move-prediction network)'이라고 하자.[12] 수 예측 신경망은 여러 개의 합성곱 레이어를 사용한다는 점에서 딥마인드가 아타리 에이전트를 만들 때 사용했던 신경망과 매우 유사하다. 하지만 알파고와 에이전트가 합성곱 레이어를 사용하는 방식에는 중요한 차이점이 있다.

아타리 게임 신경망은 범용성을 염두에 뒀다는 점을 기억하자. 딥마인드는 신경망 구조에 특정한 게임을 상정한 아이디어는 채용하지 않았다. 딥마인드의 신경망은 다양한 아타리 게임을 할 수 있어야 했기 때문이다. 이 신경망의 입력값은 화면에 표시된 최근 몇 개의 프레임에서 가져온 픽셀값이며 각 픽셀은 RGB값으로 구성되었다.

이와는 달리 알파고의 수 예측 신경망은 특별히 바둑을 두기 위해 설계되었다. 수 예측 신경망은 바둑에 최적화된 논리(logic)를 많이 보유하고 있었고, 이러한 논리의 대부분은 딥마인드가 플레이어의 조작을 데이터로 요약하기 위해서 만들었던 특성(features)과 비슷한 형식이었다. 알파고의 버전 중에는 신경망에 바둑판(평면이라 불렸다) 사본 48개를 입력한 것도 있다. 바둑판 사본 각각에는 바둑돌의 위치에 대한 서로 다른 정보(즉 다른 특성)가 들어 있었다.

이들 특성 평면 중 몇몇은 바둑의 형세를 요약하고 있었다. 어떤 평면은 각 위치에 검은 돌이 있는지를 표시했고, 어떤 평면은 각 위치에 흰 돌이 있는지를 표시했다. 특성 평면 중 몇몇은 다음과 같은 바둑 규칙을 전달했다. '이 위치에 돌을 두어도 되는가?', '여기에 돌을 두면 상대방의 돌을 몇 개나 잡을 수 있을까?' 그 밖의 평면들은 해당 위치에 대한 전략적인 특성(간단하긴 했지만)에 할애되었다. 이 특성 평면들은 보통 좋은 수와 관련된 간단한 직관을 반영했다. '이 돌 주변을 따라 얼마나 많은 빈칸이 있는가?', '이 돌이 놓이고 나서 자기 차례가 몇 번 지나갔는가?'[13] (곧 살펴보겠지만, 최신 버전인 알파고는 이렇게 수작업으로 만든 특성이 그다지 많이 필요하지 않았다.)

또한 알파고의 수 예측 신경망은 그 구조에서도 아타리 게임 신경망과 달랐다. 첫 번째로, 알파고의 신경망이 13개의 레이어로 되어 있어 훨씬 더 깊었다. 이는 아타리 게임 신경망의 거의 세 배 깊이였다. 수 예측 신경망은 더 깊지만 레이어의 말단에는 완전 연결 레이어가 없었다. 수 예측 신경망은 출력 레이어를 제외하면 모든 히든 레이어가 합성곱 레이어였다.

09장에서 합성곱 레이어는 선행 레이어의 작은 뉴런 조각들 위에서 실행되는 단순한 패턴 매칭 분류기(필터)의 모음으로 되어 있다는 것을 배웠다.[14] 이들 필터는 마법의 '대상 검출기'로 이전 레이어로부터 흥미로운 패턴을 식별할 수 있었다. 패턴은 신경망에서 무언가를 예측할 때 유용하다. 이들 합성곱 레이어 각각은 입력 평면에서 뭔가 흥미로운 일이 일어나는 것을 감지했다. 알파고의 첫 번째 합성곱 레이어는 200여 개의 5×5 필터를 사용했다. 달리 말하면, 이 레이어는 특성 평면에서 뭔가 흥미로운 일이 일어났는지를 나타내는 고유한 패턴 200개를 찾아낼 수 있었다.

필터가 특성 평면에서 흥미로운 패턴을 발견하면 다음 레이어의 해당 뉴런에 불이 들어왔다. 다음 레이어에서는 이전 레이어에서 온 입력값에서 필터들의 조합을 찾아내는 필터를 적용했다.[15] 털, 눈, 얼굴 등을 판별하는 복잡한 픽셀 패턴을 찾아내는 이미지 분류 신경망의 합성곱 레이어가 깊은 신경망을 가진 것처럼, 알파고의 레이어도 바둑판 위에 놓인 돌의 중요한 패턴(바둑 기사가 바둑돌에서 찾아내는 패턴과 동일한)을 찾아낼 수 있을 만큼 깊어야 했다. 수 예측 신경망이 작동하고 뉴런과 레이어에 차례차례 불이 들어올수록 신경망의 레이어는 바둑돌의 복잡한 패턴을 더 많이 찾아냈다.

알파고의 수 예측 신경망은 출력 형태에서도 아타리 게임 신경망과 달랐다. 아타리 게임 신경망은 에이전트가 선택하는 행동에 따라 미래에 제공된 보상을 예측하는 일을 하며, 아타리 에이전트는 단순히 가장 높은 보상이 기대되는 행동을 선택한다. 하지만 알파고의 수 예측 신경망은 플레이어가 할 수 있는 행동의 모든 경우의 수에 대한 확률 분포(probability distribution)를 생성한다. 그리고 알파고는 이 신경망의 출력을 가중치 주사위(주사위처럼 무작위로 결과가 나오지만, 각 눈에 가중치가 있어서 각 눈의 확률이 서로 다른)처럼 사용한다. 시뮬레이션을 통해 나머지 대국을 둔 후 가중치 주사위를 사용해 다음 수를 선택한다. 그러면 수 예측 신경망이 확률이 높다고 판단한 수가 선택될 확률이 높아진다.

딥마인드는 사람이 둔 3,000만 개의 수를 인터넷의 바둑 서버에서 다운받아 알파고의 수 예측 신경망을 학습시켰다.[16] 딥마인드가 수 예측 신경망의 학습을 끝냈을 때 알파고는 사람의 수를 잘 예측할 수 있었다. 한 대국에서 플레이어는 보통 250여 개의 수 중에서 하나를 선택해야 하는데, 알파고의 수 예측 신경망은 이러한 플레이어의 수를 57%라는 매우 높은 정확도로 예측할 수 있었다.[17] 그러나 알파고는 여전히 상대방이 어떤 수를 둘지 모른다는 불확실성을 안고 있었다. 하지만 알파고가 가상 대국을 펼치는 대신 실제 바둑 기사가 두는 수를 샘플링하면 알파고는 분명히 좀 더 현실적으로 상대방의 수를 예측할 수 있을 것이다. 딥마인드는 샘플링이 수 예측 신경망의 불확실성에 대해 알파고가 좀 더 강해지도록 만들어 줄 것으로 생각했다.

그러나 알파고의 예측이 정확해질수록 수 예측 신경망은 실용성을 의심해야 할 정도로 느려졌다. 딥마인드는 신경망이 전체를 평가하는 데 3밀리초(millisecond)가 걸린다는 것을 발견했다.[18] 3밀리초면 빠르다고 느껴지지만, 일반적인 바둑 대국에서는 150여 수를 두므로 하나의 대국을 시뮬레이션하는 데 0.5초 정도 걸린다는 계산이 나온다. 결국 현재 바둑판 상태를 샘플로 생성하려면 수천 번의 대국이 필요했고, 이를 위해 걸리는 시간은 몇 시간을 아득히 넘었다. 이는 실제 대국을 할 수 없을 정도로 매우 느린 속도였다. 알파고가 수 하나를 계획하기 위해 몇 시간을 써야 한다면, 어떻게 정확한 시뮬레이션을 실행하면서도 적당히 빠르게 다음 수를 둘 수 있을까?

하지만 알파고는 이보다도 더 큰 문제에 봉착했다. 수 예측 신경망이 불완전한 상태인 한(실제로 불완전했다) 알파고가 수집하여 검색 트리의 최상단에 저장한 승패 통계로부터 알아낸 수가 정말로 최선의 수인지 보장할 수 없었다. 알파고가 시뮬레이션을 하는 데 필요한 만큼 많은 데이터를 수집할 수 있다고 해도 마찬가지였다. 극히 짧은 시간에 무한대로 시뮬레이션을 할 수 있다고 해도 알파고가 최선의 수를 학습하지 못할 가능성이 있었다. 이는 알파고가 통계 데이터를 수집하고 사용하는 방식에 숨어 있던 미묘하고 악독한 버그의 결과였다. 사실 알파고는 지금까지 설명했던 알고리즘과 다른 알고리즘을 사용했다. 알파고는 수 예측 신경망의 속도와 정확성의 한계를 넘어서기 위해 이 알고리즘의 변형된 버전을 사용해야 했다.

신의 한 수

알파고는 유럽 챔피언인 판후이(Fan Hui, 樊麾)를 다섯 판 경기에서 꺾은 것으로 명성을 얻었고, 2016년에는 세계 챔피언인 이세돌에게 5판 중 4승을 거둔 것으로 전 세계의 이목을 집중시켰다.[19]

5일간 치러진 이세돌과의 대국은 한국에서 열렸다. 한국의 바둑 인구는 800만 명이 넘는다.[20] 다섯 번의 대국은 당혹스러우면서도 아름다웠다. 〈디 애틀랜틱(The Atlantic)〉의 크리스토퍼 모이어(Christopher Moyer)는 대국 장면과 분위기를 이렇게 전했다.

> 두 번째 대국에서 이세돌은 지금까지와 달리 조금 더 조심스러운 자세로 임했다. 이세돌은 빈틈을 찾으려고 끈질기게 기다렸지만 알파고는 계속해서 놀라운 수를 선보였다. 알파고는 예기치 않게 37수에서 어깨짚기(shoulder hit) 수를 오른쪽 상단에 두었다. 프로 선수의 대국에서 이 위치에 이 수를 두는 것은 전례가 없었으나 이 수가 얼마나 현명한 것이었는지는 곧 드러났다. 바둑 기사 판후이는 나중에 이렇게 말했다. "저는 사람이 이런 수를 두는 것을 본 적이 없어요. 정말 아름답습니다."

대국 도중에 이세돌은 일어나 방을 나갔다. 그동안 무슨 일이 있었는지는 모르겠지만, 그는 곧 돌아와서 정돈하고 자리에 앉아 바둑을 계속 두었다. 첫 번째 대국보다 접전을 벌였으나 결과는 마찬가지였다. 211수 만에 이세돌은 돌을 던졌다.[21] 어깨짚기 수 이후 이세돌은 방을 나가서 회복하는 데 거의 15분이나 걸렸다.[22]

이세돌은 세 번째 대국에서도 졌다. 이 시합은 원래 5전 3승제였으므로 이세돌은 패배가 확정된 것이었다. 컴퓨터와 대결한 인간 대표 이세돌은 대국을 마친 후 기자 회견에서 이렇게 말했다. "일단 죄송하다는 말씀을 먼저 드려야겠습니다. 내용이나 승패 등에서 기대를 많이 하셨을 텐데 무력한 모습을 보여서 죄송하고요."[23] 구글은 상금 100만 달러를 자선 단체에 기부했다.

이후 이세돌과 알파고는 나머지 두 판을 더 두었고 이세돌은 자존심을 회복할 기회를 얻었다. 네 번째 대국에서 이변이 일어났다. 이세

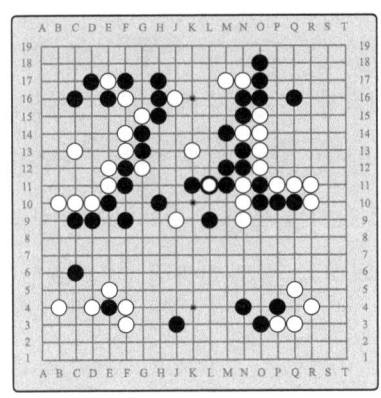

▲ 그림 15-3-1 이세돌이 네 번째 대국에서 보여준 신의 한 수(L-11)

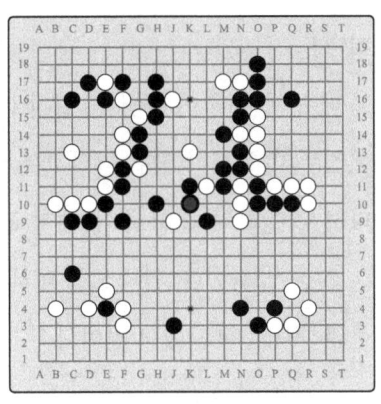

▲ 그림 15-3-2 이세돌이 둔 직후에 알파고가 둔 악수(K-10)

돌은 78수에서 30분 가까이 판을 분석하다가 [그림 15-3-1]처럼 중앙에 끼움(wedge) 수를 두었다. 이 수는 알파고의 어깨짚기 수와 마찬가지로 예측할 수 없었던 만큼 훌륭했다. 이세돌의 끼움 수는 바둑 두는 사람에게는 신의 한 수로 유명해졌다.[24]

〈디 애틀랜틱〉의 크리스토퍼 모이어와 〈와이어드〉의 케이드 메츠(Cade Mets)는 이세돌이 이 수를 두자 알파고가 악수를 두었다고 전했다.[25] 알파고가 둘 만한 좋은 수가 없어서 단순히 이렇게 두었을 수도 있고, 그렇게 악수라고 할 만한 수가 아니었을 가능성도 있었으나 결과는 악수로 드러났다. 몇 분이 지나 알파고가 시뮬레이션을 실행했을 때 대국에서 승리할 확률이 급락하는 것을 알 수 있었다.

이세돌은 네 번째 대국에서 승리했고 한국의 언론은 환호했다. 대국을 마치고 나서 이세돌은 기자 회견에서 이렇게 말했다. "세 번의 대국에서 졌기 때문에 한 번은 이길 수 있었습니다. 이번 1승은 앞으로도 그 전의 무엇과 바꾸지 못할, 값어치를 매길 수 없는 대국이었습니다."[26]

네 번째 대국이 끝난 후 알파고 제작자들은 이 수에서 무슨 일이 벌어졌는지를 분석했다. 알파고는 이세돌이 이 수를 둘 확률이 매우 낮다고 판단하여 해당 수에 대한 검색 트리를 충분히 탐색하지 못했다는 것을 발견했다. 알파고는 이세돌이 이 수를 둘 확률이 1만분의 1에 불과하다고 판단했던 것이다.[27]

몬테카를로 트리 탐색

금세기 들어 첫 10년 동안 알파고가 게임을 시뮬레이션하는 방법과 관련된 알고리즘은 변곡점을 맞이했다. MCTS(Monte Carlo tree search, 몬테카를로 트리 탐색■) 알고리즘은 컴퓨터 바둑의 패러다임 전환을 이끌어 냈다. 컴퓨터 바둑 프로그램의 목록을 살펴본 적이 있다면 이 목록이 MCTS 이전과 이후 두 그룹으로 나뉘어 있다는 점을 발견할 수 있다. MCTS는 알파고의 느린 수 예측 문제와 악수 문제를 해결하는 방책이었다.

MCTS는 앞에서 살펴본 시뮬레이션으로 게임 방식을 개선했다. 에이전트는 이 알고리즘으로 여러 게임을 실행해 볼 수 있었고 시뮬레이션 결과로 승리 여부의 통계 데이터를 수집했다. 시뮬레이션 알고리즘과 달리 MCTS는 게임을 시뮬레이션할 때마다 서로 분리된 두 단계를 거쳤다.

첫 번째 단계는 '느린 롤아웃' 단계로, 알파고는 검색 트리의 상단에서부터 분기를 따라 하행하며 '느린 수 예측 신경망'을 실행하여 알파고 또는 상대방이 미래에 둘 수의 확률을 찾은 뒤 어떤 수를 둘지 가중치 주사위를 굴린다([그림 15-4]). 이는 369쪽에서 설명한 알고리즘과 같은 방식이다.

일단 알파고의 MCTS 알고리즘이 검색 트리를 충분히 탐색하고 나

■ 몬테카를로 트리 탐색: 무작위 값을 이용해 함수의 값을 확률로 계산하는 알고리즘을 말한다. 도박으로 유명한 도시인 모나코의 몬테카를로에서 이름을 따왔다.

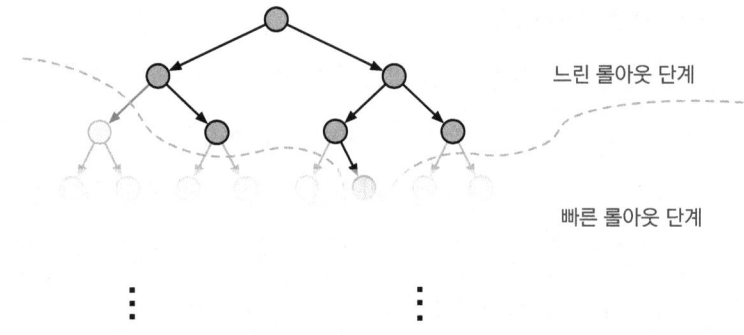

▲ 그림 15-4 느린 롤아웃 단계와 빠른 롤아웃 단계의 경계선

'느린 수 예측 신경망'과 과거 시뮬레이션으로부터 얻은 승패 통계는 '느린 롤아웃' 단계에서 다음 수를 선택하는 데 사용된다. '빠른 롤아웃' 단계에서는 경계선에서 현재 판에 대한 평가 함수가 실행되며, '빠른 수 예측 신경망'은 나머지 시뮬레이션에서 어떤 수를 선택할지 판단할 때 사용된다. 알파고가 시뮬레이션을 더 많이 할수록 트리 상단의 통계 데이터는 신뢰성을 갖게 되며, 느린 롤아웃 단계에서 둘 수 있는 수의 범위에 더 좋은 수를 포함할 수 있다.

면 두 번째 단계로 현재 판의 상태를 두 가지 방식으로 평가한다. 먼저 알파고가 현재 판의 진행 상황에서 승리할 확률을 예측하는 신경망의 평가 함수로 현재 판을 평가한다. 이와 동시에 알파고는 '빠른 롤아웃'을 통해 이후 대국을 시뮬레이션한다.

알파고가 평가 함수에 사용하는 신경망은 느린 수 예측 신경망과 거의 동일하지만, 이 신경망의 말단에는 아타리 게임 신경망처럼 추가로 히든 레이어와 완전 연결 레이어가 있다. 두 레이어는 알파고가 판의 형세를 보고 이길 확률이 높으면 불이 들어오는 출력 뉴런에 연결되어 있다. 알파고는 이 평가 함수를 실행하는 동시에 현재 상황을 빠르게 시뮬레이션을 하여 이후 대국이 어떻게 흘러갈지를 별도로 예측한다.

빠른 롤아웃을 수행하는 가장 단순한 방법은 그냥 임의의 수를 두는 것이다. 이는 MCTS에서 실제로 가끔 쓰는 방법이지만, 바둑의 검색 트리는 거대해서 알파고가 이런 방식으로 정확한 승패 통계 예측을 수집하려면 시간이 오래 걸린다.

한편, 딥마인드는 실험을 통해 임의의 수를 두는 방식이 실제로는 잘 작동하지 않는다는 것을 알아냈다. 그래서 알파고는 빠른 롤아웃 단계에서 다른 신경망을 사용해 다음 수를 선택했다. 이 '빠른 수 예측 신경망'은 '느린 수 예측 신경망'의 경량화 버전이었다. 이 신경망은 느린 수 예측 신경망과 같은 구조로 되어 있으나 계산하는 데 시간이 걸리는 몇 가지 입력 특성을 생략했다. 신경망은 이 특성이 없을 때 200만분의 1초 이내에 다음 수를 예측할 수 있었다. 그 대신 빠른 수 예측 신경망은 전문 바둑 기사의 수를 예측할 때 느린 신경망보다 절반 정도의 정확도를 보였다.

알파고의 평가 함수는 이렇게 두 부분으로 분리되어 알파고의 속도 문제를 해결했다. 하지만 알파고가 다음 수를 선택하는 방식에 도사린 버그는 해결할 수 없었다.

이 버그는 알파고가 MCTS의 상단에서 다음 수를 선택하는 방식을 변경하면서 해결되었다. 트리의 상단에서 여러 수를 샘플링하기 위해 느린 수 예측 신경망을 사용하는 것 외에도, 알파고는 지금까지 시뮬레이션을 한 대국에서 학습한 좋은 수에 기반을 둔 느린 롤아웃 단계에서 나오는 수를 선호하게 되었다. 알파고의 수 예측 신경망이 특정한 상황에서 계속 악수를 둔다고 하더라도(또는 알파고가 신경망에서 임의의 수를 고르더라도) 결국 알파고는 이 방식으로 최적의 수를 배울 수 있다. 최종적으로 알파고는 시뮬레이션 결과에서 어떤 수가 최선인지를 학습하게 될 것이기 때문이다.[28]

알파고는 상대방과 대결하기 위해 다음 수를 고를 때 수많은 샘플로 구성된 검색 트리의 상단에서 행동을 선택하는 방식을 사용했다. 알파고는 게임에서 승리할 확률이 높은 시뮬레이션에서 나온 수를 선택하는 경향이 있으므로, 이렇게 둔 수는 수준이 높은 데다 알파고가 속속들이 이해한 수일 확률이 높았다.[29]

MCTS에서는 간혹 시간이 한정되어 있다고 가정하고 시뮬레이션을 해야 할 때가 있었다. 플레이어가 자기 차례에 쓸 수 있는 시간이 정해져 있을 때 이 방식을 사용했다. 알파고는 대국에서 초읽기 시간이 남은 동안에는 시뮬레이션을 최대한 많이 했다. 그런 다음 수를 주고받으면서 알파고는 트리의 해당 경로에서 구축한 통계 데이터를 재활용했다.

슬롯머신과 멀티암드 밴딧

알파고가 오랜 시간 시뮬레이션을 하는 것은 MCTS를 효과적으로 만드는 것과 밀접한 관련이 있다. 인공 지능 연구자들은 MCTS와 같은 기법을 연구해 왔지만 알고리즘이 더 많은 시뮬레이션을 한다고 해서 최선의 행동을 보장하는 방식은 찾기 어려웠다. 이러한 알고리즘은 아무리 오랜 시간을 들이더라도 최적화되지 못한 결과를 내놓을 수 있다.

인공 지능 연구자들에게는 탐색과 활용(exploration and exploitation)의 트레이드오프(trade-off)■가 잘 알려져 있다. MCTS는 이 트레이드오프 사이에서 세밀하게 균형을 잡는 방법을 통해 이러한 한계를 넘을 수 있었다. 카지노에서 100개의 팔로 여러 슬롯머신의 레버를 당길 수 있다고 해보자. 각 팔의 상태를 추적하기 위해 선택한 슬롯머신 한 대의 레버를 10초마다 당길 수 있다. 그리고 이 슬롯머신 중 일부는 다른 슬롯머신에 비해 평균적으로 배당률이 높다고 가정하자.

이제 목표는 이 카지노에서 돈을 많이 따서 집으로 돌아가는 것이다. 레버를 당기면서 각 슬롯머신의 배당을 기록할 수 있다. 여기서 1달러, 저기서 0달러, 또 다른 곳에서는 100달러가 나온다고 기록하는 식이다. 여기서 까다로운 부분은 슬롯머신에서 나오는 돈이 슬롯머신마다 다른 것은 물론 레버를 당길 때마다도 다르다는 것이다.

처음에는 어떤 슬롯머신에서 돈이 많이 나오는지 알 방법이 없다. 어떤 슬롯머신에서는 꾸준히 10달러가 나올 수도 있고, 어떤 슬롯머신에서는 레버를 당길 때마다 평균 100달러(하지만 한꺼번에 몰려서)가 나올 수도 있다. 이런 경우라면 첫 번째 슬롯머신에 집중하는 것이 나을 수도 있지만, 어쨌든 어떤 슬롯머신에서 얼마나 돈을 딸 수 있는지 알려면 여러 번 시험해 봐야 한다. 기계 학습 연구자들은 이런 문제를

■ 트레이드오프: 두 개의 목표 가운데 하나를 달성하려고 하면 다른 목표의 달성이 힘들어지거나 희생되는 경우의 양자간 관계를 말한다.

폭넓게 연구했다. 이를 멀티암드 밴딧(multi-armed bandit) 문제라고 한다.

어느 시점에서 슬롯머신 대부분을 포기하고 몇 개의 슬롯머신에만 집중해야 할까? 또는 특정 슬롯머신 하나만 골라서 밤새도록 돌려도 돈을 딸 수 있을까? 일단 슬롯머신 각각을 최소한 한 번씩은 시험해 봐야 한다는 것을 직관적으로 알아챘을 것이다. 또한 어떤 슬롯머신에서 돈을 많이 딸 수 있다는 것을 확신하기 위해 데이터를 충분히 모아야 차차 가장 좋은 슬롯머신을 찾아낼 수 있을 것이다. 하지만 이러한 직관을 컴퓨터가 실행할 수 있는(적절한 통계 수치를 갖고 있어야 한다) 구체적인 알고리즘으로 풀어내는 것은 약간 까다로운 일이다.

MCTS가 등장하기 이전의 알고리즘은 슬롯머신의 예와 동일한 역설을 안고 있었다. 시뮬레이션을 실행하는 동안 어떤 행동이 최적인지에 대한 정확한 감을 얻기 위해서는 게임 트리를 충분히 탐색해야 했다. 2006년 즈음, 연구자들이 시뮬레이션을 충분히 했을 때 에이전트가 결국은 최선의 수를 찾을 수 있도록 보장하기 위해 트리의 샘플링 개선 방법을 찾으면서 MCTS에서 전환점이 마련되었다. MCTS에서 임의의 롤아웃 방식이 실제로 동작하는 이유는, MCTS를 사용하는 에이전트가 게임을 하기 시작하면 검색 트리 상단의 통계 결과를 활용할 수 있기 때문이다. 에이전트는 게임을 충분히 하는 동안 최선의 수를 학습하고, MCTS는 결국 에이전트에게 최선의 수를 알려줄 수 있다.[30]

이러한 샘플링 방식은 어떻게 작동하는 걸까? 375쪽에서 일단 알파고의 MCTS 알고리즘이 검색 트리를 충분히 탐색하고 나면 현재 판의 상태를 두 가지 방식으로 평가한다고 설명했다. MCTS가 내리는 중요한 결정에는 에이전트가 빠른 롤아웃 정책을 사용하는 시점과, 이 시점 이전에 자신의 행동을 어떻게 샘플링할지가 포함되어 있다.

알파고가 검색 트리에서 계산을 반복하면서 지금까지 수집한 승패 통계를 사용해 검색 트리 상단에서 느린 롤아웃 단계에 있는 동안 자신이 둘 수를 조정한다는 것을 기억하자. 하지만 알파고는 다른 수도 탐색해야 한다. 어떤 슬롯머신이 돈을 딸 확률이 높은지 파악하기 위해 시험 해 봐야 하는 것과 마찬가지다. 그래서 알파고의 수 선택 알고리즘(검색 트리 상단에서 수를 고르는 방식)은 아직 데이터가 많지 않은 수를 선호하도록 설계되었으며 2006년에 개선된 MCTS와 비슷한 수식을 사용했다.[31]

알파고의 연구자들이 내린 결정 중 다른 하나는 MCTS에서 빠른 롤아웃 정책을 사용하는 시점이었다. 알파고의 트리 탐색 알고리즘이 검색 트리에서 특정 경로가 유리하다는 근거를 더 많이 모을수록 알파고는 그 경로 아래로 경계선을 내릴 수 있었다. 그러면 알파고는 빠른 롤아웃 정책으로 전환되기 전에 해당 경로를 따라 더 깊게 탐색할 수 있었다. 이는 쉬평슝의 팀이 체스 시합을 위해 딥 블루에 사용했던 단수 확장(singular extension)과 아주 비슷한 개념이다. 단수 확장은 딥 블루가 트리 내에서 일어날 확률이 높은 경로(킹을 지키는 것처럼 플레이어가 둘 가능성이 큰 수)를 깊이 탐색할 수 있게 해주었다는 점을 떠올려 보자(348쪽). 알파고는 일어날 가능성이 큰 일련의 움직임을 발견했을 때 이러한 단수 확장을 유동적으로 학습했다.

알파고, 이렇게 복잡할 필요가 있었을까?

알파고가 성공하는 데 중요한 역할을 했던 설계상의 의사 결정에 대해 살펴보자. 어떤 결정은 다른 게임 플레이 알고리즘에 비춰보면 다소 특이해 보이는 것도 있었다. 알파고는 정말 이렇게 복잡해야 했을까? 예를 들어, 알파고는 왜 게임을 시뮬레이션하느라 애를 먹어야 했을까? 딥 블루가 체스를 할 때 사용했던 방법처럼 고정된 깊이까지만 탐색한 후 신경망 평가 함수를 사용할 수는 없었을까?

그러기엔 바둑의 탐색 트리가 체스의 탐색 트리보다 어마어마하게 컸다. 만약 알파고가 딥 블루의 방식(즉 전용 평가 함수를 사용한 무작위 탐색과 단수 확장)을 따랐더라도 여전히 느렸거나 탐색 범위가 좁아졌을 가능성이 크다. 다른 한편으로는, 판후이에게 승리를 거뒀을 때 알파고는 딥 블루가 게리 카스파로프와의 대결에서 평가했던 게임판 상태 수의 약 1,000분의 1만 평가했다.[32] 알파고 제작자들은 알파고가 탐색 단계에서 느린 수 예측 신경망으로 더욱 지능적으로 수를 선택하고, 이들 수는 고품질 평가 함수를 통해 평가되기 때문이라고 추측했다.[33] 또한 그들은 알파고가 '인간이 바둑을 두는 방법에 가까운 접근 방식'을 사용한다고 추측했다.[34]

딥마인드는 20여 명의 직원으로 이루어진 팀으로 알파고를 개발하는 데 막대한 자원을 투입했다.[35] 이 팀은 알파고의 설계 결정과 여러 실험을 통해 알파고의 복잡성에서 많은 부분을 폭넓게 검증하는 실험을 했다. 예를 들어, 합성곱 레이어에서 얼마나 많은 필터를 사용해야 하는지 결정해야 할 때, 연구원들은 다양한 수의 필터를 시험해 보고 레이어당 100~200개의 필터가 최적임을 발견하기도 했다.[36]

딥마인드가 했던 또 다른 실험은 느린 롤아웃 단계 이후에 검색 트리의 일부만으로 판을 평가하는 방법이었다. 빠르지만 완전히 무작위인 롤아웃을 사용해야 할까? 그냥 평가 함수 신경망을 사용해야 할까? 빠른 수 예측 신경망만으로 롤아웃을 해야 할까? 이러한 실험에서 그들은 무작위 롤아웃이 그다지 효과적이지 않다는 것을 발견했다.

또한 알파고는 50 : 50 비율로 평가 함수 신경망과 빠른 수 예측 신경망을 사용했을 때 가장 좋은 성능을 보였다.[37] 알파고는 평가 함수 신경망을 향상하기 위한 데이터를 생성하려고 자기 자신과 수백만 번 대국을 하면서 경쟁해야 했다. 이는 테서로가 백개먼 게임 신경망을 향상하기 위해 사용했던 방법과 유사하다.

판후이와 이세돌에게 승리를 거둔 이후에도 알파고는 계속 개선되었다. 개선된 버전 중 하나는 358쪽에서 살펴봤던 마스터라는 이름의 플레이어이다. 딥마인드는 2017년 말까지 알파고를 개선했고, 이렇게 개선된 버전에 '알파고 제로'라는 이름을 붙였다. 알파고 제로는 3일(3개월이 아니라) 만에 학습을 끝낼 수 있었고, 10분의 1의 처리 성능으로 대국을 진행할 수 있었으며, 이세돌과 시합을 벌였던 버전의 알파고와 대결해서 100전 100승을 거두었다. 게다가 이제는 테서로의 프로그램처럼 기보가 없는 상태에서도 학습할 수 있게 되었다.

딥마인드는 이런 진보를 어떻게 이끌어 냈을까? 한 가지 요인은 지난 몇 년간 합성곱 신경망에서 이루어진 개선점(레이어 간의 지름길 연결 추가, 신경망을 학습하는 방법의 개선 등) 몇 가지를 통합한 것이었다. 또한 알파고의 구조가 단순화되어서 느린 수 예측 신경망과 평가 함수 신경망을 통합했고, 신경망의 입력에 48개의 특성 평면을 사용하던 것을 검은 돌과 흰 돌의 위치만 사용하는 것으로 변경했다. 이런 변화가 신경망의 정확도를 충분히 향상시켜 더 이상 빠른 롤아웃을 사용할 필요가 없어졌다. 느린 롤아웃 단계가 끝나면 단순히 평가 함수 신경망을 실행하면 된다.

알파고의 한계

아타리 에이전트와 마찬가지로 알파고는 바둑이라는 매우 구체적인 작업을 위해 설계되었다. 둘 다 검색 트리를 탐색하고(아타리의 경우에는 한 번뿐이었지만) 신경망을 사용해 현재 판을 평가하는 등 비슷한 원칙을 기반으로 동작했다. 알파고가 바둑판의 특성을 인식하는 인간과 비슷한 능력을 보여주었지만, 알파고는 어디까지나 바둑을 둔다는 매우 좁은 범위의 일만 수행할 수 있었다. OpenAI의 연구원인 탕지에(Tang Jie, 唐杰)는 다음과 같이 지적했다.

알파고는 치즈 버거를 먹고 싶어 한다거나 세계를 정복하려고 하는 존재가 아닙니다.

알파고가 세계를 정복하려 들지 않는 이유는 알파고가 모든 것(심지어 바둑판에 돌을 놓는 일조차)을 인간에게 의존하기 때문이다. 알파고가 바둑을 두기 위해서는 인간 작업자가 컴퓨터 화면을 보고 알파고가 선택한 수를 확인한 후 바둑판에 돌을 놓아야 했다.

바둑판 위의 패턴을 인식하고 이 패턴에서 둘 수를 골라내는 으스스한 능력(의심할 나위 없이 인상적이지만)을 제외하면, 알파고는 우리가 흔히 인간의 지능과 연관되어 떠올릴 만한 어떤 행동도 할 수 없다. 빠르게 변화하는 세계와 소통할 방법도 없다. 검색 트리의 상단에 집계한 통계 데이터를 제외하면 알파고는 과거에 일어난 일을 기억조차도 하지 못한다. 또한 상대방이 어떻게 둘지 몰라 자신이 실행했던 시뮬레이션을 제외하면, 알파고는 미래에 일어날 일에 대한 개념도 갖고 있지 않다.

이 책에 등장하는 오토마타 제작자들과 비슷하게 알파고 제작자는 좁은 범위의 문제를 풀기 위해 알파고를 설계한 것이다. 알파고가 기억 기능이 없거나 주변 환경에 실시간으로 빠르게 반응하는 능력을 갖추지 않은 것은 비행기가 날개를 퍼덕거리지 않는 이유와 비슷하다. 알파고는 바둑을 두기 위해 정교하게 만들어졌고, 그러므로 바둑을 두는 데 필요한 기능만 보여주면 된다.

알파고가 이세돌을 꺾은 직후 딥마인드는 새로운 프로젝트를 발표했다. 다음 도전은 인간 지능의 여러 요소를 갖춘 게임 에이전트를 설계하는 것이다. 이러한 요소들은 시간 제약이 있는 상황에서 의사 결정을 내리고, 이러한 의사 결정을 하는 데 필요한 정보를 찾거나, 추상적인 수준(미래에 일어날 일에 영향을 줄 수 있는 행동을 계획하는)과 구체적인 수준(현재 상황에 즉시 영향을 주기 때문에 빠르게 반응해야 하는)에서 의사 결정을 내릴 때 필요한 능력 등을 포함한다. 딥마인드는 실시간 전략 게임인 스타크래프트를 할 수 있는 게임 에이전트를 개발하고자 했다.

16

실시간 인공 지능과 스타크래프트 봇
REAL-TIME AI AND STARCRAFT

> 게임은 유용한 벤치마크■이지만 목표는 AI입니다.
>
> - 마이클 볼링(Mical Bowling, 앨버타 대학 교수)[1]

게임하는 봇 만들기

이제 인공 지능 분야에서 도전할 만한 과제는 뭐가 남았을까? 바로 스타크래프트와 같은 게임을 프로 게이머처럼 할 수 있는 봇 프로그램■■을 개발하는 것이다. 지금까지 살펴본 기법 중 어떤 것이 스타크래프트 봇을 만드는 데 유용할 수 있을지도 살펴볼 것이다. 이 주제를 자세히 다루기 전에 이러한 봇을 개발하는 기법이 아직 완전히 성숙한 단계에 있지 않다는 점을 기억해 두자. 여기서는 지금까지 진행된

■ 벤치마크: 어떤 대상의 성능을 평가하기 위해 컴퓨터 프로그램이나 일련의 작업을 실행하는 행위
■■ 봇 프로그램: 사람이 아닌 인공 지능 플레이어인 비디오 게임 봇을 말한다.

봇의 개발에 대해서만 다룰 것이다.

스타크래프트는 역사상 가장 성공한 컴퓨터 게임이다. 1998년에 발매한 이래 10년 동안 1,000만 장 넘게 팔렸다.[2] 이 중 450만 장이 한국에서 판매되었으며 게임 열풍이 시작되는 데 일조했다. 또한 게임이 스포츠 종목으로서 대규모 관중을 동원하는 데 성공하기도 했다.[3] 정상급 스타크래프트 게이머들은 아이돌 대접을 받았다. 열성적인 팬에게서 선물을 받고 프로 게이머로 계약을 맺기도 했다. 어떤 세계적인 정상급 게이머는 28세 때 3년 동안 69만 달러를 받는 조건으로 프로 게이머 계약을 했다.[4] 운이 좋은 게이머만 있는 것은 아니다. 어떤 28세 게이머는 담배 연기 가득한 게임방에서 50시간 연속으로 게임을 하다가 과로사를 한 적도 있다.[5]

스타크래프트와 인공 지능

스타크래프트는 26세기를 배경으로 하는 전략 시뮬레이션 게임이다. 체스와 비슷하게 플레이어는 서로 다른 유닛으로 구성된 군대를 지휘하는데 각 유닛은 강점과 약점이 있다. 어떤 유닛은 약하고 빨리 이동할 수 없다. 어떤 유닛은 멋진 보병처럼 생겼고, 어떤 유닛은 무언가를 발사하거나 먼 거리를 날아오르기도 한다.

체스와 달리 스타크래프트는 실시간 전략 게임이다. 차례를 주고받으며 말을 움직이는 대신, 플레이어는 자신의 유닛 각각에게 넓은 전투 영역에서 실시간으로 명령을 내린다. 유닛 간의 전투는 빠른 속도로 발생하므로 손가락이 빠른 플레이어에게 유리하다. 프로 게이머는 키보드와 마우스를 초당 5회 이상 조작한다.[6]

스타크래프트를 흥미롭게 만드는 특성은 플레이어가 경제적으로 자원 관리를 해야 한다는 점이다. 유닛을 개발하기 위해서는 다양한 건물을 짓고 업그레이드를 해야 하며, 이 과정에서 건물과 업그레이드의 순서도 지켜야 한다. 건물이 지어지면 그에 따라 다른 유닛을 만들거나 또 다른 건물을 지을 수 있다. 이런 순서를 '테크 트리'라고 한다. 플레이어의 테크 트리가 깊어질수록 강한 유닛을 생산할 수 있다. 하지만 플레이어가 건물을 짓고 업그레이드하려면 자원을 충분히 모아야 한다. 자원을 모으려면 무력으로 자원을 빼앗기도 하고 보호도 해야 한다. 그러므로 자원 관리를 잘하고 테크 트리를 잘 쌓으면 강한 유닛을 생산할 수 있고, 그 결과 자원 관리와 테크 트리를 쌓기가 쉬워진다.

또 재미있는 점은, 스타크래프트에서는 처음에 지도가 안개로 가려진 상태여서 게임이 진행되는 모든 공간을 관찰할 수 없다는 것이다. 게이머는 자신의 유닛 근처에서 벌어지는 일만 볼 수 있으며, 전체 지도에서도 유닛에서 먼 부분은 볼 수 없다. 이는 곧 플레이어가 게임이 진행되는 공간을 파악하기 위해 정찰을 보내거나 다른 방법을 찾아야 한다는 것을 의미한다. 그러므로 플레이어는 어떤 결정을 내릴 때 불확실성을 염두에 두어야 한다. 플레이어는 게임을 진행하는 내내 언제 어떻게 정보를 모을지 미리 생각해 둬야 한다.

체스나 바둑 같은 전략 게임을 플레이하는 에이전트를 설계하는 방법을 다시 떠올려 보자. 이런 게임에서 최고의 에이전트는 게임 상태를 수백만 번 탐색하고 평가 함수를 실행하여 성공적인 결과를 가져올 확률이 높은 상태를 찾으려고 한다. 게임에서 검색 트리의 크기(그리고 에이전트가 검색 트리를 탐색하는 능력)는 두 가지 요소에 의존한다. 하나는 트리의 각 수준에서 분기 계수(에이전트가 어떤 한 시점에 탐색해야 하는 경우의 수)이고, 다른 하나는 트리의 깊이(에이전트가 게임 한 판에서 얼마나 많은 수를 둬야 하는지)이다.

바둑의 분기 계수는 약 250개이지만 스타크래프트의 분기 계수는 이보다 훨씬 더 많다. 어떤 한 시점에서 플레이어는 하나 또는 여러 유닛을 이동시키거나 건물을 짓거나 업그레이드할 수 있다. 대략 잡은 게임의 분기 계수는 1 뒤에 0이 50개가 오는 수였다(이 수가 이렇게 큰 이유는 플레이어가 유닛을 동시에 움직일 수 있기 때문이다).[7] 그리고 스타크래프트는 바둑보다 더 많은 수(手, move)를 고려해야 한다. 바둑은 프로 대국 기준 평균 150수를 두지만 스타크래프트는 실시간 게임이다. 보통 25분 걸린 스타크래프트 대전에서 조작은 총 36,000회 일어난다.[8] 이는 일반적인 스타크래프트 대전을 한 번 치르는 데 필요한 탐색 공간을 간략하게 계산한 것으로, 일반적인 바둑 대국을 한 번 치르는 데 필요한 탐색 공간의 1억 179만 9,640배에 해당한다. 문제를 더 어렵게 만드는 것은, 스타크래프트 플레이어는 안개로 가려진 지도 때문에 불완전한 정보를 갖고 시작한다는 것이다. 체스와 바둑에서 쓰였던 일반적인 탐색 방식은 스타크래프트에서는 사용할 수 없다.

달리 말하면, 스타크래프트는 인공 지능 분야에 멋진 도전을 선사한 셈이다. 스타크래프트를 잘할 수 있는 봇을 개발하려면 인간의 지능을 정의할 수 있는 여러 특징을 파악해야 한다. 이러한 특징에는 제한적인 정보로 전략적 결정을 내릴 수 있는 능력과 예기치 못한 상황에 실시간으로 반응하는 능력이 포함된다. 뉴펀들랜드 메모리얼 대학의 컴퓨터 과학 교수인 데이비드 처칠(David Churchill)은 스타크래프트를 잘할 수 있는 봇을 개발하는 일을 '게임 AI 연구의 정점'이라고 이름을 붙였다.

데이비드는 2010년경에 벤 웨버(Ben Weber)로부터 스타크래프트 봇 대회를 이양받은 후 현재까지 이 대회를 진행해 오고 있다. 이러한 봇이 현재 어디까지 개발되고 있는지 살펴보자. 스타크래프트 문제를 풀기 위해서는 아직 갈 길이 먼 상황이다.[9] 2017년을 기준으로 프로 게이머에게는 A-에서 A+ 사이의 점수를, 아마추어 게이머에게는 C+에서 B 사이의 점수를 매긴다면, 스타크래프트 봇은 D에서 D+ 사이의 점수를 받을 것이다.[10] 하지만 아무 진전이 없는 것은 아니다.

게임 단순화하기

어떻게라도 동작하는 스타크래프트 봇을 만들어야 한다면 유일한 방법은 수행해야 할 작업을 세부적으로 나누어 관리할 수 있는 덩어리로 만드는 것이다. 이 덩어리에 대한 핵심 아이디어는 프로 게이머가 시합하는 것을 주의 깊게 분석한 결과에서 얻었다.[11] [그림 16-1]은 성공적인 봇에서 자주 볼 수 있는 아이디어 몇 가지를 정리하여 구조화한 것이다. 앞에서 살펴본 자율 주행차나 아타리 게임 신경망과 비슷한 구조로 되어 있다는 점을 눈치챘을 것이다. 이러한 유사성은 부분적으로는 이 그림에서 사용한 다이어그램의 보편성 때문이겠지만(어떤 에이전트라도 이 다이어그램으로 표현할 수 있다), 몇몇 스타크래프트 봇이 이 구조에 어떻게 들어맞는지는 살펴볼 만한 가치가 있다.[12]

이 구조의 왼쪽에는 봇이 세계와 상호 작용을 하는 레이어가 있다. 자율 주행차에서는 이 레이어에 센서와 제어기가 포함되어 있었다. 그리고 아타리 에이전트의 경우 이 레이어는 아케이드 학습 환경과 연결되어 있었다.

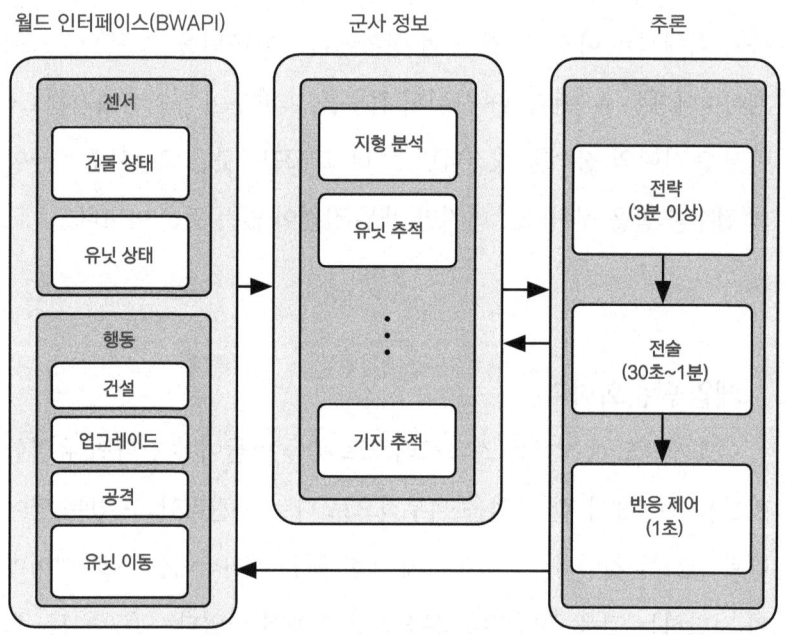

▲ 그림 16-1 단순화한 스타크래프트 봇 구조의 예

현재 대부분의 스타크래프트 봇은 브루드워 응용 프로그래밍 인터페이스(BroodWar application programming interface, BWAPI)로 가상 세계와 상호 작용한다. 이 인터페이스는 젊은 소프트웨어 개발자인 아담 하이너만(Adam Heinermann)이 개발한 소프트웨어 라이브러리이다. 이 라이브러리의 센서와 구동 레이어는 스타크래프트 봇에게 프로그래밍으로 게임과 상호 작용할 수 있는 방법을 제공한다.

가운데에는 군사 정보 레이어가 있으며 에이전트를 위한 군사 정보를 추적하는 역할을 한다. 또한 에이전트가 수집한 세계에 대한 정보를 요약하고 있으며 여기에는 상대방 기지에 대한 정보, 게임 내 유닛들, 전체 지도 등이 포함된다. 군사 정보 레이어에서 각 정보의 중요도는 봇마다 서로 다르다.

봇의 똑똑한 행동은 이 구조의 오른쪽 부분에서 일어난다. 추론 레이어는 3단계로 구분되는데 첫 단계에서는 전략을 추론한다. 어떤 건물을 지을지, 어떤 건물을 업그레이드할지, 그리고 이 행동을 언제 수행할지 등이다. 이러한 전략적 의사 결정에는 수십 분을 앞서는 계획이 필요하며 한번 결정을 내리면 게임에 직접적이고 장기적인 영향을 미친다. 왜냐하면 테크 트리(이는 결국 건물과 업그레이드의 조합이다)는 시간이 흐른 후 전체 유닛 조합, 위력, 약점에 직접 영향을 주기 때문이다. 또한 이 의사 결정 구성 요소는 테크 트리를 지원하기 위해 자원 관리에 대한 장기 계획이 필요하다.

두 번째 단계에서는 전술을 추론하며 여기에는 30초~1분 이후의 계획이 포함된다. 이 계획에는 어디에 건물을 지을지, 언제 어디에 전투를 위한 유닛을 보낼지 등이 포함된다. 마지막 단계는 반응 제어 구성 요소로 몇 초 이내의 계획과 반응 행동을 수행해야 한다. 그리고 외부 세계의 정보는 군사 정보 레이어를 통해 이 세 개의 레이어에 전달된다.

이 3 레이어 구조는 자율 자동차에서 보았던 형식화된 3 레이어 구조(94쪽)와는 다르다. 예를 들어, 스타크래프트 봇의 3 레이어는 군사적 명령 체계와 건물을 짓는 순서를 고려하여 조직과 단계를 정의한다. 389쪽에서 잠깐 언급했던 데이비드 처칠 교수는 이를 이렇게 설명했다. "전략적 수준에서 어떤 결정을 내릴 때 전술 유닛에게는 명령과 함께 전술적 목표를 달성하는 데 필요한 정보만 제공된다."[13] 이는 자율 주행차에서 살펴본 형식화된 3 레이어 구조와 다른 점인데, 스타크래프트 봇의 3 레이어 구조에는 명시적인 시퀀서, 모노폴리 판, 컨트롤러가 없기 때문이다.

실용적인 스타크래프트 봇

스타크래프트 봇을 설계하는 데 도움이 될 만한 것으로 또 뭐가 있을까? 넷플릭스 프라이즈에 참가했던 실용이론 팀의 원칙을 떠올려 보자. 실용이론 팀에게 단 하나의 목표가 있다면 그것은 대회에서 우승하는 것이다. 그래서 그들은 양으로 경쟁했고 수백 개의 모델과 예측 알고리즘을 결합했으며, 넷플릭스가 이 접근 방식을 따라 했을 때 얼마나 비실용적일지는 고민하지 않았다. 그들은 목표를 달성하는 데 실용적으로 접근한 것이다.

스타크래프트 봇 제작자들 다수는 이와 비슷한 철학을 따랐다. 이들은 봇이 승리할 수 있는 전략으로 프로그래밍을 했으며, 그 결과가 지능적이라고 할 만한 봇이 아니라 하더라도 신경 쓰지 않았다. 예를 들면, 일부 봇은 단순한 러시 전략만 세우도록 프로그래밍했다. 이는 소규모 약한 전투용 유닛을 만들어(테크 트리를 많이 쌓지 않고도 만들 수 있는 유닛이다) 상대방이 방어를 구축하기 전에 공격하는 것이다. 이 러시 전략은 고수 게이머들도 곧잘 변용한다. 하지만 러시 전략을 사용하기 위해서 에이전트는 모든 장기 전략을 무시해야 했고, 이러한 전략을 구현한 봇은 고수 게이머들의 손쉬운 먹잇감이 되었다.

처칠은 AI 분야의 다양한 도구를 활용해 좀 더 정교하고 성공적인 스타크래프트 봇인 유앨버타(UAlberta) 봇을 설계했다. 하지만 그의 봇도 가끔 이런 러시 봇에 패배하곤 했다. 한번은 그가 상대방 봇의 전략을 연구하고 유앨버타 봇을 조정하여 이러한 러시 봇에 대응하도록 했다. 이 방법은 잠깐 통했고 유앨버타 봇은 상위 플레이어에도 오를 수 있었다. 하지만 독특한 러시 전략을 갖춘 봇들이 등장할 때까지만이었다. 처칠 교수는 이때 업무로 바쁜 나머지 새로운 전략에 대응하도록 봇을 손볼 시간이 없었다. (유앨버타 봇에 대한 작업 대부분은 그가 앨버타 대학 대학원생으로 있는 동안 이뤄졌다.)

최고의 스타크래프트 봇이라고 해도 이런 아킬레스건이 있다면 좋다고 할 수 없다. 이러한 사실은 종종 [그림 16-2]처럼 봇들이 가위바위보를 하듯이 서로 물고 물리는 기묘한 양상을 띠었다. 몇 년 전 스카이넷(SkyNet) 봇은 다른 봇에 비해 좋은 성적을 거두었고 아이어

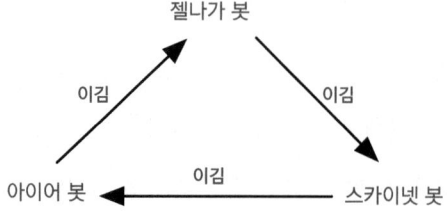

▲ 그림 16-2 2011년 대회에서 스타크래프트 봇이 가위바위보를 하듯 서로 물고 물리는 상황
이 대회에서 보통 젤나가 봇은 스카이넷 봇에 승리하고, 스카이넷 봇은 아이어 봇에 승리하고, 아이어 봇은 젤나가 봇에 승리했다.

(AIUR) 봇에게 80%의 승률을 보였다. 아이어 봇 또한 그럭저럭 괜찮았으며 젤나가(Xelnaga) 봇에게 이길 수 있었다. 젤나가 봇은 앞에서 살펴본 러시 전략을 사용해서 다른 플레이어의 일꾼 유닛을 공격했다. 이 러시 전략은 대부분의 봇에게 잘 통하지 않았으나 스카이넷 봇은 이 전략에 약점을 갖고 있었기 때문에 70%의 확률로 패배하곤 했다.[14] 이렇게 물고 물리는 관계는 바둑이나 체스의 상위 플레이어에게도 존재했지만 특히 상위권 스타크래프트 봇들은 서로 약점을 격렬하게 파고들었다.

스타크래프트를 해본 적이 있다면 컴퓨터와 대전해 본 경험도 있을 것이다(물론 컴퓨터 대전도 일종의 봇과 대전하는 것이다). 이 부분이 의아할 수도 있다. 만약 스타크래프트와 같은 게임하는 봇을 만드는 것이 그렇게 어렵다면 컴퓨터는 아직 불완전하다는 이야기인데, 사람이 컴퓨터를 이기는 것은 왜 어려운 걸까? 처칠은 컴퓨터를 이기는 것이 어렵다는 데 동의하지 않는다. 그는 이렇게 설명했다. "지능적인 실시간 전략 인공 지능을 만드는 일은 무척 어렵기 때문입니다. 게임에 포함된 봇은 종종 실제보다 더 강하게 보이기 위해 이런저런 방법을 사용하죠." 소프트웨어에 포함된 봇의 목표는 인간 플레이어에게 재미있고 흥미로운 경험을 줄 뿐 객관적으로 좋은 봇이 되는 것이 아니다.[15] 예를 들어, 어떤 경우 컴퓨터는 안개에 상관없이 전체 지도를 볼 수 있을 때도 있다.[16] 봇이 주변에 정찰을 보내 게임 현황을 모르는 것처럼 보이게 할 수도 있으나, 이는 체스를 두는 터키인이 실제보다 더 똑똑해 보이려고 했던 것과 비슷한 속임수에 불과하다.[17] 게임에 포함된 봇의 전략은 간단하다. 예를 들면, 특정 수준에서는 컴퓨터가 예외를 처리하는 간단한 규칙을 포함한 트리 구조 스크립트(즉 미리 정의된)에 따라 동작할 수 있다.

사실 스크립트를 기반으로 한 규칙은 우수한 봇에서도 흔히 쓰인다. 처칠과 그의 동료들이 유앨버타 봇을 만들 때 그들은 뼈대(skeleton)를 먼저 만들고 나서 여러 구성 요소(전략, 전술, 반응 구성 요소)와 간단한 스크립트를 기반으로 한 규칙을 채워넣었다. 이 아이디어는 스타크래프트를 아주 잘하지는 못해도 충분히 할 수 있는 봇을 만들기 위해 필요했다.

일단 봇의 뼈대가 준비되면 그들은 개별 구성 요소를 계속 향상할 수 있었다. 이는 스크립트로 작성한 모듈 중에서 전략 관련 모듈을 테크 트리로 올리는 최적화된 순서(이는 봇이 인간을 능가한다)를 찾아낼 수 있는 모듈로 교체하고, 모듈을 정교한 전투 시뮬레이션 시스템으로 교체하는 등의 작업이었다.[18] 스타크래프트 봇의 성능이 향상되어 갈수록 이들 개별 모듈은 봇의 전체 구조보다 더 향상될 것이다. 그렇다면 구조 자체도 크게 달라질까?

OpenAI와 도타2 게임

도타(Defense of the Ancients, DOTA)2는 스타크래프트 게이머들에게 익숙한 게임이다. 도타2는 깃발을 차지하기 위해 싸우는 게임으로 스타크래프트와 유사한 부분이 많다. 도타2를 하기 위해 게이머는 영웅 캐릭터를 지도에서 움직이거나, 상대방을 공격하거나, 주문을 외우는 등의 행동을 하면서 상대방의 고대 요새를 파괴하는 것을 최종 목표로 한다.

도타2 프로 게이머들은 매년 상금 2,400만 달러를 놓고 경쟁을 벌인다. 도타2의 총 상금액은 1억 3,200만 달러이며, 스타크래프트의 700만 달러와 스타크래프트2의 2,500달러를 크게 뛰어넘는다. 물론 이 게임은 어렵다. 도타2 봇은 스타크래프트 봇과 마찬가지로 엄청나게 큰 탐색 공간이 필요하고 세계를 인식하는 능력이 있어야 한다.[19]

일론 머스크는 "안전한 인공 지능을 만들고 AI의 이점을 널리, 가능하면 골고루 누릴 수 있도록 하자"라는 기치로 내걸고 OpenAI 연구소를 열었다.[20] 2017년 8월에 OpenAI는 정상급 도타2 플레이어를 1 : 1 매치에서 이길 수 있는 봇을 만들었다고 발표했다. 이렇게 큰 공간을 탐색할 수 있는 봇을 어떻게 만들었을까?

OpenAI의 한 연구원이 설명한 바에 따르면, OpenAI는 그러한 방법을 사용하지 않았다고 한다. OpenAI는 신경망과 관련된 여러 가지 도구를 조합해서 사용했지만, 몬테카를로 트리 탐색(MCTS)과 같은 탐색 알고리즘은 사용하지 않았다는 것이다.[21]

도타2를 하기 위해 OpenAI에서 몇몇 연구원들이 신경망을 만들었다. 초기에는 아타리 에이전트에 쓰인 신경망과 약간 비슷했다. 아타리 에이전트는 신경망을 계속해서 평가하여 시간 흐름에 따라 보상이 가장 높을 것으로 표시된 행동을 선택한다는 점을 기억하자. 시간 흐름에 따라 아타리 게임 신경망에는 벡터(최근 네 개의 화면에서 얻은 픽셀값을 요약한)가 입력되고 미래에 기대되는 보상을 나타내는 값이 출력되어 다음 행동을 선택하는 데 쓴다.

[그림 16-3]에서 도타2 봇의 구조는 출력 뉴런들이 에이전트가 다음에 할 행동을 결정한다는 점에서 이와 비슷하다. 또한 도타2 신경망에 입력되는 값은 게임의 현재 상황을 부호화한 특성의 목록이다.

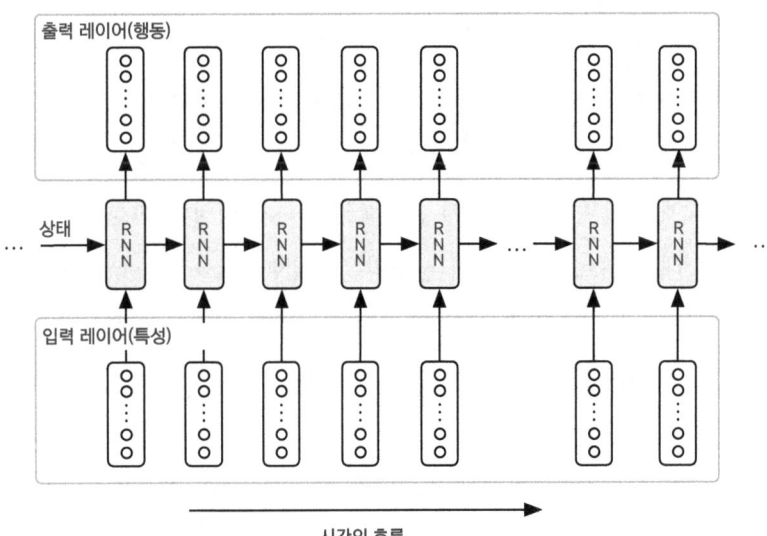

▲ 그림 16-3 프로 게이머를 상대로 승리한 도타2 봇의 구조

에이전트는 시간 단위마다 신경망을 실행해서 현재 상태를 요약하는 특성 벡터를 입력으로 받아 에이전트가 선택할 행동을 결정하는 변수를 출력한다. 또한 에이전트는 시간 단위마다 변화하는 상태를 기록한다. 이 상태는 에이전트에게 기억과 같은 역할을 한다.

백개먼과 알파고에서 사용한 신경망처럼 도타2 봇의 신경망은 자기 자신과 대결함으로써 향상된다.[22]

하지만 도타2의 신경망에는 중요한 차이점이 몇 가지 있다. 첫째로, 도타2 신경망의 입력 특성 대다수는 사람이 수작업으로 만든 것이며, 지도에서 현재 컨트롤하는 유닛의 위치와 세부 사항 같은 것들을 부호화한다. 둘째로, (이것이 더 중요한 부분으로) 도타2 신경망은 기억 기능이 있다.[23]

아타리 게임 신경망이 몬테수마의 복수와 같은 특정한 게임을 잘하지 못했다는 것을 떠올려 보자. 몬테수마의 복수에서 에이전트는 두 가지 일을 해야 했다. 넓은 세계를 돌아다녀야 했고 최근에 무엇을 했는지 기억해야 했다. 하지만 아타리 게임 신경망은 기억 기능이 없기 때문에 게임에서 여러 상황을 경험했더라도 제대로 플레이할 수 없었다. 어떻게 하면 에이전트에게 기억 기능을 추가할 수 있을까?

11장에서 살펴본 이미지에 설명글을 다는 신경망에 신경망의 기억 유닛에 대한 힌트가 있다. 이 신경망은 RNN(recurrent neural network, 순환 신경망)이기 때문에 어떤 단어를 완성했는지를 추적할 수 있다. RNN은 차례대로 서로 연결되어 있어서 한 RNN의 출력은 다음 RNN의 입력으로 쓰인다. 이 신경망의 유닛 각각은 현재 상태와 여러 입력값을 조사하고, 출력값을 생성하고, 상태를 갱신한 후 이 상태를 연결된 다음 유닛에 전달한다.

도타2 신경망도 동일한 아이디어를 사용했다. 아타리 게임 신경망처럼 도타2 신경망은 반복해서 실행하면서 특성을 입력받아 출력값을 생성했다. 하지만 도타2 신경망은 RNN이기도 했으므로 각 유닛의 출력값 중 일부분은 현재 상태를 나타냈으며, 이 값은 신경망의 다음 유닛으로 전달되어 활용되었다. 신경망이 실행되면 이 신경망은 게임에서 일어난 일을 상태 벡터를 사용해 기억할 수 있다.[24]

도타2 봇은 완벽과는 거리가 있었다. 먼저, 기억 기능만으로 모든 문제를 풀 수는 없었다. 기억 기능이 추가된 아타리 에이전트는 여전히 몬테수마의 복수를 잘 플레이할 수 없었다. OpenAI는 자신들이 만든 도타2 봇을 이길 수 있는 플레이어를 위한 대회를 주최했고, 여기서 플레이어들은 스타크래프트 봇에서 그랬던 것과 같이 도타2 봇에서도 눈에 띄는 아킬레스건을 찾아냈다. 하지만 세계 정상급 게이머들을 꺾은 신경망의 능력은 일반적인 플레이 조건(도타2의 5:5 대결)에서 인간 게이머와 대등하게 플레이할 수 있는 봇을 만드는 길에 한 걸음 다가선 것이다. 이와 동시에 좀 더 향상된 스타크래프트 봇을 설계하는 데 도움이 되는 아이디어가 등장한 것이기도 했다.[25]

스타크래프트 봇의 미래

미래에 스타크래프트 봇이 어떤 방향으로 흘러갈지를 살펴보기 위해 이 책에 등장했던 인물로 다시 한 번 돌아가 보자. 딥마인드 창립자인 데미스 허사비스는 스타크래프트 봇 커뮤니티에 늦게 합류했지만, 그는 딥마인드를 창립하기 이전에도 게임에 관심이 많았다. 데미스에게는 스타크래프트를 잘하는 동료가 있었는데 상대방을 압도적으로 누르고 승리를 거두는 동료의 능력에 경탄했다. 다른 동료는 데미스에 대해 이렇게 회고했다.

> 데미스는 이 친구를 이겨보고 싶었어요. 밤마다 이 친구와 함께 방에 틀어박혀 지내곤 했죠. 그러나 데미스가 게임에서 계속 패하자 그 친구에게 핸디캡으로 마우스 없이 하거나 한 손으로만 하게 해서 그 친구의 뛰어난 부분이 무엇인지를 정확히 분석했죠. 그건 마치 권투 링에 올라 상대방에게 두들겨 맞으면서 매일 밤 다시 링에 오르는 것과 비슷했습니다. 데미스가 놀라운 승부욕을 보여준 거죠.[26]

최근 데미스는 스타크래프트 봇을 만드는 데 딥마인드의 역량을 일부 투입했다. 딥마인드와 블리자드(스타크래프트의 제작사)는 공동으로 스타크래프트2 봇의 공식 인터페이스를 개발하고 출시할 것이라고 발표했다. 또한 봇이 좀 더 조직적인 방법으로 학습할 수 있게 하려고 개발자가 봇을 위한 학습 자료(curriculum)를 만들 수 있는 환경도 개발할 것이라고 발표했다.[27]

스타크래프트로 관심을 돌리겠다는 딥마인드의 결정에서 궁금한 부분 하나는, 앨버타 대학의 연구원들은 이미 10여 년 전부터 이 문제를 연구해 왔다는 것이다. 데이비드 처칠은 앨버타 대학에서 스타크래프트 봇 설계의 초기 연구를 수행하면서 이 연구를 했다. 이 사실만 따로 놓고 보면 특이할 것이 없지만, 재미있는 것은 앨버타 대학이 인공 지능 연구 분야 전반과 딥마인드의 노력에 끼친 영향이다.

07장에서 살펴봤지만, 앨버타 대학의 연구원들은 딥마인드에서 아타리 에이전트가 세계와 상호 작용할 수 있는 방법을 제공하는 아케이드 학습 환경을 개발했다. 딥마인드 팀에서 알파고를 개발했던 몇몇 핵심 연구원들은 대학에서 컴퓨터 바둑을 처음 접했다. 그리고 앨버타 대학은 인공 지능 분야의 다양한 주제를 선도하는 세계적인 수준의 전문가를 보유하고 있었다. 이들 중에 강화 학습의 대부로 불리는 리처드 서튼(Richard Sutton)이 있었다. 인공 지능 분야에서 서튼의 공적은 아타리 에이전트가 자신의 행동으로부터 학습하는 데 사용하는 정책 분리 학습(off policy learning) 알고리즘을 개발한 것이었다.

스타크래프트 봇의 문제를 푼다는 것이 인간의 지능도 풀어낼 수 있다는 것을 의미할까? 간단히 대답하자면 그렇지 않다. 인간의 지능에는 스타크래프트를 실행하는 것과 연관성이 없는 다양한 요소, 이를테면 체계가 없는 새로운 환경에서 무엇인가를 이해하고 결론을 끌어내는 능력 같은 것이 있다.

여러 저명한 인공 지능 연구자들은 컴퓨터 체스에 대한 논문의 첫 장에 이런 글을 남겼다.

> 누군가가 성공적인 체스 기계를 고안해 내는 데 성공한다면 이는 인류의 노력이 궁극적인 결실을 본다는 것이다.[28]

이제 성공적인 체스 기계가 등장한 지 20여 년이 지났지만, 게리 카스파로프가 딥 블루에게 패배하기 이전에 비해 우리가 '궁극적인 결실'에 한걸음 더 다가간 것인지는 여전히 불투명하다. 최소한 체스 게임을 잘하는 시스템을 설계하는 방법은 알게 되었지만 말이다.

컴퓨터 바둑과 스타크래프트 봇에도 비슷하게 거친 평가를 내릴 수 있다. 스타크래프트를 잘하는 봇을 만드는 일도 이와 마찬가지로 인상적이지만 한정된 결과를 내는 것에 불과하다. 어쨌거나 이러한 것들을 만들기 위해 지금까지 사용해 온 새로운 검색 알고리즘과 인지 알고리즘, 강화 학습 알고리즘 등의 도구와 시스템 구조는 중요한 성과이다.

기계는 지능을 가질 수 있을까?

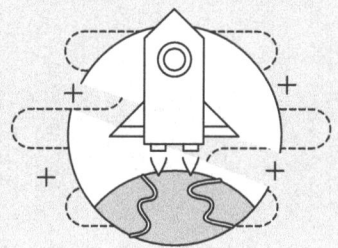

지금까지 지능이 있는 존재를 만들려는 인간의 노력을 최근 사건을 분석하며 살펴보았다. 전문가들은 아직 우리가 생각하는 수준의 인공 지능이 등장할 것이라는 확신을 하지 못하고 있다. 스스로 추론하고 판단하고 개선하는 기계는 아직 요원하기만 하다. 하지만 생각하는 기계를 향한 인간의 노력은 조금씩 더 나은 지능을 현실 세계에 등장시킬 것이다.

17

50년 후,
또는 그 후

FIVE DECADES (OR MORE) FROM NOW

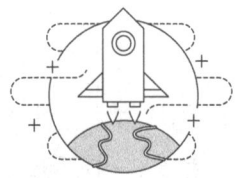

적기를 맞은 인공 지능 개발

오늘날 우리는 이미지에서 특정 대상을 인식하거나, 음성을 텍스트로 옮기거나, 바둑을 두는 등 특정한 작업에서 인간을 능가하는 디지털 오토마타를 만들어 냈다. 50년 후에는 어떤 일을 하는 오토마타가 나올까? 우리가 미래를 예측하기 전에 지금까지 걸어온 길을 간단히 되돌아보자.

최근 20년간 인공 지능 커뮤니티를 열광시켰던 수많은 아이디어는 반세기 전인 1960년 후반에 비슷한 열기를 끌어냈던 것과 동일하다.ᵇ 돌아보면 인공 지능 분야는 신경망에서의 진보와 체스, 바둑을 둘 수 있는 알고리즘의 개발, 콘퍼런스의 열기와 마이크로프로세서를 통해 기하급수로 성능 개선이 가능해진 하드웨어 등으로 끓어올랐다. 하지만 이는 인공 지능 겨울이라 불리는, 인공 지능 분야의 암흑기 바로 전에 일어난 일들이었다. 인공 지능 연구를 위한 자금은 몇십 년간 지원되지 않았다. 인공 지능이라는 단어는 일부 연구자들 사이에서 조롱거리가 되기까지 했다.[1] 최근 20년의 부흥기가 찾아오기 전까지 1980년대와 1990년대 내내 이런 분위기가 남아 있었다.

달리 말해, 21세기에 시작되어 지금까지 달려온 인공 지능 분야의 진전은 물론 대단하지만 이는 과학 기술이 갑자기 폭발하듯 진보한 것이 아니었다. 오히려 인공 지능 분야에서 오래 누적된 성과 중 일부에 지나지 않았다. 누적된 인공 지능 분야의 개발이 적기를 맞아 꽃을 피운 것이다.

18세기의 오토마타 또한 몇 세기에 걸쳐 지속해 온 기술 개발의 일부라고 할 수 있다. 유럽의 기계 공학은 18세기와 19세기의 오토마타를 만들어 냈지만 이 추세는 전 세계적으로 더 오랜 기간 이어졌다. 보강송 이전인 9세기에 페르시아 형제 3명은 프로그래밍할 수 있는 플루트 연주자 자동인형을 만들었고, 그리스인은 1세기에 원시적인 증기 기관을 개발했다.[2] 오늘날의 디지털 오토마타 또한 긴 안목으로 바라봐야 하며 정체기가 올 수 있다는 것을 염두에 두어야 한다.

■ 1960년 후반에 MIT, 카네기멜런 대학, 스탠퍼드 대학 등을 중심으로 인공 지능 연구에 막대한 자금이 지원되었으며 곧 실용적인 인공 지능이 등장할 것이라는 낙관적 희망에 가득 차 있었다.

성공 사례로 배우기

지금까지 살펴본 사례들이 표면적으로는 다르게 보일 수 있지만 사실 수많은 공통점이 있다. 분류기는 세계를 인식할 수 있는 능력을 기계에 제공해 주었다. 유한 상태 기계와 순환 신경망(RNN)은 기계가 주변에서 무슨 일이 일어나고 있는지(무엇을 했고, 무엇을 하고 있고, 무엇을 해야 하고)를 추적하고 주변 환경에서 가장 눈에 띄는 것에 집중할 수 있게 해주었다.

탐색 알고리즘은 수백만 개인 경우의 수에서 최상의 수를 찾을 수 있도록 해주었다. 또한 강화 학습(reinforcement learning)은 기계에게 경험을 통해 학습할 수 있는 능력을 주었다. 이러한 통계 요소는 지금까지 살펴본 기계들과 결합했고 이들 시스템 구조는 눈에 띄게 비슷한 형태를 하고 있다. 그 결과 기계는 놀라운 정확도로 사람 없이 운전하고, 인간의 영화 취향을 예측하며, 〈제퍼디!〉 문제에 답을 하고, 전략 게임을 할 수 있었다.

하지만 이러한 통계 데이터를 사용하는 기계의 설계는 전체의 일부분에 불과하다. 이러한 기계들이 모두 잘 조직되게 하려면 끊임없는 사람의 노력이 필요하다. 이 책에 등장하는 성공 사례 중 가장 인원이 적었던 IBM 딥 블루 팀은 록밴드처럼 여기저기서 동료를 구하기도 하고 잃기도 하면서 10여 년 동안 작업을 이어갔다. 그렇게 딥 블루는 10년에 걸쳐 문제를 풀어내고야 말았다.

이 책에 등장한 팀 중 다수는 짧은 시간에 결과물을 만들어 내야 했지만 그 결과물은 거대했다. 종종 열 명 정도의 연구원과 엔지니어가

1년 넘게 프로젝트에 매달렸으며 보통 수십 명 또는 수백 명이 연구와 개발을 위해 몇 년씩 매진하곤 했다. 그리고 이런 프로젝트에는 팀의 노력을 하나로 모으는 세심한 관리가 필요했다.

서배스천 스런은 자율 자동차 스탠리를 만드는 작업을 통해서 고성과(high functioning)를 낸 팀에게 필요한 기준을 알게 되었다. 그는 팀장으로 일하면서 어렵지만 필요한 결정을 종종 내려야 했다. 프로젝트의 일부를 맡아서 몇 달간 작업해 온 사람에게 해당 작업이 최종 로봇에 들어갈 기준을 충족하지 못했다는 이야기를 해야 하는 일도 있었다. 하지만 서배스천이 신경 써서 뽑은 팀원들은 이러한 결정이 프로젝트에 더 좋은 일이라는 것을 깨달았다.[3] 팀에게 승리는 노력의 결과였고 리더를 포함한 모두가 희생한 결과였다. 서배스천은 이렇게 설명했다.

> 프로젝트를 진행하는 동안 핵심 팀원들은 팀으로 일하는 것이 어떤 의미인지 모두 잘 이해했습니다. 팀원들과 점심을 먹는 것은 최신 소프트웨어를 작성하는 공적만큼이나 중요했죠. 요즘도 저는 제가 지시하는 어떤 일이라도 기꺼이 하려는 팀원 한 명 한 명마다 의욕에 넘친 모습을 볼 때마다 놀라곤 합니다.
>
> 개인적으로 가장 기억에 남는 일을 하나 꼽으라면 PVC 파이프로 대전차 장애물(tank trap)을 만들던 날이에요. 함께 모여 세 개의 파이프를 조립하고 난 뒤 파이프의 표면이 녹슨 철처럼 보이지 않는다는 것을 깨달았죠. 그래서 저는 가게에 가서 스프레

이 페인트를 구입한 뒤 페인트와 흙을 섞어서 제2차 세계 대전에 나오는 대전차 장애물처럼 보이게 만들려고 몇 시간을 보냈습니다. 제가 이런 일을 하려고 스탠퍼드에 온 건 아니었습니다. 하지만 손을 더럽혀 가며 과학적 가치가 없는 평범한 일에 시간을 쓰는 것이 얼마나 즐거웠는지 몰라요.[4]

이 팀은 더 큰 규모의 엔지니어와 과학자 커뮤니티에서 지식을 폭넓게 공유하지 않았다면 성공할 수 없었을 것이다. DARPA 그랜드 챌린지와 넷플릭스 프라이즈 같은 대회에서는 이러한 일이 의도적으로 일어났으나 알파고 같은 프로젝트에서도 마찬가지였다. 알파고는 사기업의 직원 20여 명이 만든 결과이지만, 알파고의 아이디어(몬테카를로 트리 탐색, 평가 함수, 강화 학습, 심층 신경망 등) 대부분은 딥마인드가 이 문제를 연구하기 이전 수십 년 전부터 개발해 온 것이다.

이러한 프로젝트들이 성공한 원인은 단순히 명확한 목표와 자금 지원을 바탕으로 하는 규모가 큰 엔지니어링 팀이 있었기 때문만은 아니다. 그것은 다름 아니라 수십 년간 연구와 실험을 지원하는 집합 지성이 모인 연구 커뮤니티(공적으로 자금 지원을 받는)에서 구체화한 아이디어 때문이기도 했다. 기업에서 지원받는 프로젝트도 마찬가지였다. 예를 들면, 알파고의 핵심 연구자 중 몇 명은 앨버타 대학에서 연구를 시작했으며 IBM 왓슨도 학계 커뮤니티에서 인재와 아이디어를 빌려왔다.

월터 아이잭슨(Walter Isaacson)은 《이노베이터(The Innovators)》에

서 이와 비슷한 결론을 내렸다. 그는 진공 상태 문제에 도전할 때 겪었던 어려움에 대해 적었다. 실제로 컴퓨터 역사에서 중요한 진전은 차고에서 고독한 엔지니어 혼자 이뤄낸 경우는 없었다. 인공 지능과 기계 학습의 진전도 이와 마찬가지다.

이는 고독한 연구자 한 명이 예산이나 동료 없이 프로젝트를 시작하려고 애를 쓰면 안 된다는 의미일까? 전혀 그렇지는 않지만 좀 더 큰 규모의 프로젝트에 합류하거나 그런 규모의 프로젝트를 직접 만드는 것이 프로젝트를 수월하게 진행하는 데 도움이 될 수는 있다. 예를 들어, 실용이론 팀은 '대책 없는 두 청년'으로 프로젝트를 시작했다는 것을 기억하자. 하지만 그들은 최고의 팀이 무엇을 했는지를 주의 깊게 연구했고, 이를 통해 그들은 커뮤니티에서 빨리 두각을 나타내고 결국 우승 팀에 합류할 수 있었다.

체스 프로그램을 만든 딥 블루 또한 작은 규모로 시작했으나 결국 IBM에 합류하여 8년 동안 딥 블루의 개발을 이어나가 게리 카스파로프를 꺾을 수 있었다. 또한 궁극적으로 이러한 프로젝트는 모두 아이디어를 떠올린 한 사람에게서 시작되었다. 종종 아이디어를 떠올린 사람이 그 문제를 직접 풀어야 할 필요도 없다. 앞에서 살펴봤듯이, 대회를 조직해서 연구자들이 협력하여 어떤 결과를 내놓도록 장려할 수도 있다. 이러한 대회가 항상 어떤 진전을 이루지 못하고 이미 진행된 연구만 외부에 노출하는 결과를 낳을 수도 있지 않을까? 이런 상황도 종종 벌어질 수 있지만 넷플릭스 프라이즈는 인공 지능 분야에 자극을 불어넣은 훌륭한 대회였다.

넷플릭스가 대회를 기획했을 때 그들은 이후에 이런 대회를 주최할 조직을 위한 선례가 될 수 있도록 몇 가지 중요한 결정을 내렸다. 첫째로, 넷플릭스가 커뮤니티에 제공한 데이터 세트는 가치가 있을 만큼 충분히 방대했지만(비슷한 유형의 공개된 데이터 세트보다 100배 가까운 크기였다) 동시에 충분히 작은 것이기도 했다. 그리고 넷플릭스는 이 데이터 세트를 잘 정리해서 연구자들이 작업을 쉽게 진행할 수 있게 했다.

둘째로, 넷플릭스는 우승자에게 커다란 금전 보상을 약속했다. 또한 넷플릭스는 우승에 도전할 만한 적절한 목표를 설정했다. 10% 성능 향상이 어렵긴 했지만 달성하지 못할 만큼 불가능한 목표는 아니었다.[5] 셋째로, 넷플릭스는 이 대회를 위해 커뮤니티를 열고 활기차게 만들었다. 온라인 포럼을 제공하여 참가자끼리 아이디어를 공유하고 현재 참가자의 성적을 볼 수 있게 하여 열기를 더했다. 그리고 마지막으로 넷플릭스는 우승자의 보고서를 공개함으로써 다른 연구자들이 더 전진할 수 있도록 도왔다. 이 보고서는 커뮤니티 회원들에게 널리 퍼졌다.[6]

이러한 대회는 연구 커뮤니티의 시간 투자 방식을 바꿀 수 있다는 장점이 있다. 다른 방법으로는 연구의 표준화를 들 수 있다. 금융 시장에도 이와 비슷한 개념이 있다. 공개적으로 거래되는 증권은 교환 가치가 있어서 객관적으로 평가되고, 가격을 매기고, 궁극적으로는 다른 증권과 비교할 수도 있다. 연구의 표준화는 2012년의 이미지넷 대회에 도움을 줬는데 여기에서 신경망은 의심할 나위 없는 승자였다.

대회 참가자가 제출한 모든 결과물은 동일한 기준으로 평가를 받았고 신경망이 정당한 승자라는 것을 명확하게 가려낼 수 있었다. 다른 팀들은 즉시 딥 러닝(deep learning) 열차에 올라탔으며 이후 몇 년간 상위 성적을 기록한 참가자들은 모두 심층 합성곱 신경망을 사용하여 결과물을 제출했다.[7] 2012년에는 우승자가 큰 차이를 벌리며 승리했지만, 2013년에는 아홉 개 팀이 2012년의 우승자보다 높은 성적을 냈고 그 이후에도 훨씬 빠른 진전이 이뤄졌다.

광범위한 데이터 활용

통계 데이터를 사용하는 기계 개발에서 반복되는 주제는 경험과 데이터를 광범위하게 활용하는 것이다. 어떤 경우에는 열정적인 게이머들 덕택에 대규모 데이터를 수집하고 잘 정리할 수 있었다. 이미 바둑(저장된 온라인 대국 기보)과 〈제퍼디!〉(방영된 에피소드에서 질문을 수집한 팬들)에서 이런 예를 볼 수 있다. 학계 연구자들과 기업에서 잘 정리된 데이터 세트를 함께 만드는 경우도 있다.

그 밖에도 연구자들은 스스로 데이터를 생성하는 방법을 발견했다. 서배스천 스런과 스탠퍼드 팀은 지형 검출 분류기의 학습 데이터를 수집하기 위해 센서로 뒤덮인 차를 몰고 돌아다니기도 했다. 아타리 게임 신경망은 아케이드 학습 환경에서 수백만 번 게임을 하여 성능을 향상하는 데 필요한 데이터를 수집했다. 알파고, 도타2 봇, 백개먼 에이전트 개발자들은 프로그램이 자기 자신과 플레이를 함으로써 학습 데이터를 생성할 수 있게 만들었다. 이들 게임 에이전트 프로그램이 데이터를 학습하는 데 문제가 되는 것은 컴퓨터가 게임하는 데 필요한 시간뿐이었다.

우리는 어디로 가는가?

필자는 이 책에서 의도적으로 AI의 미래를 전망하지 않았다. 필자는 엔지니어일 뿐 철학자나 경제학자, 역사가가 아니기 때문이다. 하지만 지금까지 지적인 기계(smart machines)를 개발하는 과정을 살펴보면서 충분한 근거를 제시해 앞으로 일어날 미래에 대해 몇 가지 정도는 자신 있게 말할 수 있다(이런 일들이 일어나기까지는 몇십 년이 아니라 몇 세기가 걸릴 수도 있다).

먼저 미래의 오토마타는 여전히 프로그램에 따라 작동할 것이다. 이는 우리가 이러한 오토마타를 만들곤 했던 미디어의 제약인 동시에 우리가 살아가는 세계의 물리적 법칙 때문이다. 프로그램에 따라 실행되는 기계들은 점점 복잡해지고 그에 따라 이 기계들이 하는 일을 알아차리는 것도 점점 어려워질 것이다. 하지만 여전히 이 기계들의 행동은 모두 추적할 수 있으며 각각의 행동은 기계가 결정론적인 명령을 수행한 결과일 것이다.[8] 일부 철학자는 이를 근거로 기계가 절대로 사고할 수 없을 것이라고 주장하기도 한다.[9] 필자 개인적인 믿음은 인간 또한 아날로그 기계에 불과하다는 것이며, 인간이 사고할 수 있다고 믿는다면 언젠가는 인간이 생각할 수 있는 디지털 컴퓨터를 설계하는 일을 막을 수는 없다는 것이다. 그보다는 언젠가 기계들이 사고할 수 있게 되는 일은 불가피하며 감정, 의견, 자기 보존 욕구를 발달시킬 것이고 인간의 감정, 의견, 욕구와 충돌하는 날이 올 것이다.

둘째로, 인간의 지능과 행동을 더 정확하게 모방할 수 있는 기계를 만드는 일은 기계의 인식과 추론 능력이 인간과 구별할 수 없게 될 때까지 계속될 것이다. 그때에는 기계가 인간보다 여러 면에서 우월할 것이다. 이러한 노력은 보캉송과 동시대 사람들이 인간처럼 보이고 행동하는 오토마타를 만들기 위해 터무니없는 노력을 기울였던 때부터 계속되고 있다.

더 나은 오토마타를 계속 개발할수록 이러한 노력은 불가피하게 이들 기계가 인류에게 위협이 될 수 있다는 인식(기계가 우리의 일자리를 빼앗고 생계를 곤란하게 만들 수 있다는)을 부채질할 것이다. 다른 문제는 차치하고 이들 기계와 인간 사이의 불쾌한 유사성은 우리를 불편하게 한다. 종교 지도자가 보캉송의 작품을 불경하다고 여겨 보캉송의 작업실 문을 닫게 했던 사실을 떠올려 보자.[10] 그리고 이들 기계가 우리를 위협하리라는 것은 어느 정도는 사실이다. 기계는 확실히 사람들의 일자리를 차지할 것이다. 기계가 비용이 훨씬 저렴하게 들기 때문이다. 로봇은 미래에 정치가에게 비난받는 이민자가 될 것이며, IBM이 왓슨을 홍보할 때 그랬던 것처럼 로봇 제작자는 조심스럽게 로봇을 시장에 내놓아야 할 것이다. 국가 지도자는 사려 깊게 결정을 내려 기술의 진보에 따른 이익이 고루 돌아갈 수 있도록 보장해야 할 것이다.

하지만 우리 사회가 이러한 에이전트를 쉽사리 받아들이는 것과 상관없이 오토마타가 인간의 능력에 다다르고 또한 뛰어넘을때까지 우리의 기술(하드웨어, 이론, 소프트웨어 구조)이 진보하는 한 우리는 오토마타를 계속 개발할 것이다. 기술은 부분적으로 경제와 비즈니스의 영향을 받지만, 이러한 기계 개발은 경제적인 동기 부여가 없더라도 계속될 것이다. 인간의 모습을 닮은 기계를 만드는 것은 인류의 과업이며 호기심, 심미성과 같은 인간의 본성이 이를 계속하도록 유혹할 것이기 때문이다.

옮긴이의 말

기계 학습의 성과를 알면
인공 지능을 이해할 수 있다!

얼마 전 넷플릭스에서 〈거대한 해킹(The Great Hack)〉이라는 다큐멘터리를 본 적이 있다. 이 다큐멘터리는 페이스북에서 일어난 개인 정보 유출 사건과 그와 관련된 정치 스캔들을 다루었다. 이 사건의 중심에는 케임브릿지 애널리티카(Cambridge Analytica, 이하 CA)라는 회사가 있었다. CA는 데이터 마이닝과 분석 기술을 활용하여 정치 컨설팅을 하는 곳이다. 이 다큐멘터리에서는 CA가 선거 분야에서 데이터를 어떻게 수집하고 활용하는지를 한 가지 예를 들어 설명한다. CA는 미국의 유권자 한 명당 5,000개의 데이터 포인트가 있는 데이터를 페이스북에서 수집한다. 이 데이터를 이용해 유권자의 성격에 따라 그룹을 나누고, 그중에서 선거 운동으로 설득할 수 있는 유권자 그룹을 가려낸다. 그리고 자신들이 만든 메시지를 페이스북의 광고와 페이지를 이용해 사람들에게 노출한다.

오늘날 기계 학습은 다양한 분야에 급속히 침투하고 있다. 이 새로운 기술로 불과 몇 년 전만 해도 불가능했던 일들을 이뤄내고 있다. 지금도 수많은 기계 학습 모델이 인간 대신 데이터의 광산을 캐고 있다. 기계 학습과 인공 지능이 이뤄낸 눈부신 성과를 멋진 미래로 바라보는 사람도 있지만, 반대로 암울한 미래로 바라보는 사람도 있다. 기계 학습은 그만큼 잠재력과 파괴력을 모두 지닌 기술이기 때문이다.

뉴스에서는 연일 인공 지능에 관한 기사를 다룬다. 인공 지능과 빅 데이터가 우리의 미래라면서 4차 산업 혁명의 시대를 이야기한다. 인공 지능이 우리의 삶을 어떤 형태로 바꿔놓을지 수많은 사람이 기대와 우려가 섞인 시선을 보내는 것에 비해 기계 학습이 어떻게 작동하는지, 실제로 인공 지능이 할

옮긴이의 말

수 있는 일과 할 수 없는 일의 경계가 어디인지, 인공 지능이 어떻게 불가능해 보이는 일을 해결해 왔는지 구체적으로 알려주는 책은 많지 않다.

　서점에 가면 수많은 관련 서적이 책장을 메우고 있지만, 대부분 기계 학습을 기술적 관점에서 다루거나 인공 지능의 수많은 사례를 다루기는 하지만 어떤 요소가 인공 지능을 구성하는지, 그리고 이 구성 요소가 어떻게 결합하여 인공 지능이 당면한 문제를 해결해 왔는지를 다룬 (더군다나 기술 용어와 수식을 최대한 피한) 책은 찾아보기 쉽지 않다. 이 책은 인공 지능에 처음 발을 들여놓는 소프트웨어 엔지니어에게는 인공 지능 기술을, 이미 이 분야에서 일하는 독자에게는 인공 지능을 전반적으로 이해할 수 있는 계기가 될 것이고, 어디까지 왔는지 또 앞으로는 어디로 갈 것인지 그 길을 알려주는 안내서가 되었으면 한다.

　번역 과정에서 원문 내용을 확인하기 위해 수많은 웹 검색을 하고 구글 번역 기능을 이용해 번역 가이드를 만들어 보기도 했으며(결과는 만족스럽지 않았지만), 이 글도 구글 문서에서 작성했다. 기계 학습을 다룬 책을 번역하기 위해 기계 학습의 결과물이 녹아들어 있는 서비스를 활용한다니 멋진 느낌이 든다. 수많은 서비스로 문명의 작동 방식을 바꿔 나가는 구글에게 찬사를 보낸다.

　좋은 책을 번역할 기회를 제안해 준 이지스퍼블리싱 임직원분들께 감사드린다. 인공 지능에서 최근 이뤄진 성과를 전체적으로 살펴볼 기회를 얻을 수 있어 재미있는 작업이었다. (어떻게 보면 나 자신이 이 책의 효과를 검증한 독자인 셈이다.)

　마지막으로, 한국에서 내가 올 날만 기다리는 딸 은규와 아내, 그리고 가족 모두에게 감사와 사랑을 보내며 글을 닫는다.

　모두 행복하세요!

캘리포니아 벨몬트에서
이수겸

노트

01장 자동인형의 비밀
THE SECRET OF THE AUTOMATON

1. Gaby Wood, "Living Dolls: A Magical History of the Quest for Mechanical Life by Gaby Wood," *The Guardian*, February 15, 2002, accessed February 5, 2017, https://www.theguardian.com/books/2002/feb/16/extract.gabywood.
2. Georgi Dalakov, *History of Computers and Computing, Automata, Jacques Vaucanson*, accessed March 9, 2017, http://history-computer.com/Dreamers/Vaucanson.html.
3. Tom Standage, *The Turk* (New York: Berkeley Publishing Group, 2002), xii.
4. Standage, *The Turk*, 5.
5. Wood, "Living Dolls"; Standage, *The Turk*, 5.
6. Dalakov, *History of Computers*.
7. Warren A. Marrison, "The Evolution of the Quartz Crystal Clock," *The BellSystem Technical Journal* 27, no. 3 (1948): 517-536.
8. 몇몇 기록에서는 보캉송의 '기계 오리'가 실제로는 소화를 할 수 없었으며 섭취한 음식물과 인위적으로 만든 배설물을 저장해 두는 내부 공간이 있었다고 주장했다.

02장 자율 주행차의 시작 — DARPA 그랜드 챌린지
SELF-DRIVING CARS AND THE DARPA GRAND CHALLENGE

1. Whittaker, quoted in Radha Chitale, "Red Team Falls to Its Own Offspring," *The Tartan* [CMU Student Newspaper], October 10, 2005, accessed June 15, 2017, https://thetartan.org/2005/10/10/scitech/redteam.
2. Joseph Hooper, "From DARPA Grand Challenge: 2004 DARPA's Debacle in the Desert," *Popular Science*, June 3, 2004, accessed June 16, 2017, http://www.popsci.com/scitech/article/2004-06/darpa-grand-challenge-2004darpas-debacle-desert; Chris Urmson et al., "High Speed Navigation of Unrehearsed Terrain: Red Team Technology for Grand Challenge," Technical Report, CMU-RI-04-37,

Robotics Institute, Carnegie Mellon University, 2004.
3. "Driven to Innovate," Carnegie Mellon University Homepage Archive, 2010, accessed October 16, 2016, http://www.cmu.edu/homepage/computing/2010/fall/driven-to-innovate.shtml.
4. Douglas McGray, "The Great Robot Race," *Wired*, March 1, 2004, accessed June 15, 2017, https://www.wired.com/2004/03/robot-3.
5. Ibid.
6. Ibid.
7. Ibid.
8. Ibid.; Joshua Davis, "Say Hello to Stanley," *Wired*, January 1, 2006, accessed June 15, 2017, https://www.wired.com/2006/01/stanley.
9. Marsha Walton, "Robots Fail to Complete Grand Challenge," *CNN*, May 6, 2004, accessed June 16, 2017, http://www.cnn.com/2004/TECH/ptech/03/14/darpa.race.
10. 제어기는 시간에 따른 오류를 수집하여 모터로 전송하는 방식으로 작동한다. 이 방식은 오류가 지나치게 많거나 적게 발생하는 상황에서 도움이 된다(적분 제어, integral control). 또 다른 한편으로, 제어기는 오류가 변화하는 속도를 기록하고 이 정보를 사용하여 모터에 전송하는 신호를 능동적으로 조정하며 미래의 오류 발생을 예측한다(미분 제어, derivative control). 이 3항 제어기는 PID(proportional integral derivative, 비례 적분 미분) 제어기로 널리 알려져 있다. 사실 험비는 가속기를 제어하기 위해서는 PD 부분만 사용하였으며 약간 다른 방식으로 구동되었다.
11. McGray, "The Great Robot Race."
12. Ibid. 지도에 직접 표시하는 일은 시간이 오래 걸렸지만 도로를 주행할 모든 자동차에게 정확한 지도는 한번만 제작하면 그만이었으므로, 사실 자율 주행차에게는 그럴 듯한 해결책이라 할 수 있었다.
13. 여러 자율 주행차에서 사용한 알고리즘은 A★('에이 스타'라고 읽는다) 탐색으로, 쓸 만한 경로를 검색하는 데 걸리는 시간을 단축하기 위해 근사치를 활용한다.
14. Sebastian Thrun et al., "Stanley: The Robot That Won the DARPA Grand-Challenge," *Journal of Field Robotics* 23, no. 9 (2006): 661-692.
15. Urmson et al., "High Speed Navigation of Unrehearsed Terrain."
16. 험비는 차의 측면과 전방에 저전력 레이저 스캐너를 여러 개 장착하여 사물을 탐지하는 데 사용했다.
17. Urmson et al., "High Speed Navigation of Unrehearsed Terrain."
18. Davis, "Say Hello to Stanley."
19. Hooper, "From DARPA Grand Challenge."
20. Chris Urmson et al., "Red Team Technology Overview," Technical Report, The Robotics Institute, Carnegie Mellon University, 2004.

21. Thrun et el., "Stanley."
22. Hooper, "From DARPA Grand Challenge"; McGray, "The Great Robot Race."
23. Hooper, "From DARPA Grand Challenge."
24. Joab Jackson, "DARPA's Desert Duel," *GCN*, March 13, 2004, accessed June 15, 2017, https://gcn.com/articles/2004/03/13/darpas-desert-duel.aspx.
25. Walton, "Robots Fail to Complete Grand Challenge."
26. Dickmanns, quoted in Davis, "Say Hello to Stanley."
27. Jackson, "DARPA's Desert Duel."
28. DARPA, "Grand Challenge 2004 Final Report," Technical Report, Defense Advanced Research Projects Agency, 2004.
29. DARPA, "Grand Challenge 2004 Final Report."
30. Walton, "Robots Fail to Complete Grand Challenge."

03장 자율 주행차는 차선을 어떻게 인지할까?
KEEPING WITHIN THE LANES: PERCEPTION IN SELF-DRIVING CARS

1. Sebastian Thrun et al., "Stanley: The Robot That Won the DARPA Grand Challenge," *Journal of Field Robotics* 23, no. 9 (2006): 661-692.
2. Joshua Davis, "Say Hello to Stanley," *Wired*, January 1, 2006, accessed October 30, 2016, https://www.wired.com/2006/01/stanley.
3. Chris Urmson et al., "A Robust Approach to High-Speed Navigation for Unrehearsed Desert Terrain," *Journal of Field Robotics* 23, no. 8 (2006): 467-508.
4. Steve Russell, "DARPA Grand Challenge Winner: Stanley the Robot!" *Popular Mechanics*, January 8, 2006, accessed June 15, 2017, http://www.popularmechanics.com/technology/robots/a393/2169012.
5. Russell, "DARPA Grand Challenge Winner."
6. Urmson et al., "A Robust Approach."
7. 사실 스탠리 앞에 있던 자동차도 레드 팀이 출품한 자율 주행차였다.
8. Russell, "DARPA Grand Challenge Winner."
9. Davis, "Say Hello to Stanley"; Joseph Hooper, "DARPA's Debacle in the Desert," *Popular Science*, June 3, 2004, accessed June 16, 2017, http://www.popsci.com/scitech/article/2004-06/darpa-grand-challenge-2004darpas-debacle-desert; Sebastian Thrun, "A Personal Account of the Development of Stanley, the Robot That Won the DARPA Grand Challenge," *AI Magazine* 27, no. 4 (2006).
10. Davis, "Say Hello to Stanley"; Thrun, "A Personal Account."

11. Ibid.
12. Ibid.
13. Ibid.
14. Ibid.
15. Russell, "DARPA Grand Challenge Winner."
16. Davis, "Say Hello to Stanley."
17. Thrun et al., "Stanley."
18. Thrun, "A Personal Account."
19. Dean A. Pomerleau, *Alvinn: An Autonomous Land Vehicle in a Neural Network*. Technical Report, DTIC Document, 1989.
20. Thrun et al., "Stanley."
21. 이 레이어에서 경계를 나누는 일은 쉽지 않다. 간혹 하드웨어 레이어에 있는 센서가 칼만 필터를 직접 사용하는 경우도 있었으며, 이 경우에는 칼만 필터가 하드웨어 레이어와 소프트웨어 레이어 중 어디에 속하는지 명확하지 않다.
22. Thrun et al., "Stanley."
23. Ibid.; Davis, "Say Hello to Stanley."
24. Davis, "Say Hello to Stanley."
25. Ibid.
26. Thrun et al., "Stanley"; Davis, "Say Hello to Stanley."
27. Thrun et al., "Stanley."
28. Ibid.
29. Ibid.
30. Ibid.; Davis, "Say Hello to Stanley."
31. Thrun et al., "Stanley"; Davis, "Say Hello to Stanley."
32. RGB값은 임의의 범위(scale)를 갖는다. 대개 연구자들은 RGB값을 사용하기 전에 일련의 숫자(밝기, 채도, 색상의 구분)로 변환한 뒤에 사용하곤 한다.
33. 이 방식은 하늘을 예외로 취급하여 전처리 과정에서 제외한다.
34. Thrun, "Stanley."
35. Russell, "DARPA Grand Challenge Winner."
36. Thrun, "Stanley" (거리는 속도에 따라 달라졌다).
37. Ibid.

04장 자율 주행차는 교차로에서 어떻게 양보할까?
YIELDING AT INTERSECTIONS: THE BRAIN OF A SELF-DRIVING CAR

1. Erann Gat, "Three-Layer Architectures," in *Artificial Intelligence and Mobile Robots: Case Studies of Successful Robot Systems*, ed. David Kortenkamp, R. Peter Bonasso, and Robin Murphy (Cambridge, MA: MIT Press, 1998), 195-210.
2. Chris Urmson et al., "Autonomous Driving in Traffic: Boss and the Urban Challenge," *AI Magazine* 30, no. 2 (2009).
3. Urmson et al., "Autonomous Driving in Traffic."
4. Ibid.
5. DARPA는 경주가 시작되기 이틀 전에 도로 지도를 제공했으며 경주 당일에 수행할 과제를 알려주었다.
6. Urmson et al., "Tartan Racing." 스탠퍼드 팀은 유사한 접근 방식인 파티클 필터(particle filter)를 사용해 물체를 추적했다. (아래 Michael Montemerlo et al., "Junior" 참조) 파티클 필터는 유사한 목표를 달성하지만 약간 다른 가정을 한다.
7. Michael Montemerlo et al., "Junior: The Stanford Entry in the Urban Challenge," *Journal of Field Robotics* 29, no. 9 (2008): 569-597.
8. DARPA, "Urban Challenge Results."
9. Ibid.
10. Ibid.
11. Urmson et al., "Tartan Racing."
12. 예전의 이 레이어의 이름은 행동 관리자(behavior executive)였다.
13. Urmson et al., "Tartan Racing."
14. Ibid.
15. Chris Urmson et al., "Autonomous Driving in Urban Environments: Boss and the Urban Challenge," *Journal of Field Robotics* 25, no. 8 (2008): 425-466.
16. Ibid.
17. Joseph Hooper, "DARPA's Debacle in the Desert," *Popular Science*, June 3, 2004, accessed June 16, 2017, http://www.popsci.com/scitech/article/2004-06/darpa-grand-challenge-2004darpas-debacle-desert.
18. 격자 탐색(lattice search)이라는 접근 방식을 사용했다.
19. Urmson et al., "Autonomous Driving in Urban Environments."
20. Urmson et al., "Autonomous Driving in Traffic."
21. Ibid.
22. Ibid.
23. Ibid.

24. Ibid.; Marsha Walton, "Robots Fail to Complete Grand Challenge," *CNN*, May 6, 2004, accessed October 22, 2016, http://www.cnn.com/2004/TECH/ptech/03/14/darpa.race.
25. Urmson et al., "Autonomous Driving in Traffic."
26. Chris Urmson, "How a Driverless Car Sees the Road," TED2015 Talk, accessed December 29, 2017, https://www.ted.com/talks/chris_urmson_how_a_driverless_car_sees_the_road/transcript?language=en#t-684924.
27. 이동 계획 모듈은 시퀀서의 일부분으로 볼 수 있다. 여기서는 이동 계획 모듈을 제어 레이어에 두었으며, 이동 계획 모듈 자신이 3 레이어 구조에 가까운 복잡한 제어기처럼 작동한다고 설명했다.
28. Erann Gat, "Integrating Planning and Reacting in a Heterogeneous Asynchronous Architecture for Controlling Real-World Mobile Robots," *Proceedings of the 10th National Conference on Artificial Intelligence*, June 12-16, 1992, 809-815.
29. Ibid.
30. Gat, "Three-Layer Architectures."
31. Ibid.
32. Douglas McGray, "The Great Robot Race," *Wired*, March 1, 2004, accessed October 16, 2016, https://www.wired.com/2004/03/robot-3.
33. Urmson et al., "Autonomous Driving in Urban Environments"; Sebastian Thrun et al., "Stanley: The Robot That Won the DARPA Grand Challenge," *Journal of Field Robotics* 23, no. 9 (2006): 661-692.
34. Joshua Davis, "Say Hello to Stanley," *Wired*, January 1, 2006, accessed October 30, 2016, https://www.wired.com/2006/01/stanley.
35. Taylor Hatmaker, "Leaked Internal Uber Documents Show Rocky Self Driving Car Progress," *TechCrunch*, March 17, 2017.
36. Johana Bhuiyan, "Self-Driving Cars Are Mostly Getting Better at Navigating California's Public Roads," *Recode*, February 2, 2017.
37. Timothy B. Lee, "Why Google and Car Companies Are About to Spend Billions Mapping American Roads," *Vox*, September 29, 2008.
38. Heather Kelly, "Google Loses Lead Self-Driving Car Engineer Chris Urmson," *CNN*, August 5, 2016.
39. Chris Urmson, The View from the Front Seat of the Google Self-Driving Car: A New Chapter," August 5, 2016, accessed June 16, 2017, https://medium.com/@chris_urmson/the-view-from-the-front-seat-of-the-google-self-driving-car-a-new-chapter-7060e89cb65f#.9kwb5jsdr.

05장 넷플릭스 프라이즈 — 영화 추천 알고리즘 대회
NETFLIX AND THE RECOMMENDATION-ENGINE CHALLENGE

1. Steve Lohr, "Netflix Competitors Learn the Power of Teamwork," *New York Times*, July 27, 2009.
2. 넷플릭스가 넷플릭스 프라이즈를 개최한 다음 해에 스트리밍 서비스가 시작되었으며 이는 대회에 대한 넷플릭스의 생각을 바꾸는 요인이 되었다.
3. 영화 평가 데이터는 사용자의 개인 정보 보호를 위해 익명으로 처리되었으나 대회 도중에 논란이 일었다.
4. 공인된 규칙은, 넷플릭스의 알고리즘보다 성능이 10% 이상 향상된 알고리즘을 만드는 팀이 나타나면 넷플릭스는 라스트 콜(last call)을 선언할 수 있다는 것이었다. 라스트 콜 이후 30일 이내에 제출된 알고리즘 중 가장 우수한 알고리즘이 우승하게 되며, 점수가 같으면 제출한 날짜로 우승을 결정하는 방식이었다.
5. 당시 데이터 과학자는 생소한 용어였다. 다양한 분야의 참가자들이 협업 필터링을 수행했다.
6. Mung Chiang and Christopher Brinton, "Movie Recommendation on Netflix" (lecture from *Networks Illustrated: Principles without Calculus*), Coursera, Princeton University, accessed March 2, 2017, https://www.coursera.org/learn/networks-illustrated/lecture/Mx4ze/netflix-prize-the-competition.
7. James Bennett and Stan Lanning, "The Netflix Prize," *Proceedings of the KDD Cup and Workshop*, San Jose, CA, August 12, 2007.
8. 벨코(BellKor)는 참가자인 벨(Bell)과 코렌(Koren), 그리고 회사 이름인 BellCore(벨 통신 연구소, Bell Communication Research)에서 따온 것이다. See Yehuda Koren and Robert Bell, "Advances in Collaborative Filtering," in *Recommender Systems Handbook*, ed. F. Ricci, L. Rokach, B. Shapira, and P. B. Kantor (New York: Springer US, 2011), 145-186.
9. B. T., "Underdogs in $1 Million Challenge," *Princeton Alumni Weekly Archives*, January 23, 2008, accessed April 8, 2017, http://www.princeton.edu/~paw/archive_new/PAW07-08/07-0123/notebook.html#Notebook10.
10. B. T., "Underdogs"; Lester Mackey, *Dinosaur Planet-Netflix Prize Team*, 2007, accessed April 8, 2017, https://web.stanford.edu/~lmackey/dinosaurplanet.html.
11. "Holiday Baked Alaska," Betty Crocker website, accessed March 8, 2017, http://www.bettycrocker.com/recipes/holiday-baked-alaska/c936a634-e9d5-4acc-ae6d-0127fc8d1371.
12. Clive Thompson, "If You Liked This, You're Sure to Love That," *New York Times Magazine*, November 21, 2008.
13. Ibid.

14. Ibid.
15. Ibid.
16. Jordan Ellenberg, "This Psychologist Might Outsmart the Math Brains Competing for the Netflix Prize," *Wired*, February 25, 2008.
17. 오차를 제곱하는 것에는 여러 장점이 있다. 무엇보다 결괏값이 음수로 떨어지지 않는다. 또한 오차 제곱은 널리 쓰이는 좋은 통계 지표이기도 하다.
18. B. T., "Underdogs."
19. Töscher et al., "The BigChaos Solution to the Netflix Grand Prize."
20. 에드윈 첸(Edwin Chen)은 앨리스 효과(스크루지 효과)와 인셉션 효과(E.T. 효과)에 대한 훌륭한 블로그 글을 작성했다. This post was *Winning the Netflix Prize: A Summary*, accessed April 21, 2017, http://blog.echen.me/author/edwin-chen3.html.
21. Todd Rose, "When U.S. Air Force Discovered the Flaw of Averages," *Toronto Star*, January 16, 2016, excerpted from *The End of Average* (New York: Harper-Collins, 2016), accessed June 16, 2017, https://www.thestar.com/news/insight/2016/01/16/when-us-air-force-discovered-the-flaw-of-averages.html.
22. Rose, "When U.S. Air Force Discovered the Flaw of Averages."
23. 계수 인수 분해를 사용하면 17,770 × 5 행렬과 5 × 480,189 행렬을 곱하여 전체 행렬의 값을 계산할 수 있다. 이 행렬의 크기도 작진 않지만 1억 건의 영화 평가 데이터보다는 훨씬 작고 85억 개에 달하는 전체 행렬의 셀 수에 비하면 미미한 수준이다. 종종 행렬 인수 분해는 행렬 3개를 사용하는데, 이 중 하나는 정사각 행렬이고 나머지 두 행렬은 특정한 조건(예를 들면, 서로 직각을 이루는 고정된 길이의 열 벡터들)을 나타낸다.
24. Martin Chabbert, *Progress Prize 2008*, December 10, 2008, accessed March 6, 2017, http://pragmatictheory.blogspot.com/search?updated-min=2008-01-01T00:00:00-05:00&updated-max=2009-01-01T00:00:00-05:00&max-results=6.
25. Dana Mackenzie, "Accounting for Taste," in *What's Happening in the Mathematical Sciences*, vol. 8 (Providence, RI: American Mathematical Society, 2010).
26. 이러한 행렬 인수 분해 방법에는 PCA(principal component analysis, 주 성분 분석), SVD(singular value decomposition, 특잇값 분해), NMF(non-negative matrix factorization, 비음수 행렬 인수 분해) 등이 있다.
27. 이 행렬에서는 국회 의원을 열, 법안을 행으로 두고 투표 가부를 0과 1로 표현할 수 있다.
28. Steve Lohr, "Netflix Competitors Learn the Power of Teamwork," *New York Times*, July 27, 2009; Mackenzie, "Accounting for Taste."

06장 협력하는 참가자들 — 넷플릭스 프라이즈의 우승자
ENSEMBLES OF TEAMS: THE NETFLIX PRIZE WINNERS

1. James Bennett and Stan Lanning, "The Netflix Prize," *Proceedings of the KDD Cup and Workshop*, San Jose, CA, August 12, 2007.
2. Ibid.
3. Jordan Ellenberg, "This Psychologist Might Outsmart the Math Brains Competing for the Netflix Prize," *Wired*, February 25, 2008.
4. Clive Thompson, "If You Liked This, You're Sure to Love That," *New York Times Magazine*, November 21, 2008.
5. Dana Mackenzie, "Accounting for Taste," in *What's Happening in the Mathematical Sciences*, vol. 8 (Providence, RI: American Mathematical Society, 2010).
6. Ibid.
7. 벨코 팀은 다른 팀과 마찬가지로 자신들이 사용하는 기법을 특별히 숨기려고 하지 않았으며 팀원들은 넷플릭스 프라이즈 포럼에 여러 기여를 했다.
8. Thompson, "If You Liked This, You're Sure to Love That."
9. Ibid.
10. Ellenberg, "This Psychologist Might Outsmart the Math Brains Competing for the Netflix Prize."
11. Ruslan Salakhutdinov, Andriy Mnih, and Geoffrey Hinton, "Restricted Boltzmann Machines for Collaborative Filtering," *Proceedings of the 24th International Conference on Machine Learning*, Corvallis, OR, 2007.
12. [그림 5-2]와 같은 평점 행렬로 사용자가 평가를 내린 경우에는 1, 아닐 경우에는 0을 넣는 행렬을 만들고, 이 행렬을 사용해 사용자의 장르 선호도를 추정하는 방식으로 이러한 진전을 이룰 수 있었다. 이 방식은 사용자의 평점 대신 사용자가 평점을 매긴 영화에 근거했다. 이 모델은 대수적인(algebraically) 관점에서 행렬 인수 분해에서 사용한 모델과는 약간 다르지만 기본 아이디어는 동일하다.
13. Martin Chabbert, *Progress Prize 2008*, December 10, 2008, accessed March 6, 2017, http://pragmatictheory.blogspot.com/search?updated-min=2008-01-01T00:00:00-05:00&updated-max=2009-01-01T00:00:00-05:00 &max-results=6.
14. Thompson, "If You Liked This, You're Sure to Love That."
15. Eliot van Buskirk, "How the Netflix Prize Was Won," *Wired*, September 22, 2009.
16. Yehuda Koren, "The BellKor Solution to the Netflix Grand Prize," Technical Report, Netflix, 2009.
17. Koren, "The BellKor Solution." 시간에 따른 선형 이동(linear drift)과 특정일에 따른 경향성을 모두 모델링했다.
18. 다시 강조하지만, 시간에 따른 선형 이동과 특정일에 따른 경향성을 모두 모델링했다.

19. Chabbert, *Progress Prize 2008*.
20. 영화의 '평균'은 선형 모델에 존재하는 계수와 동일하지 않을 수 있는데 이는 모델의 다른 요소에 의해 변경될 수 있기 때문이다.
21. 영화에 평점을 두 번 이상 매긴 사용자는 제외한다.
22. Robert M. Bell, Yehuda Koren, and Chris Volinsky, "The BellKor 2008 Solution to the Netflix Prize," Technical Report, AT&T Labs (for Bell and Volinsky) and Yahoo! (for Koren), 2008, accessed June 15, 2016, http://www.netflixprize.com/assets/ProgressPrize2008_BellKor.pdf.
23. Yehuda Koren, *The Netflix Prize Forum, Topic 799*, Netflix, 2007, accessed March 5, 2017, http://netflixprize.com/community/topic_799.html.
24. 선택한 종목들이 서로 완벽한 상관 관계(perfectly correlated)가 아니어야 한다.
25. 이 불확실성은 통계 분산으로 기술할 수 있다.
26. Robert E. Schapire, *Boosting: Foundations and Algorithms* (Cambridge, MA: MIT Press, 2014).
27. B.T., *Princeton Alumni Weekly Archives*, Princeton University, January 23, 2008, accessed April 8, 2017, http://www.princeton.edu/~paw/archive_new/PAW07-08/07-0123/notebook.html#Notebook10.
28. Andreas Töscher, Michael Jahrer, and Robert M. Bell, "The BigChaos Solution to the Netflix Grand Prize," Technical Report, Commendo Research & Consulting (for Töscher and Jahrer) and AT&T Labs (for Bell), 2009, accessed December 10, 2017, https://www.netflixprize.com/assets/GrandPrize2009_BPC_BigChaos.pdf.
29. Van Buskirk, "How the Netflix Prize Was Won."
30. Jeff Howbert, "CSS 490 Lecture 08a," *University of Washington Course Website*, accessed June 16, 2017, http://courses.washington.edu/css490/2012.Winter/lecture_slides/08a_Netflix_Prize.pptx.
31. Thompson, "If You Liked This, You're Sure to Love That."
32. Martin Piotte and Martin Chabbert, "The Pragmatic Theory Solution to the Netflix Grand Prize," Technical Report, Pragmatic Theory, Inc., Canada, 2009.
33. Mackenzie, "Accounting for Taste."
34. 넷플릭스는 소수 여섯째 자리까지 경합한 팀들이 있었음을 수상식에서 밝혔다. 실제로는 벨코의 실용 카오스 팀이 근소한 차이로 더 나은 결과를 보였다.
35. Xavier Amatriain and Justin Basilico, "Netflix Recommendations: Beyond the 5 Stars," *The Netflix Tech Blog*, Netflix, April 6, 2012, accessed March 4, 2017, http://techblog.netflix.com/2012/04/netflix-recommendations-beyond-5-stars.html.
36. Amatriain and Basilico, "Netflix Recommendations."
37. 이러한 차이는 다분히 넷플릭스 프라이즈에 참가하는 비용이 더 적다는 것에서 기인했을

것이다. 넷플릭스 프라이즈에 참가하기 위해서는 데스크톱 컴퓨터 하나만 있어도 됐지만, DARPA 그랜드 챌린지에 참여하려면 자율 주행차를 개발하는 팀을 꾸리기 위해 수십, 수백만 달러의 자금이 필요했다.

07장 보상을 통한 컴퓨터의 학습 — 강화 학습
TEACHING COMPUTERS BY GIVING THEM TREATS

1. Quoted in Jemima Kiss, "Hi-Tech Dealing: The Connections That Led to Google Buying DeepMind," *The Guardian*, June 23, 2014.
2. 정확히 말하면, 점수는 특정 범위에 속하도록 조정되었다.
3. Volodymyr Mnih et al. "Human-Level Control through Deep Reinforcement Learning," *Nature* 518, no. 7540 (2015): 529-533.
4. 여기에서는 에이전트의 여러 행동에 따른 상태 변화와 연계된 무작위 값의 평균을 구하여 그 값에 기댓값, 평균, 시점 조정된 보상과 같은 표현을 사용하고 있다. 응용 방식에 따라 이러한 변수를 '기댓값' 대신 '시점 조정된 보상의 최고 중윗값'이라고 할 수도 있다.
5. 경우에 따라서는 단기간의 보상에 최적화하는 것도 옳은 선택일 수 있다. 경제를 예로 들면, 인플레이션 상황에서 사람들은 이러한 선택을 한다.
6. David Churchill, Personal correspondence with author, 2017; Marc G. Bellemare et al., "The Arcade Learning Environment: An Evaluation Platform for General Agents," *Journal of Artificial Intelligence Research* 47 (2013): 253-279.
7. 조작할 수 있는 경우의 수가 네 개인 게임도 있고, 어떤 게임은 이 경우의 수가 18개에 달하는 경우도 있다.
8. 이 게임에는 36개의 적과 최소 3개의 쉴드가 등장하며, 우주선과 비행접시의 위치를 표현하는 데 5비트 이상이 필요하고 미사일의 위치 또한 5비트 이상이 필요하다. 이때 가능한 상태의 수는 $2^{36+3+5+5+\cdots} \geq 1.8 \times 10^{16}$개에 달한다.
9. 초당 1억 번의 계산을 할 수 있다면, 각각의 상태에 대해 하나의 특성을 학습하는 데 5년이 걸릴 것이다.

08장 신경망으로 아타리 게임을 정복하다
HOW TO BEAT ATARI GAMES BY USING NEURAL NETWORKS

1. Liz Gannes, "Exclusive: Google to Buy Artificial Intelligence Startup DeepMind for $400M," *Recode.net,* January 26, 2014.
2. Balázs Csanád Csáji, "Approximation with Artificial Neural Networks," MScthesis,

Faculty of Sciences, Eötvös Loránd University, Budapest, Hungary, 2001, 24-48, accessed November 12, 2016, http://citeseerx.ist.psu.edu/viewdoc/download?doi=10.1.1.101.2647&rep=rep1&type=pdf. 실제로 함수의 집합은 R^n의 콤팩트 부분 집합의 연속 함수 형태로 근사될 수 있다.
3. 무작위로 움직이는 에이전트가 0점을 얻고 사람이 100점을 얻는다고 가정했다.
4. Volodymyr Mnih et al., "Human-Level Control through Deep Reinforcement Learning," *Nature* 518, no. 7540 (2015): 529-533.

09장 인공 신경망이 보는 세상
ARTIFICIAL NEURAL NETWORKS' VIEW OF THE WORLD

1. Ellen Huet, "The Humans Hiding Behind the Chatbots," *Bloomberg News*, April 18, 2016, accessed September 25, 2017, https://www.bloomberg.com/news/articles/2016-04-18/the-humans-hiding-behind-the-chatbots.
2. Ibid.
3. 보편적 근사 법칙을 통해 형식화된 특정 조건에 해당할 경우이다.
4. Tom Standage, *The Turk* (New York: Berkeley Publishing Group, 2002).
5. 이 오토마타는 터키인(Mechanical Turk)으로 불리고 있으므로 Amazon Mechanical Turk와 혼동하지 않도록 하자.
6. Gerald M. Levitt, *Turk, Chess Automation* (Jefferson, NC: McFarland & Company, 2000).
7. 사실 이 기계는 그때그때 다른 체스 기사에 의해 작동되었다.
8. Huet, "The Humans Hiding Behind the Chatbots."
9. Yann LeCun, Yoshua Bengio, and Geoffrey Hinton, "Deep Learning," *Nature* 521 (2015).
10. 학계와 마이크로소프트, 구글, 페이스북 같은 기업의 연구자들은 프로그래머들이 인공 신경망의 학습에 관련된 기법(역전파, back-propagation)과 수학 지식에 대해 신경 쓸 필요 없이 신경망을 설계하고 훈련시킬 수 있는 도구를 만들었다.
11. 일반적으로는 수많은 이미지를 한번에 처리한다.
12. LeCun et al., "Deep Learning."
13. Li Fei-Fei, Rob Fergus, and Pietro Perona, "Learning Generative Visual Models from Few Training Examples: An Incremental Bayesian Approach Tested on 101 Object Categories," *Proceedings of the 2004 IEEE Computer Society Conference on Computer Vision and Pattern Recognition*, Los Angeles, CA, 2004, 178-186.
14. 또한 사전을 뒤적이는 대신 WordNet에서 범주로 쓰일 단어를 찾았다.

15. Olga Russakovsky et al., "ImageNet Large Scale Visual Recognition Challenge," *International Journal of Computer Vision* 115, no. 3 (2015): 211-252.
16. 일반적으로 아마존 메커니컬 터크는 이보다 정확하고 상세한 작업 설명을 요구한다.
17. Russakovsky et al., "ImageNet Large Scale Visual Recognition Challenge"; Alex Krizhevsky, Ilya Sutskever, and Geoffrey E. Hinton, "ImageNet Classification with Deep Convolutional Neural Networks," *Proceedings of the 25th International Conference on Neural Information Processing Systems*, Lake Tahoe, NV, December 3-6, 2012, 1097-1105.
18. Russakovsky et al., "ImageNet Large Scale Visual Recognition Challenge."
19. 한 이미지에 개, 하늘, 땅, 프리스비와 같이 여러 대상이 동시에 존재할 수 있기 때문에 알고리즘은 기본적으로 이미지에서 상위 5개의 대상 중 하나를 식별해야 했다. 대회에서는 이보다 더 어려운 답을 요구했는데, 이미지에 들어 있는 모든 대상을 식별하는 동시에 그 위치 또한 반환해야 했다.
20. Russakovsky et al., "ImageNet Large Scale Visual Recognition Challenge"; *Large Scale Visual Recognition Challenge 2016*, UNC Vision Lab webpage, accessed June 16, 2017, http://image-net.org/challenges/LSVRC/2016/results.
21. Krizhevsky et al., "ImageNet Classification with Deep Convolutional Neural Networks."
22. 이들 레이어 중 일부는 각 레이어의 픽셀 숫자를 줄여서 다음 레이어에서 처리하기 쉽게 하는 동시에 출력 쪽에 가까운 필터가 입력 이미지를 큰 범위에서 처리할 수 있도록 해준다. 이 방식은 맥스 풀링(max-pooling)이라고 하는데, 신경망의 계산 병목을 해소하고 노이즈 데이터에 영향을 덜 받으며 필터가 이미지로부터 대상의 적절한 위치를 찾아내는 데 중요한 역할을 한다.
23. Guido Montúfar, Razvan Pascunu, Kyunghyun Cho, and Yoshua Bengio, "On the Number of Linear Regions of Deep Neural Networks," arXiv preprint 1402.1869 (20114), accessed December 16, 2017, https://arxiv.org/pdf/1402.1869.pdf; Sanjeev Arora, Aditya Bhaskara, Rong Ge, Tengu Ma, "Provable Bounds for Learning Some Deep Representations," *Proceedings of the 31st International Conference on Machine Learning*, Beijing, China, 2014.
24. Krizhevsky et al., "ImageNet Classification with Deep Convolutional Neural Networks."
25. Russakovsky et al., "ImageNet Large Scale Visual Recognition Challenge"; UNC Vision Lab, *Large Scale Visual Recognition Challenge 2016*.
26. Christian Szegedy et al., "Going Deeper with Convolutions," *Proceedings of the IEEE Conference on Computer Vision and Pattern Recognition*, 2015, accessed December 29, 2017, http://arxiv.org/abs/1409.4842.

27. LeCun et al., "Deep Learning."
28. Krizhevsky et al., "ImageNet Classification with Deep Convolutional Neural Networks."
29. Ibid.
30. Ibid.
31. LeCun et al., "Deep Learning"; Jürgen Schmidhuber, "Deep Learning in Neural Networks: An Overview," Technical Report, The Swiss AI Lab IDSIA, University of Lugano & SUPSI, 2014.
32. LeCun et al., "Deep Learning"; Norman P. Jouppi et al., "In-Datacenter Performance Analysis of a Tensor Processing Unit," *Proceedings of the 44th International Symposium on Computer Architecture (ISCA)*, Toronto, 2017. 텐서(tensor)는 물리학과 공학에서 널리 쓰이는 행렬의 개념으로, 최근 딥 러닝에서도 쓰인다. 텐서는 너비와 높이 외에 추가로 다른 차원을 가질 수 있다.

10장 심층 신경망의 내부 구조
LOOKING UNDER THE HOOD OF DEEP NEURAL NETWORKS

1. Anonymous. Computer-generated image, June 10, 2015, accessed March 8, 2017, http://imgur.com/6ocuQsZ.
2. Maureen Dowd, "Elon Musk's Billion-Dollar Crusade to Stop the A.I. Apocalypse," *Vanity Fair*, April 2017, accessed June 16, 2017, http://www.vanityfair.com/news/2017/03/elon-musk-billion-dollar-crusade-to-stop-ai-space-x.
3. 시그모이드(sigmoid) 함수로 알려져 있으며 수식은 $\exp(x) / (1 + \exp(x))$로 표현된다.
4. Alex Krizhevsky, Ilya Sutskever, and Geoffrey E. Hinton, "ImageNet Classification with Deep Convolutional Neural Networks," *Proceedings of the 25th International Conference on Neural Information Processing Systems*, Lake Tahoe, NV, December 3-6, 2012, 1097-1105. 심층 신경망 학습에 S자 활성화 함수를 계속 사용할 수도 있다. 많이 사용하는 방법 중 하나는 비지도 사전 학습(unsupervised pre-training)으로, 넷플릭스 프라이즈에서 쓰인 행렬 인수 분해 방식과 비슷한 개념을 사용한다. 이 방식은 뉴런의 활성 결과로부터 수많은 값의 변화를 설명할 수 있는 저차원의 표현형을 검색한다.
5. Jürgen Schmidhuber, "Deep Learning in Neural Networks: An Overview," Technical Report, The Swiss AI Lab IDSIA, University of Lugano & SUPSI, 2014. ReLU는 심층 신경망 학습으로 널리 알려지기 10년 전쯤인 2000년경에 이미 논의되었다.
6. Xavier Glorot, Antoine Bordes, and Yoshua Bengio, "Deep Sparse Rectifier Neural Networks," *Proceedings of the 14th International Conference on Artificial*

Intelligence and Statistics 15 (2011).
7. 정식 용어로는 이러한 관계를 '연속성'으로 정의하며 '매끄럽다'고 표현하지는 않는다.
8. 뉴런의 숫자는 지수 함수적이다. N개의 뉴런으로 구성된 신경망은 2^N개의 뉴런 조합을 가질 수 있다. 뉴런의 연결만으로 엄청난 숫자의 조합을 구성할 수 있지만, 실제 신경망 가중치 조합을 고려하면 이 모든 조합이 현실에서 쓰이는 것은 아니다.
9. Robert Krulwich, "Which Is Greater, the Number of Sand Grains on Earth or Stars in the Sky?" *National Public Radio*, September 17, 2012, accessed June 16, 2017, http://www.npr.org/sections/krulwich/2012/09/17/161096233/which-is-greater-the-number-of-sand-grains-on-earth-or-stars-in-the-sky.
10. John Carl Villanueva, "How Many Atoms Are There in the Universe?" *Universe Today*, December 24, 2015.
11. 이 경우 과적합이 문제가 될 수 있다. 그자비에 글로랏(Xavier Glorot) 등의 일부 연구자는 신경망 가중치를 정규화하여(예를 들면, L1 페널티처럼 신경망 가중치를 0에 가깝게 만든다) 가중치의 개수를 줄여 데이터를 희소(sparse)하게 만든다.
12. Glorot et al., "Deep Sparse Rectifier Neural Networks."
13. 이 과정을 드롭아웃(dropout)이라고 한다.
14. Yann LeCun, Yoshua Bengio, and Geoffrey Hinton, "Deep Learning," *Nature* 521 (2015).
15. Olga Russakovsky et al., "ImageNet Large Scale Visual Recognition Challenge," *International Journal of Computer Vision* 115, no. 3 (2015): 211-252; Kaiming He, Xiangyu Zhang, Shaoqing Ren, and Jian Sun, "Delving Deep into Rectifiers: Surpassing Human-Leven Performance on ImageNet Classification," *ICCV*, 2015.
16. He et al., "Delving Deep into Rectifiers."
17. Anh Nguyen, Jason Yosinski, and Jeff Clune, "Deep Neural Networks Are Easily Fooled: High Confidence Predictions for Unrecognizable Images," *The IEEE Conference on Computer Vision and Pattern Recognition (CVPR)* (2015): 427-436.
18. 크게 주의를 기울이지 않고 이미지를 변형하려 한다면 부자연스러운 결과 이미지를 얻을 수도 있다. 픽셀이 극단적인 색상을 갖거나 인접한 픽셀이 부자연스러운 경계를 가질 수 있다. 연구자들은 인접 픽셀이 비슷한 색상을 갖도록 하거나, 중간 색상(이를테면, 흰색이나 검은색 대신 회색)을 선택하여 이런 현상을 방지할 수 있다는 것을 알아냈다. Nguyen et al., "Deep Neural Networks Are Easily Fooled."
19. Jason Yosinski et al., "Understanding Neural Networks through Deep Visualization," *Deep Learning Workshop, 31st International Conference on Machine Learning*, Lille, France, 2015.
20. Alexander Mordvintsev, Christopher Olah, and Mike Tyka, *Inceptionism: Going Deeper into Neural Networks*, June 17, 2015, accessed April 9, 2017, https://r

esearch.googleblog.com/2015/06/inceptionism-going-deeper-into-neural.html.
21. Mordvintsev et al., *Inceptionism*.
22. Leon A. Gatys, Alexander S. Ecker, and Matthias Bethge, "Image Style Transfer Using Convolutional Neural Networks," *The IEEE Conference on Computer Vision and Pattern Recognition* (2016): 2414-2423.

11장 듣고 말하고 기억하는 신경망
NEURAL NETWORKS THAT CAN HEAR, SPEAK, AND REMEMBER

1. Dario Amodei et al., "Deep Speech 2: End-to-End Speech Recognition in English and Mandarin," *arXiv preprint arXiv: 1512.02595*, 2015.
2. 이러한 신경망을 학습시키기 위해 CTC(connectionist temporal classification)라는 특별한 기법을 사용해 텍스트와 시계열 정보가 어떻게 배열되는지를 검색한다.
3. Awni Hannun et al., "Deep Speech: Scaling Up End-to-End Speech Recognition," *arXiv preprint arXiv: 1412.5567*, 2014.
4. Ibid.
5. Amodei et al., "Deep Speech 2."
6. Girish Kulkarni et al., "Baby Talk: Understanding and Generating Image Descriptions," *IEEE Transactions on Pattern Analysis and Machine Intelligence* 35, no. 12 (2013): 2891-2903.
7. Ibid.
8. Oriol Vinyals, Alexander Toshev, Samy Bengio, and Dumitru Erhan, "Show and Tell: A Neural Image Caption Generator," in *Proceedings of the IEEE Conference on Computer Vision and Pattern Recognition*, 2015; Kelvin Xu et al., "Show, Attend and Tell: Neural Image Caption Generation with Visual Attention," *International Conference on Machine Learning*, 2015: 77-81.
9. Vinyals et al., "Show and Tell."
10. Ibid.
11. Yann LeCun, Yoshua Bengio, and Geoffrey Hinton, "Deep Learning," *Nature* 521 (2015).
12. Razvan Pascanu, Caglar Gulcehre, Kyunghyun Cho, and Yoshua Bengio, "How to Construct Deep Recurrent Neural Networks," *arXiv preprint arXiv: 1312.6026*, 2013.
13. 시계의 시간을 새로 맞추는 경우는 별로 없지만 신경망은 주기적으로 제어 배선을 사용할 수 있다.

14. Ian Goodfellow et al., "Generative Adversarial Nets," *Advances in Neural Information Processing Systems* (2014): 2672-2680.
15. Jun-Yan Zhu et al., "Unpaired Image-to-Image Translation Using Cycle Consistent Adversarial Networks," *arXiv preprint arXiv: 1703.10593*, 2017.

12장 자연어, 그리고 〈제퍼디!〉 문제의 이해
UNDERSTANDING NATURAL LANGUAGE AND *JEOPARDY!* QUESTIONS

1. Ken Jennings, "My Puny Human Brain," *Slate Magazine*, February 16, 2011, accessed June 16, 2017, http://www.slate.com/ar ticles/arts/culturebox/2011/02/my_puny_human_brain.html.
2. 제임스 팬, 2017년 6월 9일 개인적인 대화에서 발췌.
3. 질문 형식으로 답을 적어야 한다는 것을 깜빡해서 오답으로 처리된 참가자도 있었다. https://www.youtube.com/watch?v=YOp03rRM6Pw.
4. Larry Dignan, "IBM's Watson Victorious in Jeopardy; Our New Computer Overlord?" *ZDNet*, February 16, 2011, accessed June 16, 2017, http://www.zdnet.com/article/ibms-watson-victorious-in-jeopardy-our-new-computer-overlord.
5. 2011년 알렉스 트레벡이 진행한 〈제퍼디!〉; John Marko, "Computer Wins on Jeopardy!: Trivial, It's Not," *New York Times*, February 16, 2011.
6. Jennings, "My Puny Human Brain."
7. Casey Johnston, "Bug Lets Humans Grab Daily Double as Watson Triumphs on Jeopardy," *Ars Technica*, February 17, 2011.
8. Dignan, "IBM's Watson Victorious in Jeopardy."
9. Joab Jackson, "IBM Watson Vanquishes Human Jeopardy! Foes," *PC World*, February 16, 2011, accessed June 16, 2017, http://www.pcworld.com/article/219893/ibm_watson_vanquishes_human_jeopardy_foes.html.
10. 이 단서는 J-아키브 웹 사이트에서 확인할 수 있다(2017년 6월 16일에 확인). http://www.j-archive.com/showgame.php?game_id=2771.
11. D. C. Gondek et al., "A Framework for Merging and Ranking of Answers in DeepQA," *IBM Journal of Research and Development* 56, no. 3.4 (2012).
12. 사우론은 〈반지의 제왕〉에 악역으로 등장한다.
13. David Ferrucci et al., "Building Watson: An Overview of the DeepQA project," *AI Magazine* 31, no. 3 (2010): 59-79.
14. Stephen Baker, *Final Jeopardy: The Story of Watson, the Computer That Will Transform Our World* (New York: Houghton Mifflin Harcourt, 2011), Kindle

edition, 19-35.
15. Ibid., 20.
16. Ibid.
17. Ibid., 20-26.
18. 제임스 팬, 2017년 6월 9일 개인적인 대화에서 발췌.
19. Baker, *Final Jeopardy*, 26-34.
20. Ibid., 34-35.
21. Ibid., 78.
22. Ferrucci et al., "Building Watson."
23. Ibid.
24. Baker, *Final Jeopardy*, 67.
25. Ferrucci et al., "Building Watson."
26. Ibid.
27. Adam Lally et al., "Question Analysis: How Watson Reads a Clue," *IBM Journal of Research and Development* 56, no. 3.4 (2012).
28. 왓슨 개발자는 이를 LAT(lexical answer type, 사전적 답변 유형)라고 했다.
29. 이 단서는 J-아카이브 웹 사이트에서 확인할 수 있다(2017년 6월 16일에 확인). http://www.jarchive.com/showgame.php?game_id=3652.
30. Lally et al., "Question Analysis."
31. 이들 예제는 카네기멜런 대학의 자연어 처리(natural language processing) 강의와 뉴스 그룹 아카이브 등에서 찾아볼 수 있다.
32. Lally et al., "Question Analysis."

13장 〈제퍼디!〉의 답 마이닝하기
MINING THE BEST *JEOPARDY!* ANSWER

1. Stephen Baker, "Blue J Is Born," in *Final Jeopardy: The Story of Watson, the Computer That Will Transform Our World* (New York: Houghton Mifflin Harcourt, 2011), Kindle edition, 62.
2. Ibid.
3. Ibid.
4. Ibid.
5. 제임스 팬, 2017년 6월 9일 개인적인 대화에서 발췌.
6. Baker, "Blue J Is Born," 63-66.
7. Ibid., 62.

8. David Ferrucci et al., "Building Watson: An Overview of the DeepQA Project," *AI Magazine* 31, no. 3 (2010): 59-79.
9. 사실 차례 상자는 왓슨의 원천 데이터 간에 존재하는 관계성을 파악하기 위한 데이터 중 하나로 DBPedia라는 데이터베이스의 일부였다.
10. Jennifer Chu-Carroll et al., "Finding Needles in the Haystack: Search and Candidate Generation," *IBM Journal of Research and Development* 56, no. 3.4 (2012).
11. Ibid.
12. Ibid.
13. Ibid.
14. 제임스 팬, 개인적인 대화에서 발췌.
15. Chu-Carroll et al., "Finding Needles in the Haystack"; Jennifer Chu-Carroll and James Fan, "Leveraging Wikipedia Characteristics for Search and Candidate Generation in Question Answering," *Proceedings of the 25th AAAI Conference on Artificial Intelligence* (2011).
16. Chu-Carroll et al., "Finding Needles in the Haystack." 검색 엔진 중 일부는 왓슨에게 문서 목록 대신 문장 목록을 제공했으며 주로 위키피디아가 이런 경우였다.
17. Chu-Carroll et al., "Finding Needles in the Haystack."
18. 위키피디아에서는 다음과 같은 검색어를 사용하여 비슷한 질의를 할 수 있다. "Milorad Čavić almost upset this man's perfect 2008 Olympics, losing to him by one hundredth of a second."
19. Ferrucci et al., "Building Watson."
20. 공식적으로도 증거 수집 단계로 불렸다. 스티븐 베이커(Stephen Baker)의 "Blue J Is Born" 참고.
21. Ferrucci et al., "Building Watson."
22. Wikipedia, "Swimming at the 2008 Summer Olympics," accessed May 7, 2017, https://en.wikipedia.org/wiki/Swimming_at_the_2008_Summer_Olympics_%E2%80%93_Men%27s_100_metre_butterfly.
23. Wikipedia, "Michael Phelps," accessed May 7, 2017, https://en.wikipedia.org/wiki/Michael_Phelps.
24. J. William Murdock et al., "Textual Evidence Gathering and Analysis," *IBM Journal of Research and Development* 56, no. 3.4 (2012).
25. Julia Cort and Michael Bicks, *Smartest Machine on Earth* (PBS NOVA television episode), directed by Michael Bicks, produced by PBS NOVA, February 2011.
26. Murdock, "Textual Evidence Gathering and Analysis."
27. D. C. Gondek et al., "A Framework for Merging and Ranking of Answers in DeepQA," *IBM Journal of Research and Development* 56, no. 3.4 (2012).

28. Gondek et al., "A Framework for Merging and Ranking of Answers in DeepQA."
29. Ibid.
30. Ibid. 다시 말해, 이런 경우를 처리하는 변환 작업을 위해 기계 학습과 통계학에서 쓰는 일반적인 기법이 동원된다. 예를 들어, 'is_geo_match'라는 특성값이 존재하는지 여부를 나타내는 'is_geo_match_present'라는 이름의 특성을 추가할 수 있다.
31. 제임스 팬, 개인적인 대화에서 발췌.
32. 이 처리 과정이 신경망 형태로 부호화되어 있는지 여부는 공식적으로 밝혀진 바 없다. 각 레이어의 처음 두 단계에서 존재하는 답변 후보들 간의 상호작용을 처리하는 추가 레이어가 필요할 수도 있다.
33. Ferrucci et al., "Building Watson."
34. Ibid.
35. Ibid.
36. Rob High, *The Era of Cognitive Systems: An Inside Look at IBM Watson and How It Works*, Marketing White Paper, Redbooks, accessed December 27, 2017, http://www.redbooks.ibm.com/redpapers/pdfs/redp4955.pdf.
37. Baker, "Watson Takes on Humans," 128.
38. Casey Johnston, "Bug Lets Humans Grab Daily Double as Watson Triumphs on Jeopardy," *Ars Technica*, February 17, 2011.
39. Rob High, *The Era of Cognitive Systems*.
40. Daniel Jurafsky and James H. Martin, *Speech and Natural Language Processing* (Upper Saddle River, NJ: Prentice Hall, 2015).

14장 무차별 탐색으로 좋은 전략 찾기
BRUTE-FORCE SEARCH YOUR WAY TO A GOOD STRATEGY

1. Claude E. Shannon, "Programming a Computer for Playing Chess," *Philosophical Magazine* 7, no. 314 (1950).
2. 나무로 만든 튜링 머신과 요즈음 컴퓨터의 차이점은 컴퓨터 쪽이 훨씬 빠르게 작동하며 공간을 덜 차지한다는 점일 것이다(사람들이 목제 튜링 머신을 구입하지 않는 이유이기도 하다).
3. Will Shortz, "Wayne Gould," *Time Magazine*, May 8, 2006.
4. Gerald Tesauro, "Temporal Difference Learning and TD-Gammon," *Communications of the ACM* (Association for Computing Machinery) 38, no. 3 (1995).
5. Shannon, "Programming a Computer for Playing Chess."
6. Ibid.
7. Ibid.

8. Murray Campbell, A. Joseph Hoane Jr., and Feng-hsiung Hsu, "Deep Blue," *Artificial Intelligence 134* (2002): 57-83.
9. Feng-hsiung Hsu, *Behind Deep Blue* (Princeton, NJ: Princeton University Press, 2002).
10. Ibid., 109.
11. Ibid., 81.
12. 딥 블루는 이 게임에서 위치 특성을 사용했으나 자체 특성값에서 우위를 차지하고 있다고 판단하는 바람에 카스파로프에게 패배했다. 쉬펑슝(Hsu Feng-hsiung)의 *Behind Deep Blue* 참고.
13. Campbell et al., "Deep Blue."
14. Hsu, *Behind Deep Blue*, 85.
15. Ibid., 46.
16. Ibid., 24.
17. Campbell et al., "Deep Blue."
18. Hsu, *Behind Deep Blue*, 52-56.
19. Ibid., 54.
20. Campbell et al., "Deep Blue."
21. 딥 블루 이전에는 딥 소트(Deep Thought)와 칩테스트(ChipTest)가 있었다. 딥 블루와 딥 소트에 존재했던 여러 버전은 굳이 명확하게 구분하지 않았다. 실제로 이들 시스템은 다양한 하드웨어와 소프트웨어를 사용하여 여러 버전으로 구현되었다.
22. Hsu, *Behind Deep Blue*, 93.
23. Ibid., 133.
24. Ibid.
25. Ibid., 253-254.
26. 아타리 게임 에이전트의 신경망은 기억 기능이 없는 한계가 있으며, 이 또한 게임을 하는 데 어려움을 주었다.
27. Gerald Tesauro, "Temporal Difference Learning and TD-Gammon." *Communications of the ACM 38*, no. 3 (1995): 58-68.
28. Richard S. Sutton and Andrew G. Barto, *Reinforcement Learning: An Introduction*, 2nd ed. (manuscript draft, MIT Press).
29. Tesauro, "Temporal Difference Learning and TD-Gammon."

15장 알파고는 어떻게 완성되었나?
EXPERT-LEVEL PLAY FOR THE GAME OF GO

1. Kirk L. Kroeker, "A New Benchmark for Artificial Intelligence," *Communications of the ACM* 54, no. 8 (2011).
2. Sensei's Library, *Go History*, accessed April 5, 2017, http://senseis.xmp.net/?GoHistory#toc5.
3. Eva Dou and Olivia Geng, "Humans Mourn Loss after Google Is Unmasked as China's Go Master," *Wall Street Journal*, January 5, 2017.
4. Dieter Verhofstadt, *Ing Prize*, June 20, 2014, accessed February 5, 2017, http://senseis.xmp.net/?IngPrize.
5. Stephen Baker, *Final Jeopardy: The Story of Watson, the Computer That Will Transform Our World* (New York: Houghton Mifflin Harcourt, 2011).
6. Alan Levinovitz, "The Mystery of Go, the Ancient Game That Computers Still Can't Win," *Wired*, May 12, 2014.
7. David Silver et al., "Mastering the Game of Go with Deep Neural Networks and Tree Search," *Nature* 529 (2016): 484-503.
8. 간혹 9×9 또는 13×13 칸으로 이루어진 바둑판에서 두기도 한다.
9. Dou and Geng, "Humans Mourn Loss after Google Is Unmasked as China's Go Master."
10. Cameron Browne et al., "A Survey of Monte Carlo Tree Search Methods," *IEEE Transactions on Computational Intelligence and AI in Games* 4, no. 1 (2012).
11. 말하자면, 알파고는 동전을 던지는 것처럼 일관성 있게 무작위로 착수할 수 없다는 이야기이다.
12. 딥마인드는 이 신경망에 강화 학습 정책망(reinforcement learning policy network)이라는 이름을 붙였다.
13. Silver et al., "Mastering the Game of Go with Deep Neural Networks and Tree Search."
14. 합성곱 레이어는 선행 레이어의 모든 필터를 거칠 필요가 없다. 대부분은 합성곱 레이어의 스트라이드(stride)값은 1 이상이다. 알파고의 합성곱 레이어의 스트라이드값은 모두 1이었다.
15. Silver et al., "Mastering the Game of Go with Deep Neural Networks and Tree Search."
16. Ibid.
17. 딥마인드는 수 예측 신경망 자신과 경쟁하는 강화 학습 방식을 사용해 수 예측 신경망을 학습시키기도 했다. 이 신경망은 다른 신경망과 대결에서는 원래의 신경망보다 나은 성능

을 보였지만, 알파고의 알고리즘에 포함되었을 때에는 좋은 결과를 내지 못했다. 이는 아마도 사람은 더 넓은 범위에서 좋은 수를 고르려고 하기 때문이었을 것이다. Silver et al., "Mastering the Game of Go with Deep Neural Networks and Tree Search."

18. Silver et al., "Mastering the Game of Go with Deep Neural Networks and Tree Search."
19. Cade Metz, "Why the Final Game Between AlphaGo and Lee Sedol Is Such a Big Deal for Humanity," *Wired*, March 14, 2016; Christopher Moyer, "How Google's AlphaGo Beat a Go World Champion," *The Atlantic*, March 28, 2016.
20. Cade Metz, "In Two Moves, AlphaGo and Lee Sedol Redefined the Future," *Wired*, March 16, 2016.
21. Moyer, "How Google's AlphaGo Beat a Go World Champion."
22. Metz, "In Two Moves, AlphaGo and Lee Sedol Redefined the Future."
23. Moyer, "How Google's AlphaGo Beat a Go World Champion."
24. An alternative translation was "God's Touch." Metz, "In Two Moves, AlphaGo and Lee Sedol Redefined the Future."
25. Moyer, "How Google's AlphaGo Beat a Go World Champion"; Metz, "Why the Final Game Between AlphaGo and Lee Sedol Is Such a Big Deal for Humanity."
26. Metz, "Why the Final Game Between AlphaGo and Lee Sedol Is Such a Big Deal for Humanity."
27. Metz, "In Two Moves, AlphaGo and Lee Sedol Redefined the Future."
28. Silver et al., "Mastering the Game of Go with Deep Neural Networks and Tree Search."
29. Ibid.
30. Browne et al., "A Survey of Monte Carlo Tree Search Methods."
31. Ibid.; Silver et al., "Mastering the Game of Go with Deep Neural Networks and Tree Search."
32. Ibid.
33. Ibid.
34. Ibid.
35. Christof Koch, "How the Computer Beat the Go Master," *Scientific American*, March 19, 2016.
36. Silver et al., "Mastering the Game of Go with Deep Neural Networks and Tree Search."
37. Ibid.

16장 실시간 인공 지능과 스타크래프트 봇
REAL-TIME AI AND STARCRAFT

1. Cade Metz, "In OpenAI's Universe, Computers Learn to Use Apps Like Humans Do," *Wired*, December 5, 2016.
2. Kristin Kalning, "Can Blizzard Top Itself with 'StarCraftII'?" *NBC News*, May 31, 2007.
3. Ibid.; Alex Bellos, "Rise of the E-sports Superstars," *BBC Click*, June 29, 2007.
4. Cory Barclay, *The 15 Richest Online Gamers in the World*, February 24, 2015, accessed March 17, 2017, http://www.therichest.com/rich-list/world/the-15-richest-online-gamers-in-the-world.
5. *BBC News*. "S Korean Dies after Games Session." August 10, 2005; John Anderson, *Spot On: Korea Reacts to Increase in Game Addiction*, September 12, 2005, accessed March 17, 2017, http://www.gamespot.com/articles/spot-on-korea-reacts-to-increase-in-game-addiction/1100-6132357.
6. Josh McCoy and Michael Mateas, "An Integrated Agent for Playing Real-Time Strategy Games," *Proceedings of the 23rd AAAI Conference on Artificial Intelligence* 8 (2008): 1313-1318.
7. Santiago Ontanón et al., "A Survey of Real-Time Strategy Game AI Research and Competition in StarCraft," *IEEE Transactions on Computational Intelligence and AI in Games* 5, no. 4 (2013): 1-19
8. Ibid.
9. David A. Churchill, *A History of StarCraft AI Competitions (and UAlbertaBot)*, 2016, accessed March 18, 2017, https://declara.com/content/ng0ynE75 (originally http://webdocs.cs.ualberta.ca/~cdavid/starcraftaicomp/history.shtml).
10. Ontanón et al., "A Survey of Real-Time Strategy Game AI Research and Competition in StarCraft."; David Churchill, "UAlbertaBot," *Github*, September 11, 2014, accessed March 18, 2017, https://github.com/davechurchill/ualbertabot/wiki; StarCraft Rating System, accessed April 20, 2017, http://iccup.com/starcraft/sc_rating_system.html.
11. McCoy and Mateas, "An Integrated Agent for Playing Real-Time Strategy Games."
12. See e.g., the entry on SkyNet in Ontanón et al., "A Survey of Real-Time Strategy Game AI Research and Competition in StarCraft."
13. David Churchill, "Heuristic Search Techniques for Real-Time Strategy Games," PhD thesis, Department of Computer Science, University of Alberta. 2016.
14. Ontanón et al., "A Survey of Real-Time Strategy Game AI Research and Competi-

tion in StarCraft." 이 현상이 봇의 약점 탓이 아니라 스타크래프트 게임의 역학 자체에 문제가 있다고 보는 시각도 있다.
15. Santiago Ontanón et al., "RTS AI: Problems and Techniques," *in Springer Encyclopedia of Computer Graphics and Games*, 2015, accessed December 29, 2017, https://www.researchgate.net/publication/311176051_RTS_AI_Problems_and_Techniques.
16. Ibid.
17. Ibid.
18. Churchill, "Heuristic Search Techniques for Real-Time Strategy Games."
19. DOTA 2 vs StarCraft II, accessed January 27, 2018, https://www.esportsearnings.com/comparisons/vvbb-dota-2-vs-sc2; StarCraft: Brood War, accessed January 27, 2018, https://www.esportsearnings.com/games/152-starcraft-brood-war/largest-tournaments-x400.
20. Elon Musk, accessed October 10, 2017, https://openai.com/press/elon-musk.
21. 탕지에, 2017년 8월 25일 개인적인 대화에서 발췌.
22. Ibid.
23. Ibid.
24. Ibid.
25. Ibid.
26. Tom Rowley, "Demis Hassabis: The Secretive Computer Boffin with the £400 Million Brain," The Telegraph, January 28, 2014.
27. 스타크래프트 플레이어 대다수는 스타크래프트2의 프리퀄인 브루드워(BroodWar)를 즐기고 있다. Oriol Vinyals, *DeepMind and Blizzard to release StarCraft II as an AI Research Environment*, November 4, 2016, accessed April 16, 2017, https://deepmind.com/blog/deepmind-and-blizzard-release-starcraft-ii-ai-research-environment.
28. Feng-hsiung Hsu, *Behind Deep Blue* (Princeton, NJ: Princeton University Press, 2002), 4; Allen Newell, John Calman Shaw, and Herbert A. Simon, "Chess-Playing Programs and the Problem of Complexity," *IBM Journal of Research and Development* 2, no. 4 (1958): 320-335.

17장 50년 후, 또는 그 후
FIVE DECADES (OR MORE) FROM NOW

1. Stephen Baker, Final Jeopardy: *The Story of Watson, the Computer That Will*

Transform Our World (New York: Houghton Mifflin Harcourt, 2011), 35.
2. Teun Koetsier, "On the Prehistory of Programmable Machines: Musical Automata, Looms, Calculators," *Mechanism and Machine Theory* 36, no. 5 (2001): 589-603.
3. Sebastian Thrun, "A Personal Account of the Development of Stanley, the Robot That Won the DARPA Grand Challenge," *AI Magazine* 27 (2006).
4. Ibid.
5. Yehuda Koren, "The BellKor Solution to the Netflix Grand Prize," Technical Report, Netflix, 2009.
6. Xavier Amatriain, "Netflix Recommendations: Beyond the 5 Stars," *The Netflix Tech Blog*, Netflix, April 6, 2012, accessed March 4, 2017, http://techblog.netflix.com/2012/04/netflix-recommendations-beyond-5-stars.html.
7. Olga Russakovsky et al., "Imagenet Large Scale Visual Recognition Challenge," *International Journal of Computer Vision* 115, no. 3 (2015): 211-252.
8. 이는 우리가 오토마타를 만드는 데 사용하는 하드웨어의 물리적 제약으로 귀결된다. 우리가 만약 양자 컴퓨터를 개발한다면 양자 효과 덕분에 결과를 추적하기가 어려워질 수도 있다.
9. 이 논의는 중국어 방 논증(Chinese room argument)으로 알려져 있다.
10. Gaby Wood, "Living Dolls: A Magical History of the Quest for Mechanical Life by Gaby Wood," *The Guardian*, February 15, 2002, https://www.theguardian.com/books/2002/feb/16/extract.gabywood.

찾아보기

한글

가

가속도계 43~44, 56, 70, 74~75, 285
가중 평균 110~111, 144, 235
가중 평균 분류기 181, 183, 190, 226, 313
감지-계획-행동 구조 97
강화 학습 157~161
강화 학습 에이전트 158, 165
검색 질의 300~304
게리 카 50
게리 카스파로프 28, 156, 276, 344, 347, 350, 356, 380, 402
경계선 검출기 218
경로 계획 모듈 56, 75, 79, 83~85, 89, 91, 94
경로 계획 알고리즘 63, 68
경로 탐색 알고리즘 41, 85, 259
계획-제어 56
공룡행성 팀 106, 128, 131, 140, 144
과적합 138~141, 209~212, 223, 226
교착 상태 69
그래비티 팀 106, 128, 131, 140, 144, 146~149
그래비티와 공룡 연합 팀 144, 146~149
그랜드 프라이즈 148~149, 151
근접 이웃 모델 140
기계 학습 26~27, 33, 54~57, 92, 98~99, 106, 108, 110~111, 130, 146, 149, 177~178, 201, 213, 265, 341, 409
기계식 컴퓨터 325
기계식 태엽 장치 23~24, 324
기울기 소실 224~235
길버트 대니얼스 119

나

넷플릭스 프라이즈 103~152, 215, 318, 392, 408~409

다

느린 수 예측 신경망 374~375, 380 382

다

다익스트라 알고리즘 41~42
단수 확장 348, 379~380
단어 정렬 채점기 311
데미스 허사비스 154, 177, 399
데이비드 처칠 389, 392, 400
데이비드 페루치 277, 293
데이터 마이닝 129, 138
도로변 감지 모듈 62
딥 드림 231, 241, 243
딥 러닝 99, 225~226, 228~229, 241, 265, 318, 411
딥 블루 28, 276, 343~344, 347~350, 355~356, 379~380
딥 스피치 2 255
딥마인드 154~199, 231, 348, 351~353, 357~384, 399~401, 408

라

라이다 45
래리 페이지 92, 231
레드 팀 30, 38~44, 47~48, 50~53, 58, 61, 66, 85
레이저 스캐너 45, 48, 55, 58~60, 63, 70
로봇 공학 26, 94, 104
롤아웃 344
리드 헤이스팅스 113
리페이페이 213

마

마르코프 가정 173
매개 변수 138~139, 141, 226
멀티암드 밴딧 문제 378
메타데이터 213, 215, 240
모노폴리 판 모듈 78, 79, 81~84, 89, 94~95, 157, 197

찾아보기 **443**

모델 블렌딩 130, 140~144, 149
몬테카를로 트리 탐색 373, 376, 396
무어의 법칙 79
무차별 대입 방식 331
문장 구조도 281, 285, 287, 290~291, 319,
문제 분석 단계 280~284, 295~296, 308

바

바이두 249~251, 255, 258~259, 263
백개먼 353~356
베티 크로커 109
벨코 팀 104, 115~119, 131~132, 140~148
벨코의 실용 카오스 팀 148~151
병목 47, 227~228
보스 72, 74~99, 195, 253~254
보편적 근사 정리 184, 186, 232
부스팅 143~144
분기 계수 333, 338, 348, 353, 355, 365, 388
분기 비율 333
분류기 107~112, 118, 123~124, 179~183,
　　　 190~192, 313~316
분산 차트 317
분산 표현 224
브래드 러터 28, 267, 269
브레이크아웃 155, 351
비례 제어 36
비어 보틀 패스 52
비전 알고리즘 99
빅카오스 안의 벨코 145~149
빅카오스 팀 144~146
빠른 수 예측 신경망 373, 375, 381

사

상대 오차 135
상태-행동 큐브 178
생성 신경망 262, 265, 266
서배스천 스런 53, 268, 407, 411
설명글 생성 알고리즘 260, 267
성별 채점기 311, 319

세계 모델 163
수 예측 신경망 365~370
수정 소리굽쇠 24
수정 진동자 24
순방향 신경망 183
순위 결정 단계 315
순환 신경망 251, 398, 406
순회 329, 363
쉬펑슝 347, 349, 350
스도쿠 325~333
스쿼싱 함수 190, 232~233
스크루지 효과 118, 128, 132
스타크래프트 봇 385~402
스탠리 52~71, 74, 79, 86, 92, 108
스탠퍼드 대학 213, 405
스탠퍼드 레이싱 팀 51~71, 73~74
스페이스 인베이더 20, 155, 176, 218, 351
스펙트로그램 250~251, 254, 256
스티븐 베이커 276, 293, 320
승자의 구름 279, 317
시간차 학습 171
시그모이드 233
시네매치 113, 131, 151
시점 조정 166~167, 169, 172, 175, 178~179,
　　　 187, 194
시점 할인 166, 171
시퀀서 95~96, 98, 392
식별 가능한 오류 96~97
신경 정보 처리 시스템 177
실리콘밸리 327
실용이론 팀 106, 136, 146~149, 392, 409
심의 레이어 94~95
심층 신경망 33, 194, 201, 215~216, 223,
　　　 225, 230, 233

아

아마존 메커니컬 터크 214
아이작 아지모프 90
아케이드 학습 환경 168, 197, 354, 390, 411
아타리 20, 154~155

아타리 에이전트 157~229, 348~355, 365~368
알렉스 트레벡 269
알렉스넷 216~228, 241, 249, 256, 261
알파고 21, 355~356, 357~383, 408
알파-베타 분기 가지치기 346
알파벳 92, 99, 101, 102
앤드류 레반도프스키 102
앤서니 테더 49
앨버타 대학 168, 197, 357, 385, 400~401, 408
에른스트 딕만스 49
에런 켓 72, 96~97
에이미 잉그램 200, 205
에이전트 157~176
엔비디아 100, 229
영화 추천 알고리즘 104~152
예후다 코렌 141
오류 회복 시스템 89~91
오컴의 면도날 211
오토마타 17~24, 111, 158, 184, 202~206, 214, 285, 324~325, 404~405, 412~414
와이어드 49, 59, 100, 372
완전 연결 레이어 216~217, 221, 255~256, 367, 374
완전 평가 함수 341~342
왓슨 20, 28, 156, 267, 268~322, 340, 353, 355, 357, 379, 408, 413
우버 101
우선권 계산기 81~82
원심 조속기 34~36
웨이모 101
위치 특성 343
윌리엄 레드 휘태커 30~31
유앨버타 봇 393, 395
유한 상태 기계 80~82, 96, 253~254
음성 인식 249~250, 259, 263, 327
이미지넷 212~215, 221, 223~226, 239, 250, 410
이미지넷 대규모 시각 인식 대회 215
인공 뉴런 180, 201
인공 신경망 21, 28, 133, 178, 200~229, 231~232, 313
인공 지능 19~22, 24~28, 55, 95, 98~99, 107, 154~157, 200, 205, 268, 321, 327, 355, 376~377, 388, 396, 402
인셉션 신경망 226, 316
인지 레이어 57, 66, 74, 76, 78~79, 92, 94, 99
인지-세계 모델링 74
일론 머스크 231, 396
임곗값 111

자

자극 227
자기 참조 172
자동인형 16~22, 33, 204, 405
자연어 처리 281, 285, 318, 321~323
자율 주행 54
자율 주행 오토바이 31, 46
자율 주행차 20, 27~28, 29~102, 108, 156~157, 229, 252~254, 268, 275, 285, 290, 327, 390, 392
자이로스코프 43~44
자체 특성 343~344
자크 드 보캉송 16
적대적 데이터 265
전송 70
점수 계산 단계 309
정류 선형 유닛 234
정보 이론 324, 339~341
정책 분리 학습 169~170, 401
제어 뉴런 264
제어 레이어 94~96, 98
제임스 팬 268, 277, 301, 357
제퍼디! 20, 25~26, 156, 267, 268~322, 357, 406, 411
제프리 힌턴 106
조슈아 데이비스 59
종단간 측정 317
중복 단어 채점기 310
증거 수집 단계 303~304, 308
지도 학습 분류 60

찾아보기

지도 학습 알고리즘 354
진자 운동 23
질의 응답 268~269, 277~278, 280, 294, 318
짐벌 45

차

채점기 309~312, 315, 317~322, 340
챗봇 200, 206
처벌 158, 188
총체적 편향 항 118
최저 기준 293~294, 301
최적화 111~112, 144, 147, 175, 316~317, 348, 366, 376, 395

카

카네기멜런 대학 31~32, 53, 71, 72
칼만 필터 43~44 , 55, 63, 76~77
커제 359, 361
컴퓨터 비전 213, 215
켄 제닝스 28, 156, 267, 268, 269, 277, 279, 320~321
크리스 볼린스키 104, 124, 146
크리스 엄슨 31, 72, 93, 102
클라이브 톰슨 112
클러스터링 64~65
클로드 섀넌 324, 339

타

타탄 레이싱 72, 81, 90
탐색과 활용 377
탕지에 382
터미네이터 효과 120, 132
터키인 203~205, 214, 325, 395
토드 로즈 119
트레이드오프 377
트리 구조 328, 395
특성 110, 196

파

파서 287
파스 트리 285~288, 290~291, 311~312
파싱 285~286
파퓰러 사이언스 48~49
판후이 370, 380~381
패턴 매칭 284, 363, 367
편향 118, 138~139
평가 함수 341~356, 365~375, 382, 408
평균 제곱 오차 114
포섭 구조 97
퐁 194
프랑스 과학 아카데미 18~19, 22, 204, 206
프레임워크 314, 340
프로그레스 프라이즈 113, 128, 141, 145, 151
프린스턴 대학 106, 128, 144, 147
플루트 연주자 16~22, 33, 39, 107, 203
피드백 루프 34, 36

하

하프샤프트 46
한계 분석 317
합성곱 190~199
합성곱 레이어 190~199, 216~227, 238, 251, 255~256, 265, 267, 381
합성곱 신경망 216~227
합성곱 필터 220, 247, 252
행동-가치 큐브 164, 168, 170, 173, 175~176
행동-가치 함수 179
행렬 인수 분해 120~127, 179
험비 31~50, 51~53, 61, 66~67, 72
협업 필터링 107, 146
확률 분포 370
후보 생성 단계 296~299, 301~303
히든 레이어 185~187, 190, 193~194, 202, 223

영문

A~C

activation (squashing) functions 190, 232~233
adversarial data 265
Alex Trebek 269
AlexNet 216~228, 241, 249, 256, 261
AlphaGo 21, 355~356, 357~383, 408
arcade learning environment (ALE), 168, 197, 354, 390, 411
artificial neurons 21, 28, 133, 178, 200~229, 231~232, 313
Atari 20, 154~155
automata 17~24, 111, 158, 184, 202~206, 214, 285, 324~325, 404~405, 412~414
Baidu 249~251, 255, 258~259, 263
BellKor 104, 115~119, 131~132, 140~148
BellKor's Pragmatic Chaos 148~151
BigChaos 144~146
blending 130, 140~144, 149
boosting 143~144
Boss 72, 74~99, 195, 253~254
branching ratio 333, 338, 348, 353, 355, 365, 388
candidate generation 296~299, 301~303
caption generation 260, 267
Carnegie Mellon University (CMU) 31~32, 53, 71, 72
Chris Urmson 31, 72, 93, 102
Chris Volinsky 104, 124, 146
classifiers 107~112, 118, 123~124, 179~183, 190~192, 313~316
clustering 64~65
CNN 48
controllers 94~96, 98
convolutional 190~199

D~F

DARPA Grand Challenge (first) 30~50
DARPA Grand Challenge (second) 51~71
DARPA Urban Challenge 72~102
DARPA 30, 268
David Churchill 389, 392, 400
David Ferrucci 277, 293
Deep Blue 28, 276, 343~344, 347~350, 355~356, 379~380
Deep Dream 231, 241, 243
deep learning 99, 225~226, 228~229, 241, 265, 318, 411
Deep Speech II 255
DeepMind 154~199, 231, 348, 351~353, 357~384, 399~401, 408
DeepQA 278~280, 291, 295, 318, 321
Demis Hassabis 154, 177, 399
Dinosaur Planet 106, 128, 131, 140, 144
E.T. 효과 116, 118, 128, 132
Elon Musk 231, 396
Erann Gatt 72, 96~97
evaluation functions 341~356, 365~375, 382, 408
evidence retrieval 303~304, 308
finite state machines 80~82, 96, 253~254

G~J

GAN 266
Gravity 106, 128, 131, 140, 144, 146~149
Hsu Feng-hsiung 347, 349, 350
IBM 28, 156, 267, 269~322, 343, 347~350, 353, 357, 359, 406, 408~409, 413
ImageNet 212~215, 221, 223~226, 239, 250, 410
IMDb 121, 124
inception network 226, 316
Jacques de Vaucanson 16
James Fan 268, 277, 301, 357
Jeopardy 20, 25~26, 156, 267, 268~322, 357, 406, 411

찾아보기

K~Q

Kalman filters 43~44, 55, 63, 76~77
Li Fei-fei 213
lidar 45
long short-term memory (LSTM) 245~246
LSTM 245~246
matrix factorization 120~127, 179
MCTS 373~380, 396
Mechanical Turk 214
ML@Utoronto 팀 106, 133
monopoly board 78, 79, 81~84, 89, 94~95, 157, 197
Monte Carlo tree search 373, 376, 396
natural language processing 281, 285, 318, 321~323
Netflix Prize 103~152, 215, 318, 392, 408~409
NLP 281, 285, 318, 321~323
Occam's razor 211
off-policy learning 169~170, 401
openAI 382, 396~399
overfitting 138~141, 209~212, 223, 226
parsing 285~286
PID 36~37
Pragmatic Theory 106, 136, 146~149, 392, 409
pruning 331
Q 함수 178~180, 183~184
question analysis 280~284, 295~296, 308

R~Z

ranking 315
rectified linear unit (ReLU) 233, 235~239
recurrent neural network (RNN) 251~259, 264~265
Red team 30, 38~44, 47~48, 50~53, 58, 61, 66, 85
reinforcement learning 157~161
ReLU 233, 235~239

RNN 251~259, 264~265
scoring 309
Sebastian Thrun 53, 268, 407, 411
self-driving cars 20, 27~28, 29~102, 108, 156~157, 229, 252~254, 268, 275, 285, 290, 327, 390, 392
sequencers 95~96, 98, 392
singular extensions 348, 379~380
speech recognition 249~250, 259, 263, 327
Stanford racing team 51~71, 73~74
Stanford University 213, 405
Stanley 52~71, 74, 79, 86, 92, 108
StarCraft 385~402
Stephen Baker 276, 293, 320
Sudoku 325~333
TD-GAMMON 353~355
temporal discounting 166, 171
three-layer architecture 92~98, 392
UAlberta 392
University of Alberta 168, 197, 357, 385, 400~401, 408
Watson 20, 28, 156, 267, 268~322, 340, 353, 355, 357, 379, 408, 413
Yehuda Koren 141

기타

3 레이어 구조 92~98, 392
3항 제어기 36~37